Os Guinness

Asche
des Abendlandes

Hänssler-Verlag
Neuhausen-Stuttgart

Dieses Buch ist eine Veröffentlichung der
TELOS-Verlagsgruppe.
TELOS-Taschenbücher und TELOS-Paperback-Ausgaben
sind »zielbewußt«, und biblisch orientiert.
TELOS-Bücher wurden verantwortlich ausgewählt.

ISBN 3 7751 0216–7

TELOS-Paperback Nr. 4010
© 1972 by Intervarsity Press, Downers Grove
Englischer Originaltitel: Dust of Death
© der deutschsprachigen Ausgabe
Hänssler-Verlag, Neuhausen-Stuttgart
Deutsche Übersetzung von Christoph Bluth
Umschlaggestaltung Daniel Dolmetsch
Printed in Germany 14398/1976

Inhalt

Vorwort

Es war ein warmer Oktoberabend, Mitte der sechziger Jahre. Zusammen mit guten Freunden hatte ich auf der Telegraph Avenue ein reichliches Mahl eingenommen. Wir genossen unseren Kaffee, saßen entspannt auf unseren Sitzen und führten eine angeregte Unterhaltung. Plötzlich stürmten zwei junge Männer ins Restaurant. Sie gingen an einen Tisch, griffen blitzschnell nach den Resten auf den Tellern und machten so einmal die Runde durchs Restaurant. Dann verschwanden sie nach draußen, setzten sich auf die Stufen und bettelten die Passanten an.

Bettler in Berkeley? Dieses Erlebnis bei meinem ersten Besuch in den USA hinterließ in mir einen tiefen Eindruck. China vielleicht, zu meinen Erinnerungen an vormaoistische Verhältnisse gehört ein Wald ausgestreckter Arme; Indien vielleicht, wo der versunkene Blick der Armut auf der ganzen Welt einzigartig ist; Haight Ashbury vielleicht, wo die brettergeschützten Schaufenster wie die blinden Augen einer selbstverstümmelten Gemeinschaft in die Gegend stieren. Aber Berkeley, das sogenannte Freiheitslaboratorium im Herzen der größten Erziehungsgemeinschaft der Welt? Der vielbegrüßte Prototyp der Einfachheit, der gegen Materialismus und Verschwendung kämpfen sollte?

Sicherlich war es nur ein vereinzeltes Ereignis. Aber in mir setzte sich langsam der Eindruck fest, daß wir in diesem und vielen ähnlichen Ereignissen die allmähliche Desillusionierung einer Generation, vielleicht einer Kultur erleben. Ideale waren von Illusionen kaum noch zu unterscheiden. Jegliche Hoffnung auf irgendeinen Sinn hatte sich als Fata Morgana erwiesen. Eifrige Geister, die sich auf einem Höhenflug einer Superfreiheit der Phantasie jenseits aller Tatsachen befanden, waren zu Boden gestürzt. Selbst die entschlossene Aktion, durch die man den Stein fast bis zum Gipfel des Hügels geschoben hatte, wurde angehalten, um Atem zu schöpfen, wobei der Stein wieder rückwärts rollte. Es hatte an menschlichem Denken und Handeln, Anstrengung – und sogar an Blut – nicht gefehlt. Aber über den Bemühungen einer ganzen Generation lag nichts als Asche.

Darauffolgende Ereignisse und eine genauere Untersuchung haben diesen Verdacht bestätigt. Die Aufgabe dieses Buches besteht in einer Untersuchung dieses Verdachtes und der Darstellung einer Alternative.

1 Das Striptease des Humanismus

Die geistige Not der Moderne – das ist diese Lüge, die dem morali-
schen und gesellschaftlichen Dasein zugrunde liegt.

Jacques Monod

In unserem Bestreben, Engeln gleich zu werden, sinken wir viel-
leicht tiefer als Menschen.

Blaise Pascal

Quellen
Monod, Jacques, Zufall und Notwendigkeit, 3. 210.
»Hört Ihr das Glöckchen klingeln? Kniet nieder – man bringt die Sakramente einem
sterbenden Gotte.«
Aus: Heinrich Heine, Sämtliche Schriften, Band 3.
Carl Hanser Verlag, S. 591.
Aus: Heinrich Heine, »Zur Geschichte der Religion und Philosophie in Deutsch-
land«. Ganz zu Ende des zweiten Bandes.

Irgend etwas stimmt mit unserer Gesellschaft nicht: Das hat inzwischen auch der letzte gemerkt. Irgendwie laufen die Dinge anders,
als sie laufen sollten. Die Fähigkeit, diesen Zustand zu verändern,
jene enorme Triebkraft, jenes Zielbewußtsein, mit dem die Menschen dereinst an die Konstruktion einer neuen Welt gingen, ist uns
immer mehr abhanden gekommen. Warum dieses Vakuum, warum
dieser Mangel an handlungsbewußtem Denken? Um den Verlust an
Orientierung zu erklären, könnte man zunächst auf drei Trends
hinweisen, die in letzter Zeit immer stärker hervortreten und deren
gemeinsame Wirkung wir untersuchen wollen.

Einst war das Christentum die Basis der westlichen Kultur, doch im
Laufe der Zeit ist diese Basis immer mehr geschwunden, soweit, daß
wir von der heutigen Zeit als »nachchristlicher Ära« sprechen. Dieser Trend, dem tiefe historische Ursachen zugrunde liegen, hat nach
außen hin klare Ergebnisse gezeitigt. Der zweite Trend ist das Versagen des optimistischen Humanismus, eine effektive Alternative in
der Führung der nachchristlichen Kultur zu liefern. Letztlich
müßte man noch das Versagen der Gegenkultur der neuen Genera-

tion anführen, den beiden anderen – dem westlichen Christentum oder dem Humanismus – eine glaubwürdige Alternative anzubieten.

Erst vor wenigen Jahren noch wurde die Ablehnung des Christentums als die Voraussetzung für kulturellen Fortschritt angesehen. Der Niedergang des Christentums wurde deshalb als die Lösung, nicht als Ursache der menschlichen Probleme angesehen. Mit dem Aufkommen des optimistischen Humanismus wurde der Niedergang des Christentums freudig begrüßt – wer Christ blieb, so dachte man, konnte dabei nur verlieren.

Aber das war gestern, ein Gestern, das heute anscheinend Jahrhunderte weit in der Vergangenheit zurückliegt. Der Optimismus ist im Schwinden, und es sieht jetzt vielmehr so aus, als ob die gesamte westliche Gesellschaft dabei verloren hat.

Zunächst einmal möchte ich den Humanismus untersuchen, um zu zeigen, welche Möglichkeiten er bieten kann und warum er keine ausreichende Alternative ist. Dann möchte ich die Suche nach einer Alternative in der Gegenkultur mit all ihrer kaleidoskopischen Vielfalt darstellen. Es geht mir hierbei keineswegs darum, den Humanismus oder die Gegenkultur schlecht zu machen; im Gegenteil werde ich mich durchaus bemühen zu zeigen, welche positiven Beiträge beide geleistet haben. Aber ich will auch auf Fehler hinweisen, die nicht wiederholt werden dürfen, auf Fragen und Probleme, mit denen man sich auf der Suche nach einer weiteren Alternative auseinandersetzen muß.

Daß eine dritte Alternative, ein dritter Weg unbedingt erforderlich ist, wird auch klar, denn es wird ständig offensichtlicher, daß die gebotenen Alternativen unzureichend sind. Es gibt auch wirklich einen dritten Weg, dem sich immer mehr freiheitlich denkende Intellektuelle zuwenden, die mit den Dingen, wie sie sind, nicht zufrieden sind. Dieser dritte Weg verspricht Realismus ohne Verzweiflung, Engagement ohne Frustration, Hoffnung ohne blinde Träumerei. Er verbindet menschliche Fürsorge mit intellektueller Ehrlichkeit, eine Liebe zur Wahrheit mit einer Liebe zur Schönheit, Überzeugung mit Mitleid. Aber damit greifen wir schon ein wenig vor.

Der Aufstieg des optimistischen Humanismus

Wir können das Bedürfnis nach einem dritten Weg nicht verstehen, wenn wir die gegenwärtige Krise des Humanismus nicht erkennen. Dafür ist wiederum eine Kenntnis seines historischen Hintergrunds erforderlich. Manchmal wird gesagt, die Vorläufer des modernen Humanismus seien der Konfuzianismus und jene Zweige des Buddhismus, die schon früh Wert darauf legten, daß der Mensch unabhängig von irgendwelchen Göttern oder Religionen sein Leben selbst verantworten müsse. Seine Anfänge nahm der westliche Humanismus jedoch im 5. Jahrhundert vor Christus in Griechenland, wo zum erstenmal in Europa die objektive Vernunft die Wissenschaft und die Philosophie von den Banden des Aberglaubens und der Religion befreite.

Das Goldene Zeitalter in Griechenland war kurz, aber glorreich, und sein Einfluß machte sich im römischen Reich und in der ganzen Welt des klassischen Altertums geltend. Doch mit dem Aufstieg des Islams und des Barbarentums verschwand das klassische Zeitalter von der Oberfläche Europas, kleine Gruppen von Gelehrten ausgenommen.

Der zweite Höhepunkt auf dem Weg zum modernen Humanismus war die Renaissance, die plötzliche Aufwertung des einzelnen, die das feine Netz der mittelalterlichen Gesellschaft irreparabel zerstörte. Neben den dunklen, engen Straßen entstanden lichte, sonnige Laubengänge; neben der eindrücklichen, himmelwärts gerichteten gotischen Architektur entstanden mehr auf die menschlichen Bedürfnisse zugeschnittene Städte, Gebäude und Plätze. Anstelle der steifen Figuren und symbolischen Bilder entstanden warme, lebensnahe Menschen auf der Leinwand des Malers.

Die Renaissance war eine betörende Phase des Humanismus, ein explosionsartig entstandenes Vertrauen in die geistigen Fähigkeiten des Menschen, das Aufleben der Künste und des ganzen Geisteslebens auf einer sehr menschlichen Basis. Die Art und Weise, wie die Christenheit die Würde und Größe des Menschen anerkannte, war ein zwielichtiges Unterfangen. In selbstschmeichlerischen Vergleichen mit der römischen Republik und den Athenern zur Zeit von Perikles ernannten sich die Florenzer selbst zu den Erben der Klassik. Sie übernahmen die Denkweise des Protagoras: »Der Mensch ist das Maß aller Dinge.« Wie Leon Battista Alberti, einer der typischen Denker der frühen Renaissance, es ausdrückte: »Ein Mann kann alles tun, wenn er nur will.«[2]

Während der Renaissance wurde der Ausdruck *Humanist* geprägt. Ursprünglich war ein Humanist jemand, der sich um das Wohlsein der Menschheit sorgte, und viele frühe Humanisten erblickten hierin keinerlei Widerspruch zu ihrem christlichen Glauben. Dennoch entwickelte sich der moderne säkulare Humanismus aus der Renaissance, als nämlich eine Kluft zwischen Vernunft und Religion entstand. Das geschah, als die selbstherrliche Autorität der Kirche sich auf zwei Gebieten besonders unangenehm bemerkbar machte. In der Naturwissenschaft widersprach Galileis Unterstützung der kopernikanischen Revolution den Theorien von Aristoteles, an welchen die Kirche dogmatisch festhielt und welche sich dann als falsch herausstellten. Auf dem Gebiet der Theologie gelang es dem Holländer Erasmus, mit seinem neuen griechischen Text nachzuweisen, daß die Vulgata des Hieronymus, an der sich die katholische Kirche orientierte, viele Fehler aufwies. Somit wurde ein kleiner Keil zwischen die kirchliche Autorität und die Vernunft getrieben (oder dem, was man damals darunter verstand).

Tatsächlich verlieh die Kombination der auf Fortschritt gerichteten Wissenschaft mit dem Vergangenheitsbewußtsein des Klassizismus (ermöglicht durch neue Quellen, verbesserte Texte und neue Interpretationen) der Renaissance ihren intellektuellen Impetus. Auf die Frage, was an Florenz wohl so besonders sei, daß die Menschen in Kunst und Literatur dort so eine Vollkommenheit erreichten, antwortete Vasari, ein Kunsthistoriker der Renaissance: »Der Geist der Kritik.«[3]

Es war derselbe Geist der Kritik, der ständig an Bedeutung gewann, bis er schließlich ganz Europa in ein Lager von Skeptikern verwandelt hatte. Daraus erwuchs dann die Aufklärung, ein fruchtbarer Nährboden für neue Gedanken, der dritte Markstein auf dem Weg zum modernen Humanismus.

Die Aufklärung besaß unverkennbar ihren eigenen Charakter, aber zur gleichen Zeit hatte sie auch eine geistige Verwandtschaft mit der Renaissance. Beide griffen direkt auf die Antike zurück, stellten sich bewußt dem Christentum entgegen und waren somit ein wichtiger Schritt auf dem Weg zur Moderne. Aber die Aufklärung, die vom Mittelalter bereits weiter entfernt war, konnte es sich leisten, dieses mit den Augen der Renaissance zu sehen, so daß eine Distanzierung und Objektivität ermöglicht wurde, die der frühe Humanismus nicht aufweisen konnte. Wenn die Humanisten der Renaissance eine neue Welt verkündeten, so konnten sie das tun, weil sie wußten, daß die alte Welt unwiderbringlich der Vergangenheit angehörte. Aber in der Aufklärung war die Freude angesichts einer neuen Welt das Ergebnis von Triumphen, die für den naturwissenschaftlichen Intellekt vorhersehbar waren. Ist der Humanismus das Vermächtnis der Renaissance, so ist der Säkularismus der Beitrag der Aufklärung.

Das 18. Jahrhundert begann auf einer Welle der Ironie und Satire, wo das Banale verherrlicht und der Adel lächerlich gemacht wurde, wo man alles angriff, was frühere Generationen zu glauben, zu ehren oder zu schätzen gelehrt worden waren. Es war die Zeit des allgegenwärtigen Kritikers, aber den Haupteinfluß übten nicht die populären Autoren und Dramatiker aus, sondern die *Philosophen*, jene weltgewandten Männer der Literatur und Künste, die den Kern der Aufklärung bildeten. In der Aufklärung, so schrieb Kant im Jahre 1784, befreie sich der Mensch von seiner selbstverschuldeten Unmündigkeit. Als Motto schlug er vor:

Sapere aude! (Wage zu wissen!) Mit dieser Zielsetzung veränderte die machtvolle Verbindung des britischen Empirismus und des französischen Rationalismus (die beide großen Einfluß auf Naturwissenschaft und Politik ausübten) das Antlitz Europas.

Somit wurde der Bruch zwischen Vernunft und Offenbarung endgültig besiegelt, und es entbrannte der Kampf zwischen den »Hellenen« und den »Hebräern«, Licht gegen Dunkelheit, Vernunft gegen Aberglauben, Philosoph gegen Priester, Anhänger des Realismus gegen Anhänger des Mythos. In diesem Kampf wurde der Klassik ein besonderer Stellenwert verliehen. Man sah die Klassiker als »Wegweiser zum Säkularismus«.[4] Durch den »Nebel der christlichen Jahrhunderte« hindurch versuchten die *Philosophen* eine Brücke zu den Griechen und Römern zu bauen. Dabei stießen sie auf einen großen Schatz: den Geist der Kritik. Stolz verkündeten sie die Allmacht der Vernunft, nicht nur weil sie die Vernunft für allmächtig hielten, sondern weil sich in ihnen eine extrem antiautoritäre Einstellung entwickelt hatte. Sie bestanden auf dem Recht, mit der Vernunft alles in Frage zu stellen.

Mit der Zeit wurden die Fragen immer tiefgreifender und die Kritik immer kompromißloser. Zu Anfang waren viele führende *Philosophen* Deisten, die den Theismus aufgrund einer strengen Vorstellung von den Naturgesetzen angriffen; später waren sie Atheisten und bedienten sich der Argumente des Utilitarismus. Innerhalb der Kirche war das geistige Leben oft nach innen gerichteter Pietismus, der mit der Kultur des Zeitalters in keiner Weise in Berührung stand; da, wo es überhaupt kein geistliches Leben gab, wurde der geistliche Bankrott nicht schamhaft zu vertuschen gesucht, sondern durch interne Kämpfe, weltliche Theologie und stumpfe Apologetik offen eingestanden. Es wundert daher nicht sehr, daß Männer wie David Hume sagen konnten: »Religion hat all ihre Bedeutung und Autorität verloren; sie ist nicht mehr als ein verschwommener und unwillkommener Schatten auf dem Gesicht der Vernunft.«[5] Gegen Ende des 18. Jahrhunderts stand alles, was in der Geisteswelt Rang und Namen hatte, auf Seiten der Aufklärung. Der Mensch verlangte, als verantwortliches und mündiges Wesen anerkannt zu werden. Man kann nicht leugnen, daß dies eine folgenschwere Phase in der Entwicklung westlichen Denkens war. Das 18. Jahrhundert endete in Kriegen und Revolutionen, und das 19. Jahrhundert wurde von den Feldzügen Napoleons eingeleitet. Wer die Zeichen der Zeit zu erkennen vermochte, sah darin die Symptome für die verborgene Logik des Humanismus; aber für die meisten Menschen war dies lediglich ein Zeichen dafür, daß das Zeitalter der Ideen erst zu einem Zeitalter der Anwendung heranreifen mußte. Der Mensch war nicht nur das Maß der Welt, die er kannte, sondern auch das Maß der Welt, von der er träumte. Im Vertrauen auf die Anwendung von Vernunft und Wissenschaft konnte das 19. Jahrhundert aus einem reichen Kapital schöpfen, aus dem der Idealismus und der erwachende Welthandel ihren Auftrieb bezogen.

Wenn noch jemand bis dahin geglaubt hat, daß die Philosophie eine Ergänzung zur Theologie und nicht eine Verführung zum Humanismus sei, der wurde jetzt dadurch eines besseren belehrt, daß das mechanistische Weltbild der Naturwissenschaft eine nicht-theologische Erklärung für den Ursprung und die Entwicklung des Universums lieferte. Astronomie und Physik hatten schon jedes Bedürfnis nach der Hypothese »Gott« beseitigt; aber der Wendepunkt kam im 19. Jahrhundert, als die Biologie ihre Theorien hinzufügte. Gleichzeitig tauchte die Evolutionslehre auf, untergrub das Christentum und lieferte eine naturwissenschaftliche Basis für die weitverbreitete Philosophie des Fortschritts. Darwin war keineswegs der Erfinder des Evolutionsprinzips, sondern vielmehr war er der erste, der dieser Theorie eine detaillierte naturwissenschaftliche Basis gab.

Der Fluß der Kultur entwickelte sich gegen Ende des 19. Jahrhunderts zu einer Reihe von Strudeln mit vielen seltsamen Strömungen und Gegenströmungen. Auf der einen Seite des Spektrums religiösen Denkens erschienen die Bibelkritik und die liberale Theologie; auf der anderen Seite eine extrem reaktionäre Versteifung innerhalb der Kirche selbst (die Katholiken verkündigten im Jahre 1870 das Dogma der päpstlichen Unfehlbarkeit, während in England Bischof Wilberforce durch sein Streitgespräch mit T. H. Huxley berühmt wurde). In dieser Periode bildeten sich viele Sekten wie die Kirche

Christi, die Christliche Wissenschaft und die theosophische Gesellschaft, und im säkularen Bereich konnte man die Geburt der modernen humanistischen Gesellschaften miterleben.

In England wurde 1896 die *Ethical Union* gegründet, um alle weltlichen humanistischen Gesellschaften, die es damals gab, unter einer Dachorganisation zu vereinen. Drei Jahre später wurde die *Rationalist Press* ins Leben gerufen. 1963 verbanden sie sich zur *British Humanist Association*, die wiederum mit der *International Humanist and Ethical Union* verbunden war. Das ist der vierte Markstein auf dem Weg zum modernen Humanismus.

Wenn man die Sache von einem anderen Gesichtspunkt her betrachtet, könnte man sagen, daß nach der ersten langsamen Phase der »kosmischen« Evolution (anorganisch) die zweite Phase der »biologischen« Evolution (organisch) begonnen hatte. Nach der »Entschöpfung« (Simone Weil) des Universums und der »Enttaufung« (C. S. Lewis) konnte die dritte Phase, die »psycho-soziale Evolution« beginnen. »Wir stürmen die Tore des Himmels!« rief der deutsche Sozialist Karl Liebknecht gegen Ende des Ersten Weltkrieges.[6] Er hätte sich nicht anzustrengen brauchen. Für die meisten Menschen war der Himmel schon seit langem evakuiert und der Mensch mündig geworden. »Der Mensch schafft sich selbst« erklärte Gordon Childe.[7] »Wir sehen die Zukunft als vom Menschen selbst geschaffen« schrieb H. J. Muller.[8] Und Sir Julian Huxley bemerkte: »Nun muß der Mensch versuchen, sein Leben im Rahmen eines zweckmäßigen Ideensystems wieder neu zu orientieren. Er muß also . . . seine Ziele festlegen und seine Position bestimmen, um sodann den Kurs für die Zukunft festzulegen. Er muß seine ganze Energie dazu aufwenden, mit Wissen und Phantasie ein Vorstellungs- und Glaubenssystem aufzubauen, das ihm einen gültigen Rahmen für sein jetziges Dasein, ein letztes, vollkommenes Ziel für die weitere Entwicklung der Spezies, einen Leitstern für sein praktisches Handeln und Planen liefern kann.«[9]

Swinburnes »Loblied auf den Menschen« (»Ehre dem Mensch in den Höhen, denn der Mensch ist der Meister aller Dinge!«) war typisch für die Zeit des frühen Säkularismus mit seinen herausfordernden Anti-Gott-Feldzügen – ein monumentaler Hohn, hinter dem sich im Grunde eine unbewußte Unsicherheit verbarg.[10] Der moderne Humanismus ist eleganter und selbstbewußter. Ein typisches Zitat ist der bekannte Satz von John F. Kennedy, in dem er Albertis Denkweise aufgreift: »Alle Probleme des Menschen wurden von ihm selbst geschaffen und können auch von ihm selbst gelöst werden.« Das Ideal der modernen Humanisten ist ein gut erzogener, tief empfindender, toleranter und weitsichtiger Mann, mit klaren Grundsätzen, überzeugt, daß seine Philosophie eine relevante Lebensweise darstellt, und entschlossen, sie anderen mitzuteilen.

Mitte der sechziger Jahre befand sich der optimistische Humanismus auf seinem Höhepunkt. Die *British Humanist Association* mit ihrem Präsidenten Sir Julian Huxley und ihrer hervorragenden intellektuellen Repräsentation übte einen großen Einfluß auf die Öffentlichkeit aus und war politisch sehr aktiv. Um sie herum schossen Universitäten aus dem Boden, die auf denselben Grundsätzen errichtet worden waren. Der krönende Beweis für die Fähigkeiten des Menschen schien der Triumph der Mondlandung zu sein. Die gigantischen Starttürme für Satelliten wurden von vielen als Kathedralen der Technik gefeiert, die zur Ehre des Menschen erbaut worden waren.

Somit schöpfte der optimistische Humanismus seine Triebkraft aus dem Glauben, daß sich die menschliche Entwicklung innerhalb des humanistischen Rahmens gestalten ließe. Julian Huxley behauptete, daß der Humanismus schließlich alle menschlichen Probleme lösen und den gesamten Bereich des menschlichen Lebens erfassen könne. Er prophezeite, daß philosophische Probleme, wie der Dualismus zwischen Geist und Materie, soziale Probleme, wie der Zusammenprall zweier Kulturen und sogar internationale Probleme, wie der Krieg, bald gelöst sein würden.[11] Er bezog in seine Vorstellung auch ein neues Religionskonzept ein, das entschieden humanistisch war, denn es war eine Religion ohne Offenbarung. Im 19. Jahrhundert hatte Auguste Comte eine »Religion der Menschheit« verkündet, vollständig mit Sakramenten, Heiligen und Ritualien, die in zweitausend Kirchen in ganz Europa organisiert werden sollte, wobei Comte selber ihr Führer sein wollte. Huxleys Version ist weniger papistisch und entspricht mehr der Urbanität des modernen Humanismus. »Irgendeine Art Religion ist für den Menschen wahrscheinlich notwendig . . . anstatt übernatürliche Weltenlenker anzubeten, wird sie die höheren Kundgebungen des menschlichen Geistes in Kunst und Liebe, im intellektuellen Verständnis und in erhebender Verehrung zu einer geheiligten Aufgabe gestalten.«[12] Das ist die hoffnungsvollste Seite des Humanismus, wo man versucht, innerhalb seines Rahmens alle Probleme zu lösen, das ganze menschliche Leben zu ordnen, den Fortschritt zu leiten und die Evolution der menschlichen Rasse in ihre selbstgewählte Richtung zu lenken.

Mit der Zeit entpuppt sich dieses Wunschdenken jedoch immer mehr als illusionär. Nur der kaltblütige Technokrat kann die moderne Art der Kriegsführung als weniger schrecklich bezeichnen oder davon reden, daß man einer Lösung internationaler Konflikte nähergekommen sei. Das Streben nach »Heiligung« des Menschen in der darstellenden Kunst wurde schon früher aufgegeben. Die Künstler des 20. Jahrhunderts aber blickten bereits in eine Welt, die die humanistischen Philosophen und Naturwissenschaftler noch nicht wahr haben wollten. Die Tragik des Idealismus hat noch immer darin bestanden, daß seine Führer blind sind; an eine Welt der Illusion gewöhnt, werden sie von der Wirklichkeit zerschmettert.

Das Auftauchen des Pessimismus

Der optimistische Humanismus war nur eine der vielen Strömungen des säkularen Humanismus. Während in akademischen Kreisen der Optimismus besonders stark vorherrschte, ist jetzt offensichtlich, daß in weiteren Kreisen sich ein Pessimismus breitgemacht hatte, ein pessimistischer Humanismus, der immer schon vorhanden war, wie ein unterirdischer Strom in finsterer Tiefe, mit einer düsteren Haltung zu den Problemen des Menschen. Dieser unterirdische Strom droht jetzt an die Oberfläche zu treten und sich des Ansehens und der Herrschaft des optimistischen Humanismus zu bemächtigen.

Wieder müssen wir ein wenig in die Geschichte zurückgreifen, um uns der vollen Bedeutung dieses heute zutage tretenden Pessimismus bewußt zu werden. Er erkannte nämlich, daß hinter der scheinbaren Stabilität der Welt des 19. Jahrhunderts, in der der moderne Humanismus geboren wurde, eine andere Wirklichkeit lauerte. Sowohl Nietzsche als auch Kierkegaard lebten in leidenschaftlichem Aufruhr gegen die Spießbürgerlichkeit des 19. Jahrhunderts, besonders gegen den billigen religiösen Glauben und das ungerechtfertigte Selbstbewußtsein der säkularen Wortführer, gegen deren hohlen Optimismus und wortreichen Idealismus sie sich empörten. In dieser Spießerhaftigkeit und Verlogenheit sahen beide Zeichen einer gefährlichen Entwicklung.

Es ist erstaunlich, daß dieser Pessimismus nicht schon früher ernst genommen wurde. Aber die Pessimisten – die Dichter, Philosophen und Propheten des Chaos und der Katastrophe – wurden als die »Teufelsgesellschaft« belächelt.[13] Manche wurden ignoriert. Ihre wiederholten Warnungen wurden als Kulturmüdigkeit gedeutet und damit verharmlost. Im Jahre 1832 hatte Heinrich Heine gesagt: »Hört Ihr das Glöckchen klingeln? Kniet nieder – man bringt die Sakramente einem sterbenden Gotte.«[14]

Nietzsches spätere Verkündigung vom Tod Gottes und seine Suche nach einer Diagnose (»Alles hat keinen Sinn . . . Was bedeutet Nihilismus? – *Daß die höchsten Werte sich entwerten.* Es fehlt das Ziel, es fehlt die Antwort auf das ›Warum‹.«)[15] wurden gleichfalls nicht ernst genommen. War Heine nicht lediglich ein Dichter? War Nietzsche nicht später geisteskrank?

Andere Warnungen wurden ebenfalls mißachtet, weil sie sich von der Weltanschauung oder vom Temperament bestimmter Autoren her erklären ließen. Wiederholt stellte George Orwell in den 30er Jahren die westlichen Intellektuellen als Männer dar, die in vergnügter Ahnungslosigkeit den Ast absägten, auf dem sie saßen. Malcolm Muggeridge wünschte in seinen Artikeln dem Liberalismus den Tod. C. S. Lewis entlarvte das Denken seiner Zeit als »Das Begräbnis eines großen Mythos«.[16] Aber die ernste Unruhe von Orwell, die humorvolle, wenn auch unwirsche Ehrlichkeit von Muggeridge und die sanfte Klarheit und durch und durch vernünftige Sicht von C. S. Lewis kamen zu früh. Sie wurden ignoriert.

Aber heute kann die wachsende Flut der Unruhe nicht mehr ignoriert werden. Wie an Hunderten von Beispielen leicht nachgewiesen werden kann, ist sie tonangebend für die Beurteilung der menschlichen Situation heute. 1961 schrieb Franz Fanon mit besonderem Hinblick auf die Probleme der westlichen Zivilisation: »Seht, wie es heute zwischen der atomaren und geistigen Auflösung hin und her schwankt.«[17]

»Schauen wir uns selbst an, wenn wir den Mut dazu haben, und sehen wir, was mit uns geschieht.

Zunächst müssen wir ein unerwartetes Schauspiel über uns ergehen lassen: das Strip-tease unseres Humanismus.«[18]

Man könnte diese beiden Philosophen leicht als politisch und philosophisch voreingenommene Pessimisten abtun, aber sie sind nicht die einzigen, die von dieser Unruhe ergriffen worden sind. Aldous Huxley, einer der wichtigsten Vertreter der humanistischen Bewegung, schrieb über sich selbst: »Ich wurde auf der Wanderung zwischen zwei Welten geboren, wovon die eine tot ist, während es der anderen an Kraft fehlt, geboren zu werden, und in seltsamer Weise habe ich aus beiden das Schlechteste gemacht, was ich hätte machen können.«[19] Aus dem Lager der Naturwissenschaftler schrieb der amerikanische Biophysiker John Rader Platt: »Die Gefahren unserer Welt sind zu groß, als daß man sie mit etwas Geringerem als mit Utopien bekämpfen könnte.«[20]

Norman O. Brown, bekannt durch die lyrische Romantik seiner Visionen, gab zu: »Heute ist sogar das Überleben der Menschheit eine utopische Hoffnung.«[21]

Es kann zwischen Optimismus und Pessimismus kein stabiles Gleichgewicht geben, sondern nur eine unruhige Schwingung. Der optimistische Humanismus hebt die menschlichen Bestrebungen hervor, kann aber die Verfehlungen des Menschen nicht verständlich machen. Deswegen mangelt es ihm an einer Basis für die Erfüllung der ersteren, und seine Lösungen für die letzteren sind unzureichend; aus diesem Grund ist sein Optimismus ein romantischer Traum. Der pessimistische Humanismus jedoch erklärt alles Hoffen und Streben des Menschen für absurd; er erkennt zwar die Mängel des Menschen, aber der Preis für diesen Realismus ist ein Hang zur Verzweiflung, vor der es kein Entrinnen gibt. Dieser eindeutige Gegensatz läßt die gegenwärtige Krise besser erkennen.

Die vier Säulen des optimistischen Humanismus

Der optimistische Humanismus erweist sich als Idealismus ohne genügende Ideale. Genauer gesagt, seine Ideale lassen sich nicht mit dem begründen, was der Humanist aufgrund seiner rationalistischen Voraussetzungen für wahr hält. Hierin besteht die Hauptschwäche jeder der vier Hauptsäulen, auf denen der optimistische Humanismus errichtet ist.

Die erste Säule ist der Glaube an die Vernunft. Hier wird der optimistische Humanismus zu seinem ursprünglichen Glaubenssprung gezwungen. Es ist unmöglich, mit Hilfe der Vernunft zu beweisen, daß die Vernunft tatsächlich die Gültigkeit hat, die ihm der Humanismus zuschreibt, und im 20. Jahrhundert ist dieser Glaube an zwei besonderen Punkten angegriffen worden. Die moderne Psychologie hat gezeigt, daß der Mensch keineswegs ein durch und durch rationales Wesen ist, sondern daß die Motivationen auf einer sehr viel tieferen Ebene entstehen, und daß er sich dieser Kräfte nur teilweise bewußt ist. Viel von dem, was als vernünftiges Denken bezeichnet wird, ist vielmehr ein Rationalisierungsvorgang.

Die moderne Philosophie hat mit der Vorstellung, der Mensch könne sich und seine Welt mit der Vernunft allein begreifen, vollends aufgeräumt. Wenn der Mensch, der ohne göttliche Offenbarung von einem endlichen Bezugspunkt aus spricht, behauptet, ein »Allgemeines« und »Gültiges« gefunden zu haben, dann ist diese Behauptung sinnlos. Für das Bewußtsein der meisten Menschen (sofern sie sich überhaupt darüber äußern können) verhält es sich heute so, daß so etwas wie Objektivität (das Allgemeine, die Universalien) sich nur außer- und oberhalb von ihnen befinden kann, während in dem Bereich des Menschlichen nur eine subjektive, perspektivische und existentielle Wahrheit möglich ist.

Sowohl Psychologie als auch Philosophie haben dem Rationalismus seine stolzen Flügel mächtig gestutzt und somit den Glauben an die unbegrenzten Möglichkeiten des Verstandes als Mythos entlarvt. Mit *Rationalismus* meine ich hier nicht »Rationalismus« im Gegensatz zu »Empirismus«, sondern vielmehr die versteckte Voraussetzung, die beiden zugrunde liegt – der humanistische Glaubenssprung (d. h. Sprung aus der Rationalität), durch den die kritische Vernunft stillschweigend zu einem Absolutum erhoben und als ein Superwerkzeug benutzt wird, um die Einzeldinge (das Besondere) zu ordnen und ihnen eine Bedeutung zuzuordnen, die nur in die Welt der Universalien gehört.

Die zweite Säule ist der Glaube an den Fortschritt. Die Zukunftsorientiertheit, die durch die christliche Teleologie (Lehre vom Ziel aller Dinge) in die westliche Kultur eingeführt wurde, wurde von der Aufklärung säkularisiert. Scheinbar ist ihr von der Evolutionstheorie naturwissenschaftliche Unterstützung gegeben worden. Weithin wurde geglaubt, daß sich die Natur unaufhaltsam zu immer höheren Lebensformen entwickelt (wie es zum Beispiel in der Philosophie von Herbert Spencer dargestellt wird). Aber dieser Glaube ist jetzt vollständig unterminiert worden. Viele weisen auf die Anzeichen einer Krise der evolutionären Schau hin, die das schöne Traumbild vom unvermeidlichen Fortschritt, von der Kontrolle der menschlichen Evolution durch den Menschen selbst, trüben. Manche rechnen sogar mit dem Aussterben der menschlichen Rasse. Darauf werden wir im zweiten Kapitel noch genauer eingehen. Hier soll der Hinweis genügen, daß der naturwissenschaftliche Pessimismus langsam den Platz des Optimismus einnimmt; der Glaube an den unvermeidlichen Fortschritt wird weder von dem, was wir über unsere Vergangenheit wissen, noch von der gegenwärtigen Situation unterstützt, und auch die Futurologen können nicht mehr vom unvermeidlichen Fortschritt sprechen. Der optimistische Humanismus kann den empirischen Tatsachen immer weniger gerecht werden, wird somit immer mehr zur Ideologie, zu einer Idee, die zu einem Dogma erklärt wird, das mit den Tatsachen nicht mehr viel zu tun hat.

Die dritte Säule ist der Glaube an die Naturwissenschaft als Triebkraft des menschlichen Fortschritts, als Alternative zu Religion und Moral. Wenn »die Evolution gut ist«, dann darf das Fortschreiten der Evolution nicht gehindert werden, und jeder Veränderungsvorgang als solcher wird absolut gesetzt. Eine solche Anschauung finden wir in Sir Julian Huxleys *Evolutionary Ethics* oder in den Werken von Teilhard de Chardin. Aber immer häufiger stellen wir fest, daß die Frucht der Naturwissenschaft Zerstörung ist, und der Versuch, den Evolutionsprozeß als Grundlage für Ethik und moralisches Handeln zu benutzen, schlägt fehl.

Wenn der evolutionäre Fortschritt zum Axiom erklärt wird, dann nimmt der Trend zur Konvergenz (soziale und evolutionäre »Enttierlichung«) zu (wie es Teilhard de Chardin behauptet). Aber das geht auf Kosten der Individualität und kann dazu benutzt werden, ein totalitäres System zu unterstützen.[22] Bertrand Russel ist der typische Vertreter einer wachsenden Zahl von Denkern, die zugeben müssen, daß die Naturwissenschaft an sich wertneutral ist und daß aus ihren Erkenntnissen keinerlei Wertvorstellungen abgeleitet werden können.

Die vierte Säule ist der Glaube an die Fähigkeit des Menschen. Wir erleben gegenwärtig einen ständigen Schwund des menschlichen Selbstvertrauens. Die Tatsache, daß der Mensch so viele naturwissenschaftliche Entdeckungen gemacht hat, zeigt, zu welchen großartigen Leistungen er fähig ist; aber der Inhalt dergleichen Entdeckungen läßt ihn fühlen, wie unbedeutend er doch in Wirklichkeit ist. In dem schier unendlichen Universum wird der Mensch zum unscheinbaren Punkt reduziert; in den großen Zeitspannen des Universums kommt ihm seine Lebenszeit kürzer als eine Sekunde vor. Hier befinden sich die Humanisten in einem seltsamen Dilemma. Wenn sie von der Größe des Menschen reden, dann können sie das nur tun, indem sie seine Verfehlungen ignorieren.

Wenn sie sich ernsthaft mit den Mängeln des Menschen auseinandersetzen, dann müssen sie auf irgendeine Weise versuchen, dem Dilemma zu entrinnen, entweder indem sie Gott für die verfahrene Situation verantwortlich machen (und wie oft haben gerade die, die die Existenz Gottes besonders abstreiten, einen geradezu perversen Hang dazu, an seiner Güte zu zweifeln!) – oder sie reduzieren den Menschen zu einem Nichts, so daß seine Verfehlungen kein Problem mehr darstellen. Während des Zweiten Weltkriegs soll Albert

Einstein, geplagt von der zunehmenden Unmenschlichkeit dieses Vernichtungskampfes, zu sich selbst gesagt haben: »Immerhin, dies ist nur ein kleiner Planet.«[23] Es gelang ihm hierdurch, dem Dilemma des menschlichen Verbrechens und Bösen zu entrinnen, aber nur dadurch, daß er den Menschen zur völligen Bedeutungslosigkeit reduzierte. Ein besonders hervorstechendes Merkmal des Menschen von heute ist der hohe Grad an Unzufriedenheit mit seinem Selbstverständnis. Die Opposition gegen den Determinismus wächst, nicht weil der Determinismus nichts erklärt, sondern weil er zuviel erklärt. Der Mensch wird damit zu weniger reduziert, als er selbst sein will. Arthur Koestler sah den Determinismus als »ratomorphisch«[24] an, Viktor Frankl beschreibt ihn als »modernen Nihilismus«[25] und Noam Chomsky als das »dreistöckige Menschenbild«.

Mortimer Adlers Buch *The Difference of Man and the Difference it Makes* untersucht diese Zusammenhänge und ist in seinen ausführlichen Analysen skrupelhaft objektiv.[26] Adler warnt, daß, wenn der Mensch weiterhin keinerlei fundamentale Unterschiede zwischen sich selbst und der Tier- und Maschinenwelt anerkennt, sein Selbstverständnis im Hinblick auf sein moralisches Dilemma oder sein metaphysisches Sein unwiderruflich verändert wird. Alles, was noch mit den gegenwärtigen Vorstellungen von Moral und Identität zu tun hat, ist dann im Grunde Illusion, und die Auswirkungen werden für den einzelnen wie für die menschliche Zivilisation sehr tiefgreifend sein.

Wir haben also gesehen, daß in jedem dieser vier Bereiche der optimistische Humanismus die volle Wirklichkeit der menschlichen Defekte ignoriert, obwohl er an das Höchste allen menschlichen Strebens appelliert. Im Gegensatz dazu stellt der pessimistische Humanismus der Existentialisten die menschlichen Verfehlungen heraus (oft als »Verfremdung« bezeichnet) und läßt für das Streben des Menschen wenig Raum. Somit hält der Optimist an einem Menschenbild fest, das sich immer mehr als unwirklich erweist. Die Unlogik dieses Menschenbildes sollte es eigentlich dem rationalistischen Humanisten suspekt erscheinen lassen, aber er kann den Glauben daran nicht aufgeben, weil sonst vom optimistischen Humanismus nicht viel übrigbleiben würde.

Es ist eine seltsame, aber unleugbare Tatsache, daß der optimistische Humanismus im Lauf der Geschichte immer auf einen kleinen Teil der Gesellschaft beschränkt gewesen ist. Im Athen des Perikles ermöglichten es die vielen Sklaven den Intellektuellen, viel

Zeit auf ihre Reflektionen zu verwenden. In Italien, wie z. B. Urbino, waren die neuen Ideen der Renaissance oft auf Hofkreise beschränkt und besaßen keine breite Basis. Während der Aufklärung stammten die Philosophen im allgemeinen aus der privilegierten, wenn nicht gar der adligen Schicht. Das gleiche Merkmal finden wir auch heute bestätigt: Ein Artikel im *Humanist Magazine* trug den Titel: »Was stimmt mit dem Humanismus nicht?«[27] Ein langjähriger Humanist beschwerte sich darüber, daß der Humanismus so sehr vom Leben losgelöst sei. Er schlug unter anderem vor, daß ein besonderer Ausschuß die Möglichkeiten untersuchen sollte, den Humanismus zu einer religiösen Bewegung zu machen, mit einer eigenen Bibel, eigenem Gesangbuch und eigener Liturgie. Für eine Welt außerhalb der akademischen Kreise werden solche Glaubensvorstellungen oft als zu trocken und zu wenig anregend empfunden. Kann gegen den Humanismus eine ironischere, schlimmere Anklage erhoben werden, als daß er den menschlichen Bedürfnissen nicht gerecht werden kann?

Der Verdacht läßt sich nicht abweisen, daß der optimistische Humanismus zu seinem hohen Menschheitsideal nur kommen konnte durch eine Anleihe beim kulturellen Erbe des Christentums. Es wird von Thomas Huxley berichtet, daß er Sonntag abends mit seinen agnostischen Freunden Kirchenlieder sang, wenn er in einer melancholischen Stimmung war. Es ist geradezu ironisch, daß das Christentum des viktorianischen Zeitalters den Kampf gegen den Humanismus angeblich verloren hat, aber dabei seinen Feinden seine eigene bürgerliche Ethik auferlegte. Die christliche Ethik überlebte nicht nur das Schwinden des Christentums, sie ist sogar zum humanistischen Prinzip erhoben worden.

Dadurch daß der optimistische Humanismus (ebenso wie der idealistische Marxismus) sein hohes Menschenbild vom Christentum entlieh, ist er in Wirklichkeit eine christliche Irrlehre. Der Marxismus, was immer er auch in seiner Propaganda und Ideologie behaupten mag, entwertet in der Praxis den Menschen, denn er erhebt den Staat zum Absolutum über den einzelnen. Der optimistische Humanismus macht sich desselben Vergehens schuldig, indem er das Streben des Menschen verherrlicht, aber seine Entfremdung verschweigt. Es wird sich bald zeigen, ob die Humanisten in ihrem eigenen System moralische Ressourcen besitzen oder nur aus Reserven der Vergangenheit schöpfen.

Wenn der optimistische Humanismus auf einer so wackligen Grundlage ruht, warum hat man dies nicht schon früher erkannt?

Die Antwort müssen wir in der Atmosphäre der Selbstüberheblichkeit des 19. Jahrhunderts suchen, der Zeit, in der der optimistische Humanismus entstand. Westeuropa wurde von einem Klima der Spießbürgerlichkeit beherrscht. Das galt für beide Kirchen. Sowohl Katholiken als auch Protestanten wiegten sich in orthodoxer Koexistenz. Es traf auch für den Atheismus zu, mit seinem selbstsicheren Glauben, daß Vernunft und Wissenschaft zu einer Zivilisation führen würden, die alle Spuren des Barbarentums für immer aus dem Gedächtnis tilgen würden. Man sah dem 20. Jahrhundert als dem Zeitalter der Erfüllung dieser Hoffnung freudig entgegen, und die allgemeine gesellschaftliche Stabilität ließ diesen Mythos als glaubwürdig erscheinen.

Die Umwälzungen des 20. Jahrhunderts haben diesen Träumen ein grausames Ende bereitet. Auf den Fersen des Ersten Weltkriegs folgte die Russische Revolution, dann die Depression und der Zweite Weltkrieg. Blitzartig verschwanden die drei großen europäischen Reiche, Rußland, Deutschland und Österreich, von der Bildfläche, bald gefolgt von Großbritannien. Mit dem Auftauchen des Kommunismus und dem beschleunigten Wachstum der modernen Technik wurden in der modernen Welt neue explosive Kräfte entfesselt. Die Struktur der Zivilisation wurde scheinbar auseinandergerissen. In solchen Augenblicken, wenn die Menschen vor den Trümmern ihrer Gesellschaft standen und der Logik ihrer unzureichenden Grundlage nicht mehr entrinnen konnten, wurde die Schwäche der optimistischen Position sehr realistisch durchschaut. So wie man in guten Zeiten zu optimistisch war, zeigte sich in schlechten Zeiten, als man der Unwirklichkeit der optimistischen Vorstellungen nicht mehr entrinnen konnte, die Tendenz zu einem übertriebenen Pessimismus.

All das war von der »Teufelsgesellschaft« vorausgesehen worden. Nietzsche sah, wie das moderne Europa in einen Abgrund stürzte, und um 1880 warnte er prophetisch vor einem neuen barbarischen Zeitalter: »Es wird Kriege geben, wie sie die Erde noch nicht gesehen hat.«[28] Nach dem Ersten Weltkrieg schrieb Franz Kafka in ähnlicher Weise: »Die Säulen der menschlichen Existenz brechen zusammen. Die geschichtliche Entwicklung wird nicht mehr von dem einzelnen bestimmt, sondern von den Massen. Wir werden gestoßen, gehetzt, fortgefegt. Wir sind die Opfer der Geschichte.«[29]

Jeder große soziale Umbruch (wie die beiden Weltkriege) hat eine Zerstörung des sozialen Gefüges zur Folge und enthüllt damit die darunterliegende Wirklichkeit. Im Falle der westlichen Gesellschaft war das Krebsgeschwür, das dabei zutage kam, von humanistischen Pessimisten schon längst diagnostiziert worden. Nichtsdestoweniger haben erst die Ereignisse des vergangenen Jahrzehnts für viele Optimisten den wirklichen Augenblick der Wahrheit bringen können. Koestler beschreibt die sechziger Jahre als das »Krisenzeitalter«[30] und J. R. Platt als den »kritischen Punkt in der Geschichte«, an dem erkannt wurde, daß viele gefährliche Entwicklungen wie die Bevölkerungsexplosion, die Umwelt- und Großstadtkrise, die Rassenfrage und das Wettrüsten sich exponential beschleunigen.

Dazu kommt noch die offensichtliche Schmach, die die verächtliche Ablehnung des westlichen Humanismus durch die Dritte Welt mit sich bringt. »Verlaßt dieses Europa, wo sie nie aufhören, über den Menschen zu reden, doch Menschen abschlachten, wo immer sie sie auch finden!« rief Franz Fanon seinen Mitrevolutionären aus der Dritten Welt zu, und warnte auch vor den Vereinigten Staaten, »diesem supereuropäischen Monstrum«, in dem »die Geburtsfehler, die Krankheiten und die Unmenschlichkeit . . . grauenhafte Dimensionen angenommen haben.«[31]

Wenn es jene gesellschaftlichen Umwälzungen nicht gegeben hätte, dann hätte der Zustand der gesellschaftlichen Stabilität vielleicht länger angehalten; aber schließlich wäre es doch zu großen Veränderungen gekommen, und alles spricht dafür, daß die Möglichkeit eines gesellschaftlichen Umbruches ständig größer wird.

Hier kommt der unterirdische Pessimismus zum Vorschein, die »Teufelsgesellschaft«, und sie wirkt in ihrer tatsachengetreuen Darstellung der modernen Furcht, Einsamkeit und Entfremdung prophetischer und populärer denn je zuvor. Eine Beschreibung von Thomas Mann könnte als Grabschrift für unser Zeitalter gelten: »Er starb unentschieden, zwischen verzweifeltem Optimismus und überdrüssigem Pessimismus schwankend.«[32]

Das Striptease des Humanismus

Das ist also das »Striptease des Humanismus«, der Bankrott des Optimismus, die Preisgabe der Vernunft, der an die Oberfläche tretende Pessimismus, das geistige Klima unserer Tage. Wir wollen bestimmte Merkmale seiner Entstehung und seines bleibenden Einflusses untersuchen.

Zunächst einmal stoßen wir auf ein starkes Element der Überraschung. Für jemanden, der Nietzsche gelesen hat, sollte das eigentlich nicht der Fall sein, aber so war es eben. Im Jahre 1929 schrieb Freud:

»Der Mensch ist sozusagen eine Art Prothesengott geworden . . . Ferne Zeiten . . . werden . . . die Gottähnlichkeit noch weiter steigern . . . wir wollen aber auch nicht vergessen, daß der heutige Mensch sich in seiner Gottähnlichkeit nicht glücklich fühlt.«[33]

1951 war sich Camus dessen noch stärker bewußt:

»Im vergangenen Jahrhundert schlug der Mensch die religiösen Zwangsmittel nieder. Kaum frei geworden, erfand er sich wieder welche, und unerträgliche . . . Das Königreich der Gnade wurde besiegt, aber das der Gerechtigkeit bricht auch zusammen. Europa stirbt an dieser Enttäuschung.«[34]

Die Situation ist geladen mit Ironie: Es gibt nicht nur eine Krise des Glaubens, sondern gleichfalls eine Krise des Unglaubens. Manche religiösen Führer mögen endlos den Tod Gottes verkünden (fast als Grundsatz ihres Glaubensbekenntnisses), aber es scheint keineswegs mehr heldenhaft, ein Atheist zu sein. Wenn die Stadt Gottes dem Erdboden gleichgemacht worden ist, wer sucht jetzt nach einem Zuhause? Wer empfindet die Kälte am stärksten?

Ein zweites Merkmal ist die Irreversibilität der Zerstörung der humanistischen Illusion. Man könnte sich damit trösten, den gegenwärtigen Pessimismus als Teil eines Zyklus zu sehen oder als den Ausschlag des Pendels in eine bestimmte Richtung; aber aus verschiedenen Gründen ist das nicht möglich. Zunächst einmal gibt es eine Reihe neuer Faktoren, die eine Umkehr verhindern. Hier stoßen wir auf den Unterschied zwischen Oswald Spengler und Max Weber. Spengler dachte, der Untergang des Westens sei im Grunde eine Wiederholung dessen, was sich schon einmal ereignet habe. Weber behauptete, es handele sich um etwas, was es vorher noch nie gegeben habe. Den wesentlichen Unterschied erblickte er in der Tatsache, daß, obwohl der Untergang früherer Kulturen ähnliche Merkmale aufwies, es damals keine »Desillusionierung der Welt« durch die Technik gab. Insofern ist die Situation irreversibel.

Andere haben außerdem noch auf eine gewisse logische Unvermeidlichkeit hingewiesen, die aus der Diagnose vom Tod Gottes als kulturelle Gegebenheit folgt. Nietzsche weist mehrfach darauf hin, aber erläutert seine Ansicht besonders ausführlich in *Die fröhliche Wissenschaft*. Ein Narr betritt einen Marktplatz mit einer Laterne und ruft: »Ich suche Gott. Ich suche Gott.«[35] Aber die Menge kümmert sich um seine Ausrufe nicht; sie lacht lediglich über seine komischen Possen. Plötzlich wendet er sich ihnen zu und fragt fordernd: »Wohin ist Gott? Ich will es euch sagen. Wir haben ihn getötet – ihr und ich.« Aber sie ignorieren die Ungeheuerlichkeit seiner Aussage, und er wirft schließlich seine Laterne zu Boden und ruft: »Ich komme zu früh. Meine Zeit ist noch nicht gekommen. Dieses ungeheure Ereignis ist noch unterwegs.«

Der Tod Gottes beinhaltet viel mehr als nur den Verfall des religiösen Glaubens. Es ist, als ob der Mensch das ganze Meer ausgetrunken habe, den ganzen Horizont weggewischt und die Erde von der Sonne losgekettet habe. Gott ist tot. Gott bleibt tot, und all das, wofür Gott einst verantwortlich gemacht worden ist, muß auch verschwinden, und dieses furchtbare Spiel wird gespielt bis zum letzten Wurf des Würfels. In der Welt ohne Gott ist der Mensch nicht freier, sondern vielmehr mit einer ungeheuren Verantwortung belastet. David Hume gab zu: »Ich bin zunächst erschreckt und bestürzt angesichts der völligen Einsamkeit, in der ich mich in meiner Philosophie befinde.«[36] Nietzsches Alternative »Der Wille zur Macht« ist schon attraktiver, aber Jean Paul Sartre kam mit seiner Interpretation der grausamen Wirklichkeit wohl näher: »Totale Verantwortung in totaler Einsamkeit.«[37] Das war die neue Definition der menschlichen Freiheit ohne Gott.

Die Humanisten behaupteten, sie könnten christliche Werte beibehalten und ihnen unabhängig von Gott Gültigkeit verleihen. Aber Nietzsche lehnte ein derartiges Vorgehen als unmöglich ab, denn das Christentum war die einzige Basis der gesamten westlichen Zivilisation, und zwar nicht nur ihrer religiösen Glaubensvorstellungen, sondern auch ihrer gesellschaftlichen Werte und ihres Menschenbildes. Er sah keinen Fortschritt, sondern eine Zeit der Dekadenz voraus, deren einzige Logik der Nihilismus ist. Die Werte der westlichen Welt sind verlorengegangen. Es gibt keinen Unterschied mehr zwischen oben und unten. Es ist kalt geworden, und es wird dunkel. Für diejenigen, die die verzweifelte Konsequenz der nun für sie freigelegten Wahrheit nicht ertragen konnten, hatte Nietzsche nur noch Verachtung übrig. Er stimmte überein mit Burckhardt in seinem Haß gegen die »sonnverbrannten Optimisten«[38] und sah nur den Schrecken des Abgrunds. Wenn der alte Gott starb und »noch kein neuer Gott in Wiegen und Windeln liegt«, dann gibt es keine andere Alternative, als dem Nihilismus ins Auge zu blicken und aus den Trümmern der ehemaligen Ideale und Werte dem Willen zur Macht zu huldigen, der den Übermenschen schafft.[39]

Manche lehnen diese Diagnose als reine Einbildung ab. Vielleicht sollten wir uns die Sache doch einmal genauer ansehen. Hat der Tod Gottes wirklich etwas mit dem Aufstieg totalitärer Systeme zu tun? Von verschiedenen Gesichtspunkten her ist überzeugend argumentiert worden, daß der Aufstieg der modernen Diktaturen tatsächlich mit dem Tod Gottes in engem Zusammenhang steht.

Nietzsche argumentierte, daß, wenn Gott tot ist und der Mensch zu schwach ist, um ohne Regeln zu leben, der Staat unvermeidlich zum neuen Götzen wird, d. h. willkürlich zum Allgemeinen erhoben wird, und die Menschen zwingen wird, ihm zu dienen anstatt Gott.[40]

Wenn Gleichheit mit Konformismus verwechselt und daraus die Ablehnung jeglicher Initiative begründet wird, führt die allgemeine Gleichschaltung bestenfalls zu einem Sozialismus, und schlimmstenfalls zu einer Diktatur, die den Menschen dazu zwingt, dem Staat anstatt Gott zu dienen.

Dostojewskis Argument unterscheidet sich davon nur wenig. In *Die Dämonen*, einer sehr kritischen Darstellung des Nihilismus, gibt der revolutionsbegeisterte Shigalov die unglückliche Schlußfolgerung seiner Vision von einer neuen Gesellschaft zu:

»Ich habe mich in meinen eigenen Aufstellungen verwirrt, und mein Schlußresultat steht in direktem Widerspruch zu der ursprünglichen Idee, von der ich ausgehe. Indem ich von unbeschränkter Freiheit ausgehe, schließe ich mit unbeschränktem Despotismus.«[41]

Freiheit ohne Form resultiert in der Reaktion einer Form ohne Freiheit. »Shigalovs System« endet folgendermaßen: »Ein Zehntel erhält individuelle Freiheit und vollständige Macht über die restlichen neun Zehntel, die ihre Individualität verlieren und einer Rinderherde gleich werden.« Er würde vielleicht den Sozialismus im späten 20. Jahrhundert als eine Art von Staat ansehen, durch den die strenge totalitäre Kontrolle aufrecht erhalten wird.

Camus nimmt einen dritten Standpunkt ein: Er argumentiert, daß das moderne Streben nach Gleichheit die Säkularisierung der ursprünglichen Gleichheit der Seelen vor Gott darstellt.

»Die Ganzheit ist nämlich nichts anderes als der alte Einheitstraum, der den Gläubigen und den Revoltierenden gemeinsam ist, aber horizontal auf eine Erde ohne Gott projiziert.«[42]

Obwohl sie von völlig verschiedenen Voraussetzungen ausgehen, sind sie alle drei davon überzeugt, daß in der Welt nach dem Tode

Gottes der Aufstieg der modernen Diktaturen nicht zufällig oder ein zyklisch wiederkehrendes Ereignis ist, sondern logisch unvermeidlich. Für Nietzsche bedeutet der Tod Gottes die unerträgliche Begrenztheit des Menschen. Für Dostojewski bedeutet es, daß der Mensch furchtbar unbegrenzt ist. Camus setzt den Tod Gottes mit dem Tod der Vielfalt in der Einheit gleich.

Dostojewski (»Wenn nichts wahr ist, ist alles erlaubt«[43]) und Nietzsche (»Die Vorteile in dieser Zeit: Nichts ist wahr, alles ist erlaubt«[44]) sahen beide die unvermeidliche Logik des Relativismus, aber Dostojewski war menschlicher. Um seiner eigenen Philosophie Genüge zu tun, mußte Nietzsche selbst zum Übermenschen werden, aber seine Ansichten waren selbst für ihn zu überwältigend.

Als er am Rande des Abgrundes balancierte, schauderte er vor Entsetzen, für alles Lebendige verantwortlich sein zu müssen.[45]

Alles, was Nietzsche noch blieb, war das Exil, vom Zeichen Kains gebrandmarkt, mit der Herzensfrage, »welche fragt: wo darf ich heimisch werden?«[47]

Von seinem ersten Schritt, diesem fast faustischen Nihilismus ins Auge zu blicken, fand er keinen Ausweg. Er verspottete die Versuche von Marx und Hegel, irgendeinen anderen Sinn in der Geschichte zu finden, und verachtete Burckhardts Suche nach einer Lösung in der Ästhetik. Wie Erich Heller bemerkte: »Bis zum Ende seines Wahnsinns spinnt Nietzsche den Faden des Unglaubens. Der Wahnsinn der Verzweiflung entstammt seiner geistigen Folgerichtigkeit.«[48]

Diese Elemente der Überraschung und Irreversibilität waren zwei Merkmale des Auftretens einer Krise. Aber von noch größerer Bedeutung sind die verschiedenen Symptome ihrer gegenwärtigen Fortdauer. Der Schlüssel zu ihrem Verständnis liegt in dem Mangel einer Grundlage, dem sich der Humanist gegenübersieht, im Verlust des Zentrums.

Entfremdung

Das erste Symptom ist die Entfremdung, die auftritt, wenn der Mangel einer Basis tatsächlich erkannt und gefühlt wird. Jedesmal, wenn ein Mensch von seinem Selbstverständnis oder seiner Gesellschaft und seinem Milieu nicht befriedigt wird, dann ist er mit sich selbst uneins und fühlt sich entfremdet und in Frage gestellt. Der optimistische Humanismus, dem es an einer ausreichenden Grundlage für den gesamten Bereich des Menschseins fehlt, entbehrt gleichfalls einer genügenden Ausgeglichenheit, und in diesem Fall ist eine Entfremdung unvermeidlich. Zunächst einmal trifft dies heute für eine metaphysische Entfremdung zu. Nietzsche leugnet die optimistischen Konsequenzen des Darwinismus: »Der Mensch ist ein Seil, geknüpft zwischen Tier und Übermensch – ein Seil über dem Abgrund.«[49]

Zwischen dem Allzumenschlichen und dem Übermenschlichen gefangen, muß er die Kluft zu den Werten des Übermenschen überbrücken. Nietzsche fühlte sich sogar im Wahnsinn von diesem unmöglichen Kampf verhöhnt. Als »allzusehr Mensch« kannte er nur Qual, Schrecken, Einsamkeit, Abscheu, die »große Seekrankheit« der Welt ohne Gott.

Dieser letzte Begriff wurde von Sartre in seinem ersten Roman, *Der Ekel*, aufgegriffen. Als Roquentin eines Tages im Stadtpark spazieren ging, überkam ihn plötzlich der Ekel vor der Sinnlosigkeit des Lebens. Er blickte sich um und kam zu dem Schluß:

»Ich begriff, daß es zwischen der Nichtexistenz und dieser lustvollen Üppigkeit keinen Mittelweg gab. Wenn man existierte, so mußte man bis dahin existieren, bis zum Verschimmeln, bis zum Aufgeschwemmtsein, bis zur Schamlosigkeit.«[50] Er wurde zu der traurigen Schlußfolgerung gezwungen, daß der Schlüssel zum Leben eine fundamentale Absurdität sei.

Der Mensch als Mensch muß danach streben, Gott zu sein, um zur Erfüllung seiner selbst zu gelangen; doch wenn Gott tot ist, und die Welt so ist wie sie ist, werden ihm diese Bestrebungen als Absurdität ins Gesicht zurückgeworfen. Sartre zog zögernd die Schlußfolgerung: »Der Mensch ist sein eigenes Nichts.«[51]

Wie extrem diese Anschauung ist, wird in dem Drama von Samuel Beckett, der in Paris lebte und sich lange Zeit mit Marcel Prousts Philosophie von der Zeit beschäftigte und von daher mit der Gedankenwelt des Existentialismus vertraut ist, sehr gut dargestellt. In *Warten auf Godot* wird alles Leben auf das Niveau irrationaler Absurdität reduziert, da Godot überhaupt nicht ankommt.[52] In *Das letzte Band* wird die Persönlichkeit des alten Mannes völlig zerstört durch den Fluß der Zeit, der seine Identität in Fragmente zerschlägt.[53] *Breath* ist ein Stück, das dreißig Sekunden lang dauert und völlig ohne Schauspieler und Dialog gespielt wird; man sieht praktisch nichts auf der Bühne außer verschiedenartigem Blödsinn; das ganze Skript ist der Seufzer des menschlichen Lebens vom Schreien des Babys bis zum letzten Atemzug des Menschen vor dem Grab.

Die gleiche metaphysische Entfremdung finden wir – in der Ausdrucksweise der Gegenkultur – hervorragend destilliert in Yoko Onos einzeiligen Gedichten in *Grapefruit*. [54] Sie sind alle Variationen zum Thema der Sinnlosigkeit. *Map Piece* lautet so: »Zeichne eine Landkarte, um dich zu verirren.« *Lighting Piece* lautet: »Zünde ein Streichholz an und sieh zu, wie es abbrennt.« Hier finden wir das poetische Gegenstück zu *Breath*.

Das gleiche Gefühl der Entfremdung finden wir in dem Protest gegen das Menschenbild der modernen Philosophie und Psychologie. Paul Simons *Patterns* ist ein Aufschrei gegen den reduktionistischen Determinismus, in dem der Mensch einer Ratte in einem Käfig gleichkommt. [55] Jean Luc Godard sagt ähnliches in seinem Film *La Chinoise*. [56] Wenn die Liebe irgendeinen Sinn hat, dann ist die Feststellung »Ich liebe dich nicht« tragisch; aber wenn die Liebe zur Chemie der Augenfarbe oder zur Bevorzugung einer Pulloverfarbe reduziert worden ist, dann sagt »Ich liebe dich nicht« fast gar nichts mehr aus.

Die metaphysische Entfremdung kann man auch in dem Versuch erkennen, dem Nihilismus im Spiel zu entkommen. Ob die Spiele nun so rücksichtslos gespielt werden wie Geld- oder Erfolgsspiele, oder kompliziert und esoterisch sind wie Ästhetik und Meditationstechniken, sie dienen lediglich dazu, der Sinnlosigkeit zu entrinnen. Als Künstler erklärt Francis Bacon, daß der Mensch jetzt erkannt hat, daß er lediglich das Resultat eines Unfalls ist, ein völlig sinnloses Wesen, und daß er sich da nicht unbegrenzt lange etwas vormachen kann. Die Kunst ist zu einem Spiel geworden, durch welches der Mensch sich ablenken kann. [57]

Die große Tragik der gegenwärtigen Situation besteht darin, daß sie von einer neu empfundenen gesellschaftlichen Entfremdung bestätigt und zementiert wird. Diese Entfremdung rührt teilweise von der inneren Zerrissenheit der Gesellschaft her, aber noch mehr von der Verfremdung durch eine moderne technische Umgebung, in der sich die Menschen unerfüllt, entpersönlicht, entmenschlicht und zur Absurdität verdammt fühlen. Jacques Ellul liefert eine äußerst anschauliche Beschreibung: »Der Mensch war dazu geschaffen, die frische Luft der Natur zu atmen, aber was er atmet, ist eine obskure Mischung aus Säuren und Teer. Er wurde für eine lebendige Umgebung geschaffen, aber er lebt in einer mondartigen Landschaft aus Stein, Zement, Asphalt, Glas, Eisen und Stahl. Die Bäume welken und bleichen zwischen steilen Steinfassaden. Katzen und Hunde verschwinden langsam in der Stadt und folgen somit dem Schicksal des Pferdes. Nur Ratten und Menschen bleiben zurück, um die tote Welt zu bevölkern.«[58]

Der Mensch fühlt sich in seiner Umgebung nicht wohl, und die Spannung, der er ausgesetzt ist, zehrt an seiner Zeit, an seinen Nerven, an seinem ganzen Leben. Wenn er versucht, dem zu entrinnen, dann begibt er sich in eine Traumwelt des künstlich erzeugten Vergnügens, und solange er in seiner Welt bleibt, ist er einem Leben durchorganisierter Massenroutine ausgesetzt, der er sich anpaßt, aber in der er sich stets fehl am Platze fühlt.

Diese metaphysische und umweltbedingte Entfremdung ist eine unentrinnbare Konsequenz des Humanismus und symptomatisch für seine Unfähigkeit, seine Vorstellungen von Wahrheit und seine Ideale auf einen Nenner zu bringen: Auf der Grundlage seiner eigenen Anschauung von sich selbst kann der Mensch keine Erfüllung finden.

Die Mystifikation

Ein zweites Symptom ist das Vorherrschen der Philosophie des Als-Ob, die bewußte oder unbewußte Maskierung der wahren Natur der Dinge. Wenn der Mensch sich seiner unzureichenden Grundlage bewußt wird, führt das zur Entfremdung; wenn er das ignoriert und so tut, als hätte er eine ausreichende Basis, dann wird er zum Vertreter der Philosophie des Als-Ob. Was für ihn »normal« ist, wird zur »Norm« erklärt, macht ihn zum Maßstab, führt zur Verurteilung anderer, die anders handeln, also »anormal«.

Anders ausgedrückt, wenn es keine Universalien gibt, kein Allgemeingültiges, dann ist die »Normalität« ebenfalls relativ und muß von einem willkürlichen Allgemeinen diktiert werden, das entweder vom Staat oder von der Durchschnittsmeinung der Bevölkerung geschaffen wird. Das gilt, ob sich »Normalität« nun auf Moral oder geistige Gesundheit bezieht.

Die »Normalität« eines Menschen kann stillschweigend oder explizit zum Urteil der »Anormalität« eines anderen Menschen gemacht werden, sei es in geistiger oder moralischer Hinsicht. Andererseits kann das Urteil »anormal« gleichzeitig als Freiheit von der »Normalität« gedeutet werden. Die Weigerung eines Menschen, irgendeinen Grad von »Anormalität« in sich selbst anzuerkennen, verleitet ihn dazu, sich selbst zum Maßstab zu machen, um so seine »Normalität« auf Kosten der »Normalität« der anderen zu erhalten. Dieser Vorgang führt zur Rechtfertigung der Gewalt, denn die Mißhandlung von anderen kann damit begründet werden, daß man sie als »anormal« bezeichnet, nur weil sie eben anders sind.

Das hat in unserer Kultur tiefgreifende Auswirkungen. C. S. Lewis warnte, daß in einer Gesellschaft, wo das Gesetz objektive Gültigkeit hat, ein Mann, der durch das Gesetz verurteilt worden ist, seine Strafe absitzen kann und dann auf der Basis desselben Gesetzes, aufgrund dessen er verurteilt worden ist, verlangen kann, wieder freigelassen zu werden. Aber wenn ein Mann für »krank« erklärt wird, muß er seine Zeit in einer Krankenanstalt verbringen und wartet darauf, daß der Mann im weißen Kittel ihn entläßt. Aber wenn es sich um denselben Mann handelt, der ihn in die Anstalt eingewiesen hat, und seine »Krankheit« nicht objektiv feststellbar ist, an wen kann er sich dann wenden?

Lewis's Warnung kommt angesichts der sowjetischen Sitte, politische Gefangene nicht ins Gefängnis zu werfen, sondern in einer Anstalt unterzubringen, recht zeitgemäß. Dies wird durch den kürzlichen Fall von Zhores Medvedev, einem hervorragenden sowjetischen Genetiker, sehr gut illustriert. Medvedev war schon durch sein Buch über T. D. Lyssenko bekannt geworden. (Seine Darstellung der Geschichte, wie Lyssenkos irrige genetische Theorien unter Stalin zu einem unantastbaren Dogma erklärt wurden, ist ein faszinierendes Beispiel für die Philosophie des Als-Ob sogar im Bereich der objektiven Wissenschaft.) Wegen dieses Buches verlor Medvedev seine Anstellung. Er konnte keine Arbeit finden und beschäftigte sich daher damit, ein Buch über die russische Zensur zu schreiben. Zu seinem Entsetzen wurde er deshalb ins Krankenhaus eingeliefert und als ein Patient mit »paranoiden Vorstellungen von Gesellschaftsreformen« registriert. In seinem jüngsten Buch, *A Question of Madness*[59], schreibt er über seine Furcht vor neuer sowjetischer Repression mit Hilfe von »Psychoadaptation« und schließt mit der Bemerkung: »Wenn es so weitergeht, dann werden schließlich die Gesunden alle im Irrenhaus sitzen, und die wirklich Verrückten werden frei herumlaufen.«[60] Die amerikanische Zeitschrift *TIME* zitierte einen führenden sowjetischen Gerichtsexperten: »Warum sollen wir uns mit politischen Prozessen abgeben, wenn wir psychiatrische Anstalten haben?«[61]

Die Gültigkeit der Warnung von C. S. Lewis und die Konsequenz der Praktiken in Rußland sind leicht zu erkennen, aber das Problem ist nicht so einfach. Es gibt kein Land, in dem nicht eine Philosophie des Als-Ob in mancherlei Form praktiziert wird. Ein Beispiel aus den Vereinigten Staaten stimmt nachdenklich. Nach welcher Norm oder Definition von juristischer »Gerechtigkeit« kann ein Mann, der von einer Jury ganz klar des Mordes an der Bevölkerung eines ganzen asiatischen Dorfes überführt worden ist, ein fast freiheitliches Leben genießen, während ein Mann von tiefen religiösen und moralischen Überzeugungen, dessen einziges Vergehen darin bestand, daß er Taubenblut über amtliche Papiere goß, sehr hart verurteilt wurde? Manche werden den Vergleich zwischen William Calley und Daniel Berrigan für zu extrem halten, aber er wirft einiges Licht auf das gegenwärtige amerikanische Verständnis von »Normalität«. Im Jahre 1766 war die USA eine revolutionäre Triebkraft in einem revolutionären Zeitalter; heute stellt die USA einen kontra-revolutionären Block in einem revolutionären Zeitalter dar. Wie ist das möglich, wenn die meisten Amerikaner ihre heutigen Vorstellungen von Freiheit mit denen der amerikanischen Revolution identifizieren? Sowohl das Freiheitsverständnis als auch die Grundauffassungen, denen es entspringt, haben sich tiefgreifend verändert, aber diese Tatsache wird in öffentlichen Erklärungen niemals anerkannt. »Sagen Sie mal« pflegte Ho Chi Minh amerikanische Gäste zu fragen: »Steht die amerikanische Freiheitsstatue noch? Manchmal scheint es mir, als stünde sie auf dem Kopf.«[62]

Die andere Seite der Philosophie des Als-Ob ist die Vorstellung, daß an einem gewissen Punkt die »Anormalität«, ob moralischer oder geistiger Art, die Behauptung der Freiheit vor den Definitionen der »Normalität« sein kann. Dostojewskis *Idiot* könnte sehr gut mit dem Untertitel »Die Mystifikation von Myshkin« versehen werden. Die einem Heiligen ähnliche Unschuld des Prinzen ist in einer Welt des Reichtums, der Macht und des Egoismus anormal. Die Gesellschaft bezeichnet ihn als Idiot, aber in seiner Unschuld stellt er fest:

»Aber wie kann ich denn jetzt ein Idiot sein, wenn ich doch selbst sehr wohl begreife, daß man mich für einen Idioten hält? Wenn ich irgendwo eintrete, denke ich: ›Da hält man mich für einen Idioten, aber ich bin ja doch bei völligem Verstande, und das errät man hier nicht einmal.‹ Diesen Gedanken habe ich sogar sehr oft.«[63]

Die Tragödie des Prinzen bestand darin, daß er nicht in der Lage war, das Gewicht dieser Unschuld, die in die Welt, in der er lebte, nicht paßt, zu tragen.

Atonin Artaud vom »Theater der Grausamkeit« schrieb an einen Freund: »Ich bin nicht völlig ich selbst.« Aber die Gesellschaft zu seiner Zeit wollte seine Andersartigkeit nicht anerkennen und setzte ihn einer drastischen Serie von Elektroschockbehandlungen aus, um ihn zur Anpassung zu zwingen. Jerzy Grotowski schrieb später: »Artauds Unglück besteht darin, daß seine Krankheit, Paranoia, sich von der Krankheit seiner Zeitgenossen unterschied . . . Die Gesellschaft konnte es Artaud nicht gestatten, in einer anderen Weise krank zu sein.«[64]

Wie viele Tausende, die einer solchen Elektroschockbehandlung ausgesetzt worden sind, sind ähnliche Opfer der Mystifikation? Manche, wie die früheren Anhänger der Beatgeneration, haben reagiert, indem sie den Wahnsinn selbst zur Therapie erklärt haben. In *The Time of The Geek* schrieb Jack Kerouac: »Können Sie fühlen, was sich um Sie herum abspielt? All die Neurose, beschränkte Moral, die Repression und unterdrückte Aggressivität haben schießlich die Oberhand über die Menschheit gewonnen.« Wenn das, was aufgrund der Vorstellungen früherer Gesellschaften als »anormal« eingestuft wurde, jetzt für normal erklärt wird, dann ist man nach heutigem Maßstab normal, wenn man anormal ist. Erich Fromm spricht zum Beispiel von der »Pathologie der Normalität«[65], und bei R. Laing steht diese Vorstellung im Mittelpunkt seiner Psychologie. Er untersucht die Entfremdung, die in der menschlichen Persönlichkeit, der Familie und der Gesellschaft sichtbar wird, und sieht den Schizophrenen als jemanden, der zu einem Sündenbock gemacht wird. Wenn ein entfremdeter Mann, eine Familie oder Gesellschaft einen Sündenbock findet, dient die Behandlung, der sie ihn aussetzt, als Blitzableiter, um ihre eigene Anormalität erträglicher zu machen, denn diese Anormalität wird auf den Sündenbock projiziert.

Der Schizophrene ist ein Mensch, der zwischen der inneren und äußeren Welt hin- und hergerissen wird, zwischen seiner Erfahrung und seinem Verhalten, zwischen seiner Seele und seinem Körper, aber seine Entfremdung unterscheidet sich von der der anderen Menschen nur quantitativ, nicht qualitativ. Denn tatsächlich ist jeder entfremdet. Der Unterschied besteht darin, daß die weniger Entfremdeten als gesund angesehen werden und die stärker Entfremdeten als geisteskrank.

»Der ›normal‹ entfremdete Mensch wird als gesund angesehen, weil er mehr oder weniger so handelt wie alle. Andere Formen der Entfremdung sind diejenigen, die von der Mehrheit als böse oder verrückt angesehen werden.«[66] Wieder finden wir das Festhalten an der Vorstellung einer psychologischen Normalität vor, die zur Rechtfertigung der Gewaltanwendung benutzt wird, sei es in der Situation der Familie (wo der Vater nie unrecht haben kann) oder in internationalen Beziehungen. Auf der Basis des Relativismus kann ein »gerechter« Krieg kaum etwas anderes sein als ein »gerechtfertigter« Krieg. Laing schließt daraus:

»Normale Menschen haben vielleicht innerhalb der letzten 50 Jahre 100 Millionen ihrer normalen Mitmenschen getötet.«[67]

Die schwarze Komödie beruht auf derselben Erkenntnis. Die Welt ist nicht notwendigerweise metaphysisch absurd, aber die Art und Weise, in der die Menschen gewöhnlich leben, ist von einer fundamentalen Absurdität geprägt, die durch ihre selbstzufriedene Anerkennung ihrer Normalität maskiert wird. William Burroughs *Naked Lunch* ist zum Beispiel ein schlechter Witz, der als Waffe gegen die Gesellschaft und gegen die menschliche Existenz an sich gebraucht wird. John Barths *Sot Weed Factor* und Joseph Hellers *Catch-22* sind Parodien, deren makabrer Humor die inneren Widersprüche gesellschaftlicher »Normalität« zutage legt. Das gleiche gilt für viele humoristische Radioprogramme wie *The Goon Show* im BBC.

Der Entlarvung der so weitverbreiteten Philosophie des Als-Ob sollte eine Entmystifizierung, ein ehrliches Geständnis der eigenen Schuld folgen. Aber ohne echte Umkehr ist es dem Menschen unmöglich, seine Schuld offen einzugestehen. Und der moderne Mensch hat nichts, was ihn dazu veranlassen könnte. Zu oft führt das Durchschauen einer Philosophie des Als-Ob, die zur Rechtfertigung bestimmter Gewaltanwendung benutzt wird, zur Entwicklung neuer Mythen zwecks Rechtfertigung einer Gegengewalt. Das ist die Moral, die man aus vielen Reden der Radikalen lernen kann, z. B. am gefeierten Kongreß der »Dialektik der Befreiung.«[68]

Die Flucht vor der Wirklichkeit

Das dritte Symptom der fortschreitenden Krise des Humanismus ist die Flucht in eine Romantik, die nach einem Ideal strebt, es aber nie erreicht, weil dazu eine genügende Basis nicht vorhanden ist. Von seinem Zenith taumelt die Romantik abwärts zur Frustration und Verzweiflung – Ikarus heute. Diese Tatsache bedarf wohl kaum näherer Erläuterung. Es ist das Fazit dieses Kapitels und die Essenz von dem Großteil der Gegenkultur. Aber es ist eine Lektion, die nur selten gelernt wird.

Es gelingt dem Menschen nie, seine Erinnerungen an den Garten Eden zu überwinden, und so wirft er sich selbst gegen das flammende Schwert des Engels. Wir finden dafür zahlreiche Beispiele in verschiedenen Perioden dieses Jahrhunderts.

Die heutige Gesellschaft zum Beispiel begegnet dem Tod, indem sie sich in eine Romantik flüchtet. Eine Zeitlang herrschte die Vorstellung vor, daß, wenn die christlichen Vorstellungen vom Tode und dem Leben nach dem Tode beseitigt würden, man eine neue, freie, fast zwanglose Einstellung zum Tod haben und den Menschen von der Furcht vor dem Nicht-Sein befreien könne. Das Gegenteil ist der Fall, teilweise bedingt durch die sozialen Probleme des 20. Jahrhunderts und durch die Einführung der östlichen Vorstellung von der Reinkarnation. Der weltliche Mensch hat heute eine noch größere Furcht vor dem Tode und dem Nichtsein. Die großangelegte Kommerzialisierung des Kummers und Sterbens ist lediglich die Rückseite der Furcht vor dem Tode; die Furcht selbst verbirgt sich hinter einer extremen Romantik, die den Menschen der Manipulation aussetzt. Forest Lawn in Los Angeles ist diese Romantik in ihrer äußersten Ausdrucksform; Evelyn Waughs *The Loved One* spürt die Furcht hinter dieser Romantik unbarmherzig auf. Die Ironie ist nicht zu überbieten: Der Mensch des 20. Jahrhunderts, der die Viktorianer wegen der Tabus, mit denen sie die Sexualität umgaben, auslacht, behandelt jetzt den Tod und das Ende des Lebens selbst als Tabu. Der Tod ist die Pornographie des 20. Jahrhunderts, ein Tabu, das keine Freiheit von der Zensur beseitigen kann.

Die ständige Flucht vor der Wirklichkeit läßt sich durch verschiedene Zeitabschnitte in der Sozialgeschichte verfolgen. Die USA der 20er Jahre war die Welt von F. Scott Fitzgeralds Jazz Amerika; die Jugend war im Vormarsch, die Röcke waren kurz, die Tänze ausgelassen, und jedermann lebte in einem überwältigenden Gefühl noch nie dagewesener Neuheit. Diese Romantik stürzte dann zur Zeit der Depression in die Tiefe.

Zur gleichen Zeit schlossen die europäischen Intellektuellen mit ihrer enthusiastischen Begrüßung des neuen Sowjetregimes in ähnlicher Weise die Augen vor der Wirklichkeit.

Die frühen Reaktionen waren besonders überschwenglich, als ob man aus dem Verrat der Französischen Revolution nichts gelernt hätte. Wir stellen immer wieder dasselbe fest, von den frühen Sozialisten und Liberalen bis hin zur Weigerung Sartres, die Beweise für die stalinistischen Hinrichtungslager anzuerkennen: Flucht vor der Wirklichkeit. Malcolm Muggeridge beschreibt den Strom von westlichen Touristen nach Rußland: »Es war unglaublich – Geistliche, die ehrerbietig durch Anti-Gott-Museen stapften, Quäker, die übers ganze Gesicht strahlten, als ihnen mitgeteilt wurde, daß man in der UdSSR die Todesstrafe abgeschafft habe; Liberale freuten sich darüber, daß ein System ähnlich der proportionalen Repräsentation entwickelt worden war.«[69] Die Geschichte hat natürlich gezeigt, wie es in Wirklichkeit war, und heute würde wohl jeder mit Muggeridge darin übereinstimmen, daß es »soviel Dummheit auf einem Haufen in der gesamten menschlichen Geschichte noch nicht gegeben hat.«[70]

Das England der fünfziger und späten sechziger Jahre ist ein weiteres Beispiel. Christopher Bookers schildert in *The Neophiliacs* die Psychose dieser Zeit, ein Phantasiesyndrom, aufgrund dessen die Menschen hinter einem Traum herjagten, der sie immer weiter von der Wirklichkeit entfernte; dann zerschellte der Traum in einem Alptraum mit einer »Explosion in die Wirklichkeit«.[71] In den fünfziger Jahren entstand das neue England mit seiner neuen Moral, den Filmen der »neuen Welle«, seiner neuen Theologie und dem »Swinging London«, klassenlos, vital, superb, professionell. Aber das neue England war lediglich ein Traumbild, das von der Traumindustrie mit Popsängern, Innendekorateuren, Designern, Journalisten und insbesondere von der allgegenwärtigen Kamera heraufbeschworen worden war. Unter den Händen von David Bailey oder Richard Avedon wurde die Kamera zur magischen Lampe, die gerieben wurde, um eine geisterhafte Generation auf der Jagd nach der »magischen Blase der Modernität«[72] hervorzubringen. Booker stellt den Verlauf dieser tragischen Geschichte bis 1963 und die Explosion in die Wirklichkeit dar. Dahinter war nichts als Staub.

In den Vereinigten Staaten der 60er Jahre war es ähnlich. Tom Wolfe schildert diese Traumwelt, die in gleicher Weise brilliant und extravagant, aber im Grunde hohl war. Wolfe fing in seinem Buch *Das bonbonfarbige mandarinrot-gespritzte Stromlinienbaby* eine Kultur ein, die Las Vegas zu ihrem Versailles machte, wo die Gebäude der Neonbeleuchtung angepaßt wurden anstatt umgekehrt. Die Leere dieser Welt wurde in Bob Dylans frühen Songs dargestellt (wie *Desolation Row*).

Die Geschichte ist mit den Trümmern der Romantik übersät. Bokker führt diese Romantik auf die »Ablehnung einer rationalen Betrachtung der Erkenntnis von der Macht und Natur des Bösen«[73] zurück. Da die menschlichen Schwächen ständig ignoriert wurden (was schließlich zur Entfremdung führte), waren alle optimistischen Hoffnungen auf Sand gebaut, dazu vorbestimmt, als Illusionen wie Seifenblasen zu zerplatzen. Auf der wackligen Grundlage der Halbwahrheit errichtet, kann die Romantik kein Gleichgewicht erreichen.

Das Zwielicht westlichen Denkens

Der Rationalismus und der optimistische Humanismus haben sich als unhaltbar erwiesen, und das gleiche kann man auch für die gesamte westliche Kultur sagen. Das Striptease des Humanismus kennzeichnet das Zwielicht westlichen Denkens, das zahlreichen quälenden Spannungen, Widersprüchen, Schwingungen und Polarisierungen ausgesetzt ist, die alle von der Entfremdung der Menschen herrühren, die weder sich noch ihre Welt verstehen können.

Das Konzept der Entfremdung wurde oft aufgespürt: von Rousseau in der Politik, von Hegel in der Philosophie, vom frühen Marx in der Soziologie – bis hin zu den verschiedenen modernen Propheten des Existentialismus. Es ist natürlich nicht ganz so einfach, wie wir das hier dargestellt haben. Aber es ist interessant festzustellen, daß in keiner der verschiedenartigen Analysen der Entfremdung (wie in Albert Camus' *L'Homme Revolté*, Ernst Fischers *The Necessity of Art*[74] oder Lews Feuers Artikel *What ist Alienation*[75]) eine endgültige Lösung angeboten wird, weder auf intellektueller noch auf praktischer Ebene. Die Antwort des einen wird zum Problem des anderen, und somit wird die Suche endlos fortgesetzt.

Die besten christlichen Kritiker haben stets die Unvermeidbarkeit dieses Problems aufgezeigt. Der erste westliche Intellektuelle, der den Begriff Entfremdung verwendete, war nicht Rousseau, wie Fischer behauptet[76], noch Hegel, wie Fromm meint.[77] Es waren Augustinus und Calvin, die den Begriff der Entfremdung verwendeten, um deutlich zu machen, daß das Problem der Sünde oder des Bösen nicht nur ein theologisches war, sondern ein Bruch der menschlichen Beziehung zu Gott, der zum Bruch aller anderen Beziehungen führte. Die Entfremdung durch das Böse entsteht, theologisch gesehen, zwischen Gott und Mensch, auf soziologischer Ebene zwischen den Menschen, psychologisch gesehen zwischen dem Menschen und sich selbst, und im ökologischen Bereich zwischen dem Menschen und der Natur. Die weitreichenden Folgen dieser Erkenntnis sind in zwei zeitgenössischen christlichen Kritiken entwickelt worden, in deren Mittelpunkt die Schwäche der Voraussetzungen des Humanismus steht, die ihn in die Sackgasse geführt hat, in der er sich jetzt befindet.

Hermann Dooyeweerd in Holland gibt einen Überblick über die Geschichte der Philosophie von den vorsokratischen Griechen bis hin zum modernen Humanismus.[78] In all diesen humanistischen Denkweisen zeigt er die im wesentlichen religiösen Voraussetzungen auf, die nur dadurch zum Zuge kommen, daß ein Einzelding (wie z. B. die Vernunft) zu einem Allgemeinverbindlichen erhoben wird. Schlußendlich führt das Dilemma zur Wahl zwischen der Tendenz zum Positivismus (die Anerkennung aller Wahrnehmung als richtig, weil das die einzige Art und Weise ist, in der Wahrnehmung sinnvoll wird) und der Tendenz zur Skepsis (der totale Relativismus des radikalen Zweifels).

Francis Schaeffer zeigt die gleiche Sackgasse auf, in die man von dem anfänglichen Humanismus von Thomas von Aquin über Hegel, Kant, Kierkegaard bis zum modernen Menschen geraten ist.[79] Wenn die Vernunft von einem Werkzeug zu einem Absolutum erhoben wird, wird der Rationalismus dabei gewaltig überstrapaziert, über die »Linie der Verzweiflung« gezogen, was zu einem zweigeteilten Wahrheitsbild führt, zu einer »Preisgabe der Vernunft«.

In seinem Vorwort zu Dooyeweerd *The Twilight of Western Thought* beschreibt J. D. Rushdoony das Schwanken zwischen Positivismus und Skeptizismus und zitiert Metrodorus von Chios, einen griechischen Philosophen aus dem vierten Jahrhundert. Metrodorus erklärt, es gäbe nur zwei Dinge, die ein Mensch wissen könne:

»Niemand von uns weiß überhaupt irgend etwas, nicht einmal, ob wir wissen oder nicht wissen; wir wissen auch nicht, ob es so etwas wie Wissen oder Nichtwissen gibt, oder allgemeiner, ob es etwas gibt oder nicht.«[80] Dennoch: »Alles existiert, was irgend jemand wahrnimmt.« Der Kontrast zwischen Prof. A. J. Ayers Positivismus in seinem Buch *Language, Truth and Logic* im Jahre 1936 und der Skepsis in seiner Vorlesung zum Gedächtnis von John Dewey im Jahre 1970 zeigt dasselbe Dilemma auf.

Camus konnte dem auch nicht entkommen:

»Ich rufe aus, daß ich an nichts glaube und daß alles absurd ist, aber ich kann an meinem Ruf nicht zweifeln und ich muß wenigstens an meinen Protest glauben . . . Es ist also notwendig, daß die Auflehnung ihre Vernunftgründe von sich selbst herleitet, da sie sie von nichts anderem herleiten kann.«[81]

Als Existentialist weiß er, daß der Positivismus ihm keine Grundlage für seine Werte liefern kann, und daher kämpft er gegen die Skepsis, indem er die Rebellion zum Absolutum erhebt.

Es ist sicherlich verständlich, daß sowohl der optimistische Humanismus als auch der Existentialismus das bürgerliche Christentum ihrer Zeit ablehnen. Aber der Humanismus ist heute genauso bürgerlich und der Existentialismus hat die Verzweiflung von einer vorübergehenden Gemütsverfassung zu einer Lebensweise erhoben. Es herrscht eine fast perverse Weigerung, das historische Christentum noch einmal in Betracht zu ziehen, das einst die Antworten auf genau diese Probleme bot und immer noch die stärkste zeitgenössische Kritik liefert. Nietzsche hatte zumindest den Mut, dem Nihilismus gerade ins Gesicht zu sehen. Er hatte mit Burckhardt keine Geduld, denn er fühlte, daß sich Burckhardt der verzweifelten Wahrheit bewußt war, aber sie ständig vermied. Nietzsche schilderte seine »tiefen Gedankengänge mit ihren seltsamen Berechnungen und Umbiegungen, wo die Sache an das Bedenkliche streift.«[82]

Der moderne Humanismus weigert sich gleichermaßen, die Gefahrenpunkte zu berühren, der Logik seiner eigenen Voraussetzungen ins Gesicht zu sehen. Er zieht es vor, in intellektueller Inkonsequenz zu leben. In seinem Buch, *Enterbter Geist,* schreibt Erich Heller: »In Kafka haben wir den modernen Geist vor uns, scheinbar selbstgenügend, intelligent, skeptisch, ironisch, sehr gut vorbereitet auf das große Spiel der Vortäuschung, daß die Welt, die er in steriler Besonnenheit untersucht, die einzige und endgültige Wirklichkeit ist, die es gibt – dennoch ein Geist, der mit der Sünde in der Seele Abrahams lebt. Von daher weiß er zwei Dinge zugleich, ist sich beiden gleichermaßen sicher, nämlich, daß es *keinen* Gott *gibt* und daß es einen Gott geben *muß.*«[83]

Kafka war damit nicht allein. Nietzsche selbst, trotz all seines Hohns, vollführt einen Glaubenssprung. Er behauptet, daß jeglicher Versuch, das Universum zu verstehen, aus dem menschlichen Willen zur Macht entspringt, aber er sieht nicht ein, daß seine eigene Vorstellung des Willens zur Macht dann eine Schöpfung seines Willens zur Macht sein muß. Was für Kafka eine Schwäche war, ist heute eine Krankheit von dem Ausmaß einer Epidemie. Erich

Fromm meint: »Im neunzehnten Jahrhundert war das Problem, daß Gott tot ist; das Problem des 20. Jahrhunderts besteht darin, daß der Mensch tot ist.«[84] – Aber Fromm scheut sich davor, die Verbindung zwischen den beiden zu untersuchen. R. D. Laing stellt die Alternative: »Deus absconditus. Oder wir sind geflüchtet«,[85] aber seine Vorstellung des Göttlichen ist nicht christlich, sondern von östlichen Religionen bestimmt, und seine Verwendung von Luthers Ideologie ist rein rethorisch.

Der optimistische Humanismus befindet sich also in einer ständig wachsenden Krise. Aber das soll uns nicht dazu veranlassen, die Menschlichkeit seiner Ideale zu verleugnen. Was wir brauchen, ist ein stärkerer Humanismus, kein schwächerer. Wir brauchen eine Menschlichkeit, die eine Grundlage für ihre Ideale besitzt und gleichzeitig die Möglichkeit ihrer tatsächlichen Verwirklichung bietet.

Es gibt verschiedene Anforderungen, die an jede vorgeschlagene Lösung gestellt werden müssen. Zunächst muß sie eine Basis liefern, auf der die Individualität des Menschen als menschlich definiert und praktiziert werden kann. Die östlichen Vorstellungen vom Menschen, die das jetzige Leben des Menschen als wertlos verwerfen, die kommunistische Unterwerfung des einzelnen gegenüber dem Staate und das Versagen der nachchristlichen westlichen Kultur, den Tendenzen zur Entmenschlichung erfolgreich entgegenzuwirken, sind Philosophien, deren Lösungsvorschläge dieser ersten Anforderung nicht genügen.

Zweitens muß sie eine Basis für die Erfüllung der Bestrebungen des einzelnen liefern. Aus ähnlichen Gründen versagen die östlichen Religionen, Kommunismus und Humanismus auch an diesem Punkt; gleichfalls der Determinismus und der Existentialismus.

Drittens muß die Lösung eine Basis für die Heilung des Menschen von seiner Entfremdung bieten, und zwar indem der einzelne eine Erfüllung seiner selbst findet. Viele Vorstellungen scheitern an diesem Punkt.

Viertens muß sie eine Basis für ein Gemeinschaftsleben liefern, das innerhalb der gesellschaftlichen Einheit eine Vielfalt zuläßt, und zwar ohne das Chaos des Relativismus oder den Hang zur totalen Kontrolle, den man in vielen modernen Staaten und Gemeinschaften sieht.

Die gesuchte Lösung muß also eine Grundlage besitzen, auf der Menschlichkeit praktiziert werden kann, die einen genügend stabilen Anker gegen die Entmenschlichung bildet, die aus sozialen Umbrüchen und der Furcht vor weltweiter Zerstörung entsteht.

Ein dritter Weg ist offensichtlich erforderlich, der die grundlegende Situation des Menschen anspricht, sowohl als einzelnen als auch in der Gemeinschaft. Er muß eine Antwort auf den Existentialismus geben und die Ideale des optimistischen Humanismus erfüllen. Aber wir greifen bereits vor.

Durch den Niedergang der christlichen Kultur und die Krise des Humanismus ist die westliche Kultur steuerlos geworden. Wir erleben die Entstehung eines Vakuums, aus dem ein Nihilismus erwächst. Werden wir in ein neues technologisches Barbarentum taumeln? Wird ein neuartiger Mystizismus den Westen in den Osten verkehren? Oder wird die schnelle Aushöhlung der westlichen Kultur einen Niedergang der Macht mit sich bringen, bis der Egoismus des Westens von dem Hammer der Sowjets gerichtet wird?

Nur die Zukunft wird es zeigen. Interessanterweise hat die Fragwürdigkeit vieler altbeliebter Ideologien zur Entstehung einer neuen Ideologie geführt – der Futurologie. Hier hat der optimistische Humanismus der Evolutionstheorie seine letzte Chance. Wenn in der Suche nach einer Zukunft der Mensch genügend Gründe findet, an sich selbst und die Fähigkeit, seine Zukunft kontrollieren zu können, zu glauben, dann könnte der Humanismus wieder Auftrieb bekommen. Mit dieser Suche wollen wir uns im nächsten Kapitel beschäftigen.

Anmerkungen zu
Kapitel 1: Das Striptease des Humanismus

1 *Friedrich Wilhelm Nietzsche, Die fröhliche Wissenschaft (Stuttgart, 1965)* in The Portable Nietzsche (New York, 1954), S. 96; Carl Jung, »Epilogue«, Modern Man in Search of a soul (New York, 1933); Bertrand Russell, Has Man a Future? (Harmondsworth, 1961), S. 110; Frederico Fellini, Fellinis Saതാricon, ed. Dario Zanelli, trans. Eugene Walters und John Matthews (New York, 1970), S. 296
2 *zitiert in Kenneth Clark, Zivilisation (Hamburg), S. 107 und 124*
3 *zitiert in ibid., S. 104*
4 Peter Gay, The Enlightenment: An interpretation (New York, 1966), S. 44
5 Ibid., S. 417
6 Michael Harrington, The Accidental Century (Harmondsworth, 1967), S. 31
7 Gordon Childe, Man Makes Himself (New York, 1951)

8 Julian Huxley, The humanist frame (London, 1961), S. 44

9 Ibid., S. 74

10 Algernon Charles Swinburne, »Hymn of Man«

11 J. Huxley, S. 75

12 Ibid., S. 108

13 Harrington, S. 35

14 Heinrich Heine, zitiert in Walter Kaufmann, Nietzsche: Philosopher, Psychologist, Antichrist (New York, 1956), S. 375

15 Nietzsche, *Der Wille zur Macht*, zitiert in Kaufmann, S. 103

16 C. S. Lewis, Christian Reflections (London, 1967), S. 82

17 *Frantz Fanon, Die Verdammten dieser Erde, trans. Constance Farrington (Frankfurt/Main, 1968), S. 239*

18 *Ibid., S. 20*

19 Brief von Aldous Huxley an Sibylle Bedford, zitiert in Time, 4. Mai, 1970

20 J. R. Platt, Programme für den Fortschritt, München 1971, S. 230

21 Norman O. Brown, Life against Death (London, 1968), S. 267

22 *Siehe Nigel Calder, Technopolis (Düsseldorf, 1971)*

23 *Arnold Toynbee, in: Der moderne Mensch und der Tod (Frankfurt/Main, 1970)*

24 Arthur Koestler, The Ghost in the Machine (London, 1967), S. 15

25 Viktor E. Frankl, »Reductionism and Nihilism« in Beyond Reductionism, ed. Arthur Koestler und J. R. Smythies (London, 1969), S. 398

26 Mortimer J. Adler, The Difference of Man and the Difference it Makes (London, 1967)

27 Kitwood, What is human? (Downers Grove, USA, 1970), S. 49

28 *Nietzsche, Ecco Homo, IV, 1,* wie in Kaufmann zitiert

29 Harrington, S. 26

30 Koestler, S. 313

31 *Fanon, S. 240*

32 Harrington, S. 36

33 *Freud, Das Unbehagen in der Kultur (Wien, 1930), S. 125*

34 *Albert Camus, Der Mensch in der Revolte (Hamburg, 1953), S. 283–284*

35 *Nietzsche, Die fröhliche Wissenschaft*

36 zitiert in Gay, S. 65

37 zitiert in Kitwood, S. 54

38 *Erich Heller, Enterbter Geist, (Frankfurt/Main, 1954), S. 125*

39 *Nietzsche, Also sprach Zarathustra, IV, 14, in* The Portable Nietzsche, S. 409

40 *Nietzsche, Also sprach Zarathustra, I, 11, in* The Portable Nietzsche, S. 160

41 *Fjodor Dostojewsky, Die Dämonen (München, 1969), S. 443*

42 *Camus, Der Mensch in der Revolte, S. 238*

43 *in ibid., S. 76*

44 *zitiert in Camus, Der Mensch in der Revolte, S. 72*

45 *zitiert in ibid., S. 75*

46 *zitiert in ibid., S. 75*

47 *zitiert in ibid., S. 75*

48 *Heller, S. 125*

49 *Nietzsche, Zarathustras Prolog, 4 in* The Portable Nietzsche, S. 126

50 Jean Paul Sartre, Der Ekel, Hamburg, 1963, S. 136

51 Sartre, *Sein und Nichtsein, S. 567*

52 *Samuel Beckett, Warten auf Godot (Frankfurt/Main, 1971)*

53 *Samuel Beckett, Das letzte Band (Frankfurt/Main, 1970)*

54 Yoko Ono, Grapefruit (London, 1970)

55 Paul Simon, The Paul Simon Songbook, CBS 62579

56 Jean Luc Godard, La Chinoise (1967 verfilmt)
57 zitiert in H. R. Rookmaker, Modern Art and the Death of a Culture (Downers Grove, USA, 1970), S. 174
58 Jacques Ellul, The Technological Society, trans. John Wilkinson (New York, 1970), S. 321
59 *Chores and Roy Medvedev, Sie sind ein psychiatrischer Fall, Genosse,* (1972)
60 »Psychoadaptation, or How to Handle Dissenters«, Time, 27. September 1971, S. 45
61 Ibid., S. 44
62 zitiert in Harrison Salisbury, »Introduction«, The Prison Diary of Ho Chi Minh (New York, 1971), S. IX
63 Fedor Dostojewski, *Der Idiot (München, 1969), S. 120*
64 Jerzy Grotowski, Towards a poor Theatre (New York, 1968), S. 123
65 Erich Fromm, The sane Society (New York, 1956), S. 24
66 R. D. Laing, The Politics of Experience (Harmondsworth, 1967), S. 24
67 Ibid., S. 24
68 David Cooper, ed., The Dialectics of Liberation (Harmondsworth, 1968)
69 Malcolm Muggeridge, Tread Softly for You Tread on my Jokes (Glasgow), S. 28
70 Ibid., S. 29
71 Christopher Booker, The Neophiliacs (Glasgow, 1970), S. 70
72 Ibid., S. 44
73 Ibid., S. 339
74 *Ernst Fischer, Von der Notwendigkeit der Kunst (Düsseldorf, 1967)*
75 Lewis Feuer, »What is Alienation? The Career of a Concept«, ›New Politics‹, Frühling 1962, S. 116–134
76 *Fischer, S. 90*
77 *Erich Fromm, Das Menschenbild bei Marx (Frankfurt/Main, 1972)*
78 Hermann Dooyeweerd, A New Critique of Theoretical Thought, (vier Bände) (Grand Rapids, USA, 1957); The Twilight of Western Thought (Nutley, USA, 1960)
79 *Francis A. Schaeffer, Gott ist keine Illusion (R. Brockhaus, Wuppertel, 1975), Preisgabe der Vernunft (R. Brockhaus, Wuppertal, 1970)*
80 J. R. Rushdoony, »Vorwort«, Dooyeweerd, The Twilight of Western Thought, S. 9
81 Camus, *Der Mensch in der Revolte, S. 16–17*
82 *Nietzsche in einem Brief an Gersdorff, 7. Nov., 1970, zitiert in Erich Heller, S. 120*
83 *Ibid., S. 181*
84 Fromm, Sane Society, S. 360
85 Laing, The Politics of Experience, S. 118

2 Zwischen Paradies und Welt-
   untergang

Wir unterstützen die Erklärung der Evolution mit festem Vertrauen auf den Schutz der göttlichen Vorsehung.

Timothy Leary

Ihr werdet sein wie Götter.

Heinrich Schirmbeck

Wir werden keiner biologischen Zeitbombe zum Opfer fallen noch biologisch untergehen, denn einem solchen Ende geht der gesellschaftliche Zusammenbruch voraus, wenn es uns nicht gelingt, ihn abzuwenden.

Peter Atteslander

Mit schicksalhafter Unausweichlichkeit, einer Unausweichlichkeit, die nur höchste Freiheit ist, treiben wir mühsam und gefährdet dem Frieden entgegen.

Pierre Teilhard de Chardin

Quellen:
Schirmbeck, Heinrich, Ihr werdet sein wie Götter, Köln 1966
Atteslander, Peter, Die letzten Tage der Gegenwart, Scherz Verlag

Zukunft

»Es ist äußerst schwierig, eine prophetische Aussage zu machen, besonders im Blick auf die Zukunft.« Die Ironie dieses chinesischen Sprichwortes wird nur von der Dringlichkeit der Frage selbst übertroffen: Was kann der moderne Mensch von der Zukunft erwarten? Die Futurologie ist ein neuartiges, sehr faszinierendes Forschungsgebiet, keineswegs mehr ein Gebiet, das für Träumer, Poeten und Science-Fiction-Autoren reserviert ist, sondern eine ernsthafte Beschäftigung für Regierungsabteilungen, Wissenschaftler und Denkfabriken. Bald wird sie sich zu einem neuen Wissenschaftszweig entwickelt haben. In bedeutenden Reden wird neuerdings oft auf die »Herausforderung der Veränderung« Bezug genommen, und Margaret Mead meint, daß bald jede Universität einen Lehrstuhl für Zukunftsfragen haben werde.

Die Frage der Zukunft ist nicht von allein akademischem Interesse. Das verstrickte Fädengewirr der heutigen Probleme führt unmittelbar in die Zukunft, in der allein der Schlüssel zu finden ist, oder vielleicht das Eingeständnis, daß es keinen Schlüssel gibt.

Die Bedeutung der Futurologie

Der Aufstieg der Futurologie kann nicht unabhängig von dem Ende der Ideologie gesehen werden. Diejenigen, die zum Tode der traditionellen Ideologie beigetragen haben oder ihn zumindest als Faktum anerkannt haben, haben die Futurologie zu einer neuen Ideologie gemacht. Für dieses Kapitel ist die Futurologie aus drei Gründen von Bedeutung. Zunächst ist die Futurologie zum wichtigen Prüfstand für viele zeitgenössische Philosophien geworden. Die Achillesferse einer sonst sehr überzeugend wirkenden Anschauung kommt oft erst dann zum Vorschein, wenn wir die menschlichen Vorstellungen von der Zukunft untersuchen. Manche, wie die altmodischen Humanisten, sehen heute nicht viele Probleme, aber wenn sie in die Zukunft blicken, wird ihr Optimismus von einer Wolke von Problemen verdunkelt. Andere, wie die idealistischen Anarchisten, sehen heute die Welt voller Probleme, aber sie richten all ihre Hoffnung auf die Zukunft und bauen ihren Glauben auf den Triumph menschlichen Fortschritts. Deshalb wird die Frage »Paradies oder Weltuntergang«? aus mehr als nur akademischem Interesse gestellt. Schließlich geht es für Millionen um Leben und Tod, und die Frage hat großen Einfluß auf das Selbstverständnis des Menschen. Die Frage ist die: Welche der beiden Alternativen ist wahrscheinlicher? Welche wird von besseren Argumenten unterstützt?

Zweitens ist die Frage auch in Beziehung auf das christliche Verständnis von Mensch, Gesellschaft und den Verlauf der Geschichte von Bedeutung, denn wenn der Optimist in seiner Voraussage, ein utopisches Morgen sei in der Tat zu verwirklichen, recht hat, dann muß die Bibel entweder völlig über Bord geworfen oder drastisch entmythologisiert werden. Wenn jedoch die Geschichte in irgendeiner Weise mit der biblischen Konzeption übereinstimmt, dann muß man sich mit ihr etwas ernsthafter auseinandersetzen.

Die Futurologie ist noch aus einem dritten Grund von großer Bedeutung. Wie die Zukunft auch aussehen mag: es wird stets Bereiche geben, in denen jeder verantwortungsbewußte Bürger gegen die allgemeine Entmenschlichung kämpfen muß. Zum Beispiel wird es vielleicht notwendig sein, der Bedrohung eines totalitären Systems entgegenzuwirken, oder im Namen der Menschlichkeit und Freiheit gewisse Fragen der Moral und Ethik zu erörtern. Wir müssen diese Probleme heute verstehen, um morgen eine intelligente und mutige Haltung einnehmen zu können.

Trotz dieser Gründe gibt es auch große Gefahren in der Überbewertung der Futurologie. Das Ende eines jeden Jahrtausends wird durch wilde, apokalyptische Vorstellungen gekennzeichnet. Die Jahre vor dem Jahr 2000 sind sicherlich keine Ausnahme; in einer solchen Atmosphäre sind seltsame Versuchungen vorhanden. Dem Mann, dessen Lieblingsträume auf dieser Seite der Letzten Tage wohl kaum Erfüllung finden, wird es sicherlich schnell vergeben werden, wenn er den Hufschlag der apokalyptischen Reiter mit gemischten Gefühlen zu hören meint. Aber es ist nicht zu entschuldigen, daß Alarmisten des Pop-Futurismus – weltlicher oder geistlicher Marke – durch ihre lärmend verkündeten Warnungen sonst unakzeptablen Alternativen Anerkennung zu verschaffen suchen.

Die Konstruktion eines Szenariums

Das grundsätzliche Ziel der Futurologie besteht darin, die »Fut007ibles« zu ermitteln, ein Ausdruck, der von Bertrand de Jouvenel geprägt wurde.[2] Er benutzt zwei Linien, um die »Unveränderlichen« und die »Unerreichbaren« darzustellen, und bietet dann eine Grafik der menschlichen Möglichkeiten. In dieser Grafik gibt es drei Bereiche. Das »Mögliche« ist der Bereich des Künstlers, das »Wahrscheinliche« ist der Bereich des Naturwissenschaftlers, und das »Durchführbare« ist der Bereich des Politikers.

In *Ihr werdet es erleben*, stellen Herman Kahn und Anthony Wiener Szenarien dar, die sie als »überraschungsfreie, quantitative Entwürfe« bezeichnen.[3] Aber die meisten Futurologen geben zu, daß alle derartigen Entwürfe ziemlich in der Luft hängen und daß es gegenwärtig völlig unmöglich ist, auch nur irgendeine von ihnen genügend zu verifizieren. Man kann ihnen eben glauben oder nicht glauben. Immerhin ist es für die Historiker schwierig genug, sich über die Vergangenheit zu einigen – über das, was bereits geschehen ist. Deshalb sollte uns die Unsicherheit bezüglich der Zukunft nicht überraschen.

Alvin Toffler vergleicht die Futurologie mit dem Zeichnen einer antiken Landkarte: Am Ende stimmt die ursprüngliche Karte kaum mit dem entdeckten Land überein. Aber obwohl die Karte gewöhnlich ziemlich falsch ist, ist sie dennoch eine Hilfe, dorthin zu gelangen. In ähnlicher Weise kann die Zukunft ganz anders aussehen, als man es sich heute in den Szenarien vorstellt, aber die Szenarien dienen dazu, uns die entscheidenden Probleme deutlich zu machen und so in die Zeit hineinzuhelfen, die sie schildern. Dennoch gibt Desmond King-Hele ganz ehrlich zu, daß ein Leben mit solchen Voraussagen einem »blinden Seiltanz gleichkommt, mit Knoten, die die gegenwärtigen Krisen symbolisieren«.[4]

Man muß die Probleme und Schwierigkeiten bei dem Entwurf eines Szenariums verstehen und sie daher mit aller Bescheidenheit betrachten. Hier ist noch ein Wort der Warnung am Platz: Es ist unbedingt notwendig, die Voraussetzungen zu untersuchen, aufgrund derer die Prognosen getroffen werden, denn sie bedingen oft Stil und Inhalt dessen, was geschrieben wird. Ein gutes Beispiel für den betörenden Effekt, den dies haben kann, ist Desmond King-Heles Buch: *Auf Messers Schneide.* Es beginnt mit der Ausführung, daß wir allen technischen Prognosen mit Mißtrauen begegnen sollten, denn oft werden Futurologen durch kommerzielle Interessen ihrer finanziellen Mäzene daran gehindert, Voraussagen zu machen, die jenen schaden könnten. Er formuliert diese Warnung mit genügender Stärke, aber liefert dann selbst ein typisches Beispiel, nur daß anstatt kommerzieller Interessen seine Voraussagen von philosophischen und psychologischen Vorurteilen beeinflußt werden. Seine Vorausannahmen bedingen sogar die Art der Präsentation und das Layout. Auf der ersten Seite sagt er: »Die logische Antwort auf die Frage ›Hat der Mensch eine Zukunft?‹ ist ›wahrscheinlich nicht‹ oder genauer: »Die Zukunft des Menschen kann viele verschiedene Formen haben, aber die wahrscheinlichsten davon sind katastrophaler Natur.«[5] Er beginnt also mit entwaffnender Offenheit und ungewöhnlicher Ehrlichkeit, aber erklärt dann, er könne einfach nicht morbid sein: »Ich werde daher über weite Passagen dieses Textes den blinden Optimismus verbreiten, der für unsere Spezies so bezeichnend ist, und ich werde – so bedrückend die Omen auch sein mögen – voraussetzen, daß wir künftige Gefahren meistern und mehr oder minder ungeschoren das Ende dieses Jahrhunderts erleben werden.«[6]

Dann fährt er fort und erklärt, daß diese optimistische Haltung seine ganze Methode stark beeinflussen wird. »Das Eintreten von Katastrophen ist dann nur allzu wahrscheinlich; da aber den meisten Leuten die Realität in größerer Dosierung absolut unerträglich ist, habe ich all diese möglichen Katastrophen in Kapitel 2 zusam-

mengefaßt und ihre Schrecken so gelinde wie eben möglich ange-
deutet.«[7]

Nicht alle Futurologen stellen ihre Voraussetzungen so offen dar.
Aber wenn wir uns nicht in die Irre führen lassen wollen, dann müssen wir herausfinden, was ihre Voraussetzungen sind. Die Futurologie muß wie jede Philosophie im Licht ihrer Prämissen untersucht
werden. Alle intellektuellen Voraussetzungen, kommerziell bedingte Interessen und emotional gesteuerte Präferenzen müssen für
eine objektive Beurteilung ihres Wertes bloßgelegt werden. An-
dernfalls geben wir uns mit jeglichem Optimismus Illusionen hin,
und jegliches Zukunftsbild kann nicht mehr als ein Kartenhaus sein.
Am besten beginnt man damit, vergangene und gegenwärtige Zukunftsvorstellungen miteinander zu vergleichen. Arthur Clarke hat
oft gesagt, daß sich die Zukunft heute am besten diejenigen vorstellen können, die mit den Zukunftsvisionen der Vergangenheit vertraut sind. Ein kurzer Überblick über viele dieser Utopien offenbart
einen erstaunlichen Unterschied zu ihren Gegenstücken im 20.
Jahrhundert. Im Jahre 1516 schrieb Thomas Moore sein Buch *Utopia*, in dem er eine Insel darstellt, die 54 gut geplante Städte aufwies,
jede mit 6000 Familien und Gemeinschaften, die kommunistisch
organisiert, aus spartanischen Idealen heraus errichtet waren und
den Krieg haßten; es gab einen Garten für jedes Haus, und Euthana-
sie für die Altersschwachen. Im Jahre 1872 schrieb Samuel Butler
Erewhon. – Er beschrieb ein Land, in dem sich die Menschen gegen
die Maschinen erhoben hatten und sie zerstörten. 1891 schrieb William Morris *New From Nowhere,* die Geschichte eines ländlichen
Paradieses, die im Jahre 2012 spielt. Diese drei Werke sind repräsentativ für viele optimistische utopische Darstellungen der vergangenen Generationen.

Der Unterschied zwischen diesen und modernen Zukunftsdarstel-
lungen kann einfach durch das Aufzählen einiger moderner Titel
aufgezeigt werden: *Schöne neue Welt* von Aldous Huxley, *1984* von
George Orwell, *Fahrenheit 451* von Ray Bradbury, *That Hideous
Strength* von C. S. Lewis, *On the Beach* von Neville Shute, *A
Clockwork Orange* von Anthony Burgess, *Futurum II* von B. F.
Skinner. Mit Ausnahme von *Futurum II* sind sie alle vorherrschend
pessimistisch. Technisch gesehen werden nicht so sehr Utopien,
sondern Dystopien oder Antiutopien dargestellt, was Toynbee als
das moderne »Nervenversagen« bezeichnet. Toffler beschwert sich
darüber, daß es heutzutage an utopischen Autoren fehlt, deren Voraussagen Antennen für die Zukunft sein können. Deshalb schlägt
Toffler die Errichtung von Utopienfabriken vor.

Der Unterschied zwischen den beiden extremen Haltungen, Optimismus und Pessimismus, wird immer mehr durch zwei Daten dargestellt. Das Jahr 1984 symbolisiert gewöhnlich eine düstere Zukunftsschau, während das Jahr 2000 immer mehr für Fortschrittsglauben und technischen Optimismus steht. Sogar unser benachbarter Wintersportort in der Schweiz begrüßt seine Touristen mit einem Zeichen, das kundgibt, daß sich der Ort auf das Jahr 2000 vorbereitet.

Wie schon immer besteht eine Spannung zwischen utopischer Sicht als *eutopia* (was im griechischen für »guter Ort« steht) und *outopia* (das »Nirgendwoland«), wie Sir Thomas Moore, ein gerissener Witzbold, erklärte, als er den englischen Ausdruck prägte.

Zukunftsprofile

Zunächst wollen wir uns einmal die groben Umrisse oder das Profil der vorausgesagten Zukunft ansehen. Es geht hierbei nicht so sehr um falsche oder richtige Prognosen, sondern darum, welche Bereiche in der Zukunft von besonderer Bedeutung sein werden und auf einige der tiefgreifenden moralischen, ethischen und menschlichen Fragen hinzuweisen, die sich in der Zukunft stellen werden.

Alle Voraussagen stimmen darin überein, daß wir auf der Schwelle zu einem qualitativ andersartigen Zeitalter stehen, dessen zentrales Merkmal die Technik ist. Man hat eine Unmenge von Namen dafür erfunden, wovon die meisten jedoch die zentrale Bedeutung des technischen Fortschritts hervorheben. Daniel Bell bezeichnet es als »nachindustriell«, Harvey Cox »technopolitisch«, Kenneth Boulding »nachzivilisiert«, Alvin Toffler »superindustriell«, Zbigniew Brzezinsk spricht von dem »technokratischen Zeitalter«, Marshall McLuhan von dem »elektronischen Zeitalter« und Bertram Gross von der »Revolution der beschleunigten Veränderung«. Der gemeinsame Ansatz in diesen Bezeichnungen besteht darin, daß man nach einem Ausdruck sucht, der eine Gesellschaft beschreibt, die sich sehr schnell jenseits dessen bewegt, was man kennt, und in unerforschte Wirklichkeiten vorstößt. Ob das nun mit dem Modewort »jenseits« (jenseits der Tragik, jenseits des Kapitalismus etc.) oder »nach« (nachchristlich, nachmodern etc.) geschieht – man will damit sagen, daß es eine Zeit wie die unsere vorher noch nie gegeben hat.

Toffler erklärt es folgendermaßen. Wenn die 50 000 Jahre, seit denen es auf diesem Planeten Menschen gibt, in Lebensalter von je 62 Jahren aufgeteilt werden, dann hat es etwa 800 solche Lebensalter gegeben. Davon hat der Mensch 600 in Höhlen zugebracht, erst in den letzten 70 hat es die Schrift gegeben, und nur in den letzten acht gab es den Buchdruck. Aber die bedeutungsvollste ist unsere Lebenszeit – die achthundertste. Diese eine Lebenszeit ist der Mittelpunkt der Geschichte, in ihr ist soviel passiert, wie in allen vorausgegangenen Lebensaltern zusammengenommen.[8]

George Thomson, der britische Physiker und Nobelpreisträger, vergleicht die Bedeutung unseres Zeitalters mit der Erfindung der Landwirtschaft in der Neusteinzeit. Herbert Read hielt gleichermaßen den Unterschied zwischen unserem Zeitalter und dem vorausgegangenen für genauso bedeutend wie den zwischen der Alt- und Neusteinzeit.[9] In jedem Fall sind sich die meisten einig, daß die Zeit sich beschleunigt; so wie Wasser zu Dampf wird, wird die Geschichte unbeständig.

Zukunftsprofile zeichnen sich in vier wichtigen Bereichen ab: Eroberung des Weltalls, totale Nutzbarmachung der Erde, biologische Manipulation und gesellschaftliche Veränderung.

Die Zukunftsingenieure

Zunächst einmal die Eroberung des Weltalls, ein Fragenkreis, der für uns nur von untergeordneter Bedeutung ist. Wird es im Jahr 1980 Mondbasen geben? Wird es im Jahre 2000 Siedlungen auf dem Mond geben? Wird der Mensch bald eine Alternative zum Raketenantrieb entwickeln und dadurch die Erforschung des Weltraums beschleunigen? Werden Raumbesatzungen bald in einem kontrollierten Schlafzustand reisen? Ist es möglich, den Mars und die Venus bewohnbar zu machen? Ist es möglich, den Jupiter auseinanderzunehmen und neu zu bauen? Man könnte eine endlose Liste solcher Fragen aufstellen, die bereits nicht mehr zur Science Fiction gehören. Sie fragen nach der Psychologie des Menschen, der in den Weltraum hinausgeht, und verlangen, daß wir die Kosten für solche Programme mit den Kosten der noch ungelösten irdischen Probleme vergleichen. Aber für unsere Zwecke sind diese Fragen nicht so wichtig wie die tiefgreifenden menschlichen Fragen in anderen Bereichen.

Das zweite Gebiet ist die totale Nutzbarmachung der Erde. Wie werden die Kommunikationssysteme der Zukunft das Leben des

Menschen verändern und gestalten, und werden sie seine Möglichkeiten verbessern oder einschränken?

Es wird nichts weniger als das Vorhandensein sofortiger, totaler Information vorausgesagt. Das wird davon abhängig sein, daß jedes fortschrittliche Land einen Satellitengürtel besitzt, ein nationales Netz von Computerdatenbanken, und daß in jedem Haus ein Gerät steht, das man als »Weltkasten« bezeichnen könnte – ein hochentwickelter, vom Fußboden bis zur Decke reichender Fernsehbildschirm, der Fernsehen, Einkaufhilfen, Büchereien, Kinos, Zeitungen, Enzyklopädien und Universitätskurse zu ersetzen vermag. Diese Art der sofortigen totalen Information würde gleichermaßen dem Staat und der Polizei ständig totale Information über jeden einzelnen Bürger ermöglichen. Diese Medaille hat zwei Seiten!

Was können wir alles von der Erforschung der Ozeane erwarten? Zwei Drittel der Erde sind von Wasser bedeckt, und vielleicht werden wir bald Unterwasserpflanzenanbau und -bergbau, vielleicht auch ganze Unterwassersiedlungen haben.

Sofort erhebt sich die Frage, wem der Reichtum in den Ozeanen gehören wird. Sollen die Vereinten Nationen zu ihrem Besitzer gemacht werden? Oder wird es bald eine Art Unterwassergoldrausch geben?

Die Möglichkeit verbesserter Wetterkontrolle bringt weitere Fragen mit sich. Wenn es dem Menschen gelingt, Wolken und Tornados aufzulösen, Nebel zu vertreiben und Satellitenspiegel dazu zu gebrauchen, Wärme zu konzentrieren, wird das zu einem Verlust des ökologischen Gleichgewichts führen? Schafft die Möglichkeit der Wetterkontrolle neue Kriegsmittel? In einem Roman von Theodore Thomas, *The Wheathermen*, wird eine Welt geschildert, die von einem Wetterrat kontrolliert wird, der Wetterkatastrophen als Mittel zur politischen Sanktion gebraucht. Toffler gibt zu: »Die Beherrschung des Wetters ist eine Gabe, die man mit größter Behutsamkeit anwenden muß, wenn sie sich nicht für den Menschen unheilvoll auswirken soll.«[10]

Topographische Veränderungen sind ebenfalls ein wichtiger Aspekt der totalen Nutzbarmachung unseres Planeten. Russische Wissenschaftler haben einen Plan entwickelt, demzufolge die Beringstraße abgedichtet werden soll, um das Polareis zu schmelzen. Soll man so etwas zulassen?

Wenn ein solcher Damm gebaut und das kalte arktische Wasser herausgepumpt würde, könnte das wärmere Wasser des Atlantik dort hineinfließen, und innerhalb von drei Jahren würde soviel vom arktischen Eis schmelzen, daß sich die Durchschnittstemperatur der Arktis um 8^0 C erhöhen würde. Damit könnte das gegenwärtig permanent gefrorene Land in Sibirien und Kanada zum Weideland von immenser wirtschaftlicher Bedeutung werden. Aber würde das nicht zu unvorhergesehenen Störungen führen? Es wäre denkbar, daß England dann ein warmes Klima bekommt, Teile der USA viel zu heiß werden und die Malayische Gummiindustrie zerstört wird, weil der Nordpazifik kälter wird. Was würde passieren, wenn der Meeresstand stärker anwachsen würde als die berechneten 10 Zentimeter? Ein Anwachsen des Meeresspiegels um sechs Meter würde ausreichen, um New York und London völlig zu überfluten, und wenn durch irgendeinen Zufall das gesamte Eis der Antarktis schmelzen würde, dann würde der Meeresspiegel um 120 Meter steigen.[11] Ob das nun wahrscheinlich oder unwahrscheinlich ist – jede Möglichkeit muß sorgfältig erwogen werden, denn sollte sie sich verwirklichen, würde sie auf die menschliche Gesellschaft einen nachhaltigen Einfluß ausüben.

Der dritte Bereich ist die biologische Manipulation, die Nigel Calder als die »radikalste aller Methoden« bezeichnet.[12] Hier treten viele Probleme auf. Die quantitative Anwendung der Biotechnik ist bereits ein Bestandteil des modernen Lebens, und bald werden wir mit Hilfe von Drogen und Elektroden unsere Selbsterkenntnis verbessern und unsere Launen kontrollieren können. Der Entwicklung der menschlichen Intelligenz wird durch Drogen oder Sauerstoffbehandlung des Fötus nachgeholfen; Kinder, die bereits mit solchen Mitteln behandelt worden sind, zeigen ein sehr viel früheres Auftreten von bestimmten Fähigkeiten. Man könnte auch den Schlaf und die Träume kontrollieren, und vielleicht wird es auch gelingen, die Dauer des menschlichen Lebens zu verlängern, obwohl eine Verlängerung von nur 50 Jahren schon die Bevölkerungskrise sehr verschlimmern würde. Natürlich würden willkürliche Begrenzungen der Lebensspanne nach totalitärer Kontrolle aussehen.

Die wirkliche Frage wird jedoch nicht die Verbesserung der quantitativen Anwendung der Biotechnik sein, sondern die qualitative Veränderung durch genetische Manipulation. Zum erstenmal wird der menschliche Körper nicht mehr als gegebene Größe aufzufassen sein. Vielleicht wird die Herstellung von biologischen Kopien menschlicher Zellen und neuer Organismen von den Zellen Erwachsener innerhalb der nächsten 50 Jahre realisierbar sein. Manche Futurologen sprechen von der Möglichkeit gefrorener Embryos. Eine Frau könnte einen genetisch gesunden Embryo kaufen, und Geschlecht, Augenfarbe, Haarfarbe und den IQ-Bereich je nach Geschmack wählen. Der Embryo könnte ihr dann von einem Arzt eingepflanzt werden. Andere versprechen die Möglichkeit der Geburt ohne Schwangerschaft. Der menschliche Embryo könnte neun Monate lang von einer Kuh getragen werden, wodurch man die »lästige« Schwangerschaft vermeiden könnte. Die meisten empfinden angesichts solcher Vorstellungen immer noch eine moralische Abscheu, aber für manche der liberalen »Women's Lib«-Vertreter sind sie schon zu wichtigen Bestandteilen ihrer Hoffnungen geworden.

Wie steht es mit der Möglichkeit der Symbiose zwischen Mensch und Maschine? Wird es sogenannte Cyborgs geben, Gehirne, die von ihrem Körper getrennt in einem Maschinenkörper leben? Oder Androiden, die sich von Menschen nicht mehr unterscheiden lassen? Die vielen Vorstellungen in diesem Bereich reichen vom Außergewöhnlichen bis zum Bizarren. Dr. E. S. E. Hafez von der *Washington State University* machte den Vorschlag, man konnte ja befruchtete menschliche Keimzellen zu den Planeten schicken, so daß die Bevölkerung einer ganzen Stadt in einem Schuhkarton geschickt werden könnte. J. S. B. Haldane schlägt vor, der Mensch sollte für die Eroberung des Weltraums biologisch angepaßt werden. Prof. H. D. Block von der Cornwell Universität behauptet, daß geschlechtliche Beziehungen zwischen Menschen und Maschinen bald praktikabel und wünschenswert sein werden. Gordon Rattray Taylor warnt, daß ein paranoider Diktator sein Gehirn in einem kugelsicheren Roboterkörper am Leben erhalten könnte. Diese Zukunftsvorstellungen sind ein wahrer Nährboden für allerhand Alpträume und Phantasien. Sollten wir die Zucht kleinerer Menschen vorschlagen? Werden vielleicht bald die Söhne 100 Jahre nach dem Tod ihres Vaters geboren werden? Wenn wir Zellkopien von einem Einstein, einem Strawinsky, einem Picasso herstellen können, wer soll die Duplikation eines Hitler oder eines Stalin verhindern?[13] Wer soll die Auswahl treffen? Auf welcher Grundlage soll gewählt werden? Was ist das Kriterium der »Menschlichkeit«? Gibt es einen grundsätzlichen Unterschied zwischen dem Menschen und der übrigen Natur, und wenn ja, was macht das schon aus? Die Antworten auf diese Fragen liegen jenseits der Reichweite des nachchristlichen Humanismus. Selbst auf den Zehenspitzen kann er dieses Damoklesschwert nicht erreichen, geschweige denn losbinden.

Der vierte Bereich ist die gesellschaftliche Veränderung. Die heutige Gesellschaft wird sich bald bis zur Unkenntlichkeit verändert haben. Arbeit, wie wir sie heute kennen, wird nicht mehr die Basis der Gesellschaft sein, und auch die Dienstleistungsberufe werden ihre gegenwärtige Bedeutung verlieren. Die Informationsvermittlung wird von größter Bedeutung sein. Es wird keine Arbeiter mehr geben, sondern nur Techniker, die Freizeit wird immer mehr zunehmen und die Erziehung um ein vielfaches an Bedeutung gewinnen.

Die Kunst und Ästhetik werden sich höchstwahrscheinlich auch wandeln. Sir Herbert Read sagte in seinem Beitrag zu *The World in 1984 Part II* voraus, daß die Kunst und Literatur, wie wir sie heute kennen, vielleicht schon im Jahre 1984 ausgestorben sein wird. Sir Herbert Read könnte schon recht haben. Andere sind jedoch der Meinung, daß der Trend der Ästhetik in Zukunft zur totalen Simulation menschlicher Erlebnisse durch sogenannte »Erlebnismacher« gehen wird. Sogar die Produktion wird psychologisiert werden. Einige Hinweise auf diesen Trend sind schon heute erkennbar. Das Gesicht der Oxford Street in London ist im Wandel begriffen. Große Supermärkte verschwinden langsam, an ihre Stelle treten kleine Boutiquen, deren Stil durch ihre Intimität, Vielfalt und der besonderen Verwendung von Klang und Farbe fast mittelalterlich anmutet. Die traditionelle Dekoration vieler Londoner Kneipen ändert sich, so z. B. gibt es eine Kneipe, die das Gefühl einer Schifffahrt ganz genau simuliert.

New Yorks Cerebrum bezeichnet sich selbst als ein »elektronisches Studio für Partizipation.«[14] Vergnügungspaläste der Zukunft, wie sie von Toffler beschrieben werden, werden die menschliche Erfahrung nachahmen und die Vergnügungsmöglichkeiten von Disneyland, einer Weltkirmes, Kap Kennedy, der Mayoklinik alles in einem anbieten. Diese »Psychologisierung« des Milieus und der Unterhaltungsindustrie wird eine neue »Stimmungssteuerung« darstellen. Die ständige Simulation verschiedenartiger Erlebnisse mit dem Ziel, Menschen glücklich zu machen, ist das kurzsichtige Produkt einer materialistischen Weltanschauung und erinnert auch stark an die »Schöne neue Welt« von Huxley. Die gegenwärtige Stellung der Familie wird unwiederbringlich verlorengehen. In der Vergangenheit hat diese Institution als Vermittler sozialer Werte und auch als Stoßdämpfer der Gesellschaft in Zeiten großer Umwälzungen gedient. Mit dem Verschwinden der Familie, wie wir sie heute kennen, werden alle ihre Vorteile verlorengehen. Wenn die Eltern in ein Babytorium gehen und sich dort einen Embryo aussuchen können, wird die Mutterschaft sicherlich an Mystik verlieren. Und wenn es keine Schwangerschaft mehr gibt, wird die ganze Bedeutung der Mutterschaft verlorengehen; gleiches gilt für die Elternschaft im allgemeinen. Wenn Embryos gekauft werden, wer sind ihre Eltern? Könnte eine Firma sie kaufen und »besitzen«? Die Familie wird damit auf ihre grundlegenden Bestandteile reduziert werden. Ein viktorianischer Haushalt bestand oft aus zwei Eltern, 8, 9, 10 oder 11 Kindern, einer Amme und möglicherweise noch den beiderseitigen Großeltern.

Eine Familie der Zukunft wird nur noch aus Mann und Frau bestehen, und nach der Pensionierung vielleicht auch noch aus Kindern. Berufsmäßige Eltern könnten die biologischen Eltern ersetzen, während die letzteren als »rückständige Amateure« bezeichnet werden.

Anstelle der Familien werden Kommunen aller Art entstehen (religiöse, politische, Altersgemeinschaften), und es wird viele unverheiratete Erwachsene mit Kindern geben, homosexuelle Ehen mit Kindern und die Legalisierung von Bruder-Schwester-Ehen. Die Polygamie könnte gleichfalls wieder in Mode kommen. Das hervorstechende Merkmal der Ehe wird ihre Unbeständigkeit sein: Es wird Ehen auf Zeit und Versuchsehen geben, wo das Stadium der eigenen Entwicklung (und nicht das Alter) den Ausschlag geben wird.

1946 schrieb Aldous Huxley in seinem Vorwort zu einer Neuausgabe von *Schöne neue Welt (1932)*: »In einem Jahr werden Trauungsscheine zweifellos so verkauft wie Hundescheine: gültig für zwölf Monate, wobei kein Gesetz das Wechseln der Hunde oder das gleichzeitige Halten mehr als eines Hundes verbietet.«[15]

Die christliche Ehevorstellung wird nicht nur als falsch, sondern als völlig sinnlos verworfen werden – so ungewöhnlich wie moralisches Verhalten im heidnischen Rom.

Toffler schreibt mit Verachtung: »Nach der traditionellen Auffassung von Liebe und Ehe setzt man voraus, daß zwei junge Leute einander ›finden‹ und heiraten. Man setzt ferner voraus, daß die beiden sich in psychologischer Hinsicht ergänzen, daß ihre Persönlichkeiten sich mehr oder weniger im Gleichschritt weiterentwikkeln, und zwar mit dem Ziel einer ständig intensiver werdenden Partnerschaft. Außerdem setzt man auch noch voraus, daß dieser Prozeß so lange dauert, ›bis daß der Tod sie scheidet‹.«[16]

Er beschreibt dies als das »akrobatische Meisterstück der Parallelentwicklung«.[17] Das ist nichts anderes als eine Verspottung der christlichen Vorstellung von Mann und Frau als Paar. Manche Humanisten, die einen Hang zur Moralität haben, werden das bedauern, aber es wird unvermeidlich sein. Niemand sollte sich irgendwelchen Illusionen hingeben – wenn das Christentum nicht wahr ist, wird jeglicher Versuch, die »traditionelle Form« zu erhalten, hohle Heuchelei und eine verlorene Sache sein.

Die Funktion der Religion in der Gesellschaft wird sich gleichfalls verändern, aber hier gehen die Meinungen über die Richtung dieser Änderung auseinander. Manche prophezeien mit Überzeugung den Niedergang und schließlich das Verschwinden der Religion und die Entwicklung einer völlig säkularen Gesellschaft.

Desmond King-Hele geht sogar soweit, daß er den Vorschlag macht, die Christen sollten nur noch Kirchen bauen, die leicht entfernt werden können, sobald der Glaube ans Übernatürliche ausgestorben ist. Auch Bonhoeffer hat unser Zeitalter als »religionslos« eingestuft. Andere jedoch sehen lediglich eine Änderung der Rolle der Religion. Mit dem endgültigen Zusammenbruch seines Institutionalismus wird das zeitgenössische Christentum entschieden an Konsensus verlieren, aber es wird nicht verschwinden. Vielmehr wird es durch das Verschwinden früherer Probleme (wie Naturwissenschaft contra Glauben) neu zum Leben erwachen, und ein neuer, formloser, dynamischer Glaube wird entstehen.

In geradezu erstaunlicher Weise sind in den letzten 10 Jahren Gebetsgruppen wie Pilze aus dem Boden geschossen, überall werden Bibelstunden abgehalten, Glaubenserlebnisse werden von Haus zu Haus weitergegeben. So könnte die Struktur der Religion der Zukunft sicher sehr gut aussehen.

Andere gehen noch weiter und behaupten, der Säkularismus sei am Ende, und ein neues Religionsbewußtsein mache sich breit. So sagt Marshall McLuhan: »Wir befinden uns auf dem Weg in ein tief religiöses Zeitalter.«[18]

Zur Berichtigung eines früheren Fehlers in seiner Analyse schrieb Paul Goodman: »Ich hatte mir vorgestellt, daß der weltweite Studentenprotest mit der Veränderung politischer und moralischer Institutionen zu tun hatte, eine Sache, die ich sehr befürwortete, aber dann stellte ich fest, daß es sich um eine religiöse Krise von der Tragweite der Reformation im 16. Jahrhundert handelt, wo nicht nur alle Institutionen, sondern alles Wissen von der Hure von Babylon korrumpiert worden war.«[19]

Manche erklären die neue Religiosität als den letzten Aufschrei vor dem Tod, aber die Tatsachen weisen in eine andere Richtung. Wir müssen uns hierbei jedoch über eins im klaren sein: Es handelt sich bei diesem neu erwachten religiösen Interesse nicht um eine Wiederbelebung des historischen Christentums (mit Wahrheit, Inhalt und einer objektiven Grundlage zum Glauben), sondern um einen religiösen Pluralismus und eine Perversität, wo der Glaube inhaltslos und die Erfahrung vorgetäuscht sein kann und leicht manipulierbar ist. G. K. Chesterton bemerkte einmal, daß, wenn die Menschen aufhören, an Gott zu glauben, sie dann nicht etwa an nichts glauben, sondern an alles. In den nächsten Jahren werden wir mit sehr viel billiger Religion und religiöser Verwirrung zu tun haben. Es wird zwar für den Christen wesentlich einfacher sein, in dieser Situation zu sprechen, aber es wird für ihn doppelt so schwierig sein, so zu sprechen, daß man ihn auch versteht. Verwaschener Glaube kann genauso schlimm sein wie falscher Glaube.

Diese Zusammenfassung ist recht selektiv, aber wir haben doch einige der groben Profile der Zukunft, so wie man sie sich heute vorstellt, umrissen. Wie gesagt, es kommt uns nicht darauf an, wie richtig oder falsch die Voraussagen sind. Vielmehr wollen wir die Bereiche andeuten, in denen sich heute die Diskussion der Futurologie bewegt. Es kann wohl kaum erstaunen, daß die nähere Untersuchung eine Aufteilung in zwei Lager aufzeigt: enthusiastische Optimisten und nüchterne Pessimisten – eine Polarisierung, auf die wir jetzt näher eingehen wollen.

Die Optimisten

Man kann die Propheten des Optimismus in zwei Kategorien einteilen: Jene, deren Optimismus fast völlig unqualifiziert ist, und jene, deren Optimismus an bestimmte Bedingungen geknüpft ist. Die ersteren setzen gewöhnlich voraus, daß eine qualitative Veränderung der menschlichen Gesellschaft, der menschlichen Natur oder des menschlichen Bewußtseins erfolgen wird (oder daß zumindest die immanente Möglichkeit dazu gegeben ist). Die tatsächliche Verwirklichung einer solchen Veränderung ist unabdingbar für den bedingungslosen Optimismus.

Das 19. Jahrhundert war reich an solchen Optimisten. Ernest Renan prophezeite in seinen Dialogen (1876), daß der technische Mensch neue Menschen erschaffen würde, die dann Göttern gleich würden. Auguste Comte sah eine utopische Gesellschaft voraus, die von einer Elite von Managern und Naturwissenschaftlern angeführt würde. Karl Marx versprach ein kommunistisches Utopia, das zum machtvollsten Mythos des 20. Jahrhunderts geworden ist. Zwar reduzierte Nikita Chruschtschow das ein wenig zu dem, was er als »Gulasch und Ballett« bezeichnete, aber im Vergleich zu der ursprünglichen Hoffnung ist das ein extremer Revisionismus. Trotzki verkündete, daß der Mensch es nicht aufgegeben hätte, vor Göttern, Königen und Kapitalisten »auf allen Vieren zu kriechen«[20], nur um sich demütig vor den dunklen Gesetzen der Vererbung und der blinden geschlechtlichen Selektion zu verbeugen. Das Endziel bestehe in der Schöpfung eines »höheren sozialen, biologischen Typus, oder, wenn Sie wollen, eines Supermenschen.«

Das Bild des »Supermenschen« ist dann mit faschistischen Assoziationen verbunden worden, aber dieselbe Hoffnung findet immer noch großen Anklang. B. F. Skinner von der Harvard University verspricht Fortschritt durch Konditionierung, sowohl in seinen naturwissenschaftlichen Publikationen als auch in seinem Zukunftsroman »Futurum II«[21]. Verzicht auf Konditionierung bedeutet Erduldung dürftiger Erfolge sogenannter Freiheit, die im Grunde nur eine teuer bezahlte Illusion ist (was, wie er meint, durch sehr viel Beweismaterial klar geworden ist). Wenn »behavioristische Technik« (d. i. eine das Verhalten bestimmende Technik) zur Kontrolle der Massen unauffällig, ohne aktive Mitarbeit der Betroffenen, angewendet wird, kann der Mensch eine Gesellschaft errichten, die Überleben, Vergnügen und allgemeinen Wohlstand garantiert. Ob wir Skinners Determinismus nun akzeptieren oder nicht, wir können seine zentrale These nicht einfach ignorieren.

Skinner erkennt die Rolle der Freiheit in der Vergangenheit durchaus an, aber besteht darauf, daß übertriebener Individualismus die westliche Kultur mit Zerfall bedroht. Freiheit, freier Wille und innere Wahl sind sowieso nur eine Illusion. Der Mensch irrt sich, wenn er sich damit schmeichelt, daß er plant, denkt oder schöpferisch tätig ist. Die Tatsache ist, daß Handlungen durch das Milieu bestimmt werden, und daß das Verhalten durch die Konsequenzen geprägt wird. Der Glaube, daß der Mensch autonom sei, ist nur ein Aberglaube, der aus der Unfähigkeit des Menschen heraus entstanden ist, sich selbst oder seine Welt ganz zu verstehen.

Die Mehrheit von Skinners Kritikern richtet sich nicht so sehr gegen die wissenschaftliche Sauberkeit seiner Forschungen an Ratten und Tauben, sondern an die Übertragung seiner Ergebnisse in die Bereiche der Naturphilosophie und Politik, wo die Konsequenz von Skinners Vorstellungen ein totalitäres System ist.

T. E. Frazier, Skinners Alter-ego und Leiter und Direktor der utopischen Gemeinschaft in Futurum II gibt offen zu: »Ich hatte in meinem Leben nur einen Gedanken, eine wahre *idée fixe*. Um es so klar wie möglich zu sagen – ich wollte meinen eigenen Willen haben. Man könnte es, glaube ich, als ›Kontrolle‹ bezeichnen. Die Kontrolle des menschlichen Verhaltens... In den Tagen meiner früheren Experimente war es ein ungestümes, selbstsüchtiges Verlangen zu herrschen. Ich erinnere mich an die Wut, die ich empfand, wenn meine Voraussage fehlging. Ich hätte die Objekte meiner Experimente anschreien können: Benehmt euch, verdammt! Benehmt euch, wie ihr sollt«![22]

In *Beyond Freedom and Dignity* drückt Skinner sich weniger dramatisch aus, aber genauso stark: »Was im Begriff ist, abgeschafft zu werden, ist der ›autonome‹ Mensch – der innere Mensch... Seine Abschaffung ist seit langem überfällig. Der ›autonome Mensch‹ ist ein Mittel, dessen wir uns bei der Erklärung jener Dinge bedienen, die wir nicht anders erklären können.«[23]

In diesem Buch wird die Diskussion der wichtigsten Frage gegen Ende des 20. Jahrhunderts – Chaos oder Kontrolle – bis an die Spitze getrieben. Skinner schließt mit den Worten, die gleichermaßen als Fingerzeig für ein utopisches Paradies oder das Ende der Welt interpretiert werden können: »Wir haben noch nicht erkannt, was der Mensch aus dem Menschen machen kann.«[24]

Das Streben, Gott gleich zu sein, zeigt sich in vielen klassischen Utopien. Aus all diesen Zukunftsvisionen, von dem Protofaschismus von Platos *Republik* bis zur Kontrolle durch biologische Manipulation in *Futurum II* lassen sich zwei nützliche Erkenntnisse gewinnen. Erstens: Die utopische Mentalität findet ihren besten Nährboden in Zeiten sozialen Zerfalls. Plato schrieb in Zeiten des kulturellen Chaos, das auf den Peloponnesischen Krieg folgte. Moore schrieb in einer ähnlichen Periode der Unruhe und Gewalt im 16. Jahrhundert. Skinner schrieb kurz nach dem Zweiten Weltkrieg. Für jeden dieser Utopisten ist seine private Vorstellung eine Brücke zwischen dem herrschenden Chaos und der Lösung, nach der er sich selbst sehnt. Zweitens ist die konsequente Romantik der utopischen Konzeptionen fast stets totalitär. Die Geschichte der menschlichen Utopien ist das beste antiutopische Argument, das man anführen könnte. Lewis Mumford beispielsweise schrieb eine Generation vor *Futurum II:* »Wie bei dem alten griechischen Gastwirt Prokrustes dehnen die Utopisten entweder den menschlichen Organismus zu den willkürlichen Dimensionen des utopischen Bettes aus, oder sie schlagen ihm seine Glieder ab.«[25]

Der russische Philosoph Nikolai Berdjajew warnte angesichts des Bolschewismus: »Utopien scheinen sehr viel eher verwirklichbar zu sein, als wir je geglaubt haben. Jetzt stehen wir der Frage gegenüber, die auf eine neue Art schmerzhaft ist: Wie können wir ihre tatsächliche Verwirklichung verhindern.«[26] Diese Furcht wird von vielen Kritikern B. F. Skinners geteilt. In der idealistischen Suche nach Perfektion steckt immer eine Drohung, denn solche Romantik ist stets die Geburtsstätte des Todeswunsches.

Richard Landers ist gleichermaßen optimistisch und glaubt, daß Optimismus allein schon positive Auswirkungen hat. In seinem Buch *Man's Place in the Dybosphere* behauptet Landers, daß die Technologie gut und unwiderstehlich ist.[27] Der Mensch muß sich der Technik anpassen, so »wie wir sie vorfinden«. Wenn man irgendeinen Menschen als Prototypen für den Menschen der Zukunft ansehen könnte, so ist es nach Landers der Astronaut (»Was für ihn heute gilt, wird morgen für uns alle gelten«[28]), der in seiner Erziehung völlig maschinenorientiert ist. Wenn die Maschinen nun einmal gewinnen müssen, dann muß der Mensch lernen, mit seinem Eroberer zu leben, aber das braucht keineswegs furchterregend zu sein, denn die Maschinen sind »moralisch rein«, und wir könnten die Erschaffung eines Humanoiden ohne menschliche Fehler erreichen. Landers fordert die Abschaffung jeglicher Unterscheidung zwischen dem Künstlichen und dem Natürlichen. Künstliche Rasen und grüner Beton werden in Zukunft besser sein als echte. Der Mensch »kann in einem Asphaltdschungel genauso gut leben wie in einem Bäumedschungel.«[29] Er befürwortet fernerhin die Symbiose zwischen Menschen und Maschinen (obwohl dies sehr gut die »moralische Reinheit« der Maschinen zerstören könnte) und warnt, daß die sich am besten in der Zukunft zurechtfinden können, die ihr Kommen am wärmsten begrüßen. »Darwins Theorie von dem Überleben des Besseren ist in der Dybosphäre genauso gültig wie in der Biosphäre.«[30]

Eine weitaus größere Leserschaft als Skinner oder Landers weist der progressive katholische Theologe Teilhard de Chardin auf. In *Die Zukunft des Menschen* stellt Teilhard richtig fest: »Die ganze Zukunft der Erde wie der Religion scheint mir am Erwachen unseres Glaubens an die Zukunft zu hängen.«[31] Die Frage ist allerdings: Auf welcher Grundlage? Er gibt eine zweifache Antwort. Zunächst vollzieht sich eine Änderung via Evolution, die nichts anderes ist als »die Evolution, die sich ihrer selbst bewußt wird«. Zweitens gibt es eine Konvergenz. Statt einer Entropie, einer Auflösung, sieht er, wie sich ein Prozeß der »Entfaltung« vollzieht, die zur »Planetisierung des Menschen« oder zur »menschlichen Enttierlichung« führt. Das endgültige Ziel wird dann der »Punkt Omega« sein, oder eine »Neogenesis«, ein Zustand, in dem jeglicher Dualismus überwunden sein wird, der Geist mit der Materie eins sein wird, die Naturwissenschaft mit der Religion eins sein wird, die Moral eins mit der Evolution und die Erlösung universal. Das ist keine alte materialistische Vision von Utopia und auch nicht die christliche Vorstellung vom Himmel, noch nicht einmal ein östliches Nirwana, sondern die »Noosphäre«, »eine denkende Umhüllung«, ein »Bereich miteinander verwobenen Bewußtseins«. Wenn die »Noosphäre« sich um unseren Planeten herum gebildet haben wird, dann wird die Menschheit Frieden haben, das »Ultramenschliche« wird erscheinen, und es wird etwas »Neues unter der Sonne« geben.

Marshall McLuhan, ein Katholik, ist von ihm sehr beeinflußt worden, wenn auch in einem anderen Wissensbereich. McLuhan ist seit 1951 ein Anhänger Teilhards. Seine Hoffnung liegt jedoch nicht in der Evolution, sondern im »elektronischen Zeitalter« mit dem Versprechen eines neuen Zeitalters pfingstlicher Einheit, wenn die ganze Menschheit im großen globalen Dorf eng zusammenlebt, durch das nahtlose Netz der Elektronik miteinander verbunden.

Viele andere optimistische Anschauungen könnten erwähnt werden, anfangend bei politischen Versionen (wie die von Marcuse) bis zu wissenschaftlichen Szenarien (wie die von Arthur Clarke), aber die erwähnten Vorstellungen sind durchaus repräsentativ.

Fast immer weisen die optimistischen Vorstellungen an einem von drei Punkten eine fatale Schwäche auf. Manchen mangelt es an dem notwendigen Beweismaterial, manche sind in ihrer Argumentation sehr dürftig, und andere stolpern über Beweismaterial, das im Grund gegen ihre zentrale These spricht.

Somit mag der Optimismus zwar eine Hoffnung darstellen, aber er hat wohl kaum eine völlig rationale oder empirische Grundlage. Oft ist er blind und romantisch. Sehr typisch dafür ist Teilhard de Chardin, der immer noch Held einer Art von Kult ist, der sich um ihn herum gebildet hat, obwohl er in allen genannten Punkten versagt. Das fällt besonders in zwei Kapiteln seines Buches *Die Zukunft des Menschen* auf. In Kapitel acht, »Einige Gedanken über die geistlichen Auswirkungen der Atombombe« steht er geradezu einzigartig unter den zeitgenössischen Futuristen da, in dem er in der Atombombe kein Symbol der Katastrophe, sondern der Hoffnung erblickt. Aber das verblaßt noch im Vergleich zum nächsten Kapitel, »Glaube an den Frieden«. Er schreibt: »Alles was früher zum Krieg zwang, drängt nunmehr zum Frieden... Der Friede ist also für den kommenden Tag gewährleistet. Mit schicksalhafter Unausweichlichkeit, einer Unausweichlichkeit, die nur höchste Freiheit ist, treiben wir mühsam und gefährdet dem Frieden entgegen... Ein sorgfältig gewahrter Zustand wachsender Konvergenz und Konzentration. Ein großes organisiertes Bemühen.«[32]

Wenn man solche Feststellungen gegen den Hintergrund der Abendnachrichten liest, so fühlt man die gähnende Kluft zwischen seiner Vision und der Wirklichkeit. Seine blinde Romantik wird nur von seiner Mystik übertroffen – und seiner erschreckenden Befürwortung totalitärer Kontrolle und dem Verlust der Individualität.

Alle diese Meinungen werden in dem letzten Abschnitt von F. Scott Fitzgeralds Roman *The Great Gatsby* sehr gut zusammengefaßt: »Gatsby glaubte an das grüne Licht, die orgiastische Zukunft, die uns Jahr um Jahr entwich. Sie entkam uns dann, aber das macht nichts – morgen werden wir schneller laufen und unsere Arme weiter ausstrecken.«

Zu den Optimisten, die ihren Optimismus durch bestimmte Bedingungen qualifizieren, gehören Victor Ferkiss (*Technological Man*) und Alvin Toffler (*Der Zukunftsschock*). Ferkiss sieht den Menschen »auf der Schwelle zur Selbsttransfiguration, zur Erlangung neuer Macht über sich selbst und seine Umgebung, die seine Natur genauso fundamental beeinflussen kann wie der aufrechte Gang.«[33] Wenn das erreicht wird, kann der Mensch schließlich »ganz sich selbst« sein.[34] Somit läßt sich Ferkiss nichts von seinem optimistischen Zukunftsbild nehmen, aber er fügt eine vorsichtige Warnung hinzu. Kulturell, wirtschaftlich, politisch und soziologisch gibt es jetzt noch keinerlei Anzeichen für einen neuen Menschen. Jegliche Glückwünsche sind noch verfrüht, die Leistungen bleiben noch weit hinter den in Aussicht gestellten Möglichkeiten zurück. In der Tat sind wir hier mit einem ernsthaften Problem konfrontiert, nämlich mit dem oft zitierten Problem der Unterordnung der Technik unter vortechnische Wertvorstellungen: »Was sich langsam als das Zukunftsbild herausstellt, ist nicht so sehr der technische Mensch als der neoprimitive Mensch, gefangen in seiner technischen Umgebung. Den technischen Menschen gibt es nicht. Seine Aufgabe besteht also zunächst einmal nicht in der Erfindung der Zukunft, sondern darin, sich selbst zu erfinden... Der Mensch der Bourgeoisie sitzt immer noch im Sattel. Oder, besser gesagt, die Probleme sitzen im Sattel, denn der Mensch der Bourgeoisie wird immer weniger fähig, mit seinen Problemen fertig zu werden.«[35] Ferkiss sieht den gegenwärtigen Stand der menschlichen Entwicklung als ein unglückliches, wenn auch seltsames Zusammenwirken verschiedener Kräfte. Er schließt: »Die Synthese der nachmodernen Technik und des nachindustriellen Menschen könnten eine neue Zivilisation schaffen oder das Ende der menschlichen Rasse herbeiführen.«[36] Jeglicher Optimismus muß in seiner Beurteilung des Beweismaterials Zurückhaltung üben. Deshalb kann ein Optimismus höchstens bedingt sein.

Alvin Tofflers *Zukunftsschock* ist ein brillantes, aufregendes und optimistisches Buch, auch wenn manchmal die überschwengliche optimistische Grundstimmung etwas stärker ist, als es seine Grundthese erlauben möchte. Wie Ferkiss geht es ihm nicht um die Möglichkeit einer glänzenden Zukunft, sondern um die Wahrscheinlichkeit ihrer Verwirklichung. Als Hauptproblem wird hier die Anpassungsfähigkeit des Menschen angesehen, die stets ein wichtiger Faktor in der Evolution gewesen ist: »Wenn der Mensch nicht sehr bald die Fähigkeit erlangt, das Tempo der Veränderung auf individueller und auch auf gesellschaftlicher Ebene zu beeinflussen, werden wir nicht mehr imstande sein, uns auf die neuen Gegebenheiten einzustellen, und es wird zu einer Katastrophe kommen.«[37] In gleicher Weise hatte früher schon Jung gewarnt.[38]

Toffler nimmt dies im Zusammenhang mit der Beschleunigung der technischen Entwicklung auf und behauptet, daß zu rasche Veränderungen in kurzer Zeit zu einem »Zukunftsschock«, zu einer »vollkommenen Desorientierung von Menschen« führen wird,[39] die zu wachsendem Massenirrationalismus führen kann – einem »Krebsschaden in der Geschichte«.[40]

»Sobald diese Vielfalt aber mit dem Phänomen der Vergänglichkeit und des Neuen zusammentrifft, wird die Gesellschaft eine epochale Anpassungskrise überstehen müssen. Wir schaffen eine Umgebung, die so vergänglich, so ungewohnt und komplex ist, daß Millionen von Menschen von der Gefahr bedroht sind, die Anpassung nicht zu meistern und deshalb zusammenzubrechen. Dieser Zusammenbruch ist der Zukunftsschock.«[41]

Auf der anderen Seite finden wir die Pessimisten. Man kann sie am besten darstellen, indem man einige führende Vertreter des Pessimismus schildert und dann ihr umfangreiches Beweismaterial (oder die »Tatsachen des Untergangs«, wie sie von manchen genannt werden) untersucht. Jeder dieser Krisenpunkte stellt in sich selbst ein Problem dar, aber die totale Macht ihres Zusammenwirkens hat den stärksten Ernüchterungseffekt. Paul Ehrlich, Gordon Rattray Taylor, Isaac Asimov und Bertrand Russel sind für diese Auffassung repräsentativ. Asimov bezeichnet sich selbst als »Prophet des Unheils«[42]. Rattray Taylor läßt seiner Selbstmordgesellschaft ein langes Zitat der Unheilsverkündigungen aus Offenbarung 7–9 vorausgehen, und Bertrand Russel schreibt in seiner stoischen Art und Weise: »Der Mensch, der in dieser gefährlichen Welt seine geistige Gesundheit bewahren will, sollte in seinen Gedanken ein Parlament der Ängste einberufen, die sich alle gegenseitig als absurd wählen.«[43] Offensichtlich vernachlässigt Russel die unglückliche Möglichkeit einer einstimmigen Wahl.

Sogar die Voraussagen der Optimisten sind manchmal mit Katastrophenwarnungen versehen. Teilhard de Chardin schrieb trotz all seiner Zuversicht im Dezember 1953, zweieinhalb Jahre vor seinem Tod: »Der Mensch wird heute gewahr, daß er die Keime seines Verschwindens in der Tiefe seiner selbst trägt. – Untrennbar mit unserem Fleisch und unserem Blut verbunden: Das *Ende der Art*.«[44]

Norman O. Brown, für einen Augenblick aus den Wolken seiner Romantik herabsteigend, schrieb: »Heute ist sogar das Überleben der Menschheit eine utopische Hoffnung.«[45] Am ernüchterndsten von allen wirkt das Russel-Einstein-Manifest, das 1955 in der Caxton Halle in London verlesen wurde. Die Darstellung der Gefahr eines Atomkrieges mündete in die Erklärung (zwei Tage vor Einsteins Tod): »Wir haben festgestellt, daß die Menschen, die am meisten wissen, am wenigsten Hoffnung haben.«[46] Der Name des prominenten Wissenschaftlers allein sollte schon Bürge dafür sein, daß die Behauptung, alle Realisten seien reaktionäre Unheilspropheten, Unsinn ist. Dann appellierten sie an die »Menschen als Menschen: Erinnert euch eures Menschseins und vergeßt alles andere. Wenn ihr das tut, dann liegt vor euch der Weg zu einem neuen Paradies. Wenn ihr das nicht könnt, dann seid ihr dem Risiko eines universalen Todes ausgeliefert.« Die darin unausgesprochen enthaltene direkte Beziehung zwischen Realismus und Pessimismus war eine für die heutige Situation geradezu prophetische Voraussicht.

Am besten wird sie durch die Fotografie des alten Bertrand Russel dargestellt, in der starke habichtartige Züge zum Vorschein kommen; das ganze Gesicht ist eine Studie trostloser Tapferkeit.

Was sind die »Tatsachen des Unheils« oder die verschiedenen Krisenpunkte? In Erinnerung an die doppelte Mahnung von Ferkiss und Toffler, daß es noch keinerlei Anzeichen vom Auftreten eines neuen Menschen gibt, und daß der Mensch von heute mit dem Zukunftsschock nicht fertig werden kann, könnten wir zehn weitere Krisenpunkte aufzählen.

Zunächst einmal die »apokalyptischen Reiter«, die voneinander abhängigen Problemkreise von Krieg, Krankheit und Hungersnot. Was den Krieg betrifft, so stehen wir heute in einer Situation, wo eine unbegrenzte Zerstörungskraft zur Verfügung steht, und trotzdem ist die Welt immer noch in mehr als hundert wetteifernde Nationen eingeteilt. Wenige Staatsmänner sind dafür bekannt, daß sie durch und durch vernünftig denken und stets auf das Wohl der Menschheit bedacht sind. Wie John F. Kennedy am 18. September 1961 vor den Vereinten Nationen sagte: »Die Menschheit muß die Kriege beenden – oder die Kriege werden die Menschheit beenden.«

In offensichtlicher Furcht vor einem großen Urteilsfehler schrieb King-Hele: »Die logische Schlußfolgerung ist die, daß die Waffen wahrscheinlich zum Zuge kommen, vermutlich noch vor dem Ende des 20. Jahrhunderts.«[47] Ein Unfall, ein Irrtum, ein auf unzureichender Information beruhendes Fehlurteil oder militärische Arroganz – alle diese Drohungen werfen einen großen Schatten über jeden Aspekt einer sinnerfüllten Existenz. Das heutige Symbol jener uralten Furcht vor dem drohenden Weltuntergang ist offensichtlich die Pilzwolke der Atomexplosion. Seltsamerweise haben heute, da die Drohung echt und nicht nur eine unbestimmte Furcht ist, die meisten Menschen anscheinend aufgehört, an die Möglichkeit eines größeren Atomkrieges zu glauben – ein Phänomen, dessen Erklärung den Psychiatern oder Geschichtswissenschaftlern der Zukunft überlassen werden muß.

In gleicher Weise bedarf der Fragenkreis Krankheit und Hungersnot für eine Generation in der Zeit der Tragödien von Bangladesh und der Sahelzone kaum einer Erläuterung. Ganz abgesehen von den Kriegssituationen werden aufgrund der Überbevölkerung und Unterernährung und der Furcht vor Cholera und Beulenpest zahlreiche »Pandemien« prophezeit. Über die Möglichkeit einer Hungersnot schrieb Paul Ehrlich 1971: »Innerhalb der nächsten *neun* Jahre werden wir es wissen.«[48] Es stimmt doch nachdenklich, daß von seinen drei Szenarien nur eines optimistisch ist. Einige Menschen werden mit einem relativ guten Lebensstandard nur unter zwei Voraussetzungen überleben können:

1. Daß einige Milliarden vorher sterben werden,
2. daß sowohl die USA als auch Rußland Reife und Selbstlosigkeit beweisen.

Es ist kaum notwendig zu zeigen, daß in jedem Fall die erste Voraussetzung tragisch und die zweite im Augenblick noch eine romantische Illusion ist.

Ein zweiter Krisenpunkt ist die Furcht vor einer Bevölkerungskollision als Höhepunkt der Bevölkerungsexplosion. Wie hoch man die maximale Bevölkerung für die Erde auch beziffern mag, ob 30 oder 50 Milliarden, die meisten Futurologen sind sich einig, daß heute noch keine ausreichenden Lösungen für dieses Problem in Sicht sind. Manche träumen von der Erschaffung einer Rasse von Mikromenschen, oder von dem Bau eines gigantischen Gebäudes, das um die Erde kreist und in dem Menschen beherbergt werden können; andere sprechen von der Kolonisierung des Weltraums. Aber keine dieser Lösungen wäre ausreichend, und die Bevölkerungsexplosion kann sich nicht mehr unbegrenzt fortsetzen. Wie von der U. S. National Academy of Sciences berichtet wurde: »Entweder muß die Geburtenrate der Welt gesenkt werden, oder die Todesrate muß sich wieder erhöhen.«[49] Naturwissenschaftler, die natürliche Mechanismen zur Kontrolle der Überbevölkerung studiert haben, projizierten ihre Erkenntnisse auf die menschliche Situation. In der Tierwelt führt ein anfänglicher Niedergang der Fruchtbarkeit zu unzureichender Bemutterung, dann zu extremen Neurosen und schließlich zu einem Streß, der das Leben selbst bedroht. Dieser Vorgang ist bei Mikroben, Ratten, Rotwild und Lemmingen beobachtet worden. Das macht verständlich, warum die Wirtschaftswissenschaftler meistens optimistischere Demographen sind als die Biologen. Fred Hoyle prognostiziert eine Bevölkerungskollision für das Jahr 2250 n. Chr., wenn die Bevölkerung schätzungsweise 25 Milliarden erreicht haben wird, und eine Reduzierung der Bevölkerung auf zwei Milliarden durch den Tod von 23 Milliarden. Innerhalb der nächsten 300 Jahre danach würde sich der Zyklus wiederholen. Wir müssen uns dabei der Tatsache bewußt sein, daß Bevölkerungsvoraussagen stets zu niedrig gewesen sind, und viele Demographen sind der Meinung, daß die 25-Milliarden-Grenze schon gegen Ende des nächsten Jahrhunderts erreicht werden könnte.[50] Rattray Taylor meint, daß das schon vorher der Fall sein wird.

Ein dritter Krisenpunkt stellt die Umweltfrage dar: unvorhergesehene Zerstörungen des ökologischen Gleichgewichts oder Umweltverschmutzung können zu Katastrophen führen. Der Nasser-Staudamm in Ägypten liefert hierfür ein gutes Beispiel. Rattray Taylor schildert, wie der Damm den Schlick daran hindert, flußabwärts getrieben zu werden, wodurch es dem Wasser am unteren Nil an Nährstoffen mangelt. Im ersten Jahr nach seiner Errichtung führte der Damm zu einem Verlust von 20 Millionen Dollar an Fischereierträgen, und der Salzgehalt des gesamten Mittelmeeres wurde davon beeinflußt. Es erwies sich als notwendig, für hohe Beträge Kunstdünger für das untere Niltal herbeizuschaffen.

Dann war der seichte Stausee, der sich über mehr als 300 km hinweg erstreckt, solcher Verdunstung ausgesetzt, daß in Wirklichkeit weniger Wasser als vorausberechnet vorhanden war. Dieses tiefliegende Wasser trug dann zur Verbreitung einer Krankheit (Schistosomiasis) bei, von der 70 % der Bevölkerung von Niederägypten befallen wurde. Die industrielle Produktion ging dort um 33 % zurück, während 22 % der Armeerekruten als untauglich zurückgewiesen werden mußten, im Vergleich zu 3 % in Oberägypten. Während der Staudamm ein beträchtliches Maß an Prestige und technischen Vorteilen (wie Elektrizität) mit sich brachte, so verursachte er doch die Zerstörung des ökologischen Gleichgewichts.

Über die Umweltverschmutzung braucht eigentlich nicht mehr viel gesagt zu werden. Blei, Quecksilber, DDT, Abfall, radioaktive Zerfallsreste, Erdölreste verunreinigen Luft, Land und Meer. Wenn ich mir nur einige Berichte der Presse über Umweltverschmutzung in dieser Woche ansehe, so sind die aktuellen Berichte keineswegs weniger alarmierend. Der französische Unterwasserforscher Jacques Cousteau schätzt, daß das Leben (Tier- und Pflanzenleben) im Meer während der vergangenen 20 Jahre um 50 % zurückgegangen ist.[51] In demselben Artikel warnt Jacques Piccard, daß, wenn nichts unternommen wird, alle Meere noch vor dem Ende dieses Jahrhunderts tot sein werden. Am besorgniserregendsten ist die vorausgesehene Sauerstoffkrise.[52] Es ist allgemein bekannt, daß 70 % des frischen Sauerstoffs von Pflanzen auf der Meeresoberfläche produziert wird, und nur 30 % von Landpflanzen. Piccard schätzt, daß jährlich bis zu 10 Millionen Tonnen Öl auf die empfindliche Meeresoberfläche geschüttet werden. Eine Boeing 747 verbrennt bei jeder Atlantiküberquerung an die fünfzig Tonnen Sauerstoff. Der Vorrat ist so gering, daß heute die Vereinigten Staaten nur 60 % von dem produzieren, was sie verbrauchen. Der Sauerstoffgehalt der Luft in Los Angeles ist 6 % niedriger als normal. Der verstorbene

Dr. Lloyd Berkner meinte, daß im Jahre 2000 der Überschuß so klein sein wird, daß »*wir zusehen müssen, wie uns der Sauerstoff ausgeht*«. [53] Piccard erklärt gleichfalls: »Es ist eine Frage des Seins oder Nichtseins.«[54]

Ein vierter Krisenpunkt ist die Furcht vor einem genetischen Rennen. Ein dementsprechender Vorschlag wurde bereits von Dr. Neyfakh in der Sowjetunion gemacht, der darauf drängt, daß Rußland auf dem Gebiet der biologischen Manipulation eine klare Führung übernehmen sollte. Die Antworten, die er denjenigen gibt, die seinen Vorschlag aus Gründen der Menschlichkeit ablehnen, sollen kalt und abschreckend sein, aber die Diskussion läßt Fred Hoyles Prognose recht gut verstehen: »In zwanzig Jahren werden es die Biologen sein, die hinter Stacheldraht arbeiten.«[55]

Ein fünfter Krisenpunkt ist die Furcht vor einer steigenden antinaturwissenschaftlichen Haltung. Für viele ist Hiroshima das Symbol der verbotenen Frucht, die gegessen wurde und zum Verlust des Zeitalters der Unschuld führte. Manche klagen die Naturwissenschaft an, sie diene nur zur Zerstörung. Das Superman-Image des Naturwissenschaftlers verschwindet und macht den früheren Vorstellungen des Träumers oder des verrückten Ingenieurs Platz. Diese Einstellung ist sehr verbreitet und zeigt sich in vielen Dingen, zum Beispiel in der wachsenden Bevorzugung geisteswissenschaftlicher Fächer in den Universitäten. Sie ist sogar unter den Naturwissenschaftlern selbst spürbar.

Ein immer wieder auftauchendes Motiv ist das Bild von der Naturwissenschaft als einem Zug, der jeglicher Kontrolle entglitten ist. Der Engländer Nigel Calder schreibt: »Die scheinbare Unfähigkeit der menschlichen Spezies, von der Naturwissenschaft zuchtvollen Gebrauch zu machen, verursacht ein gewisses Gefühl der Hilflosigkeit. Man gewinnt den Eindruck, daß wir Passagiere auf einem durchgegangenen Zug sind ... anscheinend sitzt keiner an den Kontrollen.«[56]

Das gleiche sagt Ralph Lapp: »Niemand, nicht einmal der größte heute lebende Wissenschaftler, weiß wirklich, wo die Wissenschaft uns hinführt. Wir sitzen in einem Zug, der immer schneller wird und auf einem Gleis dahinrast, auf dem es eine unbekannte Zahl von Weichen gibt, die zu unbekannten Zielen führen. In der Lokomotive befindet sich nicht ein einziger Wissenschaftler, und an den Weichen können Dämonen stehen. Der Großteil der Gesellschaft fährt im letzten Wagen und blickt nach rückwärts.«[57]

Ein sechster Punkt ist die Tyrannei der Technik. Wir werden uns damit in einem anderen Kapitel noch genauer auseinandersetzen, aber des Zusammenhangs wegen wollen wir wenigstens einen kurzen Überblick geben. Nicht nur, daß die menschlichen, ästhetischen und moralischen Werte durch technische Werte ersetzt werden (»Wenn etwas gemacht werden *kann*, so *muß* es gemacht werden«), sondern die Allmacht der Technik wird jetzt als unfehlbar empfunden. Dennoch sind viele der scheinbaren Vorzüge nur gering, und die Wechselwirkung zwischen Technik und Kultur beschleunigt sich schnell. Rattray Taylor erklärt: »Die Technik macht die Zahlen möglich, die Zahlen machen die Technik so gefährlich.«[58] Toffler beschreibt die Technik als den »großen machtvollen beschleunigenden Motor«.[59]

Haben wir die Möglichkeit, ihre Wirkungen aufzuhalten? Jacques Ellul lehnt dies ab als »eine fromme Hoffnung ohne jegliche Chance, die technische Evolution zu beeinflussen«. »Je weiter wir fortschreiten, desto mehr verblassen die Ziele unserer Technik.«[60] Jegliche Hoffnung auf einen Fortschritt zu einer weltweiten Industriegesellschaft scheint äußerst unwahrscheinlich zu sein. Die Alternative besteht in begrenzten, statischen, völlig kontrollierten Gesellschaften, die sich wirtschaftlich und politisch gegen den steigenden Druck von Unzufriedenheit und inneren Brüchen und gegen den Neid von weniger entwickelten Völkern verteidigen müssen.

Ein siebter Krisenpunkt ist der Zeitmangel. Naturwissenschaftliche und technische Neuheiten werden schneller denn je eingeführt, und jede Entscheidung wird in ihren Auswirkungen immer tiefgreifender; dennoch werden politische und moralische Entscheidungen genauso langsam getroffen wie zuvor. H. G. Wells warnte, daß das Ende der Welt ein Rennen zwischen Erziehung und Untergang sein würde. Es besteht jedoch ein großer Unterschied zwischen dem Hören einer Warnung und dem dementsprechenden Handeln. Rachel Carsons Buch *Der stumme Frühling* wurde zunächst als unwissenschaftlich abgelehnt, und Beispiele solcher Art aus dem Bereich des Umweltschutzes unterstreichen eine kürzlich ausgesprochene Warnung: »Was diese Gedanken noch sehr viel erschreckender wirken läßt, ist das Bewußtsein, daß unser Schicksal schon zwanzig Jahre, bevor sich die Symptome entwickeln, besiegelt sein könnte.«[61] Der Mangel an Zeit ist ein weiterer Nagel im Sarg des Humanismus. Vor zwanzig Jahren sah sich der Mensch als Kontrolleur seiner eigenen Evolution, dem noch Millionen von Jahren zu seiner Verfügung stehen. Heute sind die Schätzungen etwas vorsichtiger; wenige sprechen von mehr als 300 Jahren, manche reden von nur einigen Jahrzehnten. Das entspricht wohl kaum dem selbstbewußten

Menschenbild des Humanismus von dem Menschen als Meister seines eigenen Schicksals. Der Mensch kämpft jetzt verzweifelt um sein Überleben (oder sollte es zumindest).

Der achte Krisenpunkt ist das moralische Vakuum. Nie war soviel Verantwortung vonnöten, aber dieser Bedarf wird durch die Logik des Relativismus lächerlich gemacht. Toffler spricht von einem »Schwindelanfall der Werte«, und viele sehen den kommenden ethischen Diskussionen als »Hexengebräu der Biologen« entgegen, das in den Laboratorien zusammengebraut wird. Nach welchen Werten wird der Mensch wählen? Machen wir uns selbst den Göttern gleich? Brauchen wir eine neue *Bill of Rights,* um unsere Menschlichkeit zu beschützen? In dieser Situation kann die Naturwissenschaft oder Evolution versuchen Werte herzuleiten, bei ihren Versuchen entweder versagen oder in einer Immoralität enden, was noch gefährlicher ist. Ferkiss beschreibt die Situation recht anschaulich: »Der moderne Mensch ist weit davon entfernt, den inneren Schweinehund abzuschlachten; warum sollten wir daher annehmen können, daß der Mensch der Zukunft eine völlig neue Kreatur sein wird? Was, wenn der neue Mensch die tierische Irrationalität der primitiven Menschen mit der berechnenden Habgier und Machtlust des industriellen Menschen vereinigt, während er die fast gottgleichen Kräfte besitzt, die ihm die Industrie verleiht? Das wäre das Entsetzlichste, was man sich vorstellen könnte.«[62]

Seine Vorstellung ist fast eine Kreuzung zwischen Aldous Huxleys *Schöne neue Welt* (1932) und *Ape and Essence* (1949).

Ein neunter Krisenpunkt ist das Problem der Privatinteressen, ein Faktor, der oft zum Scheiterhaufen effektiven Handelns wird. Barry Commoner ist der Meinung, daß private Habsucht sehr zur Verschlimmerung der Umweltverschmutzung in der Landwirtschaft beigetragen hat. Commoner erklärt, die Farmer haben solange Stickstoffdünger benutzt, daß sie süchtig geworden seien.[63] Was für private Habgier gilt, gilt auch für große Industrieunternehmen und Regierungsprojekte (wie nukleare Forschung). In Bezug auf den Atomreaktor in Laguna Beach beschrieb Richter Douglas die Haltung der Regierung als eine »leichtsinnige Einstellung gegenüber dem tödlichsten, furchtbarsten, gefährlichsten Vorgang, den sich der Mensch je ausgedacht hat«. Selbst unter denen, die vor der Umweltverschmutzung warnen, ist die angebliche Fürsorge oft stark kompromittiert. Ein junger Rechtsanwalt verteidigte in Lousiana eine Firma gegen wirklich ernsthafte Umweltverschmutzungsklagen, während er gleichzeitig an einem Regierungsprojekt zum Umweltschutz in Potomac arbeitete.

Die Nervenkrise

Diese neun Krisenpunkte sollten sowohl einzeln als auch in ihrer gemeinsamen Wirkung gesehen werden. Aber was sie so überzeugend wirken läßt, ist der zehnte und letzte Punkt, in dessen Rahmen die anderen neun gesehen werden müssen. Dieser Punkt ist der wachsende Mangel an Zielbewußtsein in unserer Generation. Wie George Wald kommentierte: »Wir stehen einer Generation gegenüber, die sich keineswegs sicher ist, daß sie eine Zukunft hat.«[64] Manche schreiben dieses Symptom bequem dem gegenwärtigen Vakuum an Ideen und effektivem Handeln zu, aber die Malaise liegt doch tiefer. Es handelt sich nicht um eine kurzfristige Ermüdung, die von einem zeitweiligen Rückschlag herrührt, sondern um das Fehlen eines Zieles, und der tote Punkt, an dem die Kultur angelangt ist, bestätigt lediglich die dunklen Vermutungen der metaphysischen Absurdität der Geschichte.

Wer sich über die Herkunft der Zukunftsorientiertheit, die die westliche Kultur so stark geprägt hat, Gedanken macht, stellt oft mit Überraschung fest, daß sie aus dem Christentum stammt. Wenn wir uns die griechischen oder östlichen Weltanschauungen ansehen oder die Mythen heidnischer Naturanbetung, dann können wir klar sehen, warum sie keinerlei Gefühl eines Ziels oder Fortschritts in der Geschichte entwickelt haben. Ihre Variationen des zyklischen Motivs der Zeit bedeuteten, daß praktisch gesehen die Zeit sich in keinerlei Richtung hin bewegte. Im Gegensatz dazu verleiht die judaistisch-christliche Anschauung mit ihrer stark geprägten Teleologie und der linearen Geschichtsvorstellung dem Leben des Menschen in der Geschichte einen Sinn und gibt auch der kleinsten Handlung oder gar einer Entspannung schon eine Zielvorstellung. Dies bildete jahrhundertelang das Rückgrat der westlichen Kultur. Der Verlust dieses Zielbewußtseins ging langsam vonstatten, wie das Striptease des Humanismus, aber er ist genauso bedrohlich. Zur Zeit der Aufklärung wurde das christliche Zielbewußtsein zum humanistischen Fortschrittsglauben säkularisiert, der nicht auf Offenbarung, sondern auf Rationalismus basierte. Man stellte sich die Entwicklung der menschlichen Gesellschaft als eine Evolution zu einem humanistischen Paradies vor, und nicht zu einer endgültigen Erfüllung von Gottes Plan am Ende der Geschichte. Vor dem

17. Jahrhundert war diese Idee des säkularen Fortschritts gänzlich unbekannt, aber seine Schwächen, die von seiner parasitischen Natur herrühren, wurden nicht sogleich erkannt. Heute, wo die Philosophie vom Rationalismus getrennt ist, wo die Naturwissenschaft sich immer mehr als Zerstörungsinstrument entpuppt und die gegenwärtige Situation immer weniger optimistisch erscheint, ist die Grundlage für diese Zukunftsorientiertheit völlig unterminiert worden, und zwar sowohl in philosophischer als auch in praktischer Hinsicht.

Der Theologe S. G. F. Brandon, der diese Schwäche mit dem Weltbild der modernen Naturwissenschaft in Beziehung bringt, schreibt: »In diesem Komplex wird die Menschheit zur völligen Bedeutungslosigkeit herabgesetzt und zum Aussterben verurteilt, wenn sich das Gleichgewicht der natürlichen Bedingungen verändert, das die Entstehung des Menschen ermöglicht hat. Dieses wird im Laufe der Zeit zweifellos geschehen. Der grundsätzlich unpersönliche Charakter der einzigen Weltanschauung, die die Naturwissenschaft deshalb erlaubt, und die Relativität, die sie der Menschheit zuschreibt, sowie die daraus abgeleiteten Werte, machen die schneidende Logik allmählich fühlbar. Dennoch hat der westliche Mensch instinktiv die Tendenz, in einem theologischen Optimismus zu denken, in einem altmodischen Fortschrittsglauben, in dem immer noch die christliche Überlieferung erkennbar wird, daß ›Gott seinen Plan verwirklicht‹.« Er schließt seine Diskussion über das »geistliche Klima, das unsere gesamte Kultur und unvermeidlich unser persönliches Leben beeinflußt«, mit diesen Worten: »Für westliche Denker kann es keine dringendere Aufgabe geben als die Auflösung dieses Dilemmas.«[65]

Wie so oft stellt Rattray Taylor den Sachverhalt ganz unverblümt dar: »Deshalb hat sich das Bedürfnis nach einer Hoffnung, daß es ein besseres Leben des Menschen auf Erden geben wird, vergrößert. Die Optimisten können diesen Glauben nicht aufgeben, ohne ihren Optimismus aufzugeben und in Verzweiflung zu versinken. Und keiner möchte in einem chaotischen System leben.«[66]

In diesem Dilemma befinden sich alle Humanisten. Soll der Mensch in seiner Beurteilung der Situation realistisch sein, selbst wenn ihn das zu einem ungesunden Pessimismus führt? Oder soll er ein scheinbares Zukunftsvertrauen aufrecht erhalten, selbst wenn dessen einzige Grundlage in dem Bedürfnis besteht, daran zu glauben? Die letztere Möglichkeit liefert wohl kaum eine annehmbare Glaubensgrundlage, besonders nach Freuds Entdeckung des Prinzips der Wunscherfüllung. Aber niemand ist um diese Wahl zu beneiden. Optimismus ohne ausreichende Grundlage? Oder Realismus mit Verzweiflung?

In unserer Generation wird diese verzweifelnde Logik besonders stark empfunden. Margaret Mead erklärt, die tiefe Ziellosigkeit sei ein Merkmal der jüngeren Generation. William Kesen, ein Professor für Psychologie an der Yale University, erklärt, daß die Jugend von heute »ein seltsames Gefühl der Zukunftslosigkeit hat – sie wollen anscheinend nie über ihre eigene Zukunft sprechen.«[67] Nachdem er 1968 ein Jahr mit den Radikalen verbracht hatte, sagte Stephen Spender, für sie sei die Zukunft »wie eine Zeitbombe, die zwar vergraben ist, aber bereits tickt.«[68]

Dafür können wir drei besonders deutliche Anzeichen erwähnen. Zunächst einmal beschreibt die heutige Generation ihre Utopien stets mit Begriffen der Vergangenheit, nie zukunftsgerichtet. Die künstlichen Gemeinschaften, Kommunen und Kolonien sind meistens landwirtschaftlich, gegründet auf dem Versuch, zur Natur und zu vortechnischen Bedingungen zurückzukehren. Selten gründet ein Mitglied der neuen Generation, von einem Zukunftsszenarium inspiriert, eine Computer- oder Elektronikfabrik.

Zweitens zeigen viele Reden und Schriften der Radikalen dieses Gefühl der Zukunftslosigkeit. Todd Gitlin schrieb: »Eine Orientierung auf die Zukunft war das Merkmal jeder revolutionären und sogar liberalen Bewegung der vergangenen 150 Jahre«, aber die Neue Linke leidet an einem »Mangel an Zukunftsglauben«. Er gestand: »Wir sind völlig außerstande, die Zukunft zu formulieren.«[69] In einem Manifest von Port Huron (1962) heißt es: »Unsere Arbeit wird von dem Bewußtsein geleitet, daß wir vielleicht die letzte Generation in dem Experiment des Lebens sein werden.«[70]

Drittens ist dieser Ton der Verzweiflung seit 1968 in der Rockmusik recht deutlich geworden, die oft die Trennung von jeglicher sinnvollen Zukunft ausdrückt. Auf der Isle of Wight, durch den Rauch von Rauchbomben hindurch, sang Joan Baez während eines Rockfestivals: »Ihr seid die Waisen einer Zeit ohne ein Morgen.«[71] Typisch für viele andere ist die Platte *Chicago III*. Ein Stück, betitelt *Progress?* (»Fortschritt?«) fängt an mit Musik, die schließlich in dem Lärm der industriellen Revolution ertrinkt, und der Höhepunkt besteht darin, daß das Ganze die Toilette hinuntergespült wird. Ein anderes Stück heißt *Man versus Man in the End* (»Am Ende: Mensch gegen Mensch«); die Schallplatte enthält auch ein düsteres Gedicht von Kendres Lascelles: *When all the Laughter dies in Sorrow* (Wenn alles Gelächter in Trauer erstirbt), in dem der Dichter fragt: Wenn das Universum zu einem »gefrorenen Halt im Raum« gekommen ist, wird irgendein »größeres denkendes Ding . . . noch irgendeinen Dreck darum geben, daß der Mensch hier gewesen ist?«[72]

Diese extreme Verzweiflung erklärt vielleicht, warum utopischer Optimismus stets so unglaublich romantisch und wehmütig ist. Joni Mitchells *Woodstock* ist in seiner thematischen Popularität fast mystisch, aber seine Botschaft ist von der Realität weit entfernt. Das gleiche gilt für John Sebastians *I Had a Dream*.

Selbst bei denen, die die Hoffnungen von Teilhard de Chardin, McLuhan und Buckminster Fuller teilen, gibt es nüchterne Augenblicke des Realismus, der für unsere Generation weitaus typischer ist. In *The Steersman Handbook: Charts of the Coming Decade of Conflicts* erklärt Clark Stevens: »Macht euch ja keine Illusionen: Das Anhalten der Veränderung bedeutet das Anhalten des Lebens selbst.«[74] Das Rubikondatum oder »Transit Null« ist der Wahltag in den Vereinigten Staaten im Jahr 1976. Wenn sich bis dahin nichts geändert hat, ist der Optimismus erledigt. »Die klaren Tatsachen teilen uns mit, daß die Flut bald umkehren muß, wenn es für die Völker dieser Erde noch eine Hoffnung geben soll. Völlige Verseuchung, Wärmetod, radioaktive Verseuchung – es macht nicht viel aus, auf welche Weise die Biosphäre zugrunde geht. Der tote Planet wird weiterhin die Sonne umkreisen.«[75]

Das Rad hat eine volle Umdrehung beendet. Der Humanismus verlangt nicht nur Glauben an den Menschen gegen die Tatsachen unserer Geschichte, er verlangt auch den Glauben an die Zukunft gegen die Tatsachen, die wir über unsere absehbare Zukunft zur Verfügung haben. Das Problem ist nicht die Zukunft. Das Problem ist das Selbstverständnis des Menschen, mit dem er der Zukunft gegenübertritt. In seiner Nacktheit findet der Humanismus keine Erleichterung für seine akute Verlegenheit. Arthur Koestler bemerkt recht treffend in der Schlußbemerkung zu seinem Buch *The Ghost in the Machine*:

»Die Natur hat uns im Stich gelassen, Gott hat anscheinend den Hörer von der Gabel genommen, und die Zeit rinnt uns allmählich aus den Händen.«[76]

Es überrascht daher kaum, daß eine Generation, die leeren kulturellen Erinnerungen verächtlich gegenübersteht und mit den Fehlleistungen des Humanismus recht ungeduldig ist, versucht hat, ihre eigene Alternative zu bieten, eine Gegenkultur. Man kann sie am besten verstehen, wenn man in ihr »die große Weigerung« sieht.

Anmerkungen zu
Kapitel 2: Zwischen Paradies und Weltuntergang

1 *Clark, Timothy Leary, Politik der Ekstase (1973), S. 217; Teilhard de Chardin, Die Zukunft des Menschen (1970), S. 204; Gordon Rattray Taylor, Die biologische Zeitbombe (Frankfurt/Main, 1971), S. 301;* Joan Baez, »The Hitchhikers' Song« Blessed are . . . (New York, VSD-6570/1); Brown, S. 267; Bob Dylan, »Desolation Row« from Highway 61 Revisited, CBS, SBPG 62572
2 *Bertrand de Jouvenel, Die Kunst der Vorausschau (Darmstadt, 1967), S. 33*
3 *Herman Kahn und Anthony J. Weiner, Ihr werdet es erleben/Voraussagen der Wissenschaft bis zum Jahre 2000 (München, 1968)*
4 *Desmond King-Hele, Auf Messers Schneide (Bergisch Gladbach, 1971)*
5 *Ibid., S. 9 u. 10*
6 *Ibid., S 10*
7 *Ibid., S. 19*
8 *Alvin Toffler, Der Zukunftsschock (München, 1972), S. 19*
9 *Ibid., S. 19*
10 *Ibid., S. 151*
11 Gordon Rattray Taylor, The Doomsday Book (London, 1970), S. 48
12 *Calder*
13 *siehe Calder, Technopolis*
14 *Toffler, S. 181*
15 *Aldous Huxley, Schöne neue Welt (Zürich, 1950), S. 15*
16 *Toffler, S. 198*
17 *Ibid., S. 200*
18 Marshall McLuhan im Gespräch mit Malcom Muggeridge und Norman Mailer, The Realist (Oktober 1968)
19 Paul Goodman: »The New Reformation« in The New York Times Magazine, 14. September, 1969, S. 33
20 zitiert in Viktor Ferkiss, Technological Man (New York, 1969), S. 80
21 siehe B. F. Skinner, Jenseits von Freiheit und Würde (Hamburg, 1973) und Futurum Zwei (Hamburg, 1973)
22 *Skinner, Futurum Zwei*
23 *Skinner, Jenseits von Freiheit und Würde, S. 205*
24 *Ibid., S. 220*
25 Lewis Mumford, The Story of Utopias (New York, 1962), S. 4–5
26 Edwin Warner, »A Voyage to Utopia in the Year 1971«, Time, 18. Januar, 1971, S. 19
27 Richard R. Landers, Man's Place in the Dybosphere (Englewood-Cliffs, USA, 1966)
28 zitiert in Ferkiss, S. 84
29 zitiert in Ibid., S. 84
30 zitiert in Ibid., S. 85
31 *Aus einem Brief an Mme. Georges-Marie Haardt, zitiert in Teilhard de Chardin, S. 21*

32 *Ibid., S. 201*
33 Ferkiss, S. 28
34 Ibid., S. 222
35 Ibid., S. 173, 201–202
36 Ibid., S. 56
37 *Toffler, S. 10*
38 Carl G. Jung, Memories, Dreams und Reflections (Glasgow, 1967), S. 263
39 *Toffler, S. 10*
40 *Ibid., S. 383*
41 *Ibid., S. 260*
42 Isaac Asimov, »The End«, Penthouse Magazine
43 Bertrand Russel, Nightmares of Eminent Persons (Harmondsworth, 1962)
44 *Teilhard de Chardin, S. 393*
45 Brown, S. 267
46 zitiert in Calder, S. 60
47 *King-Hele, S. 42*
48 *Paul R. Ehrlich, Die Bevölkerungsbombe (München, 1971), S. 19*
49 *Taylor, Die Biologische Zeitbombe, S. 65*
50 zitiert in Taylor, The Doomsday Book, S. 249
51 »Dying Oceans, Poisened Seas«, Time, 8. November 1971, S. 77
52 Ibid., S. 76
53 zitiert in Taylor, The Doomsday Book, S. 118
54 »Dying Oceans, Poisened Seas«, S. 76
55 *zitiert in Taylor, Die biologische Zeitbombe, S. 21*
56 Calder, S. 92
57 *zitiert in Toffler, S. 340*
58 Taylor, The Doomsday Book, S. 279
59 *Toffler, S. 32*
60 Ellul, The Technological Society, S. 430
61 David Price vom U.S. Public Health Service im Jahre 1959, zitiert in Taylor, The Doomsday Book, S. 13
62 Ferkiss, S. 34
63 zitiert in Taylor, The Doomsday Book, S. 102
64 George Wald, »Generation Search of a Future«, aus The New Yorker, 22. März 1969, S. 29–31
65 S. G. F. Brandon, »Time an the Destiny of Man«, The Voices of Time, ed. J. T. Fraser (London, 1968), S. 157
66 Taylor, The Doomsday Book, S. 298–299
67 Newsweek, 17. August 1970, S. 9
68 Stephen Spender, The Year of the Young Rebels (New York, 1969), S. 179
69 Todd Gitlin, »The Politics and Visions of the New Left« Radical Education Project, San Francisco, S. 2, S. 5
70 Paul Jacobs und Saul Landau, The New Radicals (Harmondsworth, 1967), S. 156
71 Joan Baez, »The Hitchhikers' Song«
72 Chicago III, CBS, S66260 (1971)
73 L. Clark Stevens, EST: The Steersman Handbook, Charts of the Coming Decade of Conflicts (Santa Barbara, 1970), S. 34
74 Ibid., S. 93
75 Ibid., S. 131
76 Koestler, The Ghost in the Machine, S. 339

3 Die große Weigerung

Der Traum ist vorbei. Ich meine nicht nur die Beatles, ich meine dies ganze Generationsding. Es ist vorbei, und wir müssen – ich persönlich muß – auf den harten Boden sogenannter Realität zurückkommen.

John Lennon

Blumen für die Rebellen, die es nicht geschafft haben.

Anarchistischer Dichter

Wenn der Widerstand der Gegenkultur scheitert, haben wir meiner Ansicht nach nichts anderes zu erwarten, als was Antiutopisten wie Huxley und Orwell vorausgesagt haben. [1]

Jack Kerouac

Jeder Versuch, die Gegenkultur als Ganzes zu verstehen, muß berücksichtigen, daß sie wie ein Strom aus vielen kleinen Nebenflüssen entstanden ist. Erst das Ganze ist »die totale Weigerung« oder »die Alternative«, der Versuch einer Generation, gegen alles andere zu leben, was nicht an die höchsten Werte, Prinzipien, Ideale und Ziele vorhergegangener Generationen heranreicht.

Die Erforschung dieser »Nebenflüsse« würde uns auf ganz verschiedene Gebiete führen. Wir könnten zum Beispiel den Ursprüngen der internationalen Protestbewegung unter den Studenten nachgehen, die weit in die Vergangenheit zurückreicht, aber besonders durch das Cordoba-Manifest in Argentinien im Jahre 1918 Aufschwung erhalten hat. Daraus entstand eine Flut des Protestes, die trotz zahlreicher widersprüchlicher Elemente zu einer vereinten, weltweiten Protestbewegung führte. Diese Bewegung, die zumeist in Europa stärker war als in den USA und in Südamerika noch stärker als in Europa, gewann plötzlich in den Jahren 1959 und 1960 sehr an Bedeutung. Mit dem Sturz der Regierungen in Korea, Kuba und der Türkei fand das Beispiel des internationalen Studentenerfolgs seinen Niederschlag in dem Aufstieg der Neuen Linken in den Vereinigten Staaten.

Ein zweiter »Nebenfluß«, den man weiter verfolgen könnte, ist das wachsende Selbstbewußtsein der Dritten Welt – die Welt der »Verdammten der Erde«, die Bauern der ärmsten Gegenden der Erde, die Kolonien und ehemaligen Kolonien, vertreten durch die idealistische Führung Mahatma Gandhis in Indien, den flammenden Übereifer Fidel Castros in Kuba, den beharrlichen, revolutionären Nationalismus Ho Chi Minhs in Nordvietnam. Dieser rasende Strom des Protests findet Ausdruck in den Schriften von Frantz Fanon, eine Note menschlicher Empfindsamkeit in der Poesie von Aimé Césaire und ein Symbol anspornenden Heldentums in dem langen Marsch von Mao Tse-Tung oder dem Tod von Ché Guevara. Dieser Einfluß der Dritten Welt bezieht sein Kapital vor allem aus dem spektakulären Erfolg revolutionärer Bewegungen in Algerien, Kuba und besonders aus der blutenden Wunde Amerikas: Vietnam.

Ein dritter »Nebenfluß« ist die wachsende Flut des schwarzen Nationalismus, der lange im Untergrund schwelte und dann in dem Busboykott von Montgomery explodierte. Das nächste Stadium in der Ausweitung des Rassenkonflikts kündigte sich im Sitzstreik von Greensboro und den Mississippi-Freiheitsfahrten an. Um die Rolle, die der Rassenkonflikt in der Entwicklung der Gegenkultur gespielt hat, voll erfassen zu können, muß man die Bedeutung von Martin Luther King, Elijah Muhammad und Malcolm X verstehen, denn das Schwinden ihres Idealismus und die unnachgiebige Härte der Wirklichkeit führen unvermeidlich zu der Welt von Stokely Carmichael und zur Black Power Bewegung, dann zu den Black Panthers und schließlich zu der Auseinandersetzung zwischen Eldridge Cleaver, Bobby Seale und Huey Newton.

Dieser besondere Einfluß wird in der Gegenkultur an drei Punkten besonders sichtbar:

1. In der Gründung des SNCC (Gewaltloses Koordinationskommitee der Studenten) im Jahre 1960 (einer der Impulse zur Formierung der Neuen Linken); 2. bei der historischen Konferenz in Nashville, Tennessee, im Jahre 1966, wo die Befürwortung der Gewalt die Aufgabe früherer Grundsätze bedeutete. Wenn Prinzipien ohne Basis unproduktiv sind, so ist Pragmatik ohne Werte kontraproduktiv. Diese bittere Lektion ist das unwillkommene Vermächtnis, das sich die Erben jenes Ereignisses teilen müssen.

Der Beat

Wenn das eben Genannte in einer vollständigen Analyse der Gegenkultur enthalten sein soll, dann ist jeder andere Ansatzpunkt im Grunde willkürlich. Nichtsdestoweniger wäre es vielleicht am besten, die Darstellung der »totalen Weigerung« mit der Beat-Bewegung zu beginnen, denn sie stellte eine wichtige Reaktion auf die Welt nach Hiroshima dar und war ein wichtiger Träger späteren Protests. Die meisten der ersten Beats trugen noch irgendwelche Erinnerungen an den Krieg mit sich herum. Sie waren von den »freien« Gesellschaften, die jede auch nur erdenkliche Form der Barbarei hervorgebracht hatten, erschreckt und ernüchtert – die Nazi-Konzentrationslager, die Bombardierung von Köln und Dresden durch die Alliierten, die Katastrophe von Hiroshima – und blickten den düsteren Aussichten eines fortgesetzten kalten Krieges mit Unbehagen entgegen. Diese Reaktion, vielleicht die erste Brise des großen Windes der Veränderungen im Westen, beruhte nicht auf irgendeiner gut durchdachten Gesellschaftstheorie oder irgendeiner konsequenten sozialen Handlungsweise. Das wesentliche Merkmal der Beatbewegung war ihre völlige Ausschließlichkeit. Sie züchtete und kultivierte einen völlig neuen Lebensstil, nicht aus Snobismus, sondern als Schutz gegen die monströse Irrationalität der Gesellschaft und des Lebens selbst – eine geistige Antwort auf das Problem des Überlebens im Zeitalter der Gewalttätigkeit.

»Beat zu sein bedeutete, aus der untersten Tiefe seiner Persönlichkeit hinaufzuschauen«[2], sagte Jack Kerouac, oder wie Norman Mailer später in seinem berühmten Artikel »Der weiße Neger« schrieb: »Wenn es das Schicksal des Menschen des 20. Jahrhunderts ist, von der Jugend bis zum frühzeitigen Greisentum mit dem Tod zu leben, dann heißt leben, die Bedingungen des Todes zu akzeptieren, mit dem Tod als unmittelbarer Gewalt zu leben, sich selbst von der Gesellschaft zu trennen, ohne Wurzel zu existieren und sich auf eine ungeplante Reise in den rebellischen Imperativ seines Selbst zu begeben.«[3] Beat-Philosophie war amerikanischer Körper-Existentialismus.

Das Gründerjahr war 1948. Die Szene war New York, Columbia University, wo verschiedene Kriegsveteranen anstatt zu studieren einfach herumlungerten oder die Uni verließen. Zu ihnen gehörte John Cellon Holmes, ein aufstrebender Romancier aus Neuengland; Allen Ginsberg, ein bärtiger Student der Columbia-Universität, der wegen schlechter Leistungen abgehen mußte; er arbeitete in einem Café und verbrachte seine Freizeit damit, visionäre Poesie zu schreiben; Jack Kerouac, ein Matrose aus Massachusetts, der einen Roman schrieb und sich darauf vorbereitete, seine sieben Sachen zu packen und aufzubrechen, irgendwohin »on the road«; Gregory Corson, als »Shelly der Maffia« bezeichnet, und Gershan Legman, ein verbitterter Exzentriker, der sich damit beschäftigte, die geheime sexuelle Geschichte unserer Zeit zu schreiben, recherchiert von Toiletteninschriften. Sie alle wurden von ihrer magischen Figur überschattet, dem dunklen Genie einer sehr bekannten Rechenmaschinenfamilie. Aus der 36er Klasse von Harvard, offensichtlich nervös und hypnotisch, als kleiner Verbrecher verschrien, sicherlich ein Künstler und Drogensüchtiger, gebrauchte der legendäre Held der Beatszene viele verschiedene Namen, nie jedoch seinen wirklichen »William Burroughs«. Aus diesem Potpourri der Poeten, Romanciers, Künstler und ihren Freunden wurde der neue Lebensstil geboren und schließlich eine Bewegung.

»Weißt du, das ist wirklich eine Beat-Generation« sagte Kerouac eines Tages zu John Cellon Holmes, und damit war der Name geboren. Der »Beatnik« kam später, vom Sputnik abgeleitet. Zu dieser Zeit änderte Kerouac bereits seine Definition. Im Jahre 1948 schrieb er: »Das Wort ›beat‹ bedeutete ursprünglich arm, heruntergekommen, herumlungern, übernachten in den Straßenunterführungen«; aber im Jahre 1954 schob er dem Wort die Bedeutung »beatific« (engl. für glückselig) bei – aus einer Vision heraus, in der er prophetisch »die ersten Laute einer neuen Seele«[4] vernahm. Aber was die Bezeichnung ›beat‹ auch immer bedeuten mochte, es war der Stil, auf den es ankam – heruntergekommen, antibürgerlich, kühl. Die Jahre gingen vorbei, Tausende von Kilometern wurden zurückgelegt, und eine ganze Vielfalt von Erlebnissen fand in Prosa und Lyrik ihren Niederschlag. 1951 tippte Kerouac Unterwegs (On the Road) auf eine Dreißig-Meter-Rolle von Tapetenpapier, die erstaunliche Produktion eines außergewöhnlichen Geistes, mit hoher Geschwindigkeit die Schallgrenze normaler Prosa durchstoßend. Das Ergebnis wurde später von Allen Ginsberg als ein »großartiger einzelner Abschnitt aus mehreren Blocks« bezeichnet. Wie vorauszusehen war, lehnten alle Verleger es in dieser Form ab, bis es schließlich in veränderter und verstümmelter Fassung veröffentlicht wurde, während Kerouac vom Gammler zum Matrosen wechselte, vom Matrosen zum Hausierer, zum Bremser, und wieder zum Gammler.

Im Meskalinrausch schrieb Ginsberg »Howl«, eine vernichtende Verurteilung vom Moloch – dem gesellschaftlichen und politischen System seiner Zeit – aus der reichen Erfahrung eines Mannes, der dieses System haßte. Burroughs reist wie ein moderner Nomade quer durch das Land vom Westen nach Osten und vom Osten nach Westen, dann nach London, Paris und schließlich Tanger. Dort ließ er sich nieder, um schriftlich festzuhalten, was ihm durch den Sinn ging, während er damit kämpfte, von seiner Heroinsucht loszukommen. Ginsberg sammelte die Papierfetzen auf, die überall in Burroughs' Haus herumlagen; die sich daraus ergebende Kollage ist sein Roman *Naked Lunch* (»Nacktes Mittagessen«); der Titel beschreibt »einen erstarrten Augenblick, wenn jedermann sieht, was sich auf der Gabel befindet.«[6] Der Roman ist ein buntes Gemisch von Halluzinationen und satirischen Erkenntnissen. In seiner wechselhaften Rohheit und dem schmerzlich schönen Stil wirkt er zerstörerisch.

Währenddessen wuchs der Kult. Der Schwerpunkt lag auf Gefühl, Erlebnis, Innerlichkeit – symbolisiert in der Beebop-Musik von Charlie Bird Parker, der komprimierten Unmittelbarkeit der Gemälde von Jackson Pollock oder auf der Leinwand der lässigen, unartikulierten Figur des Jimmy Dean. Die Beats, die ihre endlosen Reisen nur mit Pausen für Haschisch, Meskalin, Sex und Alkohol unterbrachen, wurden zu einer losen Horde von experimentellen Nomaden, die eine Achse von Greenwich Village nach Berkeley mit Zwischenaufenthalten in Denver und Michigan schufen, mit Kolonien in North Beach und Venice West und Außenposten in Mexiko, Tanger und Paris.

Neun Jahre lang waren die Beats reine Bohemiens, sicherlich neu, zweifellos anders, aber größtenteils einfach Bohemiens. Im Jahre 1957 kam dann der Durchbruch; Bohemewirtschaft wurde selbst zum Beat, und der Lebensstil einiger weniger wurde zum Image einer Bewegung. Seltsamerweise erfolgte dieser Durchbruch nicht im Entstehungsort New York, sondern in San Franzisko unter Mithilfe der kalifornischen Dichter Kenneth Rexroth, Gary Snyder und Lawrence Ferlinghetti. Öffentliche Gedichtsvorlesungen verwandelten die enthusiastische Aufmerksamkeit einer Stadt in einen Strom nationaler Begeisterung, und im Handumdrehen gewann die Beatbewegung kulturelle Bedeutung. Fast sofort gab der *City Lights Bookshop* die »Pocket Poet Series« (Taschenbuchserie moderner Dichtung) heraus, und Kerouac trat wiederholt im Fernsehen auf. Er leerte einen Stiefel voll Manuskripte auf ein atemloses Publikum, und es wurde ihm nachgesagt, er sei in der ersten Woche, als sein Buch zum Bestseller geworden war, teilweise betrunken gewesen! Die *New York Times* bereitete eilig Buchbesprechungen vor, *Life* recherchierte für Artikel, Ginsberg veröffentlichte *Howl* und wurde fast über Nacht von San Franzisko bis Japan der bekannteste amerikanische Dichter seit Walt Whitman. Der Rest ist Geschichte.

Vielleicht ist es nicht ganz richtig, den Beats soviel Bedeutung zuzusprechen, wenngleich ihre Originalität eine unwiderstehliche Faszination ausübte. Aber aus mehreren Gründen kann man sie mit Strohhalmen vergleichen, die in die Richtung gebeugt sind, in die der Wind in die Zukunft bläst. Sie sind besonders wegen ihrer ausschließlichen Haltung von Bedeutung. Man war entweder Beat oder Bourgeois. Mit einer Art psychopathischer Brillanz fühlten sie, daß das Leben zwischen Sieg und Niederlage schwankte. Siege würden sie von dem Wahnsinn befreien, Niederlagen würden sie wieder in die stinkende Luft eines Systems einsperren. In sich selbst war diese Ausschließlichkeit nicht genug, aber es war ein Anfang.

Außerdem waren die Beats kreativ, besonders auf dem Gebiet des Romanschreibens und der Dichtung. Sie hatten etwas von der intellektuellen Welt in Paris–New York, von André Breton und Marcel Duchamps geerbt und an die Gegenkultur weitergegeben.

Ein Merkmal, das sie von den späteren Protestbewegungen unterscheidet, ist ihre unpolitische Haltung; oft erhoben sie ihre Zusammenhanglosigkeit zum Prinzip. Wenn die Welt nichts als Trug war, dann war Politik langweilig. Typisch dafür war die bekannte Debatte im Hunter-College im November 1958, in der Jack Kerouac, Ashley Montagu, Kingsley Amis und James Wechsler die Frage diskutierten: »Gibt es eine Beat-Generation?«

Kerouac war sichtlich nicht ganz nüchtern und wirkte manchmal fast unverständlich. Erbittert protestierte Wechsler schließlich: »Ich glaube, was Sie versuchen, ist die Zerstörung des Instinkts in jedermann, sich um diese Welt überhaupt zu kümmern.«[7] Manchmal waren ihre Gedichte gegen die Bombe ihre einzigen politischen Aussagen, die überhaupt irgendeinen Inhalt hatten, aber wie Paul Goodman richtig ausgeführt hat, drückten sie wenig mehr als eine Besorgnis aus, die jede Mutter für ihre Familie in einem nuklearen Zeitalter empfinden würde.

Ein anderes Merkmal, das sie in prophetischer Weise mit späteren Richtungen verband, war das religiöse Interesse, das sie gelegentlich zeigten. Ihr Beat-Zen war aus Vorstellungen einer freien Moral, aus französischem Existentialismus und einem oberflächlichen Verständnis des Ostens geboren. Viel zu antikonformistisch für bürgerlichen Zen und zu zusammenhangslos für Puristen wie Alan Watts, wurde der Beat-Zen von Jeff Nuttall sehr treffend als eine

»einer-ist-alles-und-alles-ist-eins-so-was-zum-Teufel-macht-es-aus«-Religion bezeichnet.[8] Sicherlich paßt sie sehr gut zu ihrer unpolitischen Haltung, und da sie keinerlei genau formulierte Lehre hatte, so stellte sie auch nicht die langweiligen religiösen Ansprüche des säkularen Atheismus. Obwohl der Radikalismus im Westen gewöhnlich streng atheistisch gewesen ist, so dachten die Beats lediglich daran, den Atheismus auf den Kopf zu stellen. 21 Jahre vor *Jesus Christ Superstar* oder George Harrisons *My Sweet Lord* waren ihre neuartigen religiösen Tendenzen wie seismographische Warnungen eines noch ungeborenen Trends – nach dem Osten, dem Okkultismus und der Jesus-Revolution. 1959 spottete Kerouac: »So, ihr Leute glaubt nicht an Gott. So, ihr seid alle groß, clever, allwissende Marxisten und Freudianer, hey? Warum kommt ihr nicht in einer Million Jahren wieder und erzählt mir alles darüber, ihr Engel?«[9] An anderer Stelle drückte er sich positiver aus: »Ich möchte jetzt einmal für bestimmte Dinge sein, für das Kruzifix, für den Stern Israels, für den göttlichsten Menschen, der je gelebt hat und ein Deutscher war (Bach), für Mohammed, für Buddha, für Lao-Tse und Chang-Tse, für D. T. Suzuki – das ist Beat! Macht Liebe, nur das ist Leben!«[10] Trotz dieser verworrenen Ökumenizität war diese Feststellung auf Grund ihres Inhalts durchaus prophetisch. Erst zehn Jahre später sollte die Gegenkultur sich auf breiterer Basis zugunsten der Mystik von mechanistischen Weltanschauungen abwenden und dadurch die Religion zum »äußersten Trip« machen.

Ein anderes Merkmal war ihr Glaube an die Therapie des Wahnsinns. In einer verrückten Welt ist der endgültige Wahnsinn der Punkt, an dem der Wahnsinn für »normal« erklärt wird – wegen der respektvollen Aura seiner »Normalität«. An einem solchen Punkt bestand die einzige geistige Gesundheit im Wahnsinn. Die einzige Freiheit war in der Verrücktheit. Das ist R. D. Laing vor seiner Zeit, und wenn spätere Radikale in ihren Überzeugungen konsequenter sind, dann sind sie nur über dieselben Erkenntnisse gestolpert, die die Beats bereits vertraten. Nachdem Charlie Parker eine Zeit in einer Anstalt verbracht hatte, verklagte er eine Schallplattenfirma wegen der Veröffentlichung einer Langspielplatte, die für ihn die Aufzeichnung innerer quälender Erlebnisse war. Ginsberg verbrachte acht Monate in einer Nervenklinik und widmete *Howl* Carl Solomon, der zu dieser Zeit in eine Anstalt eingeliefert wurde. Kerouac wurde von der Kriegsmarine als »schizoide Persönlichkeit« entlassen, und viele andere hatten Spannungen und Neurosen.

Ein letztes Merkmal, das die Beats mit der Gegenkultur verbindet, ist ihre Empfindlichkeit dem Eingriff der Medien gegenüber. Wie andere später lieferten sie eine gute Demonstration des »Midas Touch« von Madison Avenue, der ein kulturelles Phänomen in ein Verkaufsgut umwandelt, das in der Gesellschaft vertrieben und von dem System manipuliert werden kann. Als sich Madison Avenue der Beats annahm, wurde der Beatnik zur Karikaturfigur, *Playboy* veröffentlichte den »Beat-Spielgefährten des Monats«, und als *Time* und *Life* sich ihrer bemächtigt hatten, war ihr Ruhm gesichert und ihr Schicksal besiegelt. Trotzdem sind sie unzweifelhaft Vorläufer der Gegenkultur mit einem unleugbaren Einfluß und einer starken Übereinstimmung mit späteren Trends. Die Neue Linke verdankt den Beats mehr als den Radikalen der vergangenen Generationen. In der beruhigenden Figur von Allen Ginsberg oder dem wiederhallenden nasalen Krächzen von Bob Dylan veränderte sich das Image der Beats und reifte zu einer Bewegung heran. Der Beat war vielleicht ein Rebell ohne eine Sache, die er vertreten konnte, aber seine Rebellion war die einzige Rebellion.

Die europäische Szene

Für jedermann, der für den Radikalismus eintritt, wirkt ein erster Blick auf die europäische Szene recht deprimierend. Weit fort von der Welt des Beat in Greenwich Village, den Eldorados von Kalifornien oder den Güterzügen kommen wir in eine Welt der neonbeleuchteten Gassen, der Musikbox, des Vorstadtcafés und der neuen Espressobar. Die Atmosphäre ist unfrei, unkreativ, unartikuliert – hier gibt es keinen zusammenhängenden Protest; nur ab und zu äußert sich ein harmloser Groll.

In den frühen fünfziger Jahren erschienen als erste die Teddy Boys auf der Bühne. Eine Generation von Teenagern hatte zum erstenmal ein neues Gefühl des Selbstbewußtseins entdeckt; sie hatten Geld, das sie ausgeben konnten, und besaßen keinerlei soziale Hemmungen. Doch bei ihrem Durchbruch stießen sie ins Nichts. Aus diesem Vakuum heraus entstanden die Teds – wegen ihrer Kleidung »Edwardians« genannt, erkennbar an ihren Röhrenjeans, spitzen Schuhen, dreiviertellangen Mänteln und stark geölten Haaren. Man kann sie kaum als »Protestbewegung« bezeichnen. Aber aus dem Gemisch der Banden im Süden Londons und den lärmhaften Kinorevolten über *Blackbird Jungle* entstand eine Subkultur, roh, widerspenstig, aggressiv. Sie weigerten sich, irgendwelche Werte außer ihren eigenen anzuerkennen.

Danach kamen die Rocker mit ihren beschlagenen Lederjacken und schweren Motorrädern. In Holland fanden sie in den Nozem ihr Gegenstück. Einige Schritte weiter höher auf der Wohlstandsleiter waren die schwedischen Raggare, skandinavische »Höllenengel« mit Autos. Später, als Reaktion auf all diese Rohheit, kamen die Mods. Sie waren gut gekleidet, affektiert und äußerst selbstsicher, fuhren mit Motorrollern (und nicht mit Motorrädern), kauten unentwegt Kaugummi und trugen sehr modische Kleidung (vier Kleiderwechsel pro Tag. Erwischt man dich im Hemd von gestern abend, bist du erledigt – es war der Anfang der Carnaby Street).

Der Gegensatz zwischen den europäischen Bewegungen und dem, was sich in den Vereinigten Staaten ereignete, wird offensichtlich, wenn wir uns vergegenwärtigen, daß 1964, während in Berkeley um das Recht der freien Rede gekämpft wurde, Europa dazu verdammt war, Zeuge der Strandschlachten zwischen den Mods und Rockers zu sein, der berühmte Zusammenstoß zwischen den »langhaarigen, geistig labilen, kleinen Sägemehl-Cäsaren«, wie ein Friedensrichter von Margate sie nannte.

Die zornigen jungen Männer

Eine eher vielversprechende Quelle wirksamer radikaler Aktion waren die »zornigen jungen Männer«, die literarische Kategorie, die zu einem Lebensstil glorifiziert worden war. Unzweifelhaft erschienen sie auf den ersten Blick weitaus radikaler, echt schöpferisch und unendlich politischer. 1956 erschien John Osbornes *Look Back in Anger*, in dem Jimmy Porter als eine Figur dargestellt wird, die mit der Tradition, Hierarchie und Klassengesellschaft äußerst unzufrieden ist, sich beklagt und zornig Sofortmaßnahmen verlangt. »Es gibt keine gute Sache mehr.« Colin Wilson beschwor die Aura der französischen Café-Philosophen und Politiker herauf. Sein Buch *The Outsider* sollte das englische Gegenstück zu dem radikalen französischen Existentialismus darstellen. Kingsley Amis verleugnete öffentlich seine eigenen Verbindungen mit einer derartigen Bewegung, aber der machtvolle literarische Einfluß von Kenneth Tynan schuf einen Mythos um die »zornigen jungen Männer«, der jedoch im Laufe der Zeit dahinwelkte. Ganz offen schrieb Cyril Wright Mills: »Ich glaube, daß Mr. Amis ganz recht hat, wenn er sagt, er sei kein zorniger junger Mann . . . Er ist ein junger Gleichgültiger!«[11]

Die Kampagne für nukleare Abrüstung (Campaign for Nuclear Disarmament)

Eine andere Gruppe, die eine wichtige Rolle gespielt hat, ist die Kampagne für nukleare Abrüstung (CND), die einzige britische Protestbewegung, die eine nähere Betrachtung verdient. Sie entstand aus dem »Komitee für direkte Aktion« und wuchs zur CND, unterstützt von einer einflußreichen Gruppe öffentlicher Persönlichkeiten, unter ihnen Bertrand Russell, Pat Arowsmith, Canon Collins, Donald Soper, Spike Milligan und Vanessa Redgrave. Wie die Beats besaßen viele Mitglieder zutiefst beunruhigende Erinnerungen an den Zweiten Weltkrieg und ein starkes Unbehagen über die gleichgültige Haltung der Gesellschaft. Das Wachstum der Bewegung war phänomenal. 1958 nahmen am Karfreitagsmarsch von London nach Aldermaston 20000 Menschen teil, und 1960 wuchs die Menge auf 100000 an. Aber es handelte sich bestenfalls um einen altmodischen Protest mit geordneten Demonstrationen, langen Märschen und der Begleitung von Jazzbands.

Als die Bewegung in einen Streit über die Art und Weise ihres Vorgehens geriet, gewannen die Gemäßigten die Debatte und verloren die Sache. Im Jahre 1960 führte die Splittergruppe, das Komitee der 100, die Bewegung fort, militant, aber allein. Die Bewegung erreichte ihren Höhepunkt am 17. September 1961, als 1314 Menschen auf Trafalgar-Square verhaftet wurden, die größte Massenverhaftung in der Geschichte Großbritanniens. Aber trotz allem – die Bombe blieb, und die CND erwies sich als eine der letzten großen verlorenen Sachen in der alten Linie der Liberalen und Radikalen, die heute nur ein wehmütiges Lächeln hervorrufen. Das Harmlose machte dem Banalen Platz; nur die Bärtigen verliehen ihm den Anschein einer Tradition. Schließlich wurde die Bewegung zu einer alljährlichen, traditionellen Veranstaltung.

Im Vergleich zu heute erscheint es seltsam, daß, nachdem ein Junge auf einem Protestmarsch einen Bierkrug gestohlen hatte, das Komitee an seine Mutter schrieb und sich darüber beschwerte, was für einen Schaden der Junge für das Image der Bewegung angerichtet hätte, und verlangte, daß sie die Kosten zurückerstatte. Aber es wäre falsch, die Bewegungen ganz abzuschreiben. Wenn es wahr ist, daß eine Generation, die durch den kalten Krieg zur Apathie traumatisiert wurde, später durch die sogenannten »imperialistischen Kriege« zur Handlung geschockt wurde, dann stellte die CND zumindest den ersten Bruch in der schweigenden Generation dar. Lange vor der Anti-Vietnam-Bewegung wies die CND auf die Monstrosität des modernen Krieges hin, eins der wenigen Themen öffentlicher Diskussion, die von Europa an die Vereinigten Staaten weitergegeben wurden. Außerdem wurde das CND-Symbol von allen radikalen Bewegungen als Friedenszeichen übernommen. Das Symbol legte noch einen weiten Weg von den sumpfigen Feldern in Aldermaston zurück, und viele Ideale derer, die es als erste benutzten, wurden dabei verraten. Aber grundsätzlich symbolisierte es überall das tiefverwurzelte Unbehagen, die Sehnsucht nach einer neuen Ordnung, die Hingabe für die radikale Aktion der Stunde.

Die Provos

Die letzte europäische Bewegung, mit der wir uns beschäftigen wollen, sind die Provos (provacateurs). Für jeden wahren Radikalen war die europäische Szene Mitte der sechziger Jahre äußerst deprimierend – es bot sich die unangenehme Wahl zwischen der widerspenstigen, unreifen und unverantwortlichen Reaktion oder dem Liberalismus alter Linie, der an der harten Realität starker Regierungen und der Furcht vor dem kalten Krieg scheiterte. Keine dieser Richtungen qualifizierte sich wirklich für die »totale Weigerung«.

Eine Ausnahme waren die Provos in Holland, eine Bewegung, die aus der allgemeinen Desillusionierung in Holland und der toten Atmosphäre der Stadt Amsterdam geboren wurde. Mit ihren malerischen Boutiquen im Vergnügungsviertel war die Stadt Amsterdam sicher ein netter Aufenthaltsort für Matrosen, aber 1966 wurde es für junge Leute als »tot« empfunden, weil es in der gesamten Stadt nur einen einzigen Tanzsaal für Teenager gab. Die Provo-Bewegung entwickelte sich spontan aus Happenings, die 1965 von jungen anarchistischen Intelektuellen inszeniert wurden. Auf einem öffentlichen Platz führten sie an der Het Lieverdje Statue eine Satire auf die königliche Familie auf und sangen ein gegen das Rauchen gerichtetes Lied, komponiert von einem berühmten Kettenraucher. Der Abend wurde zu einem überraschenden Erfolg und rief in der folgenden Woche spontane Begeisterung hervor. Die Zuschauermenge wuchs dramatisch an, und die Nervosität der Polizei vergrößerte sich ständig. Schließlich verlor die stark irritierte Polizei die Beherrschung und griff mit Gewalt ein. Damit waren die Provos geboren; ihr besonderes Ziel bestand in der Konfrontation mit den Behörden, in der Absicht, sie lächerlich zu machen.

Im Rückblick auf die Ereignisse kann man den Ort ihres Protestes oder ihr Reformprogramm kaum als neuartig oder gewagt bezeichnen. Aber sie zeichneten sich durch ihren Stil aus. Sie gingen von der typischen britischen Art der Demonstration mit Märschen, Bannern und Bittschriften ab und machten sich als erste durch schnelle, gezielte Einzelaktionen populär. Sie gebrauchten Happenings, Gemeinschaftsprojekte, Aufstände, Gewalt und bittere Witze, um die Satire aus dem Fernsehstudio zurück auf die Straße zu bringen. In mancher Weise waren sie die Vorläufer der Hippies, und ihre Aktivität schlug sich später in der ausgelassenen Pop Art von Jerry Rubin und Albie Hoffmann nieder.

Sie erreichten den Höhepunkt ihrer Erfolge im Jahre 1966, als sie eine Serie öffentlicher Aktionen planten, um ihr soziales Anliegen zum Satire auszudrücken. Die erste war das Anti-Geschenk des Orange-Komitees, das anläßlich der Hochzeit der Kronprinzessin Beatrix mit Herrn Claus von Arnsberg überreicht werden sollte. Sie fuhren auf orangefarbenen Fahrrädern durchs Land und sammelten für ein »Anti-Geschenk« für das königliche Paar. In der bundesdeutschen Presse erschienen Inserate, die kostenlose Reisen zur Hochzeit für jeden Interessenten versprachen. Die Polizei erwartete, daß Millionen von Bundesbürgern von diesem Angebot Gebrauch machen würden. Dann wurden die Provos plötzlich gewahr, daß die Polizei vermutlich auf den Gedanken kommen würde, ihre finanziellen Möglichkeiten, dieses Angebot auch zu erfüllen, nachzuprüfen, und so liehen sie sich ein Vermögen, deponierten es in einer Bank und blufften somit Experten, die eine finstere Quelle der Finanzen vermuteten.

Danach kam ihre Serie von »weißen Plänen« (weiß war die Kennfarbe der Provos). Der erste war der weiße Fahrradplan, der aus Fürsorge für die Stadt Amsterdam entwickelt wurde, die täglich von kriechendem, luftverpestendem Verkehr verstopft wurde. Sie besorgten sich 150 Fahrräder und malten sie weiß an, dann hinterließen sie sie an verschiedenen Orten als Gemeinschaftseigentum. Diejenigen, die mit dem Plan kooperierten, sollten ihre Wagen in der Garage stehenlassen und sich eines der Fahrräder leihen. Sie hofften schließlich, den Autoverkehr völlig vom Stadtzentrum zu verbannen. Wie vorauszusehen war, machte die Polizei nicht mit und konfiszierte alle Fahrräder unter dem Vorwand, damit dem Risiko des Diebstahls zuvorzukommen. Prompt wurden 100 weitere geliefert, diesmal mit Schlössern, aber diesen wurde das gleiche Schicksal zuteil.

Als nächstes kam der weiße Hausplan. Die Provos begaben sich auf die Suche nach Häusern, die für alte Leute oder zur Unterbringung von Studenten geeignet waren. Danach kam der weiße Schornsteinplan, in dem sie vorschlugen, daß jeder, der gegen Umweltverschmutzung mitkämpfen wollte, seinen Schornstein weiß anmalen sollte. Über Nacht entstand ein Wald weißer Schornsteine im Stadtzentrum von Amsterdam. Danach kam der weiße Kükenplan, der mit der gleichen Ernsthaftigkeit entwickelt wurde, aber diesmal direkt gegen die Polizei gerichtet war. Er schlug vor, die Polizisten sollten sich entwaffnen, weiße Mäntel anziehen und Verhütungsmittel verteilen(!). Verständlicherweise reagierte man mit wütender Empörung. Sie schrieben auch weiße Gedichte – manche politisch, manche privat, manche bitter. Sie wurden auf Mauern, Lampen und Bürgersteige geschrieben und drückten die Philosophie der Provos in hundert verschiedenen Formen aus. Im großen und ganzen war das alles ein formloser Anarchismus, der in Untergrundkellern entstand; das Hauptquartier der Provos wurde dann ihr berühmtes Hausboot auf dem Amsterdamer Kanal. Ihr philosophisches Ideal war der Homo Ludens – eine kulturell verdünnte Version der Vorstellungen von Jan Huizinga – der vernünftige, kreative Mensch, der genügend Freizeit hatte, um mit der Freizeit zu spielen. Sehr oft jedoch stimmte die Praxis mit der Theorie nicht überein. Halbverwahrloste Gemeinschaften mit losen Geschlechtbeziehungen und Bettelei waren oft das Ergebnis.

Auf der positiven Seite jedoch gelang es den Provos, Sitze in der Stadtverordnetenversammlung von Amsterdam zu gewinnen, und viele Dinge, die sie damals vorschlugen, werden heute noch von den holländischen Radikalen vertreten, den Kabouter. Aber die Provos scheiterten schließlich an ihrem eigenen Mangel an Ernsthaftigkeit, wie einer ihrer Führer, Van Duyn, gesagt haben soll: »Die Anarchie ist eine Politik der Verzweiflung. Natürlich wird sie nicht völlig funktionieren, aber sie ist eine großartige Methode, die Dinge ein wenig ins Wanken zu bringen.«

Im Rückblick läßt sich erkennen, daß den Provos noch aus anderen Gründen größere Bedeutung zukommt. Die Art, wie die Regierungsbehörden mit ihnen umgingen, war ein Beispiel von monumentaler Kurzsichtigkeit. Die *New York Times* bezeichnete die Provos als »Dada in politischer Konsequenz«[13], und die Führer der Provos gaben die Gültigkeit dieser Feststellung offen zu. Sie behaupteten, ihre Aktion auf den Straßen solle lediglich die Logik des Stedelijk Museums in Amsterdam ausdrücken. Die Behörden waren stolze Hüter der Kunst in einem Museum, aber verfolgten diejenigen, die die Logik dieser Botschaft auf den Straßen verwirklichten. Derart schizoides Verhalten zeigt sich in der Geschichte des

»Striptease des Humanismus« recht häufig. In ihrem kurzen Dasein bewiesen die Provos zumindest Logik und Ehrlichkeit. »Nach der Kapitulation der CND sah es so aus, als ob wir wieder einmal den Sieg erstreben könnten«[14], rief Jeff Nuttall vom englischen Untergrund. Wieder jedoch war der Optimismus tot geboren; der Protest endete im Stillstand. Aber das kümmerte kaum jemanden, Europa wurde nämlich von einer Flut der Euphorie überschwemmt, als im Jahre 1966 die Hippies aufkamen.

Die Hippies

Mit den Hippies sind wir wieder in Kalifornien, nicht in North Beach, Venice West oder Berkeley, sondern Haight Ashbury, wo es hieß, die Straßen seien mit Haschisch gepflastert und wo sich eine stammesartige Gemeinschaft entwickelt hatte. »Turn on, tune in, drop out« war das Motto, und Timothy Leary, Allen Ginsberg und Allan Watts waren die Paten und Hohenpriester der neuen organischen Gemeinschaft. Es war eine neue Gesellschaft mit Glocken, Perlen und Blumen, Frieden und Liebe, Acid und Psychodelik, als ob die Traumwelt des Unterbewußten plötzlich greifbar geworden wäre. Es war der Höhepunkt des Acid Rock. Fillmore West war sein Mekka, und nie spielten *Grateful Dead, Jefferson Airplane, The Doors* oder Janis Joplin besser. Ken Kesey führte die *Merry Pranksteers*. Tim Leary führte die *Family Dog*. Auf der anderen Seite des Landes, in New York, fand man die *Fugs* und *Velvet Underground,* während in London die Gruppe UFO den unbegrenzten Freak-Out symbolisierten. Aber mit einem Male wurde die gesamte Gemeinschaft zu einem Zirkus, der Traum zu einem Alptraum, und Friede und Liebe schwanden dahin, während der Romantizismus seinem Ende entgegenstürzte. Die Euphorie dauerte nicht allzulange.

Ginsberg hätte es besser wissen müssen. Seine Anklage, die Welt von Ronald Reagan und Präsident L. B. Johnson sei »eine planetare Kneipenprügelei«[15], war schon gerechtfertigt. Sicherlich, wenn alles zur Form reduziert ist, dann kann es keine Freiheit geben, aber gleichermaßen führt die Freiheit ohne jede Form zu Anarchie und Chaos. Ginsbergs Fehler war genau entgegengesetzt dem Irrtum, dem seine Gegner verfallen waren. Es war eine Reaktion, keine Antwort. Heute wissen wir, wie sehr an dem Idealismus, den Ginsberg mit den besten Mitteln, die seinem erfinderischen Geist zur Verfügung standen, so heftig verkündigte, zynisch Verrat geübt wurde.

Ginsberg griff die Massenmedien wegen ihrer manipulatorischen Kontrolle einer Plastikgesellschaft an, aber gleichzeitig nutzte er sie schamlos zu seinem eigenen Vorteil aus. Einer seiner Briefe an Leary kann gut mit den Notizen eines Werbefachmannes verglichen werden: »Gestern hatte ich einen Fernsehauftritt mit N. Mailer und Ashley Montagu und hielt eine große Rede . . . empfahl jedermann, high zu werden . . . nahm mit allen Rauschgift-Leuten Kontakt auf, die ich kenne . . . ein Pro-Rauschgiftbericht wurde veröffentlicht . . . Ich schrieb eine fünfseitige Zusammenfassung der Situation an meinen Freund Kenny Love von der *New York Times*, und er sagte, er würde vielleicht einen Bericht schreiben, der dann von einem UP-Freund national verbreitet werden wird. Ich gab auch eine Kopie an Al Aronwitz von der *New York Post* und Rosland Constable von *Time* sowie Bob Silvers von *Harpers*.«[16] Das ist eine erstaunlich offene Darstellung seines Verrats an der Integrität seines Protestes.

In seiner Beurteilung von Haight-Ashbury war er auch nicht ganz ehrlich. Trotz seiner Behauptungen war Haight-Ashbury nie »indisch«, denn die Gemeinschaft war nie unabhängig, im Gegenteil, vielleicht geradezu parasitisch, und schließlich wurde er gezwungen zuzugeben, daß die »Gemüsekultur« stets das »Mineral« brauchte, d. h. den Rückhalt der Technik. In einer Analyse des Verhältnisses der Hippies zur technischen Zivilisation schrieb Jacques Ellul: »Sie sind ein Anhang derselben Gesellschaft – die Blume auf dem Hut, die Lieder, die Girlanden, das Feuerwerk, der Korken auf dem Champagner. Sie verurteilen die Gesellschaft und lehnen sie ab – so meinen sie. In Wirklichkeit sind sie nur ein Produkt ihres Wohlstands.«[17] Nicht übersehen sollte man, welchen Wert die Hippies auf die Gesundheit legten, ihre Versorgung mit frischer Nahrung von Farmen, die Verteilung von Medikamenten. Schließlich wurden sie von den Medien verführt, dem Erfolg nachzugeben. Jefferson Airplane verkaufte sich für Anzeigen für Levi, Ed Sanders entwarf das Cover für *Life*, Touristen bezahlten vier Dollar, um eine Predigt von Leary zu hören, und die Gray-Line-Touristenbusse machten Haight-Ashbury zu ihrem Ausflugsziel. Schließlich gab es dort nur noch die kleinen Verbrecher, die Drogensüchtigen, die Dealer, die brettergeschützten Geschäfte und zerschlagenen Fensterscheiben. Icarus encore . . .

Eine Besonderheit von Haight-Ashbury, die überlebte, waren die vervielfältigten Zeitschriften und grob gedruckten Zeitungen, die aus der Untergrundpresse wie Pilze aus dem Boden schossen. Trotzdem – letzten Endes besteht die große Bedeutung der Hippies für die folgenden Entwicklungen lediglich in ihrem Scheitern. Das Verlassen der Gesellschaft trug nichts zu ihrer Veränderung bei. Von da an konnte nur eine Bewegung, die radikale politische Veränderungen herbeiführen wollte, irgend etwas bedeuten. Nie wieder würde es eine solch weitgespannte Einheit und Euphorie, eine solche Mischung der Extreme geben. Im Jahre 1967 war man von der Psychodelik zurückgekehrt zur Politik, und viele empfinden dieses Zwischenspiel heute wegen seiner Oberflächlichkeit als unangenehm.

Die Neue Linke

Das Scheitern von Haight-Ashbury leitete die Ära der Neuen Linken ein. Zwar existierte sie schon vor 1967, aber als kulturelle Kraft gelangte sie erst durch das Vakuum zum Wirken, das durch den Fehlschlag der Hippies und die düstere Eskalation des Krieges in Vietnam geschaffen wurde.

Die Neue Linke ist »neu« im Gegensatz zu der alten Linken und der schweigenden Mehrheit. Die alte Linke setzt sich aus den Kommunisten und Radikalen zusammen, die noch in den Fußstapfen von Marx, Lenin und Rosa Luxemburg gehen. Die Ideale der alten Linken waren dadurch verleugnet worden, daß die Kommunisten in der Praxis selbst zu einer Volkselite geworden waren. In doktrinären Dogmen vergraben wurde die alte Linke moralisch verabscheuungswürdig durch die Intervention in Ungarn 1957 (und später im Jahre 1968 in der Tschechoslowakei). Cyril Mills verspottete die alten Kommunisten als die »alten Zwecklosen« (old Futilitarians).

Gegen sie stellte sich die Neue Linke, die auf ethische Prinzipien mehr Wert legte als auf wirtschaftliche Zusammenhänge, Psychologie für genauso wichtig hielt wie Politik und mit der Entfremdung genauso fertig werden wollte wie mit der Ausbeutung. Sie rühmte sich ihres leidenschaftlichen und dogmatischen Humanismus.

Zweitens steht die Neue Linke im Gegensatz zur schweigenden Mehrheit. Die schweigende Generation bestand aus zwei Teilen, die beide von der Neuen Linken gleichermaßen verspottet wurden. Der erste enthielt frühere Radikale, die es in der Reife des mittleren Alters vorgezogen hatten, liberal zu werden. Die allgemeine Desillusionierung wurde für viele Leute in Daniel Bells Ankündigung vom »Ende der Ideologie« zusammengefaßt. In gewisser Weise war das natürlich, aber es bestand die Gefahr, daß sich nun eine neue

Ideologie entwickelte, die Ideologie der Gleichgültigkeit. Zum zweiten Teil gehörte die jüngere Generation. 1959 bemerkte Clark Kerr von der Universität von Kalifornien in Berkeley: »Die Arbeitgeber werden diese Generation lieben. Sie werden sich nicht gegen viele Ungerechtigkeiten auflehnen. Es wird einfach sein, mit ihnen umzugehen. Es wird keinerlei Aufruhr geben.«[19] Später müssen seine Worte wie bittere Ironie geklungen haben, aber wenn es ihnen auch an prophetischer Einsicht mangelte, so stellten sie doch eine genaue Beschreibung der damaligen Situation dar. Es war eine Nicht-Generation: »Sie sind völlig passiv, sie sind einfach out«[20], schrieb Mills mit bekräftigender Verachtung.

So sah sich die Neue Linke selbst als eine Angriffsspitze aus Studenten und Intellektuellen, als Vorhut einer neuen Revolution. Ihr Ziel bestand darin, das schlummernde Proletariat zu mobilisieren, um diese Kraft mit der aufbegehrenden Dritten Welt zusammenwirken zu lassen. Ihre Rolle sollte die eines Katalysators sein, der diese Kräfte zu einer handlungsfähigen Revolutionseinheit zusammenschmiedete.

Die Gelegenheit bot sich durch eine Serie von bedeutenden Ereignissen in den Jahren 1959 und 1960. Bei der Wahl von John F. Kennedy zum Präsidenten schien es, als ob Jugend, Aktion und Erfolg wieder Hand in Hand gingen. Die Wahl selbst hatte nicht sehr viel direkten Einfluß, sie wirkte aber als Symbol. Kennedy gründete in jenem Jahr das Friedenskorps, und fast gleichzeitig begann die Neue Linke mit der Gründung des SNCC und des SDS.

Einflußreicher noch war das erfolgreiche Vorbild der internationalen Studentenrevolten. Im Jahre 1960 wurden zwei Regime gestürzt – Menderes in der Türkei und Syngman Rhee in Korea. In beiden Coups spielten die Studenten eine strategische Rolle, genauso wie in der kubanischen Revolution 1959 und in den weitverbreiteten Unruhen in Japan.

Auf Kuba war eine blühende Kolonie des Marxismus entstanden, und das nur 150 Kilometer von der Küste Floridas entfernt. Im September 1960 erging der Aufruf von Mills in einem Artikel in der englischen Zeitschrift *New Left Review:* »Das Zeitalter der Gleichgültigkeit geht zu Ende. Überlassen wir es den alten Weibern, sich weise über das ›Ende der Ideologie‹ zu beschweren. Wir fangen an, uns in Bewegung zu setzen.«[21]

Genau an diesem Punkt sehen wir, wie die verschiedenen »Nebenflüsse« zum einen Hauptstrom zusammenfließen – der internationale Studentenprotest, die Dritte Welt (über Kuba und Franz Fanon, der damals in New York schrieb), der Schwarze Nationalismus: sie alle kommen zusammen, um die Neue Linke zu bilden. Hier wollen wir uns nicht mit allen Formen der Neuen Linken beschäftigen, sondern lediglich zwei größere Organisationen schildern, die die Bewegung als Ganzes recht gut vertreten.

SNCC

Die erste ist das SNCC (The Student Non-violent Coordinating Comittee – Studentisches Gewaltlosigkeit-Koordinierungs-Komitee). Der langsame Trend, der von dem Busboykott in Montgomery ausgelöst worden war und durch die erzwungene Integration in Little Rock verstärkt wurde, war plötzlich nach den historischen Grennsboro-Sit-Ins in F. W. Woolworths im Februar 1960 stark beschleunigt worden. Im Oktober desselben Jahres kamen 235 Studenten in Atlanta (Georgia) zusammen, um das SNCC zu gründen. Sie wurden später als ziemlich »Bürgerliche Reformer« verschrien, denn sie zeigten Sanftmut, ein unerschrockenes christliches Bekenntnis, einen offensichtlich bürgerlichen Hintergrund und hielten an der Bibel und der Bill of Rights fest. Ihr Gründungsmanifest bestätigte klar den Glauben an die »Gewaltlosigkeit, wie sie aus der judaistisch-christlichen Tradition erwächst«.[22]

1962 und 1963 kamen seine Mitglieder aus dem Süden zurück. Manche waren geschlagen, ausgepeitscht, angeschossen worden. Manche waren umgebracht worden. Es überraschte nicht, daß sie eine unglaubliche Zähigkeit besaßen, aber ihre Tapferkeit war von Bitterkeit getrübt. Einer, der durchkam, ohne bitter zu werden, sondern lediglich eine unglaubliche Tapferkeit und ein tiefes Mitempfinden bewahrte, war Bob Parris. Als er aus dem Herzen von Amite County zurückkehrte, konnte er lediglich sagen: »Wenn du in Mississippi bist, dann ist es schwer zu glauben, daß es das übrige Amerika wirklich gibt, und wenn du im übrigen Amerika bist, dann kannst du kaum glauben, daß es so etwas wie Mississippi überhaupt gibt.«[23]

Das hört sich an wie eine Zeile von Peter Fonda, aber die mutige Hingabe der »Freedom riders« war weit entfernt von dem abgedroschenen Blödsinn, den uns der Kinofilm Easy Rider präsentiert. Es war kein Wunder, daß ein solch selbstloses Heldentum Parris zu einer legendären Figur der Neuen Linken machte. Bei vielen anderen machte die Tapferkeit schließlich der Bitterkeit Platz. Der Kampf gegen die Rassentrennung wurde schließlich zum totalen Kampf gegen das System, aber das Wort *Kampf* wurde immer noch in metaphorischer Bedeutung verwendet.

Der Wendepunkt kam 1966 bei der jährlichen Konferenz des SNCC in Nashville, Tennessee. Malcolm X war bei einem Attentat ums Leben gekommen, Julian Bond war sein rechtmäßiger Sitz in der Legislatur versagt geblieben, und die Mörder von Goodman, Charney und Schwerner (1964 gelyncht und ermordet) waren immer noch auf freiem Fuß. In einer revolutionsgeladenen Atmosphäre der Frustration wurde der zurückhaltende, tiefreligiöse John Lewis zum Präsidenten gewählt. Aber dann, als die Diskussion immer erbitterter wurde, stellte man sich ihm unvermutet entgegen, und er wurde abgewählt. An seine Stelle trat der 25jährige Stokely Carmichael. Mit einem Schlag wurde das SNCC von Camus und Baldwin zum SNCC von Carmichael und Franz Fanon, Gewaltlosigkeit machte der Gewalt Platz, Kooperation dem Separatismus, Bürgerrechte dem Schwarzen Nationalismus. Eine neue Polarisierung war geboren worden. Black Power und später die Black Panthers straften den Verlust der liberalen Gönnerschaft und der Solidarität mit den weißen Radikalen mit abgrundtiefer Verachtung und nahmen ihren einsamen Kampf auf.

SDS

Eine zweite Organisation, die gleichfalls für die Neue Linke als repräsentativ angesehen werden kann, ist der SDS (Students for a Democratic Society – Studenten für eine demokratische Gesellschaft). Das SNCC und der SDS bildeten die beiden einflußreichsten frühen Gruppen der Neuen Linken. Wie der SNCC war der SDS gleichfalls das direkte Ergebnis der Ereignisse von 1960. In diesem Jahr hatte die alte Gemeinschaft für industrielle Demokratie, die von Jack London und Upton Sinclair gegründet worden war, ihre Jugendabteilung in SDS umbenannt. Aber eine Versammlung konnte nicht gehalten werden, weil es zu wenige Mitglieder gab. Dann, im Dezember 1961, kamen 35 Studenten zusammen, um einen Vorstand zu wählen und für 1962 eine Tagung vorzubereiten. Tom Hayden, ein junger Radikaler von der Universität von Michigan, wurde damit beauftragt, ein Manifest zu verfassen. Diese Versammlung wurde vom 11.–15. Juni 1962 mit 59 Anwesenden in Port Huron, Michigan, gehalten. Daraus wurde der SDS.

Aus zwei besonderen Gründen kann man den SDS als politisch repräsentativ ansehen. Ursprünglich war der SDS eine linksliberale Koalition mit vielfältigen Perspektiven und mit einem humanistisch orientierten Manifest. Nur wenige würden mit bestimmten Kernsätzen nicht einverstanden sein: »Wir erkennen den *Menschen* als unendlich wertvoll an, mit vielen unerfüllten Möglichkeiten für Vernunft, Freiheit und Liebe . . . Wir sind gegen die Entpersönlichung, die den Menschen zu dem Status eines Gegenstandes reduziert . . . Einsamkeit, Entfremdung, Isolierung beschreiben die große Distanz zwischen den einzelnen Menschen von heute. Diesen hervorstechenden Tendenzen kann nicht durch besseres Personalmanagement entgegengewirkt werden oder durch eine verbesserte Tech'nik, sondern nur wenn die Liebe des Menschen die Anbetung der von Menschen geschaffenen Dinge überwindet.«[24]

In diesem Manifest wird auch das bekannte Konzept der »partizipierenden Demokratie« eingeführt, und ein typischer Slogan dieser Zeit war: »Bauen, nicht abbrennen.«

Übereifer hat jedoch eine unheimliche Art und Weise, mit den edelsten Prinzipien umzugehen. Der SDS zerstritt sich bald mit der Gemeinschaft für industrielle Demokratie wegen deren antikommunistischer Haltung. Es ist bemerkenswert, daß er die traumatischen Erlebnisse seiner Entstehung überlebte.

In den Wahlen 1964 trugen seine Mitglieder noch Plaketten, auf denen zu lesen war: »Part of the way with LBJ« (ein Teil des Weges mit Lyndon B. Johnson). Die Tatsache, daß heute so etwas völlig undenkbar wäre, zeigt sich in den drastischen Verschiebungen in den Loyalitäten; heute wird der SDS durch einen totalen Radikalismus und eine völlig antikooperative Verzweiflung über das Establishment gekennzeichnet.

Tom Haydens offener Brief an die McCarthy-Jünger, der in den *New Left Notes* noch vor der Chikago-Convention im Jahre 1968 geschrieben wurde, drückt dies sehr gut aus: »Am Anfang, im heroischen Kampf der Bürgerrechtsperiode, sagen wir von 1960 bis 1964 – waren unsere Vorstellungen kaum radikal. Schwarze Menschen sollten frei sein – man kann das wohl kaum in irgendeiner Weise als extreme Forderung ansehen. Das ist nämlich das grundlegende Versprechen der offiziellen Moral unseres Landes. Unsere Forderungen hätten nicht einfacher sein können: ›Amerika, erfülle deine Versprechungen.‹ Und irgendwie nehmen wir an, daß irgendwo in seinem Herzen Amerika das auch wirklich wollte. Sie kennen das Ende dieser Geschichte – Herzeleid und Terror.«

Im Jahre 1963 war der SDS die erste Organisation, die nach dem Vorbild des SNCC in den Gettos Gemeinschaftsprogramme organisierte. Im Jahre 1965 waren sie die ersten, die sich gegen die Wehrpflicht organisierten. Ungefähr 20000 nahmen an dem Friedensmarsch in Washington am 17. April teil, darunter *Free Speech*-Veteranen von Berkeley, »Freedom riders«, desillusionierte Friedenskorpsfreiwillige und SDS-geschulte schwarze Teenager. Innerhalb von acht Wochen waren sie von den Medien vergewaltigt, fotografiert, publiziert, popularisiert und psychoanalysiert worden, aber verstanden hatte man sie nicht. Im Oktober wurde ihnen nachgesagt, sie hätten 80000 Demonstranten in verschiedenen Städten der USA auf die Beine gebracht. Bis dahin konnte der SDS bereits für sich beanspruchen, als Vorhut der Neuen Linken zu gelten, aber die Bewegung wurde in ihrer Grundeinstellung immer radikaler. Der allgemeine Trend ging von Frustration zu totaler Verzweiflung. Für den einzelnen gab es auch meist irgendeine radikale Taufe, irgendeine Stunde der Wahrheit. Die gemeinsame Gefahr, der man sich der Gerechtigkeit wegen aussetzte, war die sakramentale Feuertaufe. Ob in Mississippi 1964, in Chicago 1968 oder Attica 1971, irgendwann erreichte man einen Punkt, an dem es kein Zurück mehr gab. Von da an gab es nur noch die totale Opposition.

Das zweite hervorstechende Merkmal des SDS war seine Struktur. Der SDS war eine ungewöhnlich ökumenische Kombination von vielen verschiedenen Gruppen, die zeitweise erbitterte Gegner gewesen waren. Er umfaßte Anarchisten, Marxisten, Sozialisten, Pazifisten, Humanisten, Bohemiens und Mystiker und hielt sie alle in autonomen Teilen zusammen. Es gab keinen einzelnen nationalen Führer, nur einen Rat von 35 Mitgliedern. Das war sowohl eine Stärke als auch eine Schwäche. Der Vorteil bestand darin, daß dadurch eine effektive Schlagkraft möglich wurde. Im Vergleich zur riesigen Maschinerie der jungen Republikaner und den demokratischen Jugendorganisationen war der SDS eine kleine Minderheit, aber er machte sich lautstark bemerkbar und war sehr beweglich. Zweihundert Militante in Columbia konnten eine Universität von 175000 Studenten zum Stillstand bringen. Ob ihre Taktik nun plump war wie in Morningside Hights oder etwas raffinierter, ihre Formation war taktisch ideal. Grundsätzlich könnte man das Prinzip ihres Vorgehens in drei Worten zusammenfassen: Konfrontation! Polarisation! Revolution! – Bei solchen Zielsetzungen konnte kein radikaler Führer hoffen, dadurch zum Erfolg zu kommen, daß er viele Nachfolger um sich scharte. Um Nachfolger zu gewinnen, sorgte er vielmehr dafür, daß er Erfolg hatte.

Aber wenn darin ihr großer Vorteil bestand, so war es auch ihr Nachteil, denn diese autonomen Gruppen tendierten stets zur Auflösung, wenn nicht gar zum totalen Zerfall. Es gab keinerlei zentral kontrollierte Direktive, keine allgemein anerkannte Theorie, keine gut organisierte Planung. Die Furcht vor einer doktrinären Theorie und diktaturartigen Führung wurde fast selbst zum Dogma, und oft führte das zu einem entsetzlichen Antiintellektualismus, Romantizismus und zum Chaos. Tom Hyden erklärte öffentlich, daß sie sich mehr auf Gefühl als auf Theorie verlassen sollten: »Wir fangen an, nur mit Fragen bewaffnet, in dem Glauben, daß sich die Antworten durch Aktion finden lassen.«[25]

Zwischen einem solchen Romantizismus und späterer totalitärer Führung besteht stets eine Verbindung, und es zeigte sich dann auch, daß der SDS hier keine Ausnahme war. Das Resultat war eine Zerstörungswut, die sich recht willkürlich äußerte. Ironischerweise wurden gerade im Namen der akademischen Freiheit Forschungsarchive und Dissertationen verbrannt und die gesamte Geschichte der westlichen akademischen Freiheit verworfen. Schlimmer noch – die Freiheit der Rede wurde immer mehr beschränkt. Die politische Aktion im Jahre 1964 hatte sich darauf konzentriert, das Recht der freien Rede zu sichern, aber 1968 enthielt Herbert Marcuses Konzept der »diskriminierenden Intoleranz« einen offenen Aufruf an eine Elite. Rhetorisch fragte Marcuse: »Gibt es eine andere Alternative als die Diktatur einer ›Elite‹ über die Menschen?«[26] Nur engstirniges Parteidenken kann den extremen dialektischen Salto mortale in der Verweigerung der freien Rede übersehen.

Es gab auch einen gefährlichen Hang zur Gewalt. Es mutet heute geradezu überraschend an, daß 1966 Jack Newfield die Gewaltlosigkeit als das Hauptmerkmal der Neuen Linken anführte. Damit schloß er verschiedene Gruppen wie die progressive Labour Party und Black Power wegen ihrer Gewalttätigkeit als gefährlich aus. Selbst im Frühling 1968 behauptete Kenneth Kenniston, die allgemeine Tendenz sei immer noch gewaltlos. Aber im Mai waren solche Behauptungen in die Geschichte verbannt worden. Das Festhalten am Prinzip der Gewaltlosigkeit war durch die eigensinnige Reaktion der Machtelite und die Überreaktion der Polizei erschüttert worden. Von der Realpolitik in Regis Debrays »Macht zu zeigen heißt in Wirklichkeit, sie zu benutzen« bis zu Maos »Macht kommt aus dem Lauf des Gewehrs« war es klar, daß sich Gewalt lohnte und daß Pragmatik zu mehr führte als Prinzipienreiterei. Wenn die einzigen Prinzipien des modernen Handelns der Relativismus oder die Dialektik sind, dann ist keine Kehrtwendung, kein moralischer

Salto mehr undenkbar. Was heute verpönt ist, kann morgen sehr wohl eine feste Überzeugung sein.

Carl Oglesby, der Präsident des SDS, hatte geschrieben: »Wir wollen eine Welt schaffen, in der Liebe möglicher ist«[27], aber später sagte er: »Revolutionen werden nicht mit Samthandschuhen ausgetragen... Nonnen werden vergewaltigt und Bürokraten geköpft werden.«[28] In der Zwischenzeit war die Revolution selbst zu einem Absolutum erhoben worden und trampelte alle früheren menschlichen Werte nieder. Es überrascht nicht, daß das Port-Huron-Manifest in keiner Weise mehr der offiziellen Politik entsprach. Aus Platzgründen können wir leider auf andere Gruppen nicht mehr im Detail eingehen, obwohl sie es verdienen würden. So zum Beispiel könnten wir die erwähnte *Free Speech* Bewegung von Berkeley untersuchen (1964), die Mai-Revolution (1968), die Chicago-Convention (1968), den Moratoriumstag (1969) und die Kent-State-Schießereien (1970). Zu führenden Gruppen gehören die Maoisten, die russischen Marxisten, die Hippies, die Weathermen und die Womens-Lib-Bewegung. Zu den einflußreichen Persönlichkeiten gehören David Dellinger, Tom Hayden, Carl Oglesby, Paul Booth, Jerry Rubin, Abbie Hoffman, Bobby Seele, Stokely Carmichael, Huey Newton, Alan Geismar, Daniel Cohn-Bendit, Rudi Dutschke und Tariq Ali.

Das Versagen der Neuen Linken

Aber nach all dem Historischen muß unvermeidlich die Frage kommen: Wo stehen wir heute? Was erklärt die »unheimliche Stille« (so Präsident Kingman Brewster von der Yale-Universität) oder »die Abkühlung Amerikas« (*Time*)? Sind wir Zeuge eines »Jüngerwerdens« Amerikas, wo die Gewalt zur Gewaltlosigkeit zurückkehrt und eine tiefere Revolution im Bewußtsein der Menschen eine Revolution auf den Straßen überflüssig erscheinen läßt? Sehen wir uns allmählich einem noch größeren Maß an Frustration gegenüber, erleben wir das Schwinden der Gegenkultur? Oder ist es lediglich eine Periode des erneuten Nachdenkens, der Klärung der Position? Zwei Faktoren sprechen gegen jeden Optimismus. Zunächst einmal ist es der Neuen Linken in keiner Weise gelungen, ihre Ziele zu verwirklichen, und zweitens erleben wir eine neue Unterdrückung, die die gelungenen Versuche zunichte macht.

Um es klar und deutlich zu sagen: In keiner fortgeschrittenen Industriegesellschaft ist das herrschende System gestürzt worden. Aber es wäre falsch, den Einfluß zu unterschätzen, den die nationalen Revolutionsbewegungen gehabt haben. In Rotchina zum Beispiel erwies sich die Rote Garde als selbst für ihre Führer fast zu explosiv. In Spanien arbeiteten die Studenten erfolgreich mit der Arbeiterklasse zusammen. In Deutschland bemächtigten sich die Radikalen eine Zeitlang fast der Position der glaubwürdigen Linken. In Frankreich gelang es den Studenten in einzigartiger Weise, die ganze Regierung für kurze Zeit auf die Knie zu zwingen. Und in den Vereinigten Staaten hat das Versagen der Radikalen nicht verhindert, daß viele ihrer Ideen allgemein akzeptiert worden sind. Der Krieg ist keineswegs mehr eine ehrenhafte Sache, die Umweltverschmutzung ist ein drängendes Problem, der amerikanische Traum ist von jeglicher Erfüllung weit entfernt, die menschliche Rasse steckt in tiefen Schwierigkeiten – diese Erkenntnisse werden von allen Seiten anerkannt. Auch ihre Musik, die Art ihrer Kleidung und der Drogengebrauch, ursprünglich Lebensstil einer Bewegung, sind das Merkmal einer Generation geworden. Nichtsdestoweniger ist der größte Teil der Gesellschaft weitgehend unverändert geblieben. Die am deutlichsten erkennbare Veränderung ist in den Radikalen selbst erfolgt – und die Endstation ist Verzweiflung.

Worin liegen die Gründe für dieses Versagen? Zweifellos bestand die zentrale Schwäche in der Unzulänglichkeit des radikalen Programms. Sowohl die Alternative, die sie für die technische Wohlstandsgesellschaft zu bieten haben, und die Mittel, die sie einsetzen, um ihr Ziel zu erreichen, sind unzulänglich. Ihre Kritik am Establishment ist sowohl ihr stärkster als auch ihr schwächster Punkt. Dieses Problem verdient ein ganzes Kapitel zu seiner Diskussion.

Wir wollen aber noch kurz auf andere Faktoren zu sprechen kommen. So stellen wir das deutliche Fehlen der bekannten Voraussetzungen für frühere Revolutionen fest. Kein westliches Land ist von einer drastischen Wirtschaftskrise auf die Knie gezwungen worden. Es hat keine militärische Katastrophe gegeben und keine nationale Demütigung im Ausland. Keine Regierung hat die Massendesertierungen von Intellektuellen mitgemacht wie die Regierungen in Frankreich 1789 oder in Rußland 1917. Allgemeine Unruhe steht wohl kaum irgendwo auf der Tagesordnung. Echtes revolutionäres Bewußtsein ist auf kleine Gruppen beschränkt, und die Kluft zwischen der Revolution und der Wirklichkeit wird nur mit Hilfe von Rhetorik übertüncht.

Ein anderer Faktor ist die soziale Isolation der Aktivisten unter den Studenten. Ihr Traum, einen Katalysator darzustellen, war ein großes Fiasko, und ihre wahre Beziehung zur Dritten Welt existierte mehr in revolutionären Mythen als in praktischer Wirklichkeit. Oft kamen sie wenig weiter als zur Befestigung von Ché Guevara-Postern an den Wänden. Ihre Beziehungen zur Arbeiterklasse waren schlecht. Zugegeben, nicht jede Bewegung erlitt eine solche Schmach wie die amerikanischen Radikalen, als die Arbeiter gegen sie im Protest marschierten; aber die Massen blieben in der Regel unbeweglich, und die Herkunft der Studenten aus der Mittelklasse wurde nur allzu offenbar. Lediglich die spanischen Studenten erreichten mehr und für einen kurzen Augenblick auch die Franzosen. Der große Arbeitermarsch in Paris am 13. Mai 1968 war geradezu einzigartig, mit Daniel Cohn-Bendit und den Studenten an der Spitze, gefolgt von den Gewerkschaftsführern und den linken Politikern, die demütig am Ende hinterdrein trotteten. Aber es war für Präsident de Gaulle nur zu einfach, die Interessen der Studenten von denen der Arbeiter zu trennen und diese Trennung zu seinem Vorteil auszunutzen. Wie Herbert Marcuse in einem Interview im britischen Fernsehen traurig zugab: »Die Studenten können höchstens als Katalysatoren angesehen werden. Eine wirkliche Revolution ist ohne die Reaktion der Massen unvorstellbar.«

Ein weiterer Faktor ist die große Abhängigkeit von der anarchistischen Bewegung. Obwohl sie als Reaktion verständlich ist, führte die Betonung auf Ethik (anstatt auf Wirtschaft) und auf Entfremdung (anstatt auf Ausbeutung) nur zu einer weichen Linken. Der Anarchismus hat stets zwei Schwächen gezeigt, die bereits in seinen Prinzipien begründet liegen. Ohne genügend »Schlagkraft«, um die Macht zu ergreifen, oder »Form«, um die Macht zu behalten, ist seine Geschichte eine Serie von Lektionen einer verlorenen Sache geworden. Wir werden diesen Umstand später genauer erklären, aber die Abhängigkeit der Neuen Linken vom Anarchismus war das Lehnen auf eine gebrochene Stütze.

Ein letzter Faktor war die Empfänglichkeit für die Massenmedien. Oscar Wilde witzelte einmal: »In den Vereinigten Staaten regiert der Präsident vier Jahre lang, die Presse regiert für immer.« Die Gültigkeit dieser Aussage aus den Tagen, als es noch kein Fernsehen gab, wird durch den Verzicht auf die Wahrheit zugunsten des Bildes noch verstärkt. Der Verlust der »teilnehmerischen Demokratie« in den Tagen der Politik der Überstimmung war der ständige Schrei der Radikalen, aber ironischerweise haben sie selbst, wie wir gesehen haben, den »Midas Touch« der Medien sehr gut illustriert. Was sich als Image verkaufen läßt, ist manipulierbar und somit im System enthalten. Jack Newfield beschwert sich: »Heute ein Radikaler in Amerika zu sein, läßt sich mit dem Versuch vergleichen, sich aus einem Käfig herauszuschlagen, der aus Pudding besteht. Jeder Schlag an die Kehle bringt nicht Blut, sondern süßen Erfolg.«[30] Der Zorn eines Leroi Jones oder Norman Mailer klingt ein wenig gezwungen, angesichts ihrer Fernsehhonorare oder ihrer Millionen Dollar Einkommen aus Buchlizenzen. Wenn Haight-Ashbury von den Medien »aufgeblasen« wurde, dann war die Inflation zum Mythos auch die Explosion in die Wirklichkeit. Die Wirklichkeit hatte stets das letzte Wort. Woodstock und die Friedensmärsche erlitten ein ähnliches Schicksal. Abbie Hoffmann, der sein eigenes Image mit klaren Linien zurechtzeichnete, beschwerte sich: »Jedes Mal, wenn ich das Fernsehgerät anstelle, sehe ich einen anderen Fernsehstar mit langen Haaren. Die Gegenkultur ist von den Warner Brothers aufgekauft worden.«[31]

Die Wege teilen sich

Das Versagen der Neuen Linken führte zur allgemeinen Teilung der Bewegung. Mittlerweile lassen sich verschiedene besondere Tendenzen klarer erkennen. Diese könnten für die nächsten Jahre sehr wohl richtunggebend sein.

Der erste Trend ist eine Zunahme der Gewalttätigkeit. Sie ist der offensichtliche Ausdruck des Endstadiums der Frustration und trägt oft das Zeichen von vermehrter Gewaltausübung von immer weniger Personen. Von daher läßt es sich gut mit der Periode im 19. Jahrhundert vergleichen, in der die Anarchisten sich des Slogans bedienten: »Propaganda durch die Tat.« Nach einer Periode allgemeinen Versagens gebrauchten sie extreme Gewalt als einen revolutionären Aufschrei gegen die Symbole des Establishments, wie z. B. ihre Führer oder Regierungsgebäude. Während dieser frühen Periode wurde das Image des Anarchisten geboren – die düstere, verkommene Figur, Hut über die Augen gezogen, die rauchende Bombe in der einen Tasche und das Chemiebastelbuch in der anderen. Von weitem betrachtet zeichnete man ein romantisches Bild von ihm, in der Praxis sah man ihn als einen bösartigen, destruktiven Nihilisten. Der gleiche Trend zeigt sich heute in der Teilung des SDS und dem Auftreten der »Wettermänner« und in den Bombenanschlägen auf das Rechenzentrum von Wisconsin. Sie verspotten die früher praktizierte Gewaltlosigkeit als »Des Pfaffen Art zu denken« und laufen Gefahr, ein Untergrundkollektiv von lauter Bonnys and Clydes mit moralistischem Anstrich zu werden, sich brutalisierend in ihren anmaßenden Prinzipien und kontraproduktiv in ihren Methoden.

Ein zweiter allgemeiner Trend ist der zu dem neuen Marxismus, der sich etwas mehr an Mao anlehnt. Wenn die weichere Linke oder der »Salon-Kommunismus« zu schwach war, dann muß man zum späteren Marx zurückkehren, mit seinen klar definierten Theorien, seinen brutal wirksamen Taktiken.

Das hat zu einer kritischeren Analyse des modernen Aktivismus geführt. Im Rückblick können wir jetzt sehen, daß die Neue Linke recht hatte, wenn sie erklärte, daß die Marxsche Analyse an den Wirklichkeiten der Nachkriegswelt gescheitert ist. Die Arbeitergewerkschaften in den USA bedurften der Radikalisierung am dringendsten und waren eine besonders starke kontrarevolutionäre Kraft.

Schließlich bedeutete das Aufkommen der Wettermänner eine Warnung vor dem falschen Ansatz, der dem irrationalen, selbstfrustrierenden Romantizismus zu Grunde lag. Die neue Phase besteht dann darin, daß man eine neue Haltung, die des Arbeiters und Theoretikers, einnimmt, wobei Mao als Vorbild dient.

Der maoistische Intellektuelle ist ein Mann, der gleichzeitig in rigorosen theoretischen Diskussionen und in praktischer Arbeit steht. Dieser Arbeiter-Theoretiker-Aktivist war das neue Ideal. Das Bedürfnis nach einem neuen Realismus ist in den Vereinigten Staaten weitaus offensichtlicher als in Europa, denn die europäischen Radikalen haben sich stets ihres disziplinierten Verständnisses revolutionärer Theorie gerühmt, dem die Amerikaner lediglich die Hingabe ihres großen Idealismus entgegensetzen können. Viele kehrten anscheinend nach Berkeley zurück in der mystischen Hoffnung, der revolutionäre Phönix könne sich wieder über Sproul Plaza erheben.

Der dritte allgemeine Trend geht in Richtung völlig unpolitischer Gebiete des Engagements. Das rührt natürlich aus dem Versagen des politischen Aktivismus her und bedeutet Rückkehr zu einem Klima, das dem Romantizismus von Haight-Ashbury ähnelt, aber jetzt durch Charles Reichs *Die Welt wird jung* Ansehen erhält. (Damit und mit Erich Segals *Love Story* spielt Yale die führende Rolle in dem Umschwung zum Romantizismus.) »Bewußtsein III« propagiert die ursprüngliche Gewaltlosigkeit der Bewegung und gibt ihr eine psychische Orientierung, verbunden mit der Flucht in die Drogen und die östliche Mystik. Die Aufteilung der Bewegung in den aktiven und den mystischen Zweig wird durch die Diskussion zwischen Norman O. Brown und Herbert Marcuse über das wahre Zentrum revolutionärer Aktivität sehr gut dargestellt. Als Kommentar zu Reichs Entscheidung zugunsten der inneren Revolution schrieb Samuel McCracken in *Commentary:* »Reich ist der größte kontrarevolutionäre Autor unserer Zeit, denn nichts könnte revolutionären Eifer so sehr dämpfen wie das Argument, daß die Bastille schon in Stücke fallen wird, wenn wir einfach nur davor herumsitzen.«[32] Für Aktivisten ist »Bewußtsein III« der Verrat an ernsthafter Revolution. In England warnt Jeff Nuttall: »Es ist jetzt notwendig, aus dem inneren Raum zurückzukommen... Wenn wir das Geistige nicht in konstruktive physische Aktion übersetzen können, dann geht uns das Geistige einen Dreck an.«[33] Aber für die Anhänger der Bewegung, die Reich vertritt, weist die schmerzliche Erfahrung politischen Versagens in die andere Richtung.

Eine vierte allgemeine Tendenz ist die beschleunigte Bildung neuer Gemeinschaften. Zusammen mit den Gemeinschaftsprojekten innerhalb der Städte zeigen Kommunen, wenn sie nicht eine völlige Flucht vor der Realität sind, noch am meisten Idealismus und Ehrlichkeit. In ihrer besten Form ist dies nicht die Welt des Drop-Outs, sondern die eines hohen und sensiblen Verständnisses von Freiheit, Natur, Land und Boden, in einer Umgebung, die von dem Imperativ der Technik unberührt ist. Sie bauen ihre eigenen Nahrungsmittel an, stellen ihre eigenen Kleider her, erziehen ihre eigenen Kinder – diese Rückkehr zur Einfachheit und Freiheit ist ein natürliches Ziel in einer Welt, die im Westen keine »Grenze« mehr hat.

Traurig genug – dies ist nicht das ganze Bild. Denn für jede »erfolgreiche« Kommune gibt es mehrere andere, die die grundsätzliche Unzulänglichkeit ihrer Grundlage für eine menschliche Gemeinschaft erkannt haben. Wie kann man eine Gemeinschaft mit wahrer Einheit und Vielfalt erreichen, mit einer Autorität, die ihr Form verleiht, aber dabei die Freiheit nicht erstickt, mit einer Möglichkeit, die unvermeidlichen Meinungsverschiedenheiten zu regeln und Entfremdungen zu heilen? (Viele haben entdeckt, daß, wenn man in einer Kommune lebt, man nicht so sehr durch das irritiert wird, was jemand tut, sondern durch das, was jemand nicht tut.) Die Gründung einer Kommune als Flucht vor der Realität bringt frühes Desaster, aber die Errichtung einer Gemeinschaft auf reinem Idealismus ist wenig besser. Viele Gemeinschaften, die sich auf das Ideal der totalen Freiheit gründen, versagen innerhalb des ersten Jahres. Ihr trauriges Dilemma wird in einem scharfen Brief an *Moderne Utopisten* dargestellt: »Wenn die Gemeinschaft überleben will, muß sie autoritär sein, und wenn sie autoritär ist, dann bietet sie nicht mehr Freiheit als die konventionelle Gesellschaft. Ich bin mit dieser Schlußfolgerung nicht sehr zufrieden, aber es scheint mir jetzt so, daß die einzige Möglichkeit, die Freiheit zu erreichen, in der Einsamkeit besteht.«[34] Das ist wirklich eine kulturelle Fußnote zu Nietzsches prophetischer Erkenntnis, daß es in einer Welt ohne Gott keine Auflösung zwischen Form und Freiheit gibt. Für eine Generation, die dahin tendiert, gewöhnlich Freiheit ohne Form zu wählen, sollte dies als Grabschrift für die vergangenen Anstrengungen und Warnungen für die Zukunft gelten.

Der fünfte allgemeine Trend, der wirklich genauere Aufmerksamkeit verdient, ist das Rock-Festival-Phänomen. Diese Festivals sind nicht nur eine vergängliche Mode oder ein Musikstil, sondern sind der Ausdruck der utopischen Sehnsucht einer ganzen Generation. Es begann alles im Juni 1967, in Monterey mit Eric Burdon, Janis Joplin, The Who, Ravi Shankar, Otis Redding und Simon & Garfunkel. Nach drei Tagen trugen selbst die Polizisten Blumen, und wer durch Marihuana oder Acid noch nicht high war, war high durch seinen Idealismus. Das war der Anfang, und Woodstock, im August 1969, war der orgasmische Höhepunkt von Liebe, Frieden und Musik. Als wichtiges Zeichen des erwachenden kollektiven Unterbewußtseins begrüßt, wurde es später durch den Film zu mystischen, kosmischen Proportionen aufgeblasen, der alle Unterscheidungen durchbrach und alle, die es sahen, zu wahren Teilnehmern machte (für die Presse war sofort die Woodstock-Generation geboren).

Aber dann kam Altamont, die Explosion in die Wirklichkeit, und 1972 war eine Saison von Diebstählen, Verbrennungen, Verspätungen, Gewalt und abgesagten Konzerten. Der Gipfel mag ein »transzendentes Zusammensein« gewesen sein (*Newsweek* Beschreibung von Woodstock), *Gimme Shelter* (der Filmbericht von Altamont), war der Schrei am Ende der Sackgasse. »Ein großes geistiges Erwachen ist im Kommen« sagte der Diskjockey auf der Isle of Wight, als Friedenszeichen geschwenkt wurden und tausende von Händen sich einander verbanden. In diesem Sommer hätte Bob Dylan zurückkommen sollen, nur um zu singen »When will they ever learn?« (Wenn werden sie denn jemals lernen?) Drei Tage später, als die Gewalt ausbrach, fing derselbe Diskjockey an zu fluchen. Drei Wochen später war ein Trio der ursprünglichen Monterey Stars ums Leben gekommen, alle drei unter tragischen Umständen im Zusammenhang mit Rauschgift. Wer wird das Pathos der Schlußsze-

nen von Woodstock vergessen, die trümmerbesäte Abfallsapoka-
lypse und die verfolgenden Improvisationen von Jimi Hendrix?
»Die Leute glauben, ich sei frei«, sagte er einmal. »In Wirklichkeit
muß ich einfach weiterlaufen.« Trotz Joni Mitchell war die Bombe
immer noch die Bombe, Schmetterlinge waren nur selten zu sehen,
und die Kinder Gottes waren dem Garten kein Stück näher gekommen. »Ich hatte einen Traum«, sang John Sebastian, aber weiter
geht es nicht. Solche Visionen hatten mit der Wirklichkeit nie etwas
zu tun.

Eric Clapton war der Wahrheit näher, als er in einem Interview in
The Observer (London) erklärte: »Ihr Tod war ein fast notwendiges
Opfer... Es wird lange dauern, bevor ich wieder ruhig werde. Ich
wünsche, daß 1970 sich beeilt und verschwindet. Es war alles ein
Desaster.«

Ein sechster Trend ist der leise Kompromiß der Prinzipien und die
Kapitulation, die so viele Radikale zurück zur Normalität der
Bourgeoisie geführt hat. Für jeden echten Radikalen muß es äußerst
alarmierend wirken, daß eine so große Zahl den Zyklus von Idealismus zur Verzweiflung und Apathie vollendet und dann wieder an
ihrem Ausgangspunkt angelangt. Wie viele der heutigen Radikalen
werden die Bürgerlichen von Morgen sein? Das ist stets das Problem in der Popwelt mit ihrer Betonung auf flüchtiges Image und
der unvermeidlichen Flüchtigkeit des Erfolgs.

Wenn man einmal Erfolg hat, was wird man während der nächsten
50 Jahre seines Lebens machen? Diejenigen, die solchen oberflächlichen Idolen folgen, sind ihnen seltsamerweise sehr ähnlich. Wenn
es letztlich keine Wahrheitsquelle gibt, dann wird selbst der Radikalismus vom relativistischen Vakuum erfaßt, und die Wirklichkeit
bricht durch.

Die Karriere von John Osborne illustriert das recht gut: Mitte der
fünfziger Jahre war er ein »zorniger junger Mann«, und 1961
schrieb er vom Süden Frankreichs an die britische *Tribune:* »Dies ist
ein Brief des Hasses. Er ist für euch, meine Landsleute... Verdammt sei England... Ihr verfault jetzt, und bald werdet ihr verschwunden sein.«[35] Aber in seinem Stück aus dem Jahr 1964,
Inadmissable Evidence, schildert er einen Rechtsanwalt Mill Maitland, der ein älterer, desillusionierter Jimmy Porter ist. Maitland
greift die Jugend seiner Zeit als »kühl, jung, träumerisch... aufrecht, geringschätzig, unbeeindruckt« an. Fünf Jahre später, 1969,
wird Osborne selbst als rechtsgerichteter Bourgeois angeklagt, der
in Chelsea ein teures Eigenheim besitzt. Er gibt sogar zu, daß er

dankbar ist, Engländer zu sein und nicht Russe oder Amerikaner. »Heute geht mein Instinkt dahin, die Temperatur zu senken, anstatt sie zu erhöhen.« Von einem radikalen Standpunkt aus ist es vielleicht ein genauerer Einblick in die heutige Wirklichkeit. Diese Kompromittierung des Prinzips und die Rückkehr zur Moral der Bourgeoisie ist eine Ursache des heutigen Vakuums.

Die verstärkte Unterdrückung

Wenn der erste Faktor, der jeglichen Optimismus in bezug auf die Neue Linke als ungerechtfertigt ausweist, darin besteht, daß sie ihre Ziele nicht erreicht haben, so ist der zweite Faktor der unheimliche Verdacht, daß all die erfolglose Aktivität lediglich zur Vergrößerung der Gefahr führt, die sie versucht zu überwinden, nämlich die Möglichkeit verstärkter Unterdrückung.

Hierin besteht die grausame Ironie der totalen Opposition: Nachdem sie die entmenschlichenden Trends in der Industriegesellschaft korrekt analysiert haben, beenden die Radikalen ihre Analyse zu schnell, so daß sie die Ursachen des Problems nicht erkennen können. Somit errichten sie ihre Revolution auf einer unzureichenden Grundlage und sind von vornherein bereits zum Scheitern verurteilt. Der Verrat ihres Idealismus durch ihre eigene pragmatische Anwendung der Gewalt hat jene Kräfte gestärkt, welche die Radikalen bekämpfen wollten. Es wäre reaktionärer Unsinn, die Neue Linke für alle in der jüngsten Vergangenheit geschehene Unterdrückung verantwortlich machen zu wollen. Aber es wäre genauso falsch, ihren Beitrag nicht zu verstehen. Das Prinzip gilt sowohl für die Gesellschaft als auch für Kommunen: Ohne eine Basis für Form und Freiheit in der nachchristlichen Gesellschaft wird der Umschwung zur autoritären Kontrolle vielleicht zu verhindern sein, aber der umgekehrte Umschwung zum anarchistischen Chaos ist denkbar. In dieser Erkenntnis ging ein französischer Politiker im Mai 1968 durch die Straßen in Paris, rang hilflos die Hände und sagte: »Jedes Feuer, das auf der Straße angezündet wird, bringt weitere Wahlstimmen für Charles de Gaulle.« Die überwältigende gaullistische Mehrheit in der folgenden Wahl bestätigte diese Aussage. Es wäre für die französischen Radikalen fast unmöglich, den gegenwärtigen französischen Staat auf die Knie zu zwingen.

Die amerikanischen Radikalen lernten dieselbe harte Lektion. Man sollte die Leute nicht mit dem Law and Order-Problem hinters Licht führen. Es gibt kein objektives Gesetz mehr, dessen »Form«

Freiheit garantiert und bewahrt. Die Suche nach einem Gesetz geschieht vielmehr in dem Sinn eines pragmatischen Eingriffs, um die Unordnung zu zügeln. Es ist nicht mehr »das Recht, das Macht gibt«, sondern »die Macht gibt Recht«. Die Wahrheit ist das Mehrheitsgesetz einer Gruppe, die alle anderen unterdrückt. Die »Rückschlagtendenz« in vielen Wahlen weist unmißverständlich darauf hin. John Mitchell soll einmal gesagt haben: »Dieses Land geht soweit nach rechts, daß man es nicht wiedererkennen wird.«[36] In Großbritannien schrieb Peter Buckman bei Untersuchungen über die Eingrenzung von Demonstrationen: »Ohne überdramatisch werden zu wollen: es ist möglich, daß der scheiternde Neo-Kapitalismus von einer Form des Neofaschismus abgelöst werden wird.«[37]

Vom Realismus zur Romantik

Ein kurzer Nachsatz noch bezüglich des gegenwärtig herrschenden Vakuums: Es ist bemerkenswert, daß, je weniger die Gegenkultur noch Glaubwürdigkeit besitzt, die Darstellungen der Gegenkultur immer romantischer und unrealistischer werden. Im Jahre 1966 schrieb Jack Newfield *A Prophetic Minority*, eine gute Darstellung der früheren mutigen Haltung. Theodore Roszaks *Gegenkultur*, geschrieben 1969, gibt eine scharfe Kritik an der Technologie und ein weitsichtiges Profil der Bewegung, aber die Grundlage seiner eigenen Lösung ist geradezu mystisch. Charles Reich *Die Welt wird jung*, 1970 herausgegeben und sofort ein Bestseller, ist ein Buch, dessen positive Lösungen nur als inkarnierte Sehnsucht bezeichnet werden können. Die Bestsellerlisten reflektieren die Studentenhoffnungen besser als die revolutionäre Wirklichkeit. Das fast überall vorherrschende Gefühl des Scheiterns und die erhöhte Furcht vor stärkerer Unterdrückung erzählen eine andere Geschichte.

Die totale Opposition ist unversehens zum totalen Verrat geworden. Das sollte uns nicht zur Verzweiflung bringen, sondern zu einer sorgfältigeren Kritik veranlassen.

Anmerkungen zu
Kapitel 3: Die große Weigerung

1 *Jack Kerouac, Unterwegs (Hamburg);* Leary, zitiert in The Marijuana Papers, ed. David Solomon (London, 1969), S. 156; *Theodore Roszak, Gegenkultur, (Düsseldorf, 1973)*, S. 14; John Lennon, zitiert in »James Taylor: One Man's Family of Rock«, Time, 1. März 1971, S. 45

2 zitiert in John Cellon Holmes »Nothing more to Declare«, Listener, 27. Juni 1968, S. 841

3 Norman Mailer, The White Negro (San Francisco, USA)

4 *Kerouac, S. 60*

5 Allen Ginsberg, Village Voice Reader (New York, 1963), S. 311

6 zitiert in Solomon, S. 429

7 zitiert in Jack Newfield, A Prophetic Minority (New York, 1967), S. 31

8 Jeff Nuttall, Bomb Culture (New York, 1968), S. 104

9 *Kerouac, S. 57*

10 *Ibid, S. 58*

11 C. W. Mills, in Anvil and Student Partisan, Band 9, No. 1 (1958)

12 *Ibid.*

13 zitiert in Piet Thoenes, »The Provos of Holland«, Nation, 17. April 1967, S. 494

14 Nuttall, S. 193

15 Allen Ginsberg in einer Rede in Arlington St. Church, November 1966, zitiert in Internation Times (London, Januar 1967)

16 Allen Ginsberg in Esquire, Juli 1960, S. 87, zitiert in *Toffler, S. 274*

17 Jacques Ellul, Violence, Reflections from a Christian Perspective (London, 1970), S. 120

18 International Times (London, 2. Juni 1967)

19 zitiert in Newfield, S. 25

20 C. W. Mills, Power, Politics and People (London), S. 24

21 New Left Review (September-Oktober 1960)

22 zitiert in Newfield, S. 47

23 Ibid., S. 48

24 Jacons and Landau, S. 158

25 zitiert in »Portrait of a young Radical«, Newsweek, 30. September 1968, S. 66

26 *Marcuse, Kritik der reinen Toleranz (Frankfurt/Main, 1970)*

27 zitiert in Newsfield, S. 19

28 In einer Rede von Carl Oglesby beim Washington Peace March am 27. November 1965

29 Time, 22. Februar 1971, S. 10

30 zitiert in Newsfield, S. 157

31 Time, 18. Oktober 1971, S. 51

32 Samuel McCracker, Commentary, Oktober 1972, S. 61

33 Nuttall, S. 252

34 Aus einem Brief an Modern Utopians, zitiert in Whole Earth Catalog: An Evaluation and Access Device for What is Worth Getting and Where and How to Get it, ed. Stewart Brand (Berkeley, 1970)

35 Brief an The Tribune (London, 28. August 1961)

36 »The Capital«, Time, 28. September 1970, S. 9

37 Peter Buckman, The Limits of Protest (1970), S. 16

4   Der eindimensionale Mensch

»Belassen Sie das Kind in dem Glauben, daß es stets selbst die Kontrolle ausübe, obgleich es immer Sie sind, der tatsächlich kontrolliert. Es gibt keine vollkommenere Unterwerfung als jene, die den Schein der Freiheit wahrt.«   Jean-Jacques Rousseau

»Jede Revolution ist auch eine verratene Revolution.« [1]
                                                    Herbert Marcuse

Es ist, kurz gesagt, absolut unmöglich, nach einer Orientierungsmarke zu segeln, die wir an den Bug unseres eigenen Schiffes genagelt haben.   Donald M. Mackay

Wir leben mit Vorstellungen von vorgestern und Hoffnungen für übermorgen. Unsere Gegenwart indessen kennen wir nicht.
                                                    Peter Atteslander

Quellenangabe:
Mackay, in CIBA–Symposium *Man and his Future*, London 1962 (S. 313), zitiert von Karl Steinbuch; Falsch programmiert, dtv., Stuttgart 1968, S. 121
Atteslander, Die letzten Tage der Gegenwart, Scherz, S. 14

Wesentlich für ein Verständnis der Gegenkultur ist die Tatsache, daß ihre Gesellschaftskritik zentral gerichtet ist. Hierin liegt gleichzeitig ihre Stärke, denn sie liefert viele im wesentlichen richtige Erkenntnisse, und ihre Schwäche, denn hier wird der Mangel an einer ausreichenden Grundlage und die Unfähigkeit, eine zufriedenstellende Alternative zu bieten, am stärksten deutlich. Ich möchte hier zunächst ihre Gesellschaftskritik untersuchen und dann aufzeigen, wie die Widersprüchlichkeit ihrer Denk- und Handlungsweise (besonders wo unkonsequentes Denken zu unwirksamer Aktion führt) schließlich in Frustration und Verzweiflung endet.

Die Kritik an der Technokratie

Zunächst müssen wir darauf hinweisen, wie verfehlt es ist, die Gegenkultur getrennt von der Zentralität ihrer Kritik an der technologischen Gesellschaft verstehen zu wollen.

Ein weitverbreiteter Fehler ist der Versuch, die Gegenkultur mit verhältnismäßig isolierten Faktoren erklären zu wollen, z. B. mit dem Generationskonflikt oder dem kalten Krieg. Zwar spielen diese Faktoren eine Rolle, aber solche Theorien lehnen die Gegenkultur als reine Reaktion ab und erkennen die Bedeutung ihrer Aktion nicht an. Kritiken dieser Art mögen gute Darstellungen deterministischer Denkmodelle sein, die alles gesellschaftliche Geschehen auf Mechanismen von Reiz und Reaktion zurückführen, aber sie illustrieren im Grunde nur jene eindimensionale Mentalität, gegen welche sich die Gegenkultur so heftig wendet.

Ein zweiter weit verbreiteter Fehler ist der Versuch, die Gegenkultur mit »pankulturellen« Theorien erklären zu wollen. Dabei fallen mir sofort drei Gesellschaftskritiker ein: Marshall McLuhan z. B. erklärt den Verlauf der Ereignisse der letzten Jahre als einen Zusammenstoß zwischen der Gutenberg-Galaxis und dem elektronischen Zeitalter. Er behauptet, daß die beiden Generationen, die zwischen diesen beiden Zeitaltern gefangen sind, auf zwei verschiedene Weisen reagieren. Die ältere Generation sucht ihren Rückhalt oft in der Vergangenheit – McLuhan spricht von »einer Orgie der Rückspiegelei«[2] –, aber die jüngere Generation, die sich ihrer Identitätskrise bewußt ist und keinerlei Wurzeln in der Vergangenheit besitzt, geht in ihrer unfreiwilligen Suche nach einer Identität zur Gewalttätigkeit über. Er erklärt sowohl die Studentenbewegungen als auch die Black-Power-Bewegung auf diese Weise. Aber eine solche Erklärung ist zu stark vereinfacht. Er geht auf die eigentlichen Probleme überhaupt nicht ein, sondern kehrt sie unter den Tisch und tut so, als ob sie nicht gäbe. Manchmal, wenn man einen kürzeren Artikel von McLuhan liest, drängt sich einem der unangenehme Verdacht auf, daß es sich nicht so sehr um einen Bericht über die Arbeit eines anderen handelt, sondern um das Zerpflücken einer Theorie, um sie McLuhans eigenen Thesen anzupassen. Ein solcher Artikel sagt meistens mehr über McLuhan selbst als über das Thema, um das es eigentlich geht.

Alvin Toffler ist der zweite Analytiker dieser Art. Seiner Anschauung zufolge kommen menschliche Konflikte nicht durch nationale, rassische oder ideologische Unterschiede zustande, sondern dadurch, daß sich das Leben verschiedener Menschen in verschiedenem Tempo und auf unterschiedlichen Entwicklungsstufen abspielt. Toffler ist der Meinung, daß viele Menschen unserer Generation nicht in der Lage sind, sich an die schnell ändernde Gegenwart anzupassen. Als besonderes Beispiel zitiert er die »Hippiekolonie« in Matala Beach, auf der Insel Kreta:

»Diese jungen Menschen und Millionen andere – die Unsicheren, Gewalttätigen und die Apathischen – weisen bereits Symptome des Zukunftsschocks auf. Sie sind die ersten Opfer.«[3]

Wieder zeigt sich hier die Tendenz, zuviel auf einmal erklären zu wollen, so zu tun, als existierten gewisse Probleme überhaupt nicht, als sei die Gegenkultur eine Revolte ohne sachlichen Grund. Selbst wenn seine Analyse für kleine Gruppen innerhalb der Gegenkultur zutreffen sollte, so ist sie doch kaum eine faire Beschreibung der ganzen Bewegung.

Jeff Nuttall begeht in seinem Buch *Bomb Culture* seiner radikalen Einstellung zum Trotz den gleichen Fehler. Über den Londoner Untergrund, den er von eigenem Engagement her kennt, schreibt er:

»Der Druck der Einschränkungen, die dem nuklearen Selbstmord vorausgehen, hat einen biologischen Reflex ausgelöst, der das linksgerichtete Element in der jungen Mittelklasse mit dem kriminellen Element in der jungen Arbeiterklasse verbunden hat, um in Orgien und Gewalt eine Neubestätigung des Lebens zu finden. Was sich hier vollzieht, ist keine Reformation, sondern eine evolutionäre Verkrampfung.«[4]

Wieder wird die Gegenkultur mehr als Reaktion statt als Aktion gesehen. Nuttalls Analyse trifft vielleicht für gewisse Unterströmungen wie die Mods und die Rocker zu, aber Veröffentlichungen wie die Zeitschrift *New Left Review* oder auch Nuttalls eigene Gedichte verdienen es durchaus, daß man sich mit ihnen ein wenig ernsthafter auseinandersetzt. Alle derartigen Analysen enthalten grobe Verallgemeinerungen und sind stark vereinfacht. Sie versuchen, die Bewegung nur durch eine einzige Ursache zu erklären und umgehen somit die eigentliche Fragestellung.

Das System

Genau das Umgekehrte ist der eigentliche Kernpunkt der Kritik der Neuen Linken: Wenn man verschiedene Einzelursachen im Zusammenhang mit dem Ganzen sieht, erhält man eine klare Einsicht in die Natur des Ganzen. Die Neue Linke hat erkannt, daß eine penetrante Kritik an einem Punkt automatisch zu einer Kritik des Ganzen führt. Der Protest gegen die Atombombe ist hier ein gutes Beispiel. Nuttall behauptet, unsere Generation habe so auf die Bombe reagiert, als handele es sich hierbei lediglich um irgendein geschichtliches Ereignis. Damit geht er nicht tief genug. Ein besserer Ansatz bestünde in der Untersuchung der Bombe in Beziehung zu der Natur unserer Gesellschaft. Sie ist nicht so sehr als einzelnes »Ereignis« mit bestimmten Auswirkungen von Bedeutung, sondern als »Ethos«, das die Struktur des Ganzen verändert hat. Krieg kann als fester Bestandteil eines ganzen Lebensstils verstanden werden. Diese Einsicht ist oft ein wichtiger Schritt auf dem Weg zur Radikalisierung.

Wenn man sich mit der Frage der Bombe etwas eingehender beschäftigt, könnte man zum Beispiel das Wesen der modernen Kriegsführung untersuchen und ihre Beziehung zur technologischen Gesellschaft. Zum erstenmal ist die »Notwendigkeit« des Krieges von seiner »Absurdität« dermaßen schachmatt gesetzt worden, daß der traditionelle Rückgriff auf den Krieg zur Lösung von internationalen Problemen nicht mehr möglich ist. Manchmal ist der Protest gegen die Bombe Ausdruck einer Verärgerung über die Beseitigung der letzten Zuflucht der Gesellschaft. Aber die Bombe erzwingt keineswegs das Ende des Krieges, sondern verdrängt die Gewalt lediglich auf eine andere Ebene.

In der Praxis führt sie zu Guerillakriegen und zu einer wachsenden Anzahl von Kleinkriegen. Gezielte Gewaltanwendung wird auch auf das Gebiet der Kommunikation verlagert, was vor allem in der unterschwelligen »Informationsvermittlung« durch die Werbung deutlich wird. Weitere Punkte – wie die Mittel der modernen Kriegsführung, die Beteiligung von Zivilisten am Krieg, die Methoden des Armeetrainings, die Propaganda der Regierungen, die Steuerung von Wirtschaft und Erziehung aufgrund von militärischen Zielsetzungen, all das »verbindet in produktiver Einheit die Züge des Wohlfahrts- mit denen des Kriegsführungsstaates (*Warfare State*)«[5] (Marcuse).

Diese »Gesamtheit« jeder fortgeschrittenen Industriegesellschaft mit ihrem feinen Gewebe hochkomplexer, ineinander übergreifender Beziehungen ist das »System«, ein bequemes Allzweckwort für die politischen, wirtschaftlichen und sozialen Mechanismen der technologischen Gesellschaft. Natürlich bedarf es keiner besonderen Erwähnung, daß der Begriff *System* an sich wertfrei und lediglich deskriptiv ist, obwohl er mit Assoziationen in extrem negativer oder positiver Richtung verbunden werden kann und als Lob oder Verurteilung gebraucht wird. Marshall McLuhan beschreibt das System in der elektronischen Ära als das »nahtlose Netz« oder das »globale Dorf«[6], wobei er diese Begriffe in seiner Hoffnung auf eine neue pfingstliche Einheit lediglich mit positiven und optimistischen Assoziationen verbindet. Aber wenn ein Radikaler vom *System* spricht, so denkt er stets an ein kapitalistisches oder faschistisches System, und das Wort allein schon ruft bei ihm Gefühle starker Abneigung hervor. Er gebraucht das Wort System als starkes Schimpfwort.

Da wir uns hier in einem Bereich befinden, in dem Wörter starke Assoziationen mit sich bringen, aber meist schlecht definiert sind, wollen wir an diese Fragen weder mit der hitzigen Rhetorik der radikalen Studenten noch mit den ideologischen Kritiken des Marxismus herangehen, sondern mit den Gesellschaftsanalysen im Westen. Offensichtlich herrscht ein wachsendes Bewußtsein, daß die technischen Entwicklungen der westlichen Gesellschaft dem menschlichen Streben nach Erfüllung immer mehr entgegenwirken. Diese Sozialkritiken, mit denen wir uns beschäftigen wollen, sind keineswegs alle radikal, aber sie liefern den Radikalen Argumente, auch wenn ihre Voraussetzungen und Schlußfolgerungen ihre Autoren als Nichtradikale ausweisen.

Die Untersuchungen von Max Weber sind hier von grundsätzlicher Bedeutung, denn er war der erste, der den Begriff der Bürokratie genau definierte und seine Beziehung zum Wachstum der modernen Industrie untersuchte. Für Weber hat die Bürokratie drei wesentliche Merkmale: Sie wird horizontal durch eine Arbeitsteilung und Rollenaufteilung charakterisiert, vertikal durch ihre Hierarchie und als Ganzes durch die Permanenz ihrer Struktur. Am besten sind diese Zusammenhänge wohl in den Romanen *Das Schloß* und *Der Prozeß* von Kafka dargestellt. Kafka ist natürlich mehr an den metaphysischen als an den gesellschaftlichen Aspekten interessiert, aber man kann das eine wohl kaum vom anderen trennen. *Das Schloß* symbolisiert den Bereich aller Macht und Autorität; Telephonisten stellen mehr Verwirrung als Verbindungen her; die Bürokratie ertrinkt in einer Flut von Akten und Formularen; das hierarchische System macht es unmöglich, den verantwortlichen Mann zu finden; unzählige kleine Angestellte arbeiten ständig Überstunden, ohne daß sie zu irgend etwas kommen, zahllose Unterredungen führen zu nichts. In *Das Schloß* wird der Mensch zur Akte reduziert, in *Der Prozeß* zu einem Fall. Kafka sagte einmal: »Das Fließband des Lebens trägt uns weiter, niemand weiß wohin. Man ist mehr ein Objekt, ein Gegenstand, als ein lebendiges Wesen.«[7]

Kafka beschrieb die Welt des Habsburgerreiches, aber es gelang ihm bereits, die Auswirkungen der Bürokratie, die Weber so genau untersucht hat, auf der Ebene der menschlichen Beziehungen zu beobachten und hervorragend nachzuzeichnen. Mehrere Jahrzehnte später wurde die von der Bürokratie ausgeübte Gewalt von manchen Kritikern (Hannah Arendt z. B.) als der hauptsächlich vereinigende Faktor der sonst widersprüchlichen Protestbewegungen in Ost und West angesehen.

Wir wollen nicht bei diesen frühen Kritiken stehenbleiben, sondern uns jetzt mit den Thesen von Kritikern befassen, die unserer Zeit etwas näher stehen.

Kritische Stimmen der fünfziger Jahre: Riesman, Whyte, Goodman und Mills

David Riesman, der Webers These ausführlich diskutiert, stellt sich die Gesellschaft als »einsame Masse« vor. In seinem Buch, das im Jahre 1956 erschien, studierte Riesman den »Eisenkäfig« von Webers spätkapitalistischer Bürokratie. Er mußte den Wandel vom prinzipiellen und individualistischen Gewissen zum »sozialen Gewissen«, »von der Sichtlichkeit zur Gesinnung« feststellen. Er stellt dar, wie die Autorität der Eltern diesen entglitten und in die Hände »der tatsächlichen oder imaginären Gruppe der Anerkennenden« (d. h. jener, die bestimmtes Verhalten mit Anerkennung belohnen) übergegangen ist; ferner weist er nach, wie wir ständig von der »Geißel des Wortes«[8] umgeben sind, dem beherrschenden Einfluß der Massenmedien. In dieser Atmosphäre ist die Gesellschaft zur »einsamen Masse« geworden. Das wird durch die Polarisation zwischen altmodischen Individualisten (den »innen-geleiteten«) und einer neuen konformistischen Mehrheit (den »außen-geleiteten«) unterstützt. Beide haben Probleme. Mitglieder der ersten Gruppe vertreten verworrene und engstirnige Auffassungen, klammern sich an Werten fest, die »ethisch beschränkt« und überholt sind, und die zweite Gruppe ist wegen ihrer gleichgültigen Anpassung gefährlich. Traurigerweise wird eine eigene Alternative – verantwortliche, autonome Individualität – nur von wenigen vertreten.

William G. Whyte ging in seinem Buch *Herr und Opfer der Organisation* (1956) noch weiter. In seiner Analyse hatten die protestantische Ethik, der amerikanische Traum und sogar die Webersche Bürokratie keinen Platz mehr. Stattdessen sah Whyte das Aufkommen einer ruhigeren Gesellschaftsethik, die sich darin äußerte, daß die Leute geistlich und physisch ihr Zuhause verließen, um sich einer neuen Form des Gemeinschaftslebens zu unterwerfen. Er

sprach vom heutigen Menschen als vom »Menschen der Organisation«. Ein solcher ist nicht nur ein Direktor eines großen Unter-
nehmens; er kann genausogut ein Medizinstudent in einer Klinik,
ein Ingenieur im Boeingkonzern, ein Seminarstudent in der Ausbil-
dung für die etablierte Hierarchie der Kirche sein, ein Physiker, der
danach strebt, in einem Regierungslabor arbeiten zu können, oder
ein Anfänger in einem Wall-Street-Anwaltsbüro. Er ist ein Mensch,
der an die Gruppe als Quelle seiner Kreativität glaubt, der die Zu-
sammengehörigkeit als ein Ziel des einzelnen ansieht und die All-
kompetenz der Naturwissenschaft zur Erreichung seiner sozialen
Ziele anerkennt. Whyte beschrieb ihn als »Allround-Mensch«, der
aus der »Pipeline« seiner Erziehung hervorstieg und in seiner klas-
senlosen Vorstadtgesellschaft lebt.[9]

Von besonderer Bedeutung war Whytes Entdeckung, daß es gerade
die »Freundlichkeit« des Systems war, die zu solchen »fatalen«
Konsequenzen führte. Dies ist ein Punkt, der später von Marcuse
noch stärker entwickelt wurde und bereits von Aldous Huxley ge-
ahnt worden war. Whyte schrieb: »Es sind nicht die Übel des Orga-
nisationslebens, die ihm zu schaffen machen, sondern seine Annehmlichkeiten... Auf der Suche nach einer Ethik, die ihm einen
Pseudoseelenfrieden verleiht, tyrannisiert er sich selbst.«[10]

In Anlehnung an Aldous Huxley stellte Whyte als erster eine soziologische Definition für das auf, was Marcuse später als »technologische Rationalität« bezeichnet hat. Er erkannte auch, daß diese Zusammenhänge die Grundprinzipien revolutionären Denkens verändern, denn die Annehmlichkeiten, die die Wohlstandsgesellschaft dem einzelnen bieten kann, täuschen über die gesellschaftliche Wirklichkeit hinweg. Aus diesen Gründen, so meint Whyte,
wird es nur noch schwerlich möglich sein, wahren Revolutionseifer
zu entfachen. »Die Hölle wird nicht dadurch kühler, daß sie desin-
fiziert wird. Im 1984 des Großen Bruders wußte man zumindest,
wer der Feind war.«[11]

Ein dritter Kritiker der fünfziger Jahre ist Paul Goodman, dessen
allgemeine Position in seinem Buch *Aufwachsen im Widerspruch*
sehr gut dargestellt wird. In seiner Gesellschaftsanalyse kam er zu
folgender Schlußfolgerung: »›Der Mensch‹... ist, was einem besonderen Gesellschaftstyp zu einem bestimmten Stadium der Geschichte gerade paßt.«[12] Die Gesellschaft wird nicht geschaffen, um
es dem Menschen zu ermöglichen, wahrhaft Mensch zu sein, sondern der Mensch wird vergesellschaftet und zur Anpassung an die
Gesellschaft erzogen. Im Grunde allerdings wird der Mensch nicht

wirklich zur Anpassung an die Kultur erzogen, sondern die Erziehung selbst zwingt die Kultur zur Anpassung. Von daher meint Goodman, man könne die Beats und die »zornigen jungen Männer« einfach als Menschen beschreiben, die »ungenügend vergesellschaftet« sind.[13] Aber dann stellt sich die Frage: wozu vergesellschaftet? Ganze Männer stammen aus einer heilen Umwelt, die ihnen echte Möglichkeiten zur Selbsterfüllung bietet. In seiner Analyse der Gesellschaft untersuchte Goodman einzelne Bereiche wie Berufe, Bedeutung des einzelnen, Klassenstrukturen, Patriotismus, und kam schließlich zu dem Schluß, daß die Gesellschaft als Ganzes für die Entpersönlichung des einzelnen verantwortlich sei, nicht aber einzelne Menschen.

»Unserer Überflußgesellschaft mangelt es eben gegenwärtig an vielen der elementarsten Möglichkeiten und lohnenden Zielsetzungen, die das Aufwachsen ermöglichen würden. Es fehlt an ausreichend humaner Arbeit. Es fehlt an ehrlicher, öffentlicher Meinungsäußerung, und Menschen werden nicht ernst genommen. Es fehlt an der Gelegenheit, sich nützlich zu machen. Fähigkeiten werden unterdrückt und Dummheit anerzogen. Vernünftiger Patriotismus wird erstickt, die schönen Künste korrumpiert. Sie entmutigt die religiösen Überzeugungen von Rechtfertigung und Berufung und schwächt das Gefühl dafür, daß es so etwas wie eine Schöpfung gibt. Unsere Gesellschaft hat keine Ehre, sie hat keine Gemeinschaft.«[14]

Eine solche Gemeinschaft akzeptiert Menschen nur aufgrund ihrer eigenen, willkürlichen Maßstäbe. »Passe dich an oder stirb!« hieß es auf einem Plakat am Hunter College (in den 50er Jahren) – eine gut gelungene Karikatur der traurigen Alternative, die dem Menschen im Zeitalter der Technik noch geblieben ist. Goodman sagte voraus, daß jene, die in diese technologische Gesellschaft nicht paßten, einfach »im Widerspruch aufwachsen« würden, außerhalb des Hauptstromes gesellschaftlicher Konditionierung. »Wo es jetzt Tausende von diesen jungen Menschen gibt, wird es Hunderttausende geben. Das organisierte System ist der Nährboden für eine Beat-Generation.«[15]

Obwohl er aus der schweigenden Generation heraus schrieb, brachte Goodman bereits den wachsenden Protest mit dem entpersönlichenden System in Verbindung. Während mehrere von Goodmans Vorstellungen zweifelhaft sind, so z. B. seine Ansicht, daß die wirklichen Konflikte von Jungen und nicht etwa von Mädchen auszufechten sein werden (was angesichts der modernen

Frauenbewegungen noch seltsamer klingt), so trägt seine Kritik doch prophetischen Charakter.

Der Vergleich der Gesellschaft mit einem »scheinbar geschlossenen Raum, in dem ein großer Statuswettkampf alle Aufmerksamkeit auf sich zieht«[16] mutet schon recht modern an. Hier kommt er der Welt von Sartres *Geschlossener Gesellschaft* recht nahe, wo andere Menschen die Hölle sind. Das Höllische an dem modernen System ist die Reduzierung aller Werte und Gegenwerte zu Pseudo- werten. »In einem geschlossenen Raum gibt es jedoch nur ein Wertsystem, das des Rattenrennens selbst. Jeder, der sich im Raum befindet, beteiligt sich daran, und jeder im Raum verabscheut es.«[17]

Ein vierter wichtiger Sozialkritiker der fünfziger Jahre, der gleich- falls die Gesellschaft mit einem »geschlossenen Raum« vergleicht, war Cyrill Wright Mills, der texanische Soziologe und Professor an der Columbia-Universität, der zum Vater der Neuen Linken wur- de. Im Jahre 1951 veröffentlichte Mills seine Studie *Menschen im Büro,* eine Analyse einer bestimmten Gesellschaftsschicht, die er für besonders wichtig hielt, weil ihr bloßes Vorhandensein Marx ganz klar widerlegte. Weil in den USA zwischen den kapitalisti- schen Unternehmern und dem Proletariat ein Einverständnis herrschte, hatte die amerikanische Geschichte somit die Marxsche Prognose, daß sich die amerikanische Gesellschaft polarisieren und damit zu einer Revolution führen würde, widerlegt. Diese Integra- tion der Gegensätze war nicht nur ein Merkmal des neuen Amerika, sondern war »typischer amerikanisch, als der Grenzcharakter ver- mutlich je gewesen ist«.[18] Nichtsdestoweniger, so meinte Mills, zog der einzelne daraus nicht den Nutzen, der ihm eigentlich zustand, denn er war nicht mehr frei, wie der amerikanische Traum es ver- sprochen hatte: »Er gehört immer irgend jemandem, der Stadtver- waltung, der Regierung, der Armee.«[19] Fünf Jahre vor William Whyte beschrieb Mills das Dilemma des kleinen Mannes. Die Ar- beiter des 19. Jahrhunderts mußten materielle Härten ertragen, aber die Büroangestellten des 20. Jahrhunderts, »die neuen kleinen Leu- te«[20], mußten sich psychologischen Härten aussetzen. Sie hatten ih- ren Glauben verloren und waren von daher moralisch ohne Vertei- digung und politisch impotent; sie hatten ihre Hoffnung verloren und konnten in politischer Aktion keinen Sinn erblicken. Wie- derum lag die Ursache im Wesen des Systems und seines Milieus. »Man muß sich die Gesellschaft als großen Verkaufssaal vorstellen, als eine riesige Akte, als ein Supergehirn, als ein neues Universum des Managements und der Manipulation.«[21]

Im Jahre 1956 war Mills Kritik bereits vernichtender, sein Urteil schärfer geworden. In *The Power Elite* analysierte er die Struktur der amerikanischen Gesellschaft und wurde zu der Schlußfolgerung gezwungen, daß das Land von einer wirtschaftlichen, politischen und militärischen Elite beherrscht wurde, von einem mächtigen Kartell der Moral- und Verantwortungslosigkeit.

Die erste Säule, auf der dieses System ruhte, war die Wirtschaft. Einst bildeten wirklich private, kleine Unternehmungen aus kleinen Produktionseinheiten das Rückgrat der Wirtschaft. Inzwischen hatte sich die Situation bis zu dem Punkt entwickelt, an dem 300 Unternehmen die Kontrolle in der Hand hatten, von denen viele jährliche Budgets aufwiesen, die das Bruttosozialprodukt kleiner Nationen überstieg.

Die zweite Stütze war die Politik. Einst war die Bundesregierung in Washington lediglich Mittler zwischen den Regierungen einiger dutzend Staaten, aber inzwischen war immer mehr Macht in die Hand einer stark zentralisierten Exekutive übergegangen. Die dritte Säule war das Militär. Früher hatten die einzelnen Staaten lediglich eine kleine Miliz, die häufig Mißtrauen gegen die zentrale Heeresführung hegte. Jetzt war der »militärisch-industrielle Komplex« (so Eisenhower) zu dem hervorstechendsten Merkmal einer Regierung geworden, fast eine Regierung innerhalb der Regierung. »Da die Entscheidungen in ihrer Konsequenz total werden, pflegen die führenden Leute in jedem der drei Machtbereiche – die Kriegsherren, die Industriekapitäne, das politische Direktorat – sich mehr und mehr zusammenzuschließen, um die Machtelite Amerikas zu bilden.«[22] Alle übrigen Einrichtungen der Gesellschaft (Familien, Schulen, Kirchen) waren lediglich Mittel zum Zweck und wurden deshalb gezwungen, sich an das neue Leben anzupassen. Die Regierung, die Armee und die Industrie waren in Wirklichkeit diejenigen, die das System kontrollierten.

Bei Mills treten gewisse Schwächen und Auslassungen klar hervor. Seltsamerweise sagt er gar nichts über die Situation der Schwarzen, wenig über die Armen und fast gar nichts über die überseeischen Unternehmungen der USA, Fragenkreise, die später zu den Hauptansatzpunkten der radikalen Kritik wurden. Dennoch ist die Analyse seiner Studien geradezu bestechend, wenn sein Stil auch etwas flugblattartig ist. Er greift die »Kommandeure der Macht, wie es sie in der menschlichen Geschichte noch nie zuvor gegeben hat«[23] an, verurteilt ihre »höhere Unmoral«, ihre »organisierte Verantwortungslosigkeit«. An mehreren Stellen ist die Voraussicht, die Mills beweist, erstaunlich, so wenn er Anklagen äußert, die in den 60er Jahren besonders lautstark gegen Amerika erhoben worden sind, besonders anläßlich des amerikanischen Engagements in Vietnam. »Amerika... erscheint vor der Welt jetzt als nackte und willkürliche Macht, da seine Männer der Entscheidung im Namen des Realismus ihre oft unsinnige Definition der Weltrealität aufzwingen.«[24] Seine Darstellung des erbärmlichen Niveaus, auf dem sich in den USA die Diskussion abspielt, wo »in liberaler rhetorischer Verschwommenheit und konservativer Stimmung Irrationalität zum Prinzip erhoben wird«, trägt gleichfalls prophetische Züge.

Viele klagen Mills der Ungenauigkeit an, behaupten, seine Darstellungen seien verzerrte Karikaturen. Aber wenn man einmal genau hinsieht, dann stellt man fest, daß er oft genau den Kern der Sache trifft, und viele seiner Karikaturen geben ein genaueres Bild von der Wirklichkeit, als manche es wahrhaben möchten. So zeigt er z. B. seinen Humor in einem »Ratschlag für Manager«: »Sprich mit einer sanften, runden Stimme und verwirre deine Vorgesetzten nicht mit Einzelheiten... Führe die Zeremonie der Urteilsbildung durch. Verzögere die Anerkennung der Entscheidung, die du bereits getroffen hast, damit das Banale sich wie eine schwere, langüberlegte Entscheidung anhört... Geh' nicht wie eine Katze um den heißen Brei. Lebe eine Karikatur dessen, was du sein sollst, aber laß es dir nie bewußt werden, und laß es dich auf gar keinen Fall amüsieren. Und vor allem, zeige nie, wie intelligent du bist.«[25]

Vieles von dem, was Mills als empörend empfand, wird heute ungestört hingenommen, wenn nicht sogar propagiert. In einer Rede über öffentliche Führung sagte Daniel Boorstin bedauernd: »Die typischen Eigenschaften, die zur Verwandlung eines normalen Menschen in einen global angepriesenen Markenartikel notwendig sind, ergeben selbst eine neue Art menschlicher Schalheit.«[26] Ein Beispiel, wie das in der Praxis aussieht, finden wir in einem Memorandum von R. K. Price, einem Speechwriter für Richard Nixon in der Präsidentenwahl 1968: »Über eines müssen wir uns hier im klaren sein: die Reaktion erfolgt auf das Image, nicht auf den Mann... Es ist eigentlich gar nicht so wichtig, was wirklich greifbar ist, sondern das, was dadurch vermittelt wird. Kraß ausgedrückt: Es kommt weniger darauf an, was er vermittelt, sondern was der Wähler aufnimmt. Wir haben deshalb nicht so sehr den Mann zu ändern, sondern den empfangenen Eindruck von ihm. Dieser Eindruck hängt jedoch in weit größerem Umfang vom Medium und der Weise ab, wie es eingesetzt wird, als vom Kandidaten selber.«[27]

Mills phantasievolle Karikatur von dem Verkauf eines Managers ist wesentlich weniger beunruhigend als die Darstellung von McGinnis in seinem Buch: *So macht man Präsidenten.*

Eine dritte Quelle der Kritik ist völlig nichtradikal. Es ist daher äußerst interessant, daß auch Humanisten, Liberale oder sogar Optimisten Gesellschaftskritiken verfaßt haben, die im Widerspruch zu ihren eigenen Voraussetzungen die radikale Kritik unterstützen. John Kenneth Galbraiths *The Affluent Society* z. B. bestätigt die Anklagen der Radikalen gegen den prinzipiellen Egoismus der kapitalistischen Gesellschaft. In *Die moderne Industriegesellschaft* erstellt Galbraith eine bemerkenswerte Analyse der Technostruktur und ruft nach der Führung einer akademisch-naturwissenschaftlichen Elite. Seine Kritik am System stimmt mit den Anschauungen von stärker radikal gesinnten Denkern überein; in seinem Buch findet eine erhöhte Furcht vor einem Umschwung zur Rechten ihren Niederschlag, der die vehemente Opposition der Neuen Linken gilt.

Lewis Mumford vertritt sowohl als Gelehrter als auch als Mensch höchsten Humanismus; dennoch zwingen ihn seine mammutartigen Studien immer mehr zu der zögernden Schlußfolgerung, daß der moderne Mensch sich mit Erfolg entpersönlicht, und zwar so sehr, »daß er nicht mehr Manns genug ist, den Maschinen gegenüberzutreten.«[28]

Das vielleicht beste Beispiel ist Marshall McLuhan, ein Mann von höchsten Hoffnungen, dessen eigene Thesen oft die perverse Widerlegung seiner Grundthese und seines hoffnungsfrohen Optimismus sind. Auf der einen Seite fehlt es seiner Idee von dem elektronischen Zeitalter und seiner Konvergenz mit Teilhard de Chardins »Noosphäre« nicht an Optimismus für die Menschheit im allgemeinen. Das Gegenargument gegen seinen Optimismus läßt sich jedoch aus seinen Antworten auf folgende Fragen erkennen:

Wie ist das Verhältnis zwischen Medien und Mensch? Können die Effekte der Medien gedämpft oder kontrolliert werden?

In der Antwort auf die erste Frage nennt McLuhan vier Rollen, die die Medien in Bezug auf den Menschen spielen. Zunächst einmal stellen sie eine »Ausweitung« des menschlichen Körpers, vor allem der Sinnesorgane dar (so z. B. ist das Rad eine Ausweitung des Fußes). Die zweite Rolle ist die des »Austausches«: Sobald eine Ausweitung stattgefunden hat, ermöglichen die Medien den Austausch von Fähigkeiten, die Übertragung von Wissen oder Fertigkeiten von einem Menschen auf den anderen (so z. B. können Kenntnisse in einem Buch gespeichert werden). Diese beiden ersten Funktionen der Medien sind positiv. Im übrigen haben die Medien nur noch schädliche Nebenwirkungen. Die dritte Rolle der Medien bezeichnet McLuhan als »Schließung« der Sinnesorgane oder »Selbstamputation«. Er behauptet, daß die Sinnesorgane in einem natürlichen Verhältnis zueinander stehen und daß die Ausweitung bestimmter Sinnesorgane durch die Medien dieses Verhältnis ändert; »wenn sich dieses Verhältnis ändert, ändern sich die Menschen«.[29]

Wenn ein Wagen die Ausdehnung des Fußes darstellt, kann eine Wagenkultur den Fuß schließlich so weit eliminieren, daß ständige Fahrer genauso gut beinlos sein könnten, Amputierte, die das Auto erfunden haben, um sich fortbewegen zu können! Die letzte und vielleicht die schädlichste Rolle der Medien ist die der »Evolution« – der Mensch, der einst die Maschinen zu seinem eigenen Fortschritt modifizierte, wird schließlich von ihnen selbst verändert. »Der Mensch wird sozusagen zum Geschlechtsteil der Maschinenwelt.«[31] Oder: »Da die neuen informationsgesteuerten Milieus direkte Ausweitungen unserer eigenen Nervensysteme sind, haben sie eine wesentlich tiefere Beziehung zu unserer Menschlichkeit als das alte »natürliche« Milieu... Ganz von selbst übernehmen sie die Arbeit der Evolution, die Darwin in den Spontaneitäten der Biologie erblickt hatte.«[32] Das ursprüngliche Verhältnis wird umgekehrt. Es ist nicht mehr der Mensch, der verändert und entwickelt. Er selbst wird verändert, und sein eigentliches Selbstbewußtsein wird untergraben.

Die zweite Frage ist, ob die Effekte der Medien kontrolliert werden können.

McLuhans Antworten auf diese Frage sind nicht einheitlich, er gibt drei einander widersprechende Antworten. Die erste, die eine Hoffnung auf eine erfolgreiche Lösung enthält, ist mir nur ein einziges Mal in all seinen Büchern und Interviews begegnet. So schreibt er an einer Stelle in seinem Buch *Die magischen Kanäle:* »Um dem Fernsehen widerstehen zu können, muß man also das Gegengift verwandter Medien, wie etwa den Buchdruck, heranziehen.«[33]

Diese Bemerkung klingt erstaunlich. Sie widerspricht auch seiner Grundthese, daß »kühle Medien« (wie z. B. das Fernsehen) die Aufmerksamkeit des Menschen wesentlich stärker in Anspruch nehmen und daher ungleich wirkungsvoller sind als »heiße Medien« (wie z. B. der Buchdruck). McLuhans gewöhnliche Antworten gehen in eine von zwei Richtungen. Gewöhnlich erklärt er: »Es gibt

z. B. keine Möglichkeit, sich gegen das neue Verhältnis der Zu-ordnung der Sinne... zu sträuben«[34] – womit er uns in trauriger Hilf-losigkeit beläßt. Manchmal jedoch tröstet er uns ein wenig, indem er sagt, die Gesellschaft besitze in der Person des Künstlers ein »Frühwarnsystem« gegen »Medienfallout«. Aber selbst wenn der Künstler mit seinem schärferen Wahrnehmungsvermögen der Ge-sellschaft einen Schritt voraus ist, so ist er immer noch einen Schritt hinter der wirklichen Stellung der Kultur zurück. Wenn McLuhan nicht so sehr von seinem aufgeblähten Optimismus à la Teilhard de Chardin berauscht wäre, würde der Pessimismus, der seinen eige-nen Argumenten zugrunde liegt, viel stärker zum Vorschein kom-men.

Die kritische Stimme der sechziger Jahre: Marcuse

Als bestes Beispiel für die kritischen Stimmen der sechziger Jahre greifen wir Herbert Marcuse heraus. Zur gleichen Zeit, da Radikale in Rom das Banner trugen mit der Aufschrift »Marx, Mao und Mar-cuse«, fand seine Beliebtheit in der Gegenkultur ihren Höhepunkt, und viele seiner Schriften verliehen einer amerikanischen Bewe-gung, die sich sonst mehr auf politische Aktion als auf Theorie gründete, gesellschaftliche Tiefe und philosophische Integrität.

Das Ziel aller seiner Bücher ist es, die Notwendigkeit einer Revolu-tion nachzuweisen. In *Vernunft und Revolution* beruft er sich auf Hegel, um zu zeigen, daß sie aus philosophischen Gründen not-wendig ist; in *Eros und Kultur* greift er auf Freud zurück, um ihre psychologische Notwendigkeit zu demonstrieren; aber seine Ar-gumente erlangen vor allem durch die Darstellung gesellschaftlicher Zusammenhänge in *Der eindimensionale Mensch* besonderes Ge-wicht. In mancherlei Weise hat er sich in diesem Buch am weitesten von Marx entfernt; er erklärt dort, warum die Marxsche Prognose, daß sich das Verhältnis zwischen Bourgeoisie und Proletariat im 20. Jahrhundert bis zur Revolution hin polarisieren würde, nicht einge-troffen ist. Marcuse meint, daß zwischen diesen beiden Gesell-schaftsschichten ein »betrügerisches Einverständnis« herrsche. Er erklärt das mit dem Wesen der modernen Gesellschaftsordnung, besonders als Produkt der »technischen Rationalität«. Die Zentri-fugalkräfte der Gesellschaft, die Marx vorausgesehen hat, sind nicht durch Terror, sondern durch die Technik bewältigt worden, »auf der doppelten Basis einer überwältigenden Leistungsfähigkeit und eines sich erhöhenden Lebensstandards«.[35]

So zeichnet sich die technische Gesellschaft durch die Integration der Gegensätze aus, durch den Niedergang des Pluralismus, die Verwischung der Ideologien und die Lähmung aller Kritik. Das, in anderen Worten, ist die »Unterbindung sozialen Wandels«. Die »etablierte Gesellschaft« ist in der Lage, den Menschen in dem Maße zu kontrollieren, »wie sie imstande ist, ›die Güter‹ auf erweiterter Stufenleiter ›zu liefern‹, und die wissenschaftliche Unterwerfung der Natur zur wissenschaftlichen Unterwerfung des Menschen zu benutzen«.[36]

Dadurch wird die Gesellschaft stabilisiert: »Im Medium der Technik verschmelzen Kultur, Politik und Wirtschaft zu einem allgegenwärtigen System, das alle Alternativen in sich aufnimmt oder abstößt.«[37]

Das Resultat ist der »eindimensionale Mensch«, dessen Unfreiheit »in Gestalt vieler Freiheiten und Bequemlichkeiten vereinigt wird«.[38]

Diese schwere Anklage versucht Marcuse auf gesellschaftlicher und gedanklicher Ebene zu beweisen, die er beide in der Wirklichkeit der modernen Gesellschaft zur Eindimensionalität reduziert sieht. In »Das eindimensionale Denken« ist seine Argumentation etwas weniger überzeugend. Hier vertritt er die Ansicht, daß die Verschiebung von metaphysischem Idealismus zu methodologischem Empirismus den Triumph des eindimensionalen Denkens bedeutete und zum Niedergang der Dialektik geführt hat. Dadurch wird »die explosiv-historische Bedeutungsdimension zum Schweigen gebracht«.[39]

Er denunziert den Empirismus als »philosophischen Behaviorismus«[40], aber seine Argumente sind eher ideologischer als philosophischer Art, und seine Anklage, daß die Empiristen den Faschismus unvermeidlicherweise näher standen, widerspricht ganz klar den Tatsachen. Empiriker wie die Mitglieder des Wiener Kreises (Carnap, Schlick, Wittgenstein usw.) waren weit vom Konformismus entfernt; sie waren Sozialisten, Radikale und Anti-Nazis; auf der anderen Seite sind die Verbindungen zwischen Hegel und dem Faschismus oder zwischen seiner Dialektik und seinem späteren elitären Denken für Marcuses eigene Anschauung zu unbequem und bleiben deshalb unerwähnt.

Aber in der ersten Hälfte von *Der eindimensionale Mensch,* in der er die eindimensionale Gesellschaft untersucht, ist Marcuses Argumentation geradezu bestechend. Er richtet sich vor allem gegen die diktatorische Macht der Massenmedien und die monolithische

Mentalität der »telenewsmagspeak«, die Theodor White als die »Meinungsmaffia« bezeichnet hat. Marcuse analysiert die Auswirkungen der Medien und kommt zu dem Schluß, daß sie wahre Zusammenhänge verfälschen und gleichfalls gesellschaftliche Gegensätze vertuschen. »Die vereinheitlichte funktionale Sprache ist eine unversöhnlich antikritische und antidialektische Sprache.«[41]

Das Fernsehen macht alles zur Marktware. Kunst, Politik, Religion und Philosophie lassen sich verkaufen und verlieren damit ihre ästhetischen Werte und ihre kritische Qualität.

Massenmedien sind auch die Schöpfer »hypnotischer Definitionen«; Nebenbedeutungen werden zu Definitionen, und Urteilsfähigkeit wird unterdrückt. (Zwei Beispiele dafür finden wir in dem Gebrauch des Wortes *frei* auf den verschiedenen Seiten der ideologischen Kluft, und in den unterschiedlichen Interpretationen der Gleichung: Aufruhr = Terrorismus = Volksbefreiungskrieg!) Eine andere Nebenwirkung der Massenmedien besteht darin, daß sie eine Ausgleichung der Klassenunterschiede vortäuschen. Aufgrund der gleichen Werbung haben das Arbeitermädchen und die Frau des Millionärs die gleichen Bedürfnisse, was lediglich dazu dient, den Schmerz der unüberwindlichen Kluft zwischen ihnen zu betäuben. Marcuse dokumentiert die Entpersönlichung und die Tendenz zur Kritiklosigkeit, die in dem bloßen Stil solcher Zeitschriften wie *Time* bereits enthalten sind. Somit wird der Mensch zur Eindimensionalität reduziert, es gelangt »infolge zufriedenstellender Freiheiten, die eine unfreie Gesellschaft gewährt«, »das *glückliche Bewußtsein* zur Vorherrschaft«, »was die Hinnahme der Untaten dieser Gesellschaft erleichtert«. »Es reflektiert den Glauben, daß das Wirkliche vernünftig ist und daß das bestehende System trotz allem die Güter liefert.«[42]

Als sein Buch im Jahre 1964 erschien, wurde das Echo, das es fand, durch die *Free Speech Movement* sehr verstärkt. In seiner berühmten Rede auf den Stufen des Verwaltungsgebäudes der Universität von Kalifornien (Berkeley) nahm Mario Savio zu denselben Kennzeichen der Gesellschaft als System Stellung: »Es gibt Zeiten, da erscheinen die Operationen der Maschine so hassenswert, machen einen so krank, daß man daran nicht teilhaben kann, daß man nicht einmal schweigsam zusehen kann. Und ihr müßt euch mit eurem Körper auf die Hebel, Schaltungen und Räder, auf den ganzen Apparat legen und müßt ihn zum Stillstand bringen. Und ihr müßt den Leuten, die die Maschine in Gang halten, die sie besitzen, klarmachen, daß, solange ihr nicht frei seid, die Maschine überhaupt nicht laufen wird.«[43]

Marcuse selbst gibt wehmütig zu: »Es gibt wenige Studenten, die mich wirklich gelesen haben.« In der Dritten Welt wird es noch weniger geben, die je von ihm gehört haben. Aber wenn er gelesen wurde, dann war er *in*, und deshalb war Marcuse für viele der Engel der Apokalypse, so wie es Cyril Wright Mills in den fünfziger Jahren gewesen war.

Die kritische Stimme der siebziger Jahre: Ellul

Darf man heute schon eine Vermutung darüber äußern, wer als prominentester Kritiker der siebziger Jahre gelten wird? Vielleicht Noam Chomsky, der immer überzeugender wirkt. Andere weisen auf Charles Reich hin, aber seine Zukunftsalternativen sind nicht konkret genug, um seiner Stimme eine dauerhafte Geltung zu verleihen. Vielleicht wird es auch einer der Aktivisten der sechziger Jahre sein, z. B. Stoughton Lynd oder Tom Hayden, die ein wenig durchdachter schreiben, mit einer Reife, die aus direkter Erfahrung gewonnen ist. Ich persönlich möchte Jacques Ellul vorschlagen, der, obwohl er schon vor langer Zeit geschrieben hat (*The Technological Society* wurde ein Jahrzehnt vor Marcuses *Der eindimensionale Mensch* veröffentlicht), jetzt im englischsprachigen Raum ins Licht der Aufmerksamkeit einer breiteren Schicht gerät.

Ellul war der erste, der den Begriff der »technologischen Gesellschaft« gebrauchte, und seine Analysen haben sich stets als prophetisch erwiesen; wenn man jedoch seine Gegner liest, so könnte man leicht meinen, er sei ein äußerst reaktionärer »Maschinokrat«! Selbst Theodor Roszak, der zugibt, daß Elluls Bücher die beste Darstellung der Technokratie auf weltweiter Ebene sind, klagt ihn eines extremen Pessimismus an.[44] Aber das ist ungerecht. Ellul ist bekannt als Kämpfer in der Resistance während des Zweiten Weltkrieges und als Professor für Jura an der Universität von Bordeaux. Weder seinem Wesen noch seiner Überzeugung nach ist er ein Pessimist. Ihm geht es lediglich darum zu wissen, »ob die Dinge so sind oder nicht«. Diejenigen, die ihn des Pessimismus bezichtigen, basieren ihren Humanismus auf solchen Grundsätzen wie »der Mensch ist frei«, »der Mensch ist gut« oder »der Fortschritt ist unvermeidlich«. Ellul hat keinerlei Absichten, die Gesellschaft mit einer romantischen, fiktiven Freiheit der Vergangenheit zu vergleichen. Vielleicht haben wir nur die »Tabus« der Vergangenheit für die »Techniken« von heute ausgetauscht, aber beide führen unvermeidlich zum Verlust an Freiheit. Wen Ellul kein Heilmittel verschreibt, so liegt das daran, daß er glaubt, eine genaue Diagnose sei zunächst einmal das Nächstliegende. Wenn die technologische Gesellschaft die Kunst verharmlost und sich in Mythen flüchtet, wenn sie Grundsätze in Propaganda verwandeln kann, dann können technische Lösungen die Schraube nur fester andrehen, und vorläufige Lösungen können eine realistische Heilung nur verzögern.

Aldous Huxley, der Ellul für das amerikanische Publikum geradezu »entdeckte«, lobte sein Buch dafür, daß er genau das dokumentiert habe, was er in *Schöne Neue Welt* sagen wollte. Er gab zu, daß er »auf die gedankliche Durchdringungskraft des Autors eifersüchtig« sei, verglich Elluls Werk wiederholt mit Spenglers Magnum Opus und meinte, *The Technological Society* werde zu den wichtigsten authentischen Dokumenten der Sozialkritik des 20. Jahrhunderts gehören.[45]

Das »technische Verfahren« ist bei Jacques Ellul seinem Wesen nach nicht »mechanisch«, sondern ist vielmehr die Mentalität, die aus dem »Mechanischen« erwachsen ist. Das »Mechanische« ist lediglich das uhrwerkmäßige Ablaufen der Maschinerie; in der Art und Weise des technischen Vorgehens (und das ist hier mit »Verfahren« gemeint) liegt das Bewußtsein eines Mechanismus, der auf das gesamte Leben des Menschen und schließlich auf den Menschen selbst zur Anwendung gelangt. Es ist ein Prinzip, das aus einem Prozeß heraus gewonnen wird, eine Mentalität, die von der Maschine herrührt, wobei man ein Ensemble von Vorgängen, Praktiken und Materialien gebraucht, um ein gewisses Ziel zu erreichen. Das totale Aggregat der Anwendung aller bestmöglichen Methoden in jedem Bereich wird eine technische Gesellschaft erzeugen, die jede menschliche Handlung bestimmt, vom Rasieren bis zur Mondlandung. »Heute kann keine menschliche Aktivität diesem technischen Imperativ entrinnen«[46] schreibt er. »Unsere Kultur ist zunächst und vor allem eine Kultur der Mittel und Wege.«[47] Diese technische Verfahrensweise wird immer mehr auf den Menschen angewandt, in der Medizin, Genetik, Erziehung, Berufsberatung, Werbung und Psychologie, »bis schließlich der Mensch selbst zum Objekt des technischen Verfahrens wird.«[48] Diese Entwicklung ist ideologieunabhängig und vollzieht sich daher auf beiden Seiten des Eisernen Vorhangs. Der Kapitalismus ist vielleicht die bewußte Anwendung technischer Methoden durch die Bourgeoisie, aber ebenso muß man zugeben, daß der Kommunismus die bewußte Verwirklichung eines technisch bestimmten Vorgehens von Seiten des Proletariats ist. Man kann seine These am besten begreifen, indem man sich mit einigen grundlegenden Merkmalen der Technik auseinandersetzt. Zunächst einmal muß man sich der Tatsache bewußt werden, daß sie der Blutsbruder des Rationalismus ist. Das Bedürfnis des Menschen, die Dinge durch den Verstand allein zu beherrschen, das Unterbewußte zu erklären, das Qualitative zu quantifizieren, die Gegebenheiten der Natur klar und präzise darzustellen, das Chaos in Ordnung zu verwandeln, wird durch die Technik in die Tat umgesetzt. Das technische Verfahren ist die kalkulierte Effizienz, die Reduzierung von Tatsachen, Zahlen, Kräften und sogar Menschen zu Prozeduren im Dienst der Tyrannei des objektiven Rationalismus.

Ein zweites Merkmal ist das Element des Künstlichen. Die Technik nähert sich mit großer Geschwindigkeit dem Punkt, an dem das natürliche Milieu durch die Technik ersetzt wird. Manche, wie Richard Landers, mögen das begrüßen, aber die meisten fühlen sich in einer solch unnatürlichen »Plastikwelt« nicht wohl.

Ein drittes Merkmal ist der Automatismus der Technik. Das oberste Gebot der Technologen ist die verzehrende Suche nach dem »besten Weg«. Sobald dieser gefunden ist, läuft der Prozeß nun völlig automatisch ab. Was sich technisch realisieren läßt, muß allein schon aus diesem Grunde gemacht werden, oder das Resultat ist schlechte Technik.

Sofort werden alle menschlichen, moralischen und ästhetischen Werte entweder über Bord geworfen oder verlieren zumindest sehr an Bedeutung. Dann bleibt nur noch das Technische, um das Technische zu bekämpfen. Der Protest gegen die Bombe ist dafür ein gutes Beispiel. Während der nationalen Diskussion in Frankreich (1966) drückte Jacques Soustelle seine Meinung ganz klar aus: »Da es möglich war, war es notwendig.«[49] Noch klarer wird dieser Zusammenhang durch die Geschichte von Robert Oppenheimer ausgedrückt, dessen Skrupel bei der Konstruktion der H-Bombe weltbekannt geworden sind. Was nicht so bekannt ist, ist die Tatsache, daß er später seine Meinung zugunsten der Superbombe änderte, als ihm ein verbesserter Entwurf gezeigt wurde. Nachdem er ihn studiert hatte, rief er aus, er müsse einfach ausprobiert werden, weil er so »wunderschön«[50] sei. Sobald der beste Weg entdeckt worden ist, wird die Prozedur automatisch. Ellul behauptet, daß dies dazu führt, daß »es für jemanden nurmehr noch einen Platz gibt, wenn man Techniker ist . . . im Besitze des Zauberstabs der Technik zu sein ist eine Frage von Leben und Tod für jeden einzelnen; keine Macht auf Erden kann diesem Druck widerstehen.«[51]

Ein ähnlicher Zug der Technik ist ihre »Selbsterhöhung«. Der richtungsbestimmende Vorgang der Suche nach dem »einen besten Weg« bringt allmählich alles unter seine Herrschaft. »In der Zukunft wird die Rolle des Menschen anscheinend auf die einer Aufzeichnungsvorrichtung beschränkt werden.«[52]

Während die Entwicklung der Technik fortschreitet, verändert das technische Vorgehen »alles, was es berührt, ist aber selbst unberührbar.«[53]

Ein letztes Merkmal, das sich noch zu erwähnen lohnt, ist die Tendenz zum Monismus. Die technologische Gesellschaft wird zu einem einheitlichen System, das alle Gegensätze unterdrückt und in sich vereinigt. Wenn das wirklich zutrifft, dann ist von einem bestimmten Punkt an das Problem nicht mehr die falsche oder richtige Anwendung der Technik, sondern das Wesen der Technik als solches, welches Auswirkungen zeigt, die von der konkreten Anwendung der Technik zum Teil unabhängig sind. Damit erklärt sich die radikalisierende Erkenntnis, daß der Angriff an einem Punkt im Grunde ein Angriff auf das Ganze ist, denn das Ganze stellt sich beharrlich jeder Veränderung entgegen. »Die Einspritzung eines mehr oder weniger verschwommenen Gefühls menschlicher Wohlfahrt kann daran nichts ändern. Nicht einmal die moralische Bekehrung der Techniker könnte zu etwas führen. Sie würden lediglich aufhören, gute Techniker zu sein.«[54] Man überlege sich einmal, was das in Hinsicht auf die Polizei der Zukunft bedeutet. McLuhan, der sich an seiner moralischen Neutralität erbaut, sagt die Möglichkeit einer »Überwachung von der Wiege bis zur Bahre«[55] voraus, und zwar dergestalt, daß der Regierung sofort, zu jedem Augenblick, alle Informationen über jeden Bürger zur Verfügung stehen. Aber es ist nicht schwer einzusehen, wie gefährlich die Verwirklichung solcher Visionen wäre. Wenn wir daran denken, daß eine allgemeine technische Perfektion nicht nur zur Perfektion der Informationsvermittlung, sondern gleichfalls zur Perfektion der Polizeimacht dienen kann, dann können solche Vorstellungen von technischer Perfektion nur Alpträume von totalitären Regimen heraufbeschwören. Ellul kann mit McLuhans einfältigem Optimismus nicht übereinstimmen. »Das notwendige Ziel der Polizeitechniken . . . ist die Verwandlung der gesamten Nation in ein Konzentrationslager.«[56] Aldous Huxley hatte dies in seiner weitsichtigen Art in seinem

Vorwort zu der 1946 erschienenen Ausgabe zu *Schöne Neue Welt* vorausgesehen:

»Ein Regieren mittels Knüppeln und Erschießungskommandos, mittels künstlicher Hungersnot, Massenverhaftungen und Massendeportationen ist nicht nur unmenschlich (darum schert sich heutzutage niemand viel); es ist beweisbar leistungsunfähig – und in einem Zeitalter fortgeschrittener Technik ist Leistungsunfähigkeit die Sünde wider den Heiligen Geist.«[57]

Auf Grund dieser Tatsachen kommt Ellul zu der Schlußfolgerung:

»Die Technik kann nicht anders als totalitär sein.«[58]

Dies sind nur einige Merkmale der Technik, die er schildert. Die vielleicht anschaulichste Zusammenfassung ist sein Bild von der Technologie als einem Tyrannen, in dem die »technische Verfahrensweise« die Psychologie des Tyrannen darstellt, der Staat seinen Blutkreislauf repräsentiert, die Wirtschaft das Verdauungssystem – und der Mensch zu seinem Gewebe reduziert wird.

Im Zusammenhang mit der wachsenden Zahl von Problemen und der Furcht vor sozialem Chaos, der wir uns heute gegenübersehen, stellt ein solches Niveau an Technologie eine große Bedrohung dar, denn die unüberlegte Anwendung technischer Mittel könnte zu einer machtvollen Ehe zwischen Regierung und Technologie führen. Sie würden »die wichtigsten Kräfte der modernen Welt werden; sie stützen und stärken einander in dem Ziel, eine scheinbar unzerstörbare, totale Zivilisation hervorzubringen.«[59] Wenn Elluls metaphorische Schilderungen (wie diese Darstellung des Tyrannen) nicht von einer solch klaren Analyse und gut recherchierten Dokumentation begleitet wäre, würden seine Anklagen sich wie radikale Rhetorik anhören. In Wirklichkeit sticht Ellul jedoch dadurch hervor, daß er, getrieben von äußerster Ehrlichkeit, sich weigert, Protest zu Affektiertheit und radikale Wahrheit zu leerer Rhetorik werden zu lassen. Manchmal drückt er seine Verachtung für das Image und den Status, den einige auf der revolutionären Welle erreicht haben, offen aus. Über Henry Miller sagt er: »Es ist harmlos, eine wankende Mittelklasse-Moral anzugreifen. Es ist wahr, ›schwarze‹ Autoren sind Objekte von Verfolgung, Beschlagnahmungen und Gerichtsverhandlungen geworden. Aber ich möchte auf den hübschen Profit hinweisen, den sie aus solchen kleineren Skandalen gezogen haben. Irgendwie ist es mir nicht möglich, an den revolutionären Wert einer Handlung zu glauben, welche die Registrierkasse so fröhlich zum Klingeln bringt.«[60]

Wenn wir uns diese Kritiken von Max Weber bis Jacques Ellul noch einmal ansehen, so treten zwei Merkmale besonders hervor, die von der Neuen Linken ständig betont werden. Zunächst einmal die »Totalität« des Systems, ob sie nun als »nahtloses Netz« und »globales Dorf« freudig begrüßt oder als »geschlossener Verkaufssaal« angegriffen wird. Mittlerweile sollte folgendes klar sein: Vom Krieg bis zur Erziehung sind alle Aspekte der Gesellschaft integrale Bestandteile eines in allen Aspekten miteinander verbundenen Ganzen.

Das zweite Merkmal, das bisher lediglich als Konsequenz gewissermaßen im Raum stand, ist die latente Heuchelei des Systems. Das Schwinden der christlichen Basis der westlichen Kultur hat die Grundlage für traditionelle Werte zerstört, und der säkulare Humanismus hat sie nicht ersetzen können. Aber man lebt mit einer perversen Weigerung, die Wirklichkeit anzuerkennen. Der amerikanische Traum und das britische Traditionsgefühl rechtfertigen sich immer noch aus sich selbst heraus, es wird stillschweigend immer noch so getan, als beruhten sie auf gültigen Prinzipien. Es wird immer schwerer, die Kluft zwischen Grundsätzen und Praxis zu verbergen, was ständig Anlaß zu erneuter Mystifikation gibt. Goodman spricht von dem »Gefühl des hohlen Rechts« und den »verpaßten Revolutionen der modernen Zeiten – das Unerreichte, die Kompromisse.«[61] William Whyte erläutert: »Der amerikanische Traum wird dran glauben müssen, was seine ältlichen Hüter auch denken mögen. Die Leute werden ungeduldig mit einer Mythologie, die nichts mit den Tatsachen zu tun hat, so wie sie wirklich sind.«[62] Kenneth Kenniston, der von dem Mangel an Glaubwürdigkeit der modernen Gesellschaft spricht, bezeichnet das als die »Institutionalisierung der Heuchelei.«[63]

Die Totalität des Systems und die ihm zugrunde liegende Heuchelei sind häufig auftauchende Themen in einer wachsenden Zahl von Gesellschaftsanalysen, ob es sich nun bei dieser Heuchelei um Lüge, Betrug oder treuherzig geglaubte Selbsttäuschung handelt. Langsam, aber sicher zwingt die moderne Gesellschaft die jüngere Generation in die Position des engagementlosen Zweifels oder des offenen Zynismus, indem sie sich weigert, die wahre Natur der heutigen Realität anzuerkennen. R. D. Laing erklärt: »Unglücklicherweise werden wir durch die zynischen Lügen, mannigfaltigen Täuschungen und ernsthaft geglaubten Illusionen, denen wir durch die Medien unterworfen werden – selbst durch die Organe der Wissenschaft – zu einer Position von fast völligem Skeptizismus gezwungen.«[64]

Jetzt kommen wir auf die Kernfrage. Haben die Gesellschaftskritiker im allgemeinen recht? Beschreiben sie die Dinge, »wie sie wirklich sind«, wie Ellul behauptet? Oder sind sie lediglich die archaische »Politik der Nostalgie«, zur gefährlichen »Technophobie« angewachsen? Alvin Toffler beispielsweise bezeichnet solche Kritiker als »Ludditen der letzten Tage« und Technophoben. Solche Gegenanklagen müssen mitberücksichtigt werden. Immerhin geht es dabei um die Integrität der Gegenkultur. Eine solche Gegenanklage ist z. B. Alasdair MacIntyres Kritik an Marcuse, in der der Autor behauptet, daß Marcuses Analyse als »ziemlich grober technologischer Determinismus abgelehnt werden kann«[65]. Er stellt ganz richtig fest, daß manchmal Marcuses Analyse so allgemein ist, daß sie auf jede beliebige fortgeschrittene Industriegesellschaft angewandt werden kann. Dadurch werden die immer noch vorhandenen, tatsächlichen Unterschiede zwischen den USA und der UdSSR oder den Vereinigten Staaten und Großbritannien verwischt – Unterschiede, die in jeder Diskussion von großer Bedeutung sind. Aber selbst das ändert nichts an der grundlegenden These Marcuses, gegen die MacIntyres sonst hervorragende Argumentation ein ironisches Resultat zeitigt. Marcuse behauptet, daß die meisten Menschen ohnmächtig sind, weil einige Menschen (eine Elite) die Kontrolle in der Hand haben. MacIntyre argumentiert hingegen, daß die meisten Menschen ohnmächtig erscheinen, weil es im Grunde gar keine Kontrolle gibt: »Die eindrucksvollste politische Tatsache ist der zufällige Charakter unserer jeweiligen Politik.«[66] Zweifelsohne, wenn die Dinge jenseits jeder menschlichen Kontrolle liegen, *ist* der Mensch ohnmächtig. MacIntyres Antwort ist im Grunde schlimmer als Marcuses Problem. Es ist schlimm genug, wenn man gegen eine bestimmte Elite kämpfen muß, aber eine Situation, wo die Politik nicht vom Menschen kontrolliert wird, weil sie unkontrollierbar ist, ist viel schrecklicher.

Daß die moderne Politik zufallsgesteuert und unkontrollierbar ist, ist die Hauptthese in Michael Harringtons Buch *The Accidental Century*. Ursprünglich, so erklärt er, als die Geschichte in neue Gesellschaftssysteme stolperte, schlugen die Revolutionäre der Vergangenheit bewußt Konzeptionen vor, die weit jenseits des Realisierbaren lagen. Heute schaffen die Revolutionäre unbewußt Wirklichkeiten, die weit jenseits ihrer Reformvorstellungen liegen. Dies führt zu einer ironischen Situation: Das Jahrhundert, das am stärksten vom Rationalismus und von der Naturwissenschaft bestimmt worden ist, ist gleichzeitig am meisten dem Zufall unterworfen. Von daher ist MacIntyres Antwort weit davon entfernt, Marcuses Problem zu lösen; ganz im Gegenteil zeigt sie, wie die Auswirkungen der Technologie das Problem nur noch verschlimmern. David Riesman hatte schon früher darauf hingewiesen: »Man wird sich jetzt vielleicht fragen: wer hält nun *wirklich* die Macht in den Händen? Es wird dabei übersehen, daß echte Führerschaft wohl notwendig ist, um die Dinge ins Rollen oder auch um sie zum Halten zu bringen, sehr wenig aber erforderlich ist, wenn die Maschine einmal läuft – ja, daß alles in ein heilloses Durcheinander geraten und trotzdem noch weiterlaufen kann.«[67]

Alvin Toffler liefert gleichermaßen eine Verteidigung der Technologie und eine Attacke auf die »Technophobie«. Solcher Pessimismus, erklärt er, ist überholt, er wird nur durch »eine Generation von Zukunftshassern und Technophoben«[68] am Leben erhalten.

Toffler sieht zwei Gründe, aus denen man annehmen könnte, daß die Entmenschlichung zu einem Stillstand kommt. Zunächst einmal wird, so behauptet er, die Bürokratie durch eine »Ad-hoc-kratie« ersetzt. In jedem Bereich des menschlichen Lebens nimmt das Vorübergehende den Platz des Permanenten ein, was sich in der Arbeitswelt z. B. durch das Aufkommen kleiner Spezialistenteams für besondere Aufgaben zeigt.

Auf diese Weise werden die drei Merkmale der Bürokratie – Permanenz, Hierarchie und Arbeitsteilung – beseitigt. Die »Ad-hoc-kratie . . . der schnell-beweglichen, informationsreichen kinetischen Organisation der Zukunft«[69] wird die einschränkenden Strukturen der Weberschen Bürokratie durchdringen.

Zweitens wird die Einheitlichkeit durch eine Vielfalt ersetzt, was zu einer größeren Auswahlmöglichkeit führt. Beschwerden gegen die Massenstandardisierung waren gerechtfertigt, aber das war nur die erste Phase der Industrialisierung. In der zweiten Phase, die von der »super-industriellen Gesellschaft« erreicht wird, ist die Möglichkeit zu einer sehr viel größeren Vielfalt vorhanden: Normierung und Standardisierung ist nur bei einem relativ primitiven Stand der Technologie unumgänglich. Die Automation dagegen macht den Weg frei für unbegrenzte, aber auch betäubende und verwirrende Vielfalt.«[70]

Ob wir nun unseren eigenen »Ford Mustang« entwerfen wollen oder einem Sammelsurium an Subkulturen beitreten wollen, wir sind jetzt nicht mit einer eindimensionalen Einförmigkeit, sondern mit einem multi-dimensionalen Überangebot konfrontiert. Toffler vermag seine These mit besserem Tatsachenmaterial überzeugender zu untermauern als McIntyre, und es wäre falsch, die Wirklichkeit eines neuen Stadiums nicht anerkennen zu wollen.

Selbst wenn wir die Auswirkungen der Technologie von Tofflers Standpunkt aus betrachten, so gibt es dennoch unleugbar zwei Faktoren, die der menschlichen Freiheit und Selbstverwirklichung entgegenwirken – die Komplexität der Technokratie und die wachsende Ohnmacht des einzelnen in einer solchen Gesellschaft. Daran ändern die Argumente von Toffler nichts. In einer Gesellschaft, die immer unübersichtlicher, immer undurchschaubarer wird, führt die zunehmende Vielfalt nicht zu einem größeren Maß an Freiheit und Teilnahme, sondern zu einer Tendenz zur Regression. Herman Kahn, den man wohl kaum eines radikalen Zornes bezichtigen kann, sagt voraus, daß, weil die meisten politischen Entscheidungen so weit jenseits des Horizontes des Durchschnittsbürgers liegen, er versucht sein wird, seine Entscheidungen Eliten, Experten und Kommissionen zu überlassen. Wie der Parteisekretär in Alexander Solschenizyns Roman *Im Interesse der Sache* sagt:

»Schließlich muß man ja nicht viel erklären, man antwortet kurz: Das Institut ist von staatswichtiger Bedeutung, und es ist nicht unsere Sache, über die Zweckmäßigkeit zu diskutieren.«[71]

Der Durchschnittsmensch wird dann in noch tiefere Apathie versinken und von seiner Regierung nur noch formhalber eine Rechtfertigung ihrer Politik und einen guten Lebensstandard verlangen. Wenn die Komplexität Vielfalt und Pluralismus bringt, so können wir uns letzten Endes doch gut vorstellen, wie Marcuses »Glückliches Bewußtsein« erneut auf Mills »fröhliche Roboter« herabblickt. Rom war trotz seines pluralistischen Reichtums an Gesellschaften, Kulten, Klubs, geheimnisvollen Religionen und esoterischen Cliquen nicht weniger totalitär. Man kann daraus lediglich sehen, daß sich die Bürger an totalitäre Kontrolle gut angepaßt hatten und ›ihre Kümmernisse für sich behielten‹.

Ein Großteil von Tofflers Beweismaterial läßt sich mit seinem hoffnungsfrohen Optimismus nicht so recht in Einklang bringen. So gibt er zu, »daß Angebot zum Überangebot, daß die Freiheit zur Unfreiheit wird.«[72]

»Viele soziale Mißstände sind weniger die Folge repressiver Kontrollmaßnahmen als die Folge eines verhängnisvollen Mangels an Kontrolle. Auf dem Gebiet der Technologie gibt es keine übergeordnete Planung oder verantwortliche Leitung. Das ist die erschreckende Wahrheit.«[73]

Somit stellen wir fest, daß Tofflers Argumente die Bedenken gegen die Technik keineswegs schwächen, sondern sie höchst wirkungsvoll untermauern.

Die Schwäche der Neuen Linken – nicht ihre Kritik, sondern ihre Alternative

Inwiefern ist die Revolte der Gegenkultur nun gerechtfertigt? Wenn wir einmal genauer hinsehen, so stellen wir fest, daß die Gesellschaftsanalyse der Neuen Linken weitgehend richtig, ihre Alternative hingegen völlig unzulänglich ist. Das liegt daran, daß ihrem Denken noch viele der humanistischen Voraussetzungen zugrundeliegen, die sie angeblich von sich weist. Ironischerweise wird die Veränderung, die sie herbeiführt, zu ihrem Untergang. Ihre revolutionäre Alternative war gleichfalls eindimensional. Ich möchte einige Aspekte dieses Sachverhalts anhand einiger willkürlich ausgewählter Gebiete darstellen.

Zunächst einmal ist es offensichtlich, daß die Idealvorstellung von einer »erfolgreichen« Revolution ein Mythos ist. Dieser Mythos stützt sich vor allem auf die Revolutionen von 1789 und 1917, vor allem auf die erstere, weil dort zum erstenmal in der modernen Geschichte eine erfolgreiche Revolution, deren Inhalt sozialer Natur war, auf den Straßen ausgetragen worden war. Trotzdem – ganz unabhängig von allen direkten Tatsachen der Geschichte – entstand eine Legende, die nach 1917 an historischer und ideologischer Tragweite gewann und immer noch geglaubt wird. Diese Legende vermittelt den Eindruck, daß Revolutionen dialektisch unvermeidlich und Revolutionäre lediglich Geburtshelfer der Geschichte sind. Die geschichtlichen Tatsachen lauten anders. Die Geschichte scheint sich gegenüber einer solchen Unvermeidlichkeit gleichgültig zu verhalten und auf solchen »Erfolg« zynisch herabzublicken. Dennoch schöpfen viele Bewegungen immer noch aus diesem Mythos. Die Anarchisten sehen 1789 als Musterbeispiel an, trotz des offenen Verrats an vielen grundlegenden Prinzipien, wie z. B. der geplanten Dezentralisierung der Regierung und der Beseitigung der Armut, Vorhaben, die nie verwirklicht wurden. Die anarchistischen Revolutionäre werden somit zum Aufsetzen historischer Scheuklappen gezwungen und beschränken ihren Blick auf die Periode vor Robbespierres Terrorherrschaft im Jahre 1793.

Zu oft wird eine Revolution zum Scheiterhaufen revolutionärer Ideale. Die Realisten des 20. Jahrhunderts haben den Verrat am Idealismus in modernen Revolutionen schon seit langem vorausgesagt. Oswald Spengler warnte, obwohl der Sozialismus zu seiner Zeit antiimperialistisch war: »Eines Tages wird er zum Erzexpansionisten mit der ganzen Heftigkeit seines Schicksals.«[74]

Albert Camus kommentierte gleichsam vorsichtig: »Der prophetische Traum von Marx und die Macht-Antizipationen von Hegel oder Nietzsche haben, nachdem der Gottesstaat dem Erdboden gleichgemacht worden war, schließlich nur einen rationalen oder irrationalen, in beiden Fällen aber terroristischen Staat hervorgerufen.«[75]

Wir wollen hier keineswegs zum Konservatismus aufrufen, sondern vielmehr zur genaueren Untersuchung der inneren Widersprüche, die den Humanismus in seinem Versuch, Idealismus durch eine Revolution zu verwirklichen, verraten haben. Diese inneren Widersprüche haben unvermeidlich das Scheitern der Neuen Linken und auch ganz allgemein der Gegenkultur zur Folge gehabt und verdienen von daher genauere Aufmerksamkeit. Der Anarchismus und die Philosophie von Herbert Marcuse sollen als Beispiele dienen, denn beide zeigen die inneren Widersprüche, die einen Erfolg von vornherein unmöglich machen, recht gut.

Der Anarchismus hat zwei Schwächen. Zunächst einmal ist die Grundlage des modernen Anarchismus völlig widersprüchlich, denn er ist aus dem Zusammenfluß zweier gegensätzlicher Strömungen erwachsen, die prinzipiell unvereinbar sind. Ursprünglich erwuchs er aus religiösen Bewegungen, aus Revolutionen des Mittelalters, d. h. drastischen, aus apokalyptischen und eschatologischen Vorstellungen motivierten Purifizierungsaktionen. Ferner verdankt der Anarchismus seine Entstehung zum großen Teil der Aufklärung und dem rationalistischen Glauben an die Unvermeidlichkeit des Fortschritts und die Perfektion des Menschen. Der Anarchismus schwankt daher ständig zwischen drastischem Realismus und utopischer Romantik. Das erklärt z. B., warum solch entgegengesetzte Temperamente wie Thomas Godwin (1756 bis 1836), der vollen Herzens an die Möglichkeit des perfekten Menschen glaubte, und Michael Bakunin (1814–76), der zugab, daß sein eigenes turbulentes Temperament einer »Leidenschaft zur Zerstörung« entstammte, in einer Organisation zusammenarbeiten konnten.[76] Aber die inneren Widersprüche treten am besten in der klassischen Debatte mit den Marxisten zutage, in der Bakunin die

Anarchisten, und Marx und Engels die Kommunisten vertraten. Die Fragen, um die es ging, waren folgende: Wie führt man eine Revolution erfolgreich durch? Wie kann man nach der Revolution die Erhaltung der Freiheit sichern? Das Dilemma bestand darin, daß beide Seiten halb recht und halb unrecht hatten. Beide scheiterten an einer schwachen Prämisse an wichtiger Stelle.

Bezüglich der Frage, wie man in der Revolution die Kontrolle an sich reißen könnte, hatten die Marxisten recht, indem sie darauf bestanden, daß eine Revolution, sollte sie erfolgreich sein, autoritär sein müßte. Engels erklärte: »Die Anarchisten verlangen, daß der erste Akt der sozialen Revolution in der Abschaffung der Autorität bestehe. Haben diese Herren je eine Revolution miterlebt? Eine Revolution ist sicher das autoritärste, das man sich vorstellen kann; sie ist der Akt, durch den ein Teil der Bevölkerung dem anderen seinen Willen mit Gewehren, Bajonetten und Kanonen aufzwingt – mit autoritären Mitteln, so es überhaupt welche gibt.«[77]

Ohne autoritäre Mittel kann keine Revolution erfolgreich sein: Die Geschichte unserer Gesellschaft hat dieses Argument ganz klar bestätigt. Jegliche Hoffnung der Anarchisten, durch autonome Freiheitsgruppen ans Ziel zu kommen, ist utopisch und von vorneherein zum Scheitern verurteilt.

In der Beantwortung der zweiten Frage »Wie erhält man die Kontrolle aufrecht?« hatten die Anarchisten recht. Sie warnten, daß revolutionäre Methoden dem Endergebnis unverkennbar ihren Stempel aufdrücken. Bakunin bestand darauf, daß die Mittel und Wege der Revolution dem erwünschten Ziel gleichen sollten. Ein Schweizer Anarchist unterstützte ihn: »Wie kann man erwarten, daß aus einer autoritären Organisation eine egalitäre und freie Gesellschaft erwächst? Das ist ganz unmöglich . . . Die Internationale, der Embryo der zukünftigen Gesellschaft, muß von diesem Augenblick an das getreue Abbild unserer Prinzipien der Freiheit und Förderation sein und aus ihrer Mitte jegliches Prinzip verbannen, das zu Autorität und Diktatur führt.«[78] Aber damit stecken die Anarchisten in einem wahren Dilemma. Ohne die notwendige Schlagkraft, die Macht zu ergreifen und zu behalten, ist der Anarchismus eine verlorene Sache. Ihre Revolutionen sind manchmal katastrophal, manchmal quichotisch, aber stets mißlungen, die traurigen Opfer fataler innerer Widersprüche.

Eine zweite Stelle, die uns die Schwäche humanistischer Prämissen im revolutionären Denken zeigt, ist die Philosophie von Herbert Marcuse. Seine Argumente scheitern an inneren, unausweichlichen

Spannungen. Seine Abhandlung über Hegel ist ein erstes Beispiel. Ob seine Interpretation von Hegel nun gerechtfertigt ist oder nicht, Marcuse hat insofern recht, als das dialektische Prinzip »Was ist, kann nicht wahr sein« unbestritten revolutionäres Potential in sich trägt. Aufgrund ihrer eigenen Beschaffenheit tragen alle diese Philosophien und politischen Systeme in sich die Saat ihrer eigenen Auflösung. Revolution ist kein Zufall. Während der Status quo sich in sein Gegenteil verkehrt (These zu Antithese), drücken sie nur das Wesen der Dialektik aus. Marcuse gibt auch ganz offen zu, daß Hegel selbst in der Praxis mehr als nur ein wenig reaktionär war. Aber was er nicht sieht, sind die repressiven Tendenzen derselben dialektischen Prinzipien; sie unterwerfen das Recht der Macht, unterwerfen den einzelnen dem Staat und halten die Geschichte für deterministisch. In *Kritik der reinen Toleranz* kommen die Keime des Totalitarismus voll zum Ausbruch, die bereits in *Vernunft und Revolution* latent vorhanden sind.

Seine außergewöhnliche Behandlung von Freud gibt noch ein deutlicheres Beispiel. Die meisten Marxisten lehnen Freud ab; wenn sie überhaupt irgendeine seiner Errungenschaften anerkennen, dann seine praktische Therapie, nicht seine metaphysische Theorie. Aber Marcuse nimmt Freud mit all seinem offenen Pessimismus, seinem grundlegenden Determinismus und seinem persönlichen politischen Konformismus und versucht ihn zur Rechtfertigung der Revolution zu verwenden. Die Aufgabe ist zu groß. Wie ein hegelianischer Houdini bietet Marcuse an, sich in einem Kasten Freudscher Repression einschließen zu lassen und dann sein Entkommen zu demonstrieren. Das erste bringt er mit masochistischer Ehrlichkeit sehr gut zuwege, dann allerdings gelingt es ihm nicht, ein ausreichendes rationales Argument zu finden, das ihm sein Entkommen ermöglichen könnte. Er produziert wohl lyrische Passagen, die dem Käfig seiner gewöhnlich geschwollenen Prosa entrinnen, aber elf Jahre später machte er sie durch das Eingeständnis wieder zunichte, daß *Eros und Kultur* »ein optimistischer, euphemistischer, sogar positiver Gedanke«[79] war, der bald seinem düsteren Realismus in *Der eindimensionale Mensch* Platz machen sollte. Dieser wiederum wurde von Julius Gould als »Dialektik der Verzweiflung« bezeichnet, und von einem Rezensenten in *Dissent* als »eindimensionaler Pessimismus« klassifiziert. Wie so viele andere ist Marcuse im ständigen Schwanken zwischen Pessimismus und Optimismus gefangen. An den Stellen, wo seine Argumente empirisch am stärksten sind (wie in *Der eindimensionale Mensch*), da sind die mitschwingenden Grundtöne hauptsächlich pessimistisch, und wo seine Argumente empirisch am schwächsten sind (wie in *Eros und Kultur*), kennt sein Optimismus keine Schranken. Dieses Dilemma läßt ihn nicht los. Entscheidet er sich für die empirisch nachprüfbaren Tatsachen, dann ist er pessimistisch. Wählt er eine romantische Hoffnung, stellt er fest, daß es ihm an Beweismaterial mangelt.

Die Veränderung der Gesellschaft ist objektiv notwendig, aber das Mittel für eine solche Veränderung ist nicht vorhanden. Wie er in seinem Artikel »Das Ende von Utopie« zugibt, ist er in einem Teufelskreis gefangen, und alles was ihm noch bleibt, ist wenig besser als das, was Lenin verächtlich »infantile Unordnung« und Raymond Aaron »ewiges Sehnen nach einer erlösenden Umwälzung« genannt hat. Seiner selbst und seinem Ziel zum Trotz kommt er Freuds realistischer Düsterkeit schlußendlich näher, wenn er schreibt:

»Von den Sklavenaufständen der alten Welt bis zur sozialistischen Revolution endete der Kampf der Unterdrückten in der Errichtung eines neuen, *besseren* Herrschaftssystems . . . Es scheint, als spiele bei dieser Dynamik ein Element von Selbstvernichtung mit . . . Jede Revolution ist auch eine verratene Revolution.«[80]

Wenn in Marcuses eigenen Schriften ›die große Weigerung‹ in den großen Verrat übergeht, ist die Chance einer Verbesserung durch diejenigen, die den Antiintellektualismus zum Prinzip erheben, wohl gering.

Marcuses Dilemma zeigt sich auch auf praktischer Ebene in seinen Auseinandersetzungen mit Norman O. Brown. Marcuse bringt in seinen Theorien Hegel, Freud und Marx zusammen, stellt aber die Frage: Wenn die Dialektik entweder mit Freud oder mit Marx übereinstimmt, wer von den beiden liefert dann die Basis für die Revolution? Ist die gesellschaftliche Wirklichkeit die wahre (wie Marx sagte) und die psychische Realität lediglich ein Schatten derselben? Oder ist die psychische Realität die wahre (wie Freud behauptete) und die gesellschaftliche Wirklichkeit nur ihr Schatten? In seiner vorzüglichen Diskussion dieses Problems zeigt Roszak, daß, während sowohl Brown als auch Marcuse sich für Freud entscheiden, Marcuse seinen marxistischen Hintergrund mitbringt und die Schlußfolgerungen nicht so konsequent mitzieht wie Brown, der liberale freudianische Einzelgänger, als Nichtmarxist. So kann Marcuse nur mäßige Vorteile erringen, indem er die »zusätzliche Repression« beseitigt und sich an die grundlegende Repression anpaßt. Die »grundlegende Repression« ist für Marcuse biologisch bedingt und daher unentrinnbar, während die »zusätzliche Unterdrükkung« die gegenwärtige historische oder gesellschaftliche Herrschaft darstellt, die noch unnötigerweise hinzugefügt wird. Brown geht noch weiter in der Darstellung der Beseitigung fast aller Repression (inklusive des Todes) von der Welt des Menschen. *Love's Body* ist voll wilder, visionärer Symbolik mit starken Anleihen von Blake, Nietzsche und Boehme. Das Buch endet mit dem Versprechen der »Überwindung des Gegensatzes zwischen Seele und Körper, Wort und Tat, Rede und Schweigen. Alles ist nur eine Metapher, es gibt nur Poesie.«

Marcuses Antwort kam sofort, scharf und konkret, in der heißen Verteidigung der Revolution als wirklich und pragmatisch, auf das Hier und Jetzt ausgerichtet. Eine Revolution, die keine empirische Wirklichkeit ist, wird uns in mystische phantasiereiche Rhetorik versinken lassen und somit gesellschaftlich nutzlos sein: »Brown verwischt den entscheidenden Unterschied zwischen dem Wirklichen und dem Künstlichen.«[81] Man denke einmal über die Tragweite dieses Satzes nach! Hier ist das »Wirkliche« (auf einmal!) nicht die dialektische Negation dessen »was ist«, sondern vielmehr die empirische Wirklichkeit des eindimensionalen Positivismus, den er so vehement abgelehnt hat! Roszak weist genau nach, daß da, wo Marcuse stehenbleibt, Brown weitergeht, und die Gegenkultur geht mit ihm.

Daher sind sowohl die Anarchisten als auch die Nachfolger von Marcuse in eindimensionalen Denksystemen gefangen. Ihre Prämissen sind entweder dieselben oder zumindest den hinfälligen Prämissen ähnlich, die sie beseitigen wollten, und es fehlt ihnen das Mittel, irgendeine qualitative Veränderung herbeizuführen. Ohne Basis und Gleichgewicht für eine wahre Alternative schwanken sie zwischen der Logik des Marxismus, die zuviel beweist, und der Logik des Mystizismus, die nichts beweist. Wenn man ein Marxist sein muß, um eine Revolution zu machen, dann muß man auch ein Marxist sein, um ihren Wert würdigen zu können – eine Tatsache, die das konsequente Engagement der Neomarxisten würdigt und gleichzeitig ihre tragische Widersprüchlichkeit bloßlegt. Ironischerweise gewann die Bourgeoisie des 19. Jahrhunderts ihren größten Sieg in dem Augenblick, als ihre marxistischen Gegner im 20. Jahrhundert das hohle reduktionistische Menschenbild der mechanistischen Naturwissenschaft des 19. Jahrhunderts übernahmen.

Tragik, Ironie, Absurdität

Zum Abschluß lassen sich einige Erkenntnisse ganz klar formulieren. Zunächst einmal ist es notwendig zu verstehen, wie tragisch die Situation des Menschen im 20. Jahrhundert ist. Wie dies auch zustandekommen mag, ein Nebenprodukt der modernen Technologie ist die steigende Stimmung der Entfremdung, Entpersönlichung und Entmenschlichung. Ob dies durch die technologische Evolution zustande kommt, wie McLuhan meint, oder durch totalitäre Kontrolle oder Konditionierung, oder lediglich durch die Störung, verursacht durch die Rebellion gegen ein System, das die Unterdrückung dann noch verstärkt – die Entfremdung wächst in mehr und mehr Menschen.

Die ganze Situation trägt auch stark ironische Züge. In seiner Untersuchung der Medien zitiert McLuhan den Psalmisten, der von den Götzenanbetern und ihren Götzen spricht: »Die solche machen, sind ihnen gleich, und alle, die auf sie hoffen« (Ps. 115, 8). Der Heide zur Zeit der Psalmisten hatte seine eigene Schau von der endgültigen Wirklichkeit, und so weitete er seine Anschauungen über das Wesen dieser Wirklichkeit in die äußere Welt aus, indem er Götzenbilder schuf. Diese wiederum veränderten seine Umwelt und machten ihn zu weniger, als er wirklich war. Schließlich erstickten sie sein Streben nach Selbsterfüllung, bis er, wie seine Götzenbilder, taub, stumm und unbeweglich war. Gleiches kann man von dem Menschen und seinen Medien sagen, wenn die Technologie die Logik seines rationalistischen Reduktionismus ist – ohne eine Basis für seine Menschlichkeit. Bald wird er von der Ausweitung seiner Anschauung zum Konditionierer seines Milieus und schließlich seines eigenen Wesens. Die technologische Gesellschaft leidet nicht so sehr an einer Krise des Humanismus als viel mehr an einer Krise des Menschen. Der moderne Moloch von Ginsberg ist lediglich die Konsequenz der vom modernen Menschen getroffenen Wahl. Vielleicht wird der moderne Mensch wie der primitive Animist seine Götzen mit Geist versehen und sie anbeten.

Die dritte Lektion, die wir hier lernen können, ist die Absurdität der Suche nach Antworten in Bereichen, wo nun einmal keine zu finden sind. Der Münchner Komödiant Karl Valentin, ein ungewöhnlicher Humorist und metaphysischer Clown, wurde durch einen Sketch sehr bekannt, der die Situation des modernen Revolutionärs demonstriert. Er kommt auf die Bühne in fast völliger Dunkelheit; nur ein kleiner Kreis wird von einer Straßenlaterne beleuchtet. Er geht immer im Kreise herum, mit einem sehr besorgten Gesichtsausdruck, als ob er irgend etwas suche. Bald darauf erscheint ein Polizist auf der Szene und fragt ihn, was er denn verloren habe. Valentin antwortet, es sei der Schlüssel zu seinem Haus. Der Polizist hilft ihm bei der Suche, aber nach einiger Zeit scheint es ihm aussichtslos zu sein. »Sind Sie sicher, daß Sie ihn hier verloren haben?« fragt der Polizist. »Oh nein!« sagt Valentin und zeigt in die dunkle Ecke. »Dort drüben«. – »Warum in aller Welt suchen Sie dann hier?« fragt der Polizist. »Ja, dort ist ja kein Licht« antwortet Valentin.

Der moderne Mensch mit seinem selbstfabrizierten Bild von der Gesellschaft als »geschlossenem Raum« ohne Ausgang ist metaphysisch und soziologisch gefangen. In der Dunkelheit des Raumes, der offensichtlich keine Fenster, vielleicht keine Türen hat, tastet er sich um die Ecken herum. Kann man hoffen, daß sich irgendein Mensch fragen wird, ob es ein anderes Licht gibt als die schwachen Funken seiner eigenen Versuche? Oder wird er eigensinnig darauf beharren, im leeren Kreis seiner untauglichen Prämissen herumzugehen?

Anmerkungen zu
Kapitel 4: Der eindimensionale Mensch

1 Rousseau in Emile, *zitiert in B. F. Skinner, Jenseits von Freiheit und Würde, S. 47; Paul Goodman, Aufwachsen im Widerspruch (Darmstadt); Marshall McLuhan, Die magischen Kanäle (Frankfurt/1970), S. 54;* Mario Savio, zitiert in Jacobs und Landau, S. 69; William H. Whyte, The Organization Man (Harmondsworth, 1956), S. 12; *Herbert Marcuse, Eros und Kultur (Stuttgart, 1957), S. 92*
2 *Marshall McLuhan, Krieg und Frieden im globalen Dorf (Düsseldorf, 1971), S. 148*
3 *Toffler, S. 290*
4 Nuttall, S. 9
5 *Marcuse, Der eindimensionale Mensch (Berlin, 1967), S. 39*
6 *Marshall McLuhan, Die Gutenberg-Galaxis (Düsseldorf, 1968), S. 42*
7 zitiert in Fischer, S. 83
8 David Riesman, Die einsame Masse (Hamburg, 1958), S. 101
9 Whyte, S. 123
10 Ibid., S. 16, 18
11 Ibid., S. 33
12 *Paul Goodman, Aufwachsen im Widerspruch*
13 *Ibid.*
14 *Ibid.*
15 *Ibid.*
16 *Ibid.*
17 *Ibid.*
18 C. W. Mills, Menschen im Büro, S. 137

19 Ibid., S. XII
20 Ibid., S. XVIII
21 Ibid., S. XV
22 C. W. Mills, The Power Elite (London, 1956), S. 9
23 Ibid., S. 361
24 Ibid.
25 Herbert Aptheker, The World of Cyril Wright Mills (New York, 1960), S. 170
26 *zitiert in Joe McGinnis, So macht man Präsidenten (Bergisch Gladbach, 1970), S. 21*
27 *Ibid., S. 32–33*
28 Newfield, S. 23
29 *Marshall McLuhan, Das Medium ist Massage (Berlin, 1970)*
30 *Ibid.*
31 *McLuhan, Die magischen Kanäle, S. 54*
32 *McLuhan, Krieg und Frieden im globalen Dorf, S. 41–42*
33 *McLuhan, Die magischen Kanäle, S. 316*
34 *Ibid., S. 53*
35 *Herbert Marcuse, Der eindimensionale Mensch (Darmstadt, 1962), S. 12*
36 *Ibid., S. 16*
37 *Ibid., S. 19*
38 *Ibid., S. 52*
39 *Ibid., S. 212*
40 *Ibid., S. 187*
41 *Ibid., S. 116*
42 *Ibid., S. 95/98*
43 zitiert in Jacob und Landau, S. 69
44 *Roszak, S. 26*
45 John Wilkinson, Introducing Jacques Ellul (Grand Rapids/USA, 1970), S. 168
46 Ellul, The Technological Society, S. 21
47 Ibid., S. 19
48 Ibid., S. 22
49 Ibid., S. 99
50 zitiert in Calder
51 Ellul, The Technological Society, S. 84–85
52 Ibid., S. 93
53 Ibid., S. 94
54 Ibid., S. 97
55 *McLuhan, Das Medium ist Massage*
56 Ellul, The Technological Society, S. 100
57 *Aldous Huxley in seinem Vorwort von 1946 zu »Schöne neue Welt«, S. 13*
58 Ellul, The Technological Society, S. 125
59 Ibid., S. 318
60 Ibid., S. 417
61 *Goodman, Aufwachsen im Widerspruch*
62 Whyte, S. 10
63 Kenneth Kenniston, »Youth, Change and Violence«, in American Scholar, Frühling 1968, S. 239
64 R. D. Laing, »The Obvious«, The Dualectics of Liberation, ed. David Cooper (Harmondsworth, 1968), S. 32
65 Alasdair MacIntyre, Marcuse (Glasgow, 1970), S. 66
66 Ibid., S. 71
67 Riesman, S. 235

68 *Toffler, S. 209*
69 *Ibid., S. 116*
70 *Ibid., S. 212*
71 *Alexander Solschenizyn, Im Interesse der Sache (Darmstadt, 1971), S. 195*
72 *Toffler, S. 259*
73 *Ibid., S. 340*
74 Oswald Spengler, The Decline of the West, I, Form and Actuality, transl. C. K. Atkinson (New York, 1926), S. 37
75 *Camus, Der Mensch in der Revolte, S. 181–182*
76 *James Joll, Die Anarchisten (Berlin, 1973), S. 63*
77 *zitiert in Ibid., S. 80*
78 *Vgl. in Ibid., S. 76*
79 *Marcuse, »Political Preface 1966«, in Eros und Kultur, S. 7*
80 *Marcuse, Eros und Kultur, S. 92*
81 *Siehe Roszak, S. 133*

5 Gewalt

Auf der individuellen Ebene wirkt die Gewalt entgiftend.

Frantz Fanon

Ich sehe nicht ein, warum der Mensch nicht so grausam wie die Natur sein soll.

Adolf Hitler

Politische Macht kommt aus dem Lauf des Gewehres.

Vorsitzender Mao Tse-tung

Gewalt hat in Amerika nichts zu suchen. Jeder, der Gewalt predigt, sollte wie ein Hund erschossen werden!

KGO Radio, San Francisco

Friede ist die Fortsetzung der Politik mit anderen Mitteln.

Hannah Arendt

Auf die Frage, ob er nicht einen Unterschied zwischen reaktionärer und revolutionärer Repression sehe, gab er die Antwort, selbstverständlich bestehe ein Unterschied, derselbe Unterschied nämlich, der zwischen Katzendreck und Hundedreck bestehe.

Tolstoi

Es gibt nur wenige Probleme, die für die moderne Gesellschaft und für das Überleben der menschlichen Rasse schlechthin von so tiefgreifender Bedeutung sind wie das Phänomen der Gewalt. Unser gegenwärtiges Verständnis der Funktion und der Bedeutung dieses Problems ist ein schwerwiegendes Erbe der 60er Jahre. Waren die 60er Jahre das Jahrzehnt der Gegenkultur, so werden die 70er Jahre das Jahrzehnt der Gegen-Gegenkultur sein. Das heißt auch: Wenn die Gefahr der 60er Jahre in den Kräften des Widerstandes lag, so ist die Gefahr der 70er Jahre in den Kräften zu suchen, die sich dem Widerstand entgegenstellen.

Das geht natürlich nicht eins zu eins auf. Während der 60er Jahre hatte man wenigstens versucht, zwischen gewaltlosem Protest und politischem Terror zu unterscheiden. Darüber hinaus besteht immer, wenigstens in den Auswirkungen, wenn auch nicht dem

Wesen nach, ein Unterschied zwischen den Maßnahmen einzelner Bürger, selbst wenn sie sich zu einer Aktion freiwillig zusammenschließen, und den Zwangsmaßnahmen von Regierungen und ihren ausführenden Organen. Allzuoft jedoch war das Ergebnis das gleiche – nämlich Gewalt, ganz gleich von welcher Seite und aus welchem Grunde sie auch angewandt wurde.

Angesichts dessen kommen wir an einer Auseinandersetzung mit der Grundfrage nicht vorbei: Welche Rolle spielt die Gewalt in der menschlichen Gesellschaft? Diese Frage ist sehr dringlich, und es mag einen verwundern, daß bis vor ganz kurzem verhältnismäßig wenig darüber geschrieben worden ist.

Jetzt aber ertrinken wir in einer Flut von Studien über dieses Thema: Material von staatlichen Kommissionen, Untersuchungen von Psychologen, Theorien von Philosophen und Statistiken von Soziologen. Das gleiche Thema zeigt sich in einer Fülle von Veröffentlichungen und in dem Stil und der Thematik der Filme. In *Weekend* zeichnet Jean Luc Godard die Gesellschaft als soziales Schlachthaus. In *Clockwork Orange* schildert Stanley Kubrick die Gewalt auf der Straße, die von der Regierung nur durch ein »Umfunktionieren« in Schach gehalten wird, das in sich selbst eine Vergewaltigung des Menschseins darstellt. In *IF* benutzt Lindsay Andeson die Geschichte der Gewaltanwendung in einem Internat als ein Bild von der Gesellschaft und dem Leben in England im allgemeinen.

Sein Film stellt die Frage fast in derselben Form, wie sie in der modernen Diskussion häufig gestellt wird: Ist die Gewalt als Krise oder als Entgiftung der Gesellschaft zu verstehen? In gewisser Weise ist *IF* lediglich eine grobe Karikatur der Bildungsinstitutionen des 19. Jahrhunderts, die Darstellung eines autoritären Establishments. Die Gewalt wird als Krise gezeigt, die sich in dem Zusammenbruch der Autorität der Schule ausdrückt, in der Auflösung von Disziplin, Gesetz und Ordnung. Aber auf einer tieferen Ebene finden wir subtilere Untertöne, die vielen Zuschauern entgehen, weil sie von der Handlung gefesselt oder von der Karikatur erzürnt worden sind. Die Jungen kommen von ihren Ferien zurück, nachdem sie einige Zeit im Wald verbracht haben. Der Plattenspieler spielt die Kongo-Messe. An den Wänden hängen Bilder von Simba-Rebellen. Eine typische Aussage ihrer Philosophie war: »Krieg und Gewalt sind die einzigen reinen Handlungen, die noch übriggeblieben sind.«

Hier steht die Schulbehörde nicht so sehr für Ordnung, sondern für

Unterdrückung, weil sie ein System ist, das den Jungen beibringt, auf den Ebenen des Sportes, des Exerzierens oder eingedrillter Frömmigkeit zu »kämpfen« (»Kämpfe den guten Kampf, so gut du kannst«). Dadurch wird ihr schließlicher Gewaltausbruch gerechtfertigt. Es handelt sich nicht um eine Krise, sondern um eine Entgiftung, eine Bejahung und Entdeckung der Freiheit von der Unterdrückung. Der liberale Schuldirektor, der auf dem Rasen steht und zu vernünftiger Diskussion auffordert, ist bemerkenswerterweise derjenige, der von den ersten Kugeln des Maschinengewehrs niedergeschossen wird.

Ist die Gewaltanwendung eine Krise oder eine Entgiftung der Gesellschaft? Die Polarisierung finden wir bei vielen modernen Theoretikern, bei solchen, die die Gewaltanwendung ablehnen, wie auch bei denen, die sie befürworten. Wie alle Polarisierungen ist das eine unbefriedigende Formulierung des Problems, die das Auffinden einer echten Lösung verhindert. Eine genauere Studie würde zeigen, daß selbst bei denen, die Gewalt entweder nur als Krise oder nur als Entgiftung der Gesellschaft ansehen, bewußt oder unbewußt auch der jeweilig andere Aspekt mitschwingt. So bejahen gewisse Radikale die Gewalt als Entgiftung nur deshalb, weil die Krise untragbar geworden ist. In ähnlicher Weise spricht das Establishment von Gewalt als Krise. In Wirklichkeit aber ist es lediglich die Mystifikation durch die eigene Gewalt, die verhindert, daß sie als Reinigungsprozeß, als Entgiftung eingeordnet wird. Nehmen wir z. B. die propagandistische Gleichsetzung von Gewalt, Männlichkeit und Patriotismus. (Nately bemerkt in *Catch-22:* »Wenn etwas wert ist, dafür zu leben, dann ist es auch wert, dafür zu sterben.«[3]) Wie stellte man in Amerika Mut und Männlichkeit unter Beweis? Warum schlossen 1968 in Chikago Polizisten Wetten ab, wer die meisten Schädel jener »gottverdammten Yippies« knacken könne? Die Elemente der Krise und der Entgiftung sind psychologisch untrennbar, so daß die Polarisierung letzten Endes sinnlos ist. Jedoch lohnt es sich, diesen Fragenkomplex näher zu untersuchen, weil man immer von dem einen oder anderen dieser Ausgangspunkte an das Thema »Gewalt« herangeht.

Im Licht der gegenwärtigen Suche nach Mitteln der Veränderung und Erneuerung ist unsere Einstellung zur Gewaltanwendung von großer Bedeutung. Aber bevor wir die heutige Situation untersuchen, ist es wichtig, das Aufkommen der Theorie der Gewalt zu verstehen. Dabei muß man wissen, daß allen derartigen Theorien die Vorstellung zugrunde liegt, daß der Gewalt in der menschlichen Gesellschaft eine gewisse »Normalität« zukommt. Hier liegt die

Achillesferse. Zunächst erklärt man die Gewalt für normal, bald wird sie »notwendig« und schließlich »legitim«.

Gewalt in der politischen Theorie

Wir wollen uns zunächst mit der Vorstellung von der Notwendigkeit der Gewalt in der politischen Theorie beschäftigen. Dem liegt Rousseaus Konzept des edlen Wilden zugrunde: »Der Mensch wurde frei geboren, wird aber von überall her in Ketten gelegt.« Der edle Wilde war ein Primitiver, nicht unterdrückt von der Kulturerziehung und der sozialen Prägung. Sobald Unterdrückung und Einschränkung an die Stelle dieser Freiheit treten, bekommt die Gewalt zur Befreiung ihren Wert.

Diese Theorie ist besonders von den Anarchisten entwickelt worden, um Gewalt nicht nur als politisch effektiv, sondern auch als moralisch wertvoll zu rechtfertigen. Bakunin sagte: »Der Wille zur Zerstörung ist ein schöpferischer Wille,«[4] und er praktizierte seine eigene Einstellung zu Genüge. Georges Sorel ging in seinen Reflektionen *Über die Gewalt* (1906) noch weiter. Für ihn war die gewaltsame Zerstörung einer dekadenten Gesellschaft nicht nur revolutionär, sondern als ein Ausdruck der Lebenskraft moralisch reinigend. »Der Gewalt verdankt der Sozialismus die hohen moralischen Werte, durch die er der modernen Welt das Heil bringt.«[5] Nur wenige linksgerichtete Intellektuelle zitieren Sorel mit Enthusiasmus, weil er später von der Unterstützung Lenins zur Begeisterung für Mussolini überging; dennoch war der Tenor seiner Schriften für Radikale unserer Zeit prophetisch. Der wesentliche Punkt ist klar: Die Gewalt wird zunächst als normal betrachtet und bald als notwendige und legitime Läuterung angesehen.

Gewalt in der evolutionären Theroie

Zweitens wollen wir zeigen, wie die Evolutionstheorie ihr Konzept von der »Normalität« der Gewalt her entwickelt. Charles Darwins Theorie von der natürlichen Auslese (besonders so, wie sie von T. H. Huxley interpretiert wurde) scheint den Einsatz von Gewalt zu rechtfertigen, denn das Leben ist ja nach Darwin ein ständiger Kampf ums Dasein. Die Auswirkungen einer solchen Denkweise im modernen Behaviorismus wollen wir an drei Beispielen aufzeigen.

Sehen wir uns zunächst *Der nackte Affe* von Desmond Morris an. Dieses Buch findet hier nur deshalb Erwähnung, weil es so außerordentlich populär ist. Wie andere Verhaltensforscher interpretiert Morris die menschliche Gewalt im Lichte ihres tierischen Ursprunges. Er stellt fest, daß, während Tiere in gewaltsamen Konfrontationen nur nach einer Niederlage oder Beherrschung ihres Opfers streben, der Mensch auch vor der Tötung seines Opponenten nicht zurückschreckt. In seiner Untersuchung beschäftigt sich Morris vor allem mit der Entwicklung des bewaffneten Konflikts. Bei unbewaffneten Auseinandersetzungen war die Gefahr größerer Gewaltanwendung nicht gegeben. Das Abreagieren der aggressiven Triebe wurde bestimmten Formen unterworfen, wurde in Wettbewerbe und Sport wie Judo, Athletik, Ringen und Boxen abgeleitet. Aber mit dem bewaffneten Konflikt sind zwei entscheidende neue Faktoren hinzugekommen, die den Schrecken der Gewaltanwendung potenzieren. Der erste ist die Verlängerung des Armes durch Stöcke, Speere, Gewehre, Bomben und Raketen – jede bringt ein größeres Zerstörungspotential mit sich. Die zweite ist die Erweiterung des Abstandes zwischen den Gegnern – während des Faustkampfes stehen sich die Männer Auge in Auge gegenüber, aber wenn sie Stöcke, Speere, Gewehre, Bomben oder Raketen benutzen, wird die Distanz zwischen ihnen immer größer, und der Gegner wird unpersönlich, durch die Entfernung nicht mehr erkennbar. Morris kommt zu der Schlußfolgerung: »Denn wir sitzen, um es milde auszudrücken, ganz hübsch im Schlamassel: Wir haben die besten Aussichten, uns selbst bis zum Ende unseres Jahrhunderts mit Stumpf und Stiel auszurotten. Der einzige Trost, der uns bleibt, ist, daß wir als Art es erstaunlich weit gebracht haben . . . mit einer erstaunlichen Fülle von Ereignissen.«[6] Wenn er hier über die Möglichkeit der Auslöschung der menschlichen Rasse spricht, so stimmt er doch mit dem wissenschaftlichen Behaviorismus darin überein, daß er die Gewalt in der gegenwärtigen menschlichen Situation als »normal« betrachtet.

Ein zweites Beispiel, schwerwiegender und dennoch optimistischer, ist das Buch von Konrad Lorenz *Das sogenannte Böse*. Als Humanist lehnt Lorenz sowohl die Moral als auch die Metaphysik als Möglichkeiten zum Verständnis der Gewalt ab. »Aber wir werden unsere Aussichten, ihr zu begegnen, gewiß nicht dadurch verbessern, daß wir sie als etwas Metaphysisches und Unabwendbares hinnehmen, vielleicht aber dadurch, daß wir die Ketten ihrer natürlichen Verursachung verfolgen.«[7] Lorenz schreitet von der Tierwelt (»was ich weiß«) zur gegenwärtigen Welt des Menschen (»was wahrscheinlich ist«) und dann zu seinen eigenen Lösungen für die Menschheit (»was ich glaube«). Allein schon dieser Übergang von empirischer Gewißheit zu hypothetischem Glauben ist äußerst bemerkenswert. In der Tierwelt hat die Aggression wertvolle Funktionen, die mit dem Überleben im Zusammenhang stehen: Räumliche Ausbreitung, Auslese der Stärksten durch Kämpfe der Rivalen, Verteidigung der Jungen; und sie liefert einen Beitrag zu dem Komplex der Triebe innerhalb der Tierpsyche. Für Tiere ist die Aggression nicht destruktiv oder diabolisch, sondern lebenserhaltend, ein wesentlicher Bestandteil ihres Seins. Denn zusammen mit ihren aggressiven Instinkten besitzen die Tiere auch eingebaute Hemmungen, die sie daran hindern, die Aggression in Gewalt umschlagen zu lassen.

Der Mensch jedoch befindet sich in einer evolutionären Krise. Er ist im Besitz all der aggressiven Instinkte der Tiere, aber ihm fehlen ausreichende Hemmungsmechanismen. Das liegt daran, daß der kulturelle Fortschritt des Menschen die Entwicklung seiner sozialen Hemmungen weit hinter sich gelassen hat, und daran, daß die Vernunft, Moral und Liebe des Menschen zu schwach sind. All die großen Gefahren, die heute die Menschheit mit der Ausrottung bedrohen, sind »aus dem begrifflichen Denken und allem, was es im Gefolge hat, vor allem aus der Symbolik der Wortsprache«[8] erwachsen.

Lorenz' Lösung (»Was ich glaube«) ist nur durch kontrolliertes Verhalten zu verwirklichen, und seine Diskussion über dieses Thema führt ihn zu optimistischen Schlußfolgerungen. Das letzte Kapitel seines Buches trägt die Überschrift »Bekenntnis zur Hoffnung«. Die Basis für seine Hoffnung ist faszinierend:

»Daraus leitet sich die selbstverständliche, ja geradezu der Natur abgelauschte Forderung ab, alle unsere Menschenbrüder ohne Ansehen der Person zu lieben. Die Forderung ist nicht neu, unsere Vernunft vermag ihre Notwendigkeit, unser Gefühl ihre hehre Schönheit voll zu erfassen, aber dennoch vermögen wir sie, so wie wir geschaffen sind, nicht zu erfüllen. Das volle und warme Gefühl von Liebe und Freundschaft können wir nur für den Einzelmenschen empfinden, daran kann der beste und stärkste seinen ganzen konzentrierten Willen einsetzen, mehr gelingt ihm nicht. Aber die »großen Menschenerbauer« können die Menschennatur umändern, und ich glaube, daß sie ihr Ziel erreichen werden. »Ich glaube sowohl an die Macht menschlicher Vernunft, wie auch an die Wirkung natürlicher Zuchtwahl«.[9] Die gewaltige Bedeutung hinter dieser

Aussage ist atemberaubend! Die ganze erste Hälfte seines Buches (und dieses Absatzes) zielt auf die Betonung hin, daß der Mensch sich in einer Zwickmühle befindet, die von einer Entwicklungskrise und mangelnden Hemmungsmechanismen (Vernunft, Moral, Liebe) verursacht ist: nun setzt er seine ganze Hoffnung auf die »großen Menschenerbauer« (zukünftige Evolution) und menschliche Vernunft!

Ein drittes Beispiel, im Grunde genommen ganz pessimistisch, ist »Das Gespenst in der Maschine« von Arthur Koestler. Auch er sieht die evolutionäre Krise: »Es wird höchstwahrscheinlich der Fall sein, daß der Homo sapiens eine biologische Mißgeburt ist, die Folge irgendeines merkwürdigen Fehlers im Entwicklungsprozeß«.[10] Koestler erklärt das aus dem pathologischen (krankhaften) Zustand, verursacht durch einen Bruch zwischen dem »Archicortex« (»altes Großhirn«) und dem »Neocortex« (»neues Großhirn«): »Es ist absolut unerhört, daß die Evolution einer Spezies ein Organ zuteilt, von dem sie keinen Gebrauch zu machen weiß«.[11] Diese Stellungnahme führt Koestler in einen unerbittlichen Pessimismus hinein, und das letzte Drittel seines Buches ähnelt seltsamerweise einer Prophetie apokalyptischen Schicksales. Seine einzige Antwort ist die Hoffnung, daß jemand eine Tablette entdeckt, die die zwei Gehirnhälften vereint; aber seine letzten Worte spiegeln den Ton des ganzen Buches: »Die Natur hat uns im Stich gelassen. Gott scheint den Hörer beiseitegelegt zu haben, und die Zeit läuft ab.«[12] Wir finden sowohl in Psychologie (behavioral science) wie Soziologie ein außergewöhnliches Paradox: genau das, was den Menschen als Menschen kennzeichnet, verdammt ihn auch (für Lorenz: die Kultur; für Koestler: das obere Großhirn). Wie die Wissenschaftler das menschliche Verhalten auch erklären mögen – gewaltsames Verhalten wird jedenfalls als »normal« anerkannt.

Gewalt in der psychoanalytischen Theorie

Drittens wollen wir uns mit dem Konzept von der »Notwendigkeit der Gewalt« in der Theorie der Psychoanalyse beschäftigen. Der Schlüsselbegriff ist der der Verdrängung, der nach Freud »die Säule darstellt, auf der das ganze Gebäude der Psychoanalyse ruht«. Die Theorie der Psychoanalyse beschäftigt sich mit dem Konflikt, der aus dem Zusammenstoß zwischen dem »Lustprinzip« und dem »Realitätsprinzip« entsteht. Dem liegt die Vorstellung zugrunde, daß der Mensch entweder von seiner Natur her (seiner Ontogenese) oder von der gesellschaftlichen Prägung her (seiner Phylogenese) ein neurotisches Tier ist. Kein Erwachsener ist von Konflikt und Verdrängung frei, der Spannung zwischen den grundlegenden Instinkten: *Eros* (Liebe) und *Thanatos* (Tod). Aufgrund dieses Zusammenstoßes ist die Gewalt unausrottbar in der Natur des Menschen verwurzelt. Sie ist nicht von seiner Umgebung verursacht, auch nicht von seiner Gewissenlosigkeit oder seiner schlechten Erziehung, sondern die Ursache liegt tiefer. Freud lehnte den Kommunismus wegen seiner unzureichenden Diagnose glatt ab. Die Aggression ist niemals einfach Folge des Strebens nach Besitz, sondern »bildet den Bodensatz aller Beziehungen unter den Menschen«.[13] In welcher Richtung sich die menschliche Kultur auch entwickeln mag – »eines darf man erwarten, daß der unzerstörbare Zug der menschlichen Natur ihr auch dorthin folgen wird«. Dies ist eine auf dem harten Boden der Wirklichkeit stehende Analyse der Gewalt im Wesen des Menschen.

Norman O. Brown ist in seiner Freud-Interpretation dieser Anschauung nachgegangen: »Freuds fundamentale Perspektive ist die Überzeugung, daß das Böse im Menschen nicht als oberflächlicher Auswuchs einer grundlegend guten Natur des Menschen erklärt werden kann, sondern als tiefer Konflikt in der menschlichen Natur selbst verwurzelt ist.«[14] Während äußere, umständebedingte Faktoren zur Verschlimmerung des Zustandes beitragen können, sind sie niemals die eigentliche Wurzel menschlicher Gewalt.

»Freud hat den Konflikt zwischen Eros und Aggression so formuliert, daß von vornherein jegliche Möglichkeit der Erlösung oder Heilung ausgeschlossen ist . . . Seine innere Tendenz zur Aggression läßt dem Menschen als einzige Möglichkeit, diese Aggression nach außen zu kehren und andere zu zerstören, oder sie nach innen zu kehren und sich selbst zu zerstören.«[15] Daraus ergibt sich dann, »daß, wenn die Aggression innerlich bedingt ist und mit dem Wachstum der Kultur anwächst, die Psychoanalyse mit Freud zwar auf eine Wiedergeburt des Eros hoffen, aber rational nur die Selbstzerstörung der menschlichen Rasse vorhersagen kann.«[16]

Wenn Freuds Schlußfolgerung richtig ist, dann ist der Hang zur Gewalttätigkeit unausrottbar in der menschlichen Psyche verwurzelt und nur Ausdruck eines inneren Konflikts. Somit wird der Gewalt wieder eine gewisse Normalität und Notwendigkeit zugesprochen. Trotzdem, obwohl die Gewalt verdrängte Bedürfnisse zeitweilig befriedigen kann, ist sie keine endgültige Lösung dieses Dualismus.

Diese Gedanken finden wir in der modernen Soziologie und Politik wieder. Paul Goodmans psychoanalytische Schulung führt ihn zu der Auffassung, »Mann-gegen-Mann« ausgeübte Gewalt (wie z. B. beim Faustkampf) sei natürlich, es ist also besser, sich auszukämpfen. Aber sobald die Gewalt organisiert wird, ist der Mensch zu einem bloßen Objekt reduziert, denn Gewalt im Auftrag eines anderen auszuüben überfordert vollkommen sein Menschsein. G. leitet die Unterscheidung zwischen spontaner und organisierter Gewalt von den Prämissen der Psychoanalyse ab.

Ein Beispiel für die Rechtfertigung spontaner Gewalt ist folgende Aussage von Malcolm X: »Ich bin gewaltlos zu denen, die mir gegenüber gewaltlos sind. Aber wenn ihr jene Gewalt auf mich fallen laßt, dann habt ihr mich verrückt gemacht, und ich bin nicht mehr verantwortlich für das, was ich tue.«[17]

Kulturtheorien und Gewalt

Auch Kulturtheorien stufen die Gewalt als notwendig ein. Hier stoßen wir auf die uralte Vorstellung, daß die Gewalt ein Symptom für den extremen Streß ist, dem der einzelne oder eine Gesellschaft ausgesetzt ist. Ob es sich nun um einen Jungen aus den Slums handelt, der von einem Polizisten gezwungen wird, sich an die Wand zu stellen, oder eine Nation, die wirtschaftlich bedroht ist, beide reagieren mit Gewalt. Auch Engels bemerkte: »Gewalt entsteht durch gesetzmäßige ökonomische Entwicklung.«[18]

Die vielleicht auffallendste Neuversion dieser uralten Theorie ist Marshall McLuhans Vorstellung vom »Narzißmus als Narkose«. Die Änderung im Verhältnis der Zuordnung der Sinne durch neue Technologie verursacht psychische Reibungen und »kulturelle Einsamkeitsgefühle«, ein »Kaleidoskop«. So kann man in der Gewalt die Geburtswehen einer neuen Technologie erkennen, die Anlaß zu einer neuen Identitätssuche geben. In *Krieg und Frieden im globalen Dorf* erklärt McLuhan: »Wenn jemand von der neuen Technologie verletzt worden ist, wenn die Privatperson oder das Unternehmen der Identität in der Totalität von physischer oder psychischer Veränderung bedroht sieht, schlagen sie in Selbstverteidigung zurück.«[19] Deshalb ist die Gewalt eine »spontane Suche nach der Identität.«[20] Er wendet diese Analyse auf die Gewalt der Neuen Linken oder der Black-Power-Bewegung an. Dies läßt sich auch an Schriften wie Eldridge Cleavers *Seele auf Eis* illustrieren: »Wir werden Menschen sein. Wir werden es sein, oder die Welt wird dem Erdboden gleichgemacht bei unserem Versuch, es zu werden.«[21]

Wir wollen diese Kulturtheorien hier nicht näher diskutieren, sondern lediglich aufzeigen, wie sie dazu kommen, Gewalttätigkeit als etwas Normales anzusehen. Bei dem gegenwärtigen Höhepunkt des Relativismus und der Inflation der Werte kommt diese Erkenntnis einem Menetekel gleich. Ohne einen moralischen Rahmen für »Normalität« wird daraus schnell die »Notwendigkeit«, und aus »Notwendigkeit« »Legitimität«. Ohne einen moralischen Bezugspunkt tritt die Gewalt in dem vom Relativismus erzeugten Machtkampf immer mehr in den Vordergrund.

Das sollte uns die heutige Zeit lehren. »Wenn die Männer der Tat keinen Glauben hatten, haben sie immer nur an die Bewegung der Tat geglaubt« sagte Camus.[22] »Alle Politik ist ein Machtkampf, und die Macht äußert sich stets in Gewalt«, warnte Cyril Wright Mills.[23] Hitlers Kommentar: »Ich sehe nicht ein, warum der Mensch nicht so grausam wie die Natur sein soll«[24] findet heute sein Gegenstück im Kommentar des Vorsitzenden Mao Tse Tung: »Politische Macht kommt aus dem Lauf des Gewehrs . . . Das Gewehr darf dem Griff der kommunistischen Partei nie entgleiten.«[25]

Nicht mehr das Recht gibt Macht; Macht gibt Recht. »Gesetz« ist, womit der Mensch durchkommt; Gesetzlosigkeit ist, was er beim anderen nicht durchgehen läßt. Wahrheit wird zum Mehrheitsgesetz der Gruppe oder Nation, die ihre Meinung (d. h. Wertmaßstäbe) den anderen auferlegen kann. Von Clausewitz stammt der berühmte Ausspruch: »Der Krieg ist die Fortsetzung der Politik mit anderen Mitteln.« Aber das moderne Dilemma ist bei weitem unerträglicher. Heute versteht man die Gewalt als legitimen Ausdruck eines inneren Konflikts des Menschen; Hannah Arendt zieht die Konsequenz: »Der ›Frieden‹ ist die Fortsetzung der Politik mit anderen Mitteln.«[26]

Seit dem Tod der absoluten Maßstäbe sind die Aussichten für jeden, der Gerechtigkeit, Frieden und Ordnung liebt, düster. Die westliche Kultur kann nurmehr wie betrunken zwischen chaotischer Gesetzlosigkeit und repressiver Reaktion hin- und hertaumeln. Im Augenblick eines besonders starken Vertrauensvakuums könnte das zur Errichtung einer Diktatur führen, einer starken Allianz zwischen Staat und Technik, die die Unfähigkeit und Defizienz der »Demokraten« verspottet. Bis dahin wird die Gewalt weiterhin in einem unvermeidlichen Machtkampf auf allen Ebenen nackt oder verhüllt ihre verhängnisvolle Rolle spielen; – später wird sie Blutsbruder des Totalitarismus sein.

Ein Nebenprodukt des Verlusts allgemein gültiger Maßstäbe ist, daß es immer schwerer wird, einen Kompromiß zwischen extremen Positionen zu finden. Die Polarität zwischen Gewalt als extremer Krise und notwendiger Entgiftung ist dafür typisch. Wir wollen untersuchen, wie sich das in dem Gegensatz zwischen der radikalen Forderung nach Gewalt als Entgiftung und der liberalen Verurteilung der Gewalt als Krise äußert. Die Extremität dieser Polarisierung zeigt sich in der Unbeliebtheit der Gewaltlosigkeit, die den hohen Respekt, den man ihr vor zehn Jahren entgegenbrachte, verloren hat. Sogar die beiden großen Helden der Gewaltlosigkeit, Gandhi und Martin Luther King, versucht man jetzt in einer Weise wegzudiskutieren, wie es früher undenkbar gewesen wäre. Manche weisen zum Beispiel darauf hin, daß Gandhi noch andere Qualitäten besaß, die seinen Erfolg bewirkten. Wenn die Inder es mit russischen Panzern zu tun gehabt hätten, hätte sie das Schicksal der Ungarn oder der Tschechen ereilt. Gandhis Erfolg spricht für die letzten schwachen Überreste christlicher Moral der Briten. Andere sagen hinter der Hand, daß Martin Luther King gerade »rechtzeitig« starb, um das Versagen seiner Logik und den Umschwung zur pragmatischen Gewalt hin, die seiner eigenen Anschauung so zuwider war, nicht miterleben zu müssen. Wie unfair diese Kritik auch sein mag, so ist sie doch unbestreitbar ein Merkmal des gegenwärtigen Klimas und entstammt der Polarisierung der »Gewalt als Krise« im Gegensatz zur »Gewalt als Katharsis« (Läuterungsprozeß).

Gewalt als Katharsis

Wollen wir uns zunächst einmal mit einem Radikalen beschäftigen, der zur Gewalt aufruft, weil er sie als Entgiftung ansieht: *mit* Frantz Fanon und seinem Buch *Die Verdammten dieser Erde.* Fanon wurde im Jahre 1925 in Martinique geboren und starb im Alter von 36 Jahren in New York an Leukämie (1961). Er studierte Medizin und Psychiatrie und wurde vor seinem frühzeitigen Tod zur Stimme der algerischen Revolution und der Dritten Welt. Stolz nannte er sich »Vertreter der Ärmsten der Erde«. Seine Sicht von der Dritten Welt wurde ständig von der Mahnung durchdrungen, daß sie nie ein drittes Europa werden dürfe (»Genossen, haben wir nichts Besseres zu tun, als ein drittes Europa zu schaffen?«[27]). Europa ist angeblich stets humanistisch gewesen, hat dies aber durch ständige Unmenschlichkeit verleugnet. »Ganze Jahrhunderte lang hat es im Namen eines angeblichen ›geistigen Abenteuers‹ fast die gesamte Menschheit unterjocht« . . . »Nur beim Menschen hat es sich knauserig gezeigt, nur beim Menschen schäbig, raubgierig, mörderisch.«[28] Das zweite Europa war Nordamerika, »dieses übereuropäische Monstrum«.[29]

Fanons Aufruf zur Gewalt erfolgt aus seinem Haß gegen die »europäische« Unmenschlichkeit, denn für ihn ist der Kolonialismus nichts anderes als nackte Gewalt, die in drei Phasen zur Anwendung gelangt. Die erste Phase ist die Unterdrückung, wenn fremde Mächte ein Volk militärisch oder wirtschaftlich unter ihre Gewalt bringen. Die zweite Phase ist die Repression. Da die Kolonialmacht zu stark ist, um militärisch bekämpft zu werden, werden die Eingeborenen dazu gezwungen, ihre natürliche Aggression gegeneinander zu richten. Das Ergebnis sind chronische Stammesfehden, Zauberei, Brudermord und Sippenkämpfe. Westliche Psychologen mögen dies als »Kongeniale Aggression« beschreiben, aber Fanon leugnet das und meint, daß die Eingeborenen, die mit Gewalt gegen die Kolonialherren nicht ankommen, ihre Aggression gegeneinander kehren. Die dritte Phase ist die Revolution, oder, wie Sartre es in seinem Vorwort formuliert, »der Moment des Bumerangs, die dritte Phase der Gewalt«.[30] Fanon selbst drückt es folgendermaßen aus: »Das Argument, das der Kolonialisierte wählt, hat ihm der Kolonialherr geliefert, und durch eine ironische Umkehrung ist es jetzt der Kolonisierte, der behauptet, daß der Kolonialist nur Gewalt verstehe.«[31]

In einer solchen Situation ist die Gewalt nicht nur als pragmatisches Werkzeug zum Sturz der Kolonialmacht unerläßlich; solche Gewalt wirkt entgiftend, sie verhilft zur Wiedererlangung der Menschlichkeit. Immer wieder weist er darauf hin: »Der Kolonisierte entdeckt die Realität und verändert sie in der Entfaltung seiner Praxis, in der Ausübung der Gewalt, in seinem Befreiungsplan.«[32] »Aber das kolonisierte Volk erlebt, daß diese Gewalt, weil sie seine einzige Arbeit darstellt, positive und aufbauende Züge annimmt.«[33] »Auf der individuellen Ebene wirkt die Gewalt entgiftend. Sie befreit den Kolonisierten von seinem Minderwertigkeitskomplex, von seinen Grübeleien, seinen verzweifelten Haltungen. Sie macht ihn furchtlos und rehabilitiert ihn in seinen eigenen Augen.«[34]

Fanon träumt von der Wiedererweckung der Arbeitslosen, der Prostituierten, des Abschaums der Menschheit – zur neuen Selbstentdeckung durch die Gewalt, damit sie stolz ihren Platz in der Prozession der befreiten Völker und Menschen einnehmen.

Sartres Vorwort macht das mit gleicher Deutlichkeit klar. Von dem Revolutionär schreibt er: »Die sich befreiende Gewalt ist, wie er genau nachweist, kein absurdes Unwetter, auch nicht das Wiederaufleben wilder Instinkte, ja nicht einmal die Wirkung eines Ressentiments: sie ist nichts weiter als der sich neu schaffende Mensch.«[35]

»Wenn die Bauern zu den Waffen greifen, verbleichen die alten Mythen. Die Tabus werden eins nach dem anderen umgestülpt: die Waffe verhilft dem Kämpfer zu seiner Menschlichkeit . . . Einen Europäer zu erschlagen heißt, zwei Fliegen mit einem Schlag zu treffen, nämlich gleichzeitig einen Unterdrücker und einen Unterdrückten aus der Welt zu schaffen.«[36] Über die Kolonialmächte schreibt er: »Wir (die Franzosen) haben den Wind gesät, er (der Revolutionär) ist der Sturm. Ein Sohn der Gewalt, schöpft er aus ihr in jedem Augenblick seine Menschlichkeit: Wir waren Menschen auf seine Kosten, jetzt macht er sich auf unsere Kosten zum Menschen. Zu einem neuen Menschen – von besserer Qualität.«[37]

Wir hören Echos dieser Art von überallher, von Herbert Marcuse, Eldridge Cleaver, Stokely Carmichael, R. D. Laind. Was sie alle ganz klar sagen, ist, daß in einer Situation der Repression Gewalt dem Revolutionär neues Leben verleiht, neue Hoffnung, neue Ideale und neue Menschlichkeit. Kurz, sie wirkt entgiftend. Eine ausführliche Kritik ist hier nicht am Platz, aber wir wollen auf zwei Elemente in Fanons Schriften hinweisen, durch die die Heftigkeit dieser gewaltsamen Propaganda überrascht.

Zunächst einmal seine frühere Zurückhaltung. In *Black Skin, White Masks* schrieb er anders: »Ich traue der Leidenschaft nicht. Jedesmal, wenn sie irgendwo zum Ausbruch gekommen ist, hat sie Feuer, Hungersnot, Elend und Verachtung für den Menschen gebracht.«[38] Diese frühere Zurückhaltung wird von späterer Propaganda beiseitegedrängt. Die zweite Überraschung ist die, daß in *Die Verdammten dieser Erde* Fanon, der Propagandist, von Fanon, dem praktizierenden Psychiater, völlig widerlegt wird. Seine Studien klinischen Materials enthalten die Fälle von vielen Gewalttätigen, die später unter akuten Angstzuständen, Schlaflosigkeit, Selbstmordgedanken und anderen psychischen Problemen zu leiden hatten.[39]

Gewalt als Krise

Ferner wollen wir uns die Auffassungen eines Liberalen ansehen, der vor der Gewalt warnt, weil er sie als Krise sieht, und zwar wählen wir als Vertreter dieser Gruppe Arthur Schlesinger jr. Sein Buch *Violence: America in the Sixties* ist nicht nur als Publikation von Bedeutung, sondern weil es das beunruhigte Gewissen und die ängstliche Selbstprüfung eines Liberalen im Jahre 1968 nach der Ermordung seiner engen Freunde John F. und Robert Kennedy darstellt.

Das erste Kapitel seines Buches stellt die Frage »Eine kranke Gesellschaft?« Schlesinger zitiert fast alle Leute mit Rang und Namen, von Lyndon B. Johnson, Lord Harlech über *The Times* (London) bis zu Jewtuschenko und Breschnew. Er kommt dann zu dem Schluß, daß die Welt die Amerikaner wegen ihrer Gewalttätigkeit als das »erschreckendste Volk dieses Planeten«[40] verurteilen wird.

Anhand der amerikanischen Geschichte weist er dann nach, wie der Rückgriff auf die Gewalt immer mehr zum American Way of Life wurde. Vom Abschlachten der Roten und der Versklavung der Schwarzen bis zu den unlängst verübten Attentaten kommt solche Gewalt immer wieder zum Ausbruch. Lediglich während der 50 Jahre nach dem Bürgerkrieg gab es solche Gewalt nicht; die Zeit, in der, wie Schlesinger behauptet, das Image des »Normalen Amerikas« entstanden ist.

Ein anderes Kapitel beschäftigt sich mit dem Schießen – dem amerikanischen Traum. Der »Kampf mit der Wildnis« kann für die abnorme Quote von Gewalttätigkeiten in den USA wohl kaum verantwortlich gemacht werden, denn gleiches müßte dann ja auch für Kanada und Australien gelten, deren Verbrechensquoten jedoch nur 25 % der amerikanischen betragen. Auch liegt es nicht daran, daß Amerika ein Industriestaat ist, denn Großbritannien, Japan und Westdeutschland sind es ja auch, und in diesen Ländern mit einer Gesamtbevölkerung von 214 Millionen ereignen sich nur 135 Schußmorde pro Jahr, in Amerika hingegen fallen bei einer gleich großen Bevölkerung alljährlich 6500 dem Revolver zum Opfer (Philadelphia allein hat eine höhere Mordrate als Großbritannien). Das läßt sich auch nicht damit erklären, daß Amerika kapitalistisch ist, denn trotz seiner kapitalistischen Probleme steht es immer noch besser da als die Nazis oder sogar Stalins Rußland. Die einzige Erklärung ist der gewohnheitsmäßige Griff zur Waffe – dem amerikanischen Phallussymbol.

Ein anderes Kapitel beschäftigt sich mit »Gewalt auf dem Bildschirm« und ist nicht viel mehr als ein Katalog der Fernsehprogramme, die während der 60er Jahre liefen (übrigens, der Durchschnittsamerikaner sieht fast neun Jahre seines Lebens fern; auf dem Bildschirm wird durchschnittlich alle 15 Minuten ein Gewaltakt und alle 45 Minuten ein Mord gezeigt).[41] Das Buch Schlesingers hält einen Vergleich mit besseren Analysen von Gewalt und Brutalität kaum aus, aber es ist repräsentativ für die allgemeine Haltung, die wir von der liberalen Linken bis zur konservativen Rechten hin überall vorfinden (einschließlich eines Großteils der schweigenden

Mehrheit): Gewalt, worunter auch die Aktivität der Radikalen verstanden wird, wird als eine Gefahr angesehen, die die Struktur der Gesellschaft zu zerreißen droht.

In einem Essay über die Psychologie des Mordes spricht Virginia Adams von der »mörderischen Vorrangstellung« der Vereinigten Staaten, mit ihrer »unrühmlichen Reputation, die anderen fortgeschrittenen westlichen Nationen in der Rate der gegenseitigen Selbstvernichtung ihrer Bürger bei weitem zu übertreffen.«[42] Dies hat dazu geführt, daß manche Behavioristen von der »Krise der Gewalt« sprechen. Die geistige Erbschaft der 60er Jahre besteht unter anderem darin, daß Amerika seine gewalttätige Vergangenheit wiederentdeckt hat; die Auswirkungen davon werden weit über die Grenzen der USA hinaus spürbar sein.

Im Nachglanz der Chicago-Convention von 1968 schrieb Norman Mailer, Amerika sei »für einen plötzlichen Tod anfälliger als ein Stierkämpfer« und endete seine düstere Vorausschau mit den Worten: »Das Jahrhundert war von einer bösartigen Krankheit befallen . . . wir müssen und werden den Anarchisten ein Ende setzen.«[43]

Wir könnten jetzt andere Theoretiker, Propagandisten und Analytiker der Gewalt zitieren und die bekanntesten Gewaltaktionen der jüngsten Zeit schildern. Doch überall finden wir die gleiche polarisierte Anschauung vor. Die eine Seite sieht die Gewalt als gesellschaftliche Krise, die die Ordnung und die Werte, für welche diese Ordnung steht, zerstört; die andere Seite sieht sie als Entgiftung, zur Neuschöpfung von Menschen, die von Kulturen und Regierungen unterdrückt worden sind.

Man muß die gegenwärtige Situation im Zusammenhang mit der geistigen Not der Moderne sehen, sie zieht die Schraube der Entmenschlichung noch stärker an. Dies wird an zwei Stellen besonders spürbar. Zunächst ist die Gewalt, ob offen oder maskiert, sozial destruktiv. Wegen der eindämmenden Wirkungen der Technologie kann die Gewalt ihr Versprechen der Veränderung selten erfüllen. Und paradoxerweise wird es zunehmend deutlich, daß es in einer fortgeschrittenen Industriegesellschaft weder reaktionäre noch revolutionäre Siege gibt. Unabhängig von jeder Theorie ist der Effekt immer der gleiche, ob es sich um Vietkong-Massaker, die Kent-State-Schießereien, die Kennedy-Attentate, den Bombenanschlag auf einen israelischen Schulbus oder das Wisconsin-Rechenzentrum handelt – es werden Menschen getötet, Heime zerstört, das friedliche Zusammenleben wird zerrissen. Vernunft und

Moral scheitern, die Macht wird zur Gewalt, Gewalt wird zu Recht. Anstatt Ausdruck einer moralischen Überzeugung zu sein, läuft der echte Protest gegen Ungerechtigkeit Gefahr, völlig in Propaganda umgemünzt zu werden. Etwas anderes als Chaos und Unheil kann man da wohl kaum erwarten.

Ferner ist die Gewalt ein Brennpunkt der Entfremdung. Was für ein Menschenbild kommt zutage, wenn wir zu der Erkenntnis gelangen, daß genau das, was den Menschen vom Tier und der Maschine unterscheidet, gleichzeitig das ist, was ihn verdammt? Die Beispiele von Koestler und Lorenz geben das im allgemeinen niedrige Selbstbild des modernen Menschen wieder, und sie stehen keineswegs allein da. Distinguiert, aber verdammt – ein schicksalhaftes Urteil, das über den modernen Menschen ausgesprochen wird. Oder welche reale Hoffnung bleibt uns noch, wenn wir mit Freud auf rationaler Basis nur Zerstörung voraussagen können und das Verlangen nach Liebe und Eros ein grundloser Wunschtraum ist? Immer mehr wird Gewalt als eine Ursache der Entfremdung erkannt. Die Gewalt des gegenwärtigen Systems ist einer der Faktoren, welche die Entfaltung der Menschlichkeit verhindern. Doch wenn diese Verwirklichung nur durch gewaltsames Vorgehen gegen die bestehende Ordnung ermöglicht werden kann, welche Garantie haben wir dann, daß überhaupt irgendein System diesen Kreislauf überwinden kann? Das Ganze wird zu einer Art russischen Rouletts mit stets wachsenden Einsätzen.

Für keinen, der bis hierher der säkularen Analyse der Gewalt gefolgt ist, kann es ohne Interesse sein zu hören, welche Antwort das Christentum auf diese Problemstellung anbietet.

Christentum und Gewalt: Traditionelle Anschauungen

Wir wollen uns zunächst einen historischen Überblick verschaffen, indem wir uns die traditionellen Anschauungen ansehen, die von Christen über die Jahrhunderte hinweg vertreten worden sind. Eine davon war der Glaube, Zwang sei gerechtfertigt. Dies war oft die Meinung der Mehrheit. Sie gründete sich auf den Brief des Apostels Paulus an die Christen in Rom, in dem er schreibt, daß der Staat eine gewisse gottgegebene Gültigkeit hat. In einer genauen Unterscheidung zwischen Zwang und Gewalt haben die Vertreter dieser Auffassung die Möglichkeit gerechter Kriegsführung zugestanden (wie von dem Konzil zu Arles im Jahre 314 n. Chr. ausführlich begründet wurde). Wir finden diese Anschauung in den Schriften vieler

Theologen verschiedener Überzeugungen, unter ihnen solch große Exegeten wie Augustinus, Thomas von Aquin, Johannes Calvin und Karl Barth. Die meisten derjenigen, die glauben, es könne so etwas wie einen gerechten Krieg geben, würden sagen, daß ein Coup d'état, eine Rebellion oder Revolution falsch sei, weil sie eine Revolte gegen einen von Gott eingesetzten Staat darstelle und deshalb Gewalt sei. Hier finden wir eine große Vielfalt von verschiedenen Interpretationen. Manche gehorchen dem Staat nur dann, wenn der Staat dem höheren Gesetz Gottes nicht widerspricht. Andere neigen mehr zu einer Art blinden Gehorsams gegenüber dem Staat.

Die zweite Position ist die der völligen Gewaltlosigkeit. Bis zum 4. Jahrhundert, so wird von manchen behauptet, war dies die allgemeine Haltung der Kirche. Vor dem 2. Jahrhundert verrät kein Text die Armeezugehörigkeit irgendwelcher Christen. Im ersten Text, der »christliche Soldaten« erwähnt, verdammt Tertullian jeglichen Wehrdienst und erklärt, daß es nur wegen der Zwangsrekrutierung überhaupt dazu kommen konnte. Viele der bekannten Märtyrer aus der Frühzeit der Kirche wurden hingerichtet, weil sie sich nach ihrer Bekehrung zum Christentum weigerten, weiter als Soldaten zu dienen oder sich rekrutieren zu lassen. Im 3. Jahrhundert rief Maximilian: »Ich kann kein Soldat sein. Ich kann nichts Böses tun. Ich bin ein Christ.« Aber langsam lockerte sich diese Einstellung. Das zeigte sich zunächst, als es den Christen gestattet wurde, den Garnisonstruppen (*militare*), nicht aber den Angriffstruppen (*bellare*) beizutreten. Aber die völlige Loslösung von der traditionellen Haltung kam mit der »Bekehrung« Konstantins, als das Römische Reich angeblich christlich wurde. Seitdem und seit der theologischen Rechtfertigung im Konzil zu Arles ist die Gewaltlosigkeit nicht mehr die Auffassung der Mehrheit gewesen, obwohl sie ab und zu wieder zum Durchbruch kam, so z. B. bei Franz von Assisi und den Waldensern. Sie war auch nach dem Ersten Weltkrieg sehr populär.

Zur dritten Gruppe gehören diejenigen, die Gewaltanwendung als Mittel zum guten Zweck gerechtfertigt haben. Das waren aber stets kleine Minderheiten. Typisch sind z. B. die Einsiedler im Nildelta im 3. Jahrhundert, die nach Alexandria kamen und auf die Einwohner einschlugen, um die Stadt zu »reinigen«, wie Christus den Tempel gereinigt hatte. Sie sahen sich selbst als menschliche Instrumente göttlichen Gerichts.

Im Mittelalter, zu Zeiten, als die sozialen Bedingungen sich verschlechterten, tauchte eine derartige Haltung hier und da plötzlich und unvermutet auf, wie ein Ausschlag auf der Haut, so die von Fra Dolcino im Jahre 1507 inszenierte Rebellion, der berühmte Bauern- aufstand unter Thomas Müntzer und die Belagerung von Münster im Jahre 1535 durch Johannes von Leyden – um nur einige Beispiele zu nennen. Ähnliche Bestrebungen zeigten sich in den Schriften der Levellers, einer puritanischen Gruppe, die noch extremer war als Oliver Cromwell. 1653 z. B. schrieb John Lilburne *Legitimate Defense* (»Legitime Verteidigung«) – in mancher Weise eine der ersten Revolutionstheologien, gerichtet gegen die Tyrannenherrschaft: »Die treuesten Diener Christi sind stets die schlimmsten Feinde der Tyrannei und der Unterdrücker gewesen.«[44]

Heute ist eine solche revolutionsbewußte Haltung unter jungen Christen weit verbreitet, hauptsächlich bei den liberalen Protestanten und progressiven Katholiken. Ein katholischer Priester, Pater Cardonell, hat gesagt: »Gott ist nicht der Beherrscher, sondern der Erwecker von Guerillas in unterdrückten Völkern.«[45] Ein Black-Power-Vertreter in Detroit, Pastor Alber Cleage, behauptet, daß Gewalt *erlösend* sei. Einmal mehr wird die Gewalt gerechtfertigt; jetzt wird behauptet, Gott sei in der Revolution am Werk.

Gottes Souveränität offenbart sich heute, so meinen einige, im Wesen der Revolution. Die Krise der Wiedergeburt wird gegen die Krise der Revolution eingetauscht. Aber ich möchte erneut betonen, daß es sich hier um die Anschauungen einer kleinen Minderheit handelt, und auch die neue »revolutionäre Theologie« ist nur ein Glied in der Kette vorübergehender theologischer Moden.

Jacques Ellul, dessen Buch über Gewalt einen sehr klaren Überblick über diese Positionen (besonders die letzte) gibt, zeigt auch ganz klar, daß die erste und die dritte Position von »richtig verstandenem Christentum« weit entfernt sind. Zunächst einmal stellt Ellul fest, daß der Unterschied zwischen ihnen mehr eine Frage des Temperaments als der Theologie ist. Die erste wird häufig von Konformisten eingenommen, von vernünftigen und gemäßigten Menschen, die fest an den Wert der bestehenden Institutionen glauben. Die zweite Anschauung wird von Leuten vertreten, die sich selbst als leidende Helden sehen. Die dritte Haltung wird gewöhnlich von Extremisten mit apokalyptischen und einfältigen Anschauungen eingenommen. Die theologischen Begründungen für deren Anschauungen sind gewöhnlich monistisch und reichlich naiv, sie suchen sich einzelne Bibelstellen heraus, die sie zum Beweis ihrer Thesen meinen verwenden zu können, und mißachten andere Stellen, die in ihre Vorstellung nicht passen.

Es gelingt Ellul ferner nachzuweisen, daß die Unterstützung der ersten bzw. dritten Position nicht so sehr von christlichen Prinzipien abhängig ist, sondern vielmehr von der Richtung, in die der Zeitgeist gerade weht. Im 19. Jahrhundert schickte es sich, patriotischen Gefühlen zu huldigen; deshalb war es für Bischöfe normal, die Kanonen zu segnen, bevor die Soldaten ins Feld zogen. Im 20. Jahrhundert ist es »in«, revolutionär zu sein, und so segnen die Priester die Guerillas. 1933 verspottete Hitler die Christen in Deutschland als introvertierte Schwächlinge und weibische Bettler (womit er fast an Nietzsches Verachtung heranreicht). Die Christen reagierten weithin so, wie sie nicht hätten reagieren dürfen: Sie stimmten in das Loblied auf Mut, Männlichkeit und Gewalt ein, wodurch ihre Position völlig kompromittiert wurde. Ellul zeigt, wo diese Gefahr auch heute noch besteht. Seit 1950 vertritt der Weltkirchenrat die Sache der Armen immer lautstärker; schließlich ist es soweit gekommen, daß die Armen vergöttert werden, während Gott selbst tot sein soll; auf eine kurze Formel gebracht: wenn Christus Gott ist, so liegt das nur daran, daß er der ärmste der Menschen ist.[46]

Man wird sagen müssen: In der Welt gilt eine ausgeglichene Haltung der Gewaltlosigkeit als passé; leider trifft das auch für viele Christen zu. Die emotionalen Reaktionen vieler Leute offenbaren ihre allgemeine politische Haltung an Stelle sorgfältig durchdachter christlicher Grundsätze.

Christentum und Gewalt: Ein radikales Verständnis

Der Angelpunkt der Fragestellung ist die christliche Anschauung vom Wesen der Gewalt als solcher. An dieser Stelle ist das Christentum zugleich am radikalsten und am realistischsten, denn es beginnt damit, die Gewalt, ihre Ursachen und Auswirkungen zu untersuchen und aufzudecken. Anhand der Weltgeschichte offenbaren sich fünf verschiedene Aspekte des Wesens der Gewalt.

Erstens die Identität der Gewalt. Der erste überlieferte Mord in der Urgeschichte ist der Mord Kains an seinem Bruder Abel. Aber dieser Bericht in Genesis 4 kann nicht getrennt von Genesis 3, dem Bericht vom Sündenfall, verstanden werden. Als der Mensch sich aus eigener Entscheidung gegen Gott auflehnte, machte er sich selbst zu seinem eigenen Bezugspunkt und verletzte somit das vertikale Verhältnis zwischen sich und Gott. Das war nicht das Ende. Nachdem die vertikale Beziehung zerstört worden war, wurde die horizontale Beziehung zwischen Mensch und Mensch, dem einzelnen und sich selbst sowie zwischen Mensch und Natur gleichfalls zerstört, es entstand eine Entfremdung. Der Mord an Abel war lediglich die Auswirkung dessen, was sich bereits im Sündenfall ereignet hatte. In Genesis 3, 4 und 9 wird uns ganz klar vor Augen geführt, daß jegliche Anwendung von Gewalt eine völlige Mißachtung dessen darstellt, was der Mensch in den Augen Gottes ist. Wenn der Mensch auch, gleichwie die übrige Schöpfung, ein endliches Wesen ist, so unterscheidet er sich von dieser in einem ganz wesentlichen Punkt: er allein ist nach dem Bilde Gottes geschaffen. Und weil er nach dem Bilde Gottes geschaffen wurde, darf der Mensch nicht angetastet werden. Diese Unverletzlichkeit ist fundamental.

Gewalt ist deshalb alles, was das, was der Mensch vor Gott und in sich selbst wirklich ist, zerstört. Das gilt ebenfalls für sein Eigentum, seine Kleidung, seine Nahrung. Fernerhin gehören seine Bewegungsfreiheit, seine Arbeitssphäre, seine Freizeit, sein Ruf, seine Sicherheit, seine Hoffnungen, sein Charakter dazu. Last not least gehört auch sein Leben dazu.

Weil Gott den Menschen nach seinem Bilde geschaffen hat, ist die biblische Einstellung zur Gewalt so radikal. Aber Jesus verschärft sie noch weiter, indem er sich weigert, einen Unterschied zwischen äußerem Angriff und innerer Einstellung zu machen, d. h. zwischen dem Mord und dem Motiv, das dazu führt. Der Angriff ist lediglich der Zorn, der in der Handlung zum Ausfluß kommt.

Jesus sagte: »Ihr wißt, daß euren Vorfahren gesagt worden ist: ›Du sollst nicht töten! Wer einen Mord begeht, der soll vor Gericht gestellt werden.‹ Ich aber sage euch: schon wer auf seinen Bruder zornig ist, gehört vor Gericht.«[47] Schuldig wird man also bereits, bevor man irgendeine Untat begangen hat. Das bedeutet, daß für den Christen Gewalt weitaus mehr als physische Verletzung oder Tötung bedeutet. Sie kann physisch, wirtschaftlich oder psychisch wirken, mit dem Samthandschuh oder der Eisenfaust verabreicht. Sie ist die Verletzung der Menschlichkeit. Und diese Verletzung kommt von allen Seiten, von den Vietkong oder den GI's, von der Regierung oder den Eltern, von der Entmenschlichung des Armeetrainings oder der hinterhältigen Manipulation der Werbung. Jede Weigerung, das zu sehen, endet wieder in Augenwischerei, in der Mystifikation. Die außergewöhnliche Mitleidsreaktion auf die Verurteilung von Calley, dem Urheber des My-Lai-Massakers, zeigt: Wenn Calley ganz allgemein für die Generale vor Gericht stand, so wurden die Generale stellvertretend für die gesamte Menschheit angeklagt. Wie R. D. Laing es ausdrückte: »Wir sind alle Mörder und

Prostituierte – ganz egal, welcher Kultur, Gesellschaft, Klasse oder Nation wir angehören; ganz gleich, wie normal, moralisch oder reif man sich selbst erscheint.«[48] Jesus sagte dasselbe in noch viel tiefgreifenderer Art und Weise. Jeder, der sich selbst kennt, weiß, daß die Gewalt nicht das Problem einer bestimmten Person oder Gruppe ist. Sie ist jedermanns Problem. Es ist mein Problem. Aber: »Wir leben nur durch die Gnade Gottes.« Die Anwendung von Gewalt kann also unter keinen Umständen gerechtfertigt sein. Ein Menschenleben ist in den Augen Gottes unbezahlbar.

Der zweite Aspekt: ein tieferes Verständnis des Begriffs »Notwendigkeit«. Alle Theorien, mit denen wir uns bislang beschäftigt haben, zeigen die psychologische, kulturelle und politische Normalität, wenn nicht gar Notwendigkeit der Gewalt. Die christliche Anschauung vom Wesen des Menschen weist gleichfalls auf die Tatsache hin, daß Gewalt *in gewissem Sinne* normal ist. Der Mensch, der von Gott als Sünder entfremdet ist und dann seiner gefallenen Natur entsprechend handelt, ist in der Bestimmung seiner Handlungen nicht völlig frei, sondern muß entsprechend seiner Natur reagieren. Daher läßt sich die »Notwendigkeit« der Gewalt als unvermeidlicher Ausdruck der gefallenen Natur des Menschen begreifen. Der Christ, der seine eigene Natur kennt, ist von Gewalt in sich selbst oder anderen nie überrascht. Manchmal zeigt der Schock angesichts solcher Gewalt, wie sehr das Menschenbild, das man hat, von der Wirklichkeit entfernt ist. In einer gefallenen Welt ist Gewalt normal, obwohl wir später sehen werden, wie wichtig der Zusatz »in einer gefallenen Welt« ist.

Der dritte Aspekt der Gewalt, den das Christentum offenbart, ist ihre Verkettung nach rückwärts. Im Garten Gethsemane sagte Jesus: »Wer zum Schwert greift, soll durch das Schwert umkommen.«[49] Das ist keine schrullige Moralpredigt, sondern eine simple Feststellung über den rückwirkenden Charakter der Gewalt, die er hier angesichts der ihm drohenden Verhaftung machte, als in seinen Jüngern sich jede Faser zum gewaltsamen Widerstand drängte. Seit Kain Abel totschlug, ist Gewalt nicht neu begonnen, sondern fortgesetzt worden. Diese Kettung an die Vergangenheit ist deutlich auf das Antlitz der Geschichte geschrieben. Die korsischen, arabischen oder Maffia-Blutrachen sind klassische Beispiele dieses Prinzips. In unserer Gesellschaft finden diese Vorgänge mehr im Verborgenen statt. Ellul berichtet von den französischen Greueltaten, mit denen die Franzosen sich für all das rächten, was ihnen vor 1944 angetan worden war. In den Vereinigten Staaten läßt sich die Wirkung dieses Prinzips an jedem Gewaltakt feststellen, wie z. B. bei der Ermordung von Richter Hayley bei dem Prozeß gegen die Soledad-Brüder. Nach einem solchen Ereignis betritt jeder Richter, jeder Gefangene, jeder Geschworene die zukünftigen Gerichtssäle in Kalifornien in dem Bewußtsein, daß die Schraube fester angezogen worden ist, die Bitterkeit erhöht, Furcht und Haß vergrößert worden sind. Gewalt hat eine Verkettung nach rückwärts.

Der vierte wichtige Aspekt der Gewalt, den uns die biblische Perspektive vermittelt, ist ihre Kontinuität. Die Gewalt mag in der Zerstörung der existierenden, korrupten Ordnung pragmatisch »erfolgreich« sein; aber es ist utopisch zu glauben, daß die nächste Gesellschaftsordnung von solchen Problemen frei sein werde. Auch die idealistischen Revolutionäre leben in einer gefallenen Welt, sie können dem nicht entrinnen, ihre prärevolutionären Versprechen erweisen sich bald als unerfüllbar. Alle Menschen sind gefallen, *wir* genauso wie *sie; ich* genauso wie *du.* Camus erklärte traurig: »Alle modernen Revolutionen haben mit einer Verstärkung der Staatsgewalt geendet.«[50] Marcuse spricht vom »Kontinuum der Repression«. Die Gewalt sitzt noch im Sattel. Nur die Namen ändern sich. Die Linken mögen die Rechten verdrängen oder die Rechten sich der Linken entledigen, aber die Gewalt bleibt.

Zahlreiche Angehörige der Résistance, die sich im Jahre 1944 den Nazis widersetzten, massakrierten 1945 Tausende von Schwarzen in Algerien und 1947 in Madagaskar. Jedermann wird mit dem Arzt in Camus *Die Pest* sympathisieren, der gegen die Pest ankämpft, in dem Bewußtsein, daß sie durchaus woanders ausbrechen könnte. Aber später sehen die eingeborenen Algerier Camus selbst und die europäischen Siedler als Teil dieser Pest an. Selbst als er dieses Buch schrieb, trug er die Pest in seinem eigenen Herzen. Um diese Tatsache klarzumachen, nimmt Tolstoi kein Blatt vor den Mund: »Gefragt, ob er nicht einen Unterschied zwischen reaktionärer und revolutionärer Repression sehe, gab er die Antwort: Selbstverständlich bestehe ein Unterschied, derselbe Unterschied nämlich, der zwischen Katzendreck und Hundedreck bestehe.«[51] In gleicher Weise kommentierte Karl Popper die Szene nach dem Zweiten Weltkrieg: »Der Geist des Hitlertums gewann seinen größten Sieg über uns, als wir nach seiner Niederlage die Waffen benutzten, die uns die Bedrohung durch die Nazis zu entwickeln gezwungen hatte.« Die Geschichte ist mit solchen Beispielen übersät. Oliver Cromwell bekämpfte Charles I. wegen seiner Tyrannei und wurde dabei selbst zum Tyrannen. Befreiungsarmeen haben die unangenehme Eigenschaft, sich selbst zu brutalisieren und somit das fortzusetzen, was sie im Grunde bekämpfen wollten (siehe die Geschichte der Roten Armee, der N.L.F. in Vietnam oder der Black Panthers). Im 19. Jahrhundert bekämpfte der Humanismus das tabu-beladene Christentum, um sich schließlich den bürgerlichen Optimismus und das hohle Menschenbild des Kapitalismus zu eigen zu machen. Man könnte diese Liste endlos fortsetzen, aber die Lektion wird nur selten gelernt.

Angesichts dessen, was wir bislang über die Gewalt gesagt haben, ist es auch nicht verwunderlich, daß die Gewalt sich stets als etwas ausgibt, was sie gar nicht ist. Die Propaganda präsentiert die Gewalt stets im Gewande des Idealismus; derlei idealistische Rechtfertigungen halten natürlich keiner objektiven Analyse stand. Revolution ohne Versöhnung vermag die ersehnte Veränderung nie herbeizuführen; dennoch erfindet man stets aufs neue Gründe, um das zu rechtfertigen, was nun einmal nicht gerechtfertigt werden kann. Reine, abstrakte, unblutige Gewalt existiert nur in der Phantasie einiger Ideologen: Furcht und Haß sind immer schnell bei der Hand. Die Propaganda eines Hitler oder Rap Brown gab wenigstens offen zu, daß sie Haß aufwühlen wollte. Aber solche Gewalt kann man nie rechtfertigen. Für Christen ist ein einzelner Mensch, der nach dem Bilde Gottes geschaffen ist, stets etwas Einmaliges, und deshalb läßt sich Gewalt niemals rechtfertigen. Ihre pragmatische Nützlichkeit kann nicht mittels Menschenleben berechnet werden, weder bei einem Mord, noch durch einen Futurologen, der die Strategie von Zukunftskriegen mit Megatoten beschreibt.

Die Gewalt hat eine dunkle Geschichte. Sie korrumpiert das beste Ziel und brutalisiert die höchsten aller Ideale. Ihrem Wesen nach muß sie übertreiben, sie hat mit Vorsicht und Zurückhaltung nichts gemein. Trotz all dieser Widersprüche denkt man sich stets neue ideologische Konstruktionen aus, um die Anwendung der Gewalt zu legitimieren.

Derlei Selbsttäuschungsstrategien stellt Jesus seine Ethik entgegen, eine kompromißlose Gewaltlosigkeit. Immer wenn seine Jünger auch nur den leisesten Hang zu einer gewaltsamen Lösung zeigten, widersetzte sich Jesus dem energisch. Jakobus und Johannes wollten Feuer auf ein Dorf herabregnen lassen, aber Jesus sagte ganz klar: Nein. Petrus ergriff sein Schwert und begann Jesus im Garten von Gethsemane zu verteidigen, aber Jesus sagte: »Stecke dein Schwert ein!«[53] und entwaffnete somit die Kirche für alle Zeiten. Das absolute Veto der Gewalt finden wir überall im Leben und in der Lehre Christi (so z. B. in dem Gleichnis vom Unkraut unter dem Weizen). Aber da erhebt sich eine andere Frage: Wie kann der

Christ mit einer solchen Ethik in einer Welt leben, in der rücksichts-
lose Gewaltanwendung auf der Tagesordnung steht?

Gewaltlosigkeit und christlicher Realismus

In einer vollkommenen Welt brauchten wir keine ethischen Prinzipien, brauchten wir also nicht von Gewaltlosigkeit zu reden. Aber
weil es nun einmal so etwas wie Gewalt gibt, weil die Welt nun einmal so ist, wie sie ist, ist Gewaltlosigkeit ein Imperativ, dem man
sich nicht entziehen darf, wie schwierig es auch sein mag. Nur mit
ausreichender Basis, nur wenn man alle Scheuklappen ablegt und
auf seine Illusionen verzichtet, nur mit der ständigen Haltung eines
bewußten Realismus läßt sich das Prinzip der Gewaltlosigkeit praktizieren.

Vielleicht sollten wir hier erneut die Frage stellen: Sieht der Christ
die Gewalt als Krise oder als Entgiftung? Darauf muß man antworten: Weder – noch, denn so einfach ist die Sache nicht. In einer gefallenen, im Grunde anormalen Welt gibt es nicht nur Gut und
Böse. Auch das, was auf der Oberfläche als gut erscheint, kann Böses maskieren, und scheinbar Böses kann durchaus für höhere
Zwecke eingesetzt werden. Während der Christ an allgemein gül-
tige Maßstäbe glaubt, sollte sich niemand in der Vorstellung wiegen, daß bei jeder moralischen Krise ein genau auf die Lage zuge-
schnittener ethischer Kodex vom Himmel fällt. Der absolute Maßstab, nach dem sich alles ausrichten muß, ist der unverletzliche Charakter Gottes. Wo Gott ganz allgemein und absolut gesprochen hat,
hat der Christ die Freiheit und Verantwortung, im Rahmen der Offenbarung Gottes und der Führung des Heiligen Geistes eine existentielle Beurteilung der Situation vorzunehmen. In mancherlei
Hinsicht ist dies die höchste Form der Situationsethik: Der Christ
ist keinem relativistischen Wertevakuum ausgesetzt, aber ihm ist die
verantwortliche Freiheit gegeben, innerhalb der Normen offenbar-
ter christlicher Moral der Führung des Heiligen Geistes zu folgen.
Auch wenn das Prinzip der Gewaltlosigkeit in einer gefallenen Welt
nie völlig konsequent praktiziert werden kann, so sollte ein Christ
doch stets danach streben. Zwei Einschränkungen sind dabei allerdings zu bedenken: die *Anwendung* von Zwang und das *Verständnis* der Gewalt.

Gewaltlosigkeit und die Anwendung von Zwang

In bestimmten Situationen, vorausgesetzt, daß ausreichende Maß-
nahmen gegen eine Überreaktion getroffen werden, ist die qualifi-
zierte Anwendung von Zwang nicht nur notwendig, sondern zu
rechtfertigen. Für den Christen gibt es eine Wahrheit, ist wirkliche
Gerechtigkeit und sinnvolle Autorität möglich. Daher kann zwischen Zwang und Gewalt differenziert werden. Zwang ist die kon-
trollierende Disziplin der Wahrheit, Gerechtigkeit und Autorität.
Zwang wird zur Gewalt, wenn autoritäres Verhalten keine legitime
Basis hat, wenn die Grenzen legitimer Autorität überschritten werden, wenn die gesetzmäßige Autorität gegen oppositionelle Kräfte
oder Gesetzesüberschreitungen überreagiert. Überreaktion im
Namen der Wahrheit wird sehr schnell zum häßlichen Schreckgespenst der Gewalt.

Diese Unterscheidung zwischen Zwang und Gewalt ist von großer
Bedeutung. Jacques Elluls Weigerung, sie in seinem Buch *Violence:*
Reflections from a Christian Perspective anzuerkennen, ist der
schwache Punkt eines sonst brillanten Buches. Wenn man bedenkt,
daß sein Buch hauptsächlich eine Kritik an der nachchristlichen
Kultur ist und Frankreich außerdem keine Reformation erlebt hat,
so ist das schon verständlich. Man merke jedoch: Gewalt wird nicht
dadurch zu Zwang, daß sie vom Staat ausgeübt wird. Außerhalb eines christlichen Rahmens kann eine solche Unterscheidung nur
recht willkürlich getroffen werden – das ist eben die relativistische
Logik, der wir uns gegenübersehen. Entweder wird aller Zwang als
Gewalt bezeichnet (mit konsequentem Chaos durch Mißachtung
aller Gesetze), oder alle Gewalt wird als Zwang maskiert (und es
gibt keine Möglichkeit, die Situation zu verbessern, es sei denn
durch stärkeren Zwang). Das Ideal der Gerechtigkeit innerhalb des
Gesetzes kann nur im Bewußtsein dieses Unterschieds zwischen
Gewalt und Zwang aufrechterhalten werden.

Ohne eine solche Unterscheidung kann es keine legitime Rechtfertigung für Autorität oder Disziplin irgendeiner Art geben, sei es auf
familiärer oder politischer Ebene. In einer gefallenen Welt ist das
Ideal gerechter Justiz ohne die Ausübung von Zwang naiv. Man
braucht eine Polizeimacht; ein Mann hat das Recht, seine Frau vor
dem Angriff zu schützen. Ein Merkmal einer Gesellschaft, die ein
gewisses Maß an Freiheit innerhalb der Form erreichen kann, ist,
daß Verantwortlichkeit auf Disziplin beruht. Das gilt für viele Ebenen der Gesellschaft – in den Sphären des Staates, der Wirtschaft
und der Schule.

Ohne diese Unterscheidung wird der Pazifismus zu einer empfindsamen Reaktion auf die Gewalt, kann aber die Strukturen, die der Zwang schützt, nicht ersetzen. Viele Pazifisten, die ganz richtig vor der Brutalisierung der Staatsgewalt warnen und jede Unterscheidung zwischen Zwang und Gewalt ablehnen, weil sie ihrer Meinung nach dazu mißbraucht wird, die Gewaltanwendung des Establishments zu maskieren, erkennen diese Unterscheidung in anderen Lebensbereichen (z. B. bei ihren eigenen Kindern) stillschweigend an.

Wenn wir hier so über das Ideal »Zwang ohne Gewalt« sprechen, so bedeutet das natürlich nicht, daß dieses Ideal mit Leichtigkeit und in jedem Fall erreicht werden kann. Aber das sollte uns nicht dazu verleiten, unser Ideal zu verwässern. Auf der einen Seite sollten wir stets danach streben, das Ideal zu erreichen, und auf der anderen Seite müssen wir das in einer Haltung realistischer Bescheidenheit tun. Es ist nicht so, daß es uns eine Zeitlang gelingt, das Ideal zu erreichen, und wir dann an irgendeinem Augenblick plötzlich versagen. Vielmehr können wir nur dann Erfolg haben, wenn wir wohl das Ideal anstreben, uns aber stets vor Augen halten, daß wir versagen können. Wir strecken uns nach dem Ideal aus und sind uns gleichzeitig immer bewußt, daß wir im gleichen Augenblick versagen, unser Versagen bereuen und die Vergebung Gottes für dieses Versagen empfangen können (Martin Luthers *semper peccator, semper poenitens, semper justus*). Zwang ist also manchmal notwendig, aber wir wollen noch einmal die beiden Bedingungen betonen. Die Situation muß seine Anwendung rechtfertigen; er darf nicht zur Gewalt werden. Kein Zwang, der nicht aus Gerechtigkeit entspringt und von der Gerechtigkeit kontrolliert wird, kann zur Gerechtigkeit führen. Außerhalb dieser Prinzipien gibt es nur Gewalt. Wie wir gesehen haben, war dies das Problem der nachchristlichen Ära. Es gibt keine moderne Rechtfertigung für Regierungen, es sei denn die der Macht. Regierungen existieren durch Gewalt und werden durch Gewalt auf vielen Ebenen erhalten. Ellul stellt die Allgegenwart heutiger Gewalt sehr gut dar. Der Gipfel aller Tyrannei entsteht natürlich, wenn nicht nur administrative Organe eines Staates, sondern Gesetze geschaffen werden, um solche Gewalt und Unrecht zu legitimieren oder zum Grundsatz zu erheben. Selbst wenn es eine rechtmäßige Behörde gibt, die sich einigermaßen bemüht, nach dem erstgenannten Prinzip zu handeln, dann dürfen wir auch den zweiten Grundsatz nicht vergessen. Jegliche Überreaktion, selbst wenn sie im Namen der Wahrheit geschieht, überschreitet die Grenze vom Zwang zur Gewalt.

Wir alle kennen die Inquisition als Musterbeispiel für eine Überreaktion einer Autorität ohne legitime Basis. Martin Luthers Haltung gegenüber den Bauern war gleichermaßen falsche Überreaktion im Namen der Wahrheit. Heutzutage erleben wir es täglich, wie nervös gewordene Behörden und Gesetzesvertreter überreagieren, wie legitime Zwangsanwendung von Regierungen, Polizei, Universitätsverwaltungen oder Eltern überschritten wird. Manchmal ist Zwang notwendig, daher ist es unerläßlich, daß seine Anwendung innerhalb der Normen christlicher Werte mit einer Anerkennung der wahren Natur des Menschen erfolgt. Nur wer die Korruptheit und Brutalität des eigenen Wesens kennt und auch eine leichte Überreaktion sofort realistisch als solche erkennt, ist verantwortlich genug, um legitimen Zwang ausüben zu können.

Die Warnung, daß der Zweck die Mittel nicht heiligt, ist in einer technologischen Gesellschaft wie der unseren besonders dringlich. Heute sind technische Mittel fast zum Selbstzweck geworden, sie nehmen den Platz menschlicher, moralischer und ästhetischer Prinzipien und Ziele ein. Wenn technische Mittel die Stelle des »Zwecks« einnehmen, dann darf man mit Recht fragen, wie ein solcher Zweck die Mittel heiligen kann. Es ist Aufgabe des Christen, dafür zu sorgen, daß die Gesellschaft christliche Werte nicht manipuliert. Oft werden uns wertvolle Zielvorstellungen vorgegaukelt, um den Einsatz von Mitteln zu rechtfertigen, die allen christlichen Prinzipien widersprechen. Die Gefahr dafür ist schon vorhanden, denn heute wird oft auf christliche Prinzipien nur aufgrund vager Traditionsgefühle Bezug genommen.

Gewaltlosigkeit und das »Verständnis« der Gewalt

Vorausgesetzt, daß es keine gemeinsame Sache mit den Gewalttätigen und keine Duldung der Gewalt gibt, ist ein qualifiziertes Verständnis der Gewalt notwendig. In begrenzter Weise ist es der Gewalt möglich, Heuchelei zu demaskieren, die Unterdrückten zu befreien und die Unterdrücker zu richten. Die Gewalt ist daher ein integraler Bestandteil sowohl in menschlicher Vergeltung als auch göttlichem Gericht, und manchmal kann sie von diesem Standpunkt her verstanden werden. Dieses Verständnis wird eine prophetische Schau der Situation ermöglichen und auf guter Information beruhendes Mitleid und eine Betroffenheit hervorrufen, die die Voraussetzung für soziales Engagement und für soziale Aktion ist.

Es darf natürlich keine Mittäterschaft, nicht die leichteste Befürwortung oder Duldung der Gewalt geben. Und wir dürfen dieses Verständnis nicht dazu benutzen, um eine christliche Rechtfertigung der Gewalt durch die Hintertür einzuschmuggeln. Das Prinzip der Gewaltlosigkeit darf nicht verletzt werden. Es gibt keine Rechtfertigung für »christliche« Gewalt oder überhaupt irgendeine Gewalt. Die Gewalt ist immer Gewalt. Ihre rückwirkenden und kontinuierlichen Eigenschaften sind immer noch vorhanden. Der Rückgriff auf Gewalt führt immer zu weiterer Gewalt. Dies ist ein Aufruf zum *Verständnis* der Gewalt, nicht zu ihrer *Anwendung*. Oft wird es uns helfen, menschliche Sympathie gegenüber den Opfern einer Unterdrückung zu empfinden, die so unmenschlich ist, daß ihre Opfer keinen anderen Ausweg als den Rückgriff zur Gewalt sehen. Manchmal wird es uns helfen zu sehen, wie Gott in der Geschichte einzelne Menschen oder ganze Völker richtet. Ein Beispiel aus der Bibel dafür ist der Einzug der Kinder Israel ins verheißene Land. Jedermann mit ein wenig Gefühl wird Gottes Gerechtigkeit in der Zuteilung eines »verheißenen Landes« in Frage stellen. Werden hier nicht die Rechte der Kanaaniter, die in dem Land lebten und es nun verlieren sollten, verletzt? Das ist eine gute Frage, aber Gott hat die Antwort darauf gegeben. Als Gott Abraham zum erstenmal versprach, daß seine Nachkommen das verheißene Land besitzen würden (Gen.15), fügte er hinzu, daß es eine ziemlich lange Zeit dauern würde, bevor sie in das Land einziehen könnten; die Kanaaniter waren in seinem rechtmäßigen Besitz und sollten es nur dann verlieren, wenn ihre Sünden ein derartiges Ausmaß angenommen hatten, daß eine Bestrafung gerechtfertigt war.[54] Somit war der Einzug der Kinder Israel der Auszug der Kanaaniter; Gottes Geschenk an Israel bedingte die Bestrafung der Kanaaniter.

Ein anderes Mal lesen wir, wie Gott nackte Gewalt gebrauchte, um Israel zu richten. Gott gab Israel in die Hände der ausländischen Invasoren, weil sie ihn zurückgewiesen und die ursprünglichen Einwohner Kanaans mit ihren üblen Taten gar noch übertroffen hatten.[55] Niemand sollte sich in der Illusion wiegen, daß die Assyrer, die Israel im Gericht überrannten, eine Unterscheidung zwischen Zwang und Gewalt aufrechterhielten! Assyrien war vermutlich die brutalste Macht aller Zeiten (ausgenommen vielleicht unserer eigenen). Aber es war diese extreme Gewalt der Assyrer, die Gott zum Gericht benutzte. Dann, genau an dem Punkt, an dem sich die Assyrer selbst an Arroganz und Stolz übertrafen, benutzte Gott die Babylonier, um die Assyrer zu richten. Wir sehen also, daß ein scharfsichtiger Beobachter aus solchen Situationen eine Menge lernen kann. Kein engagierter Christ kann heute ohne tiefe Sympathie für die Armen und Unterdrückten sein, und ohne Verständnis für die Radikalen, die jenen zu Hilfe kommen. Wenn ein Mensch beobachtet und lernt, so ist das äußerst lobenswert; wenn er sich dagegen selbst für ein Instrument menschlichen oder göttlichen Gerichts hält, wird der Kreislauf der Brutalität und Gegenbrutalität wieder in Gang gebracht.

Leider nehmen nur wenige eine solche ausgewogene Haltung ein. Stattdessen verharrt man eigensinnig auf undurchdachten extremen Standpunkten. Jemand mit einer Establishment-Mentalität wird beispielsweise in einer Gewaltsituation auf das erste Prinzip zurückkommen (die *Anwendung* von Zwang), ohne sich darüber klar zu werden, daß dieses sehr rasch überstrapaziert wird, um eine völlig unchristliche Zwangsanwendung zu rechtfertigen, die nichts anderes als Gewalt ist. Ähnlich wird jemand von allgemein radikaler Überzeugung in einer Gewalt-Situation auf dem zweiten Prinzip (*Verständnis* der Gewalt) beharren, ohne zu erkennen, daß er es ebenfalls mißbraucht, bis er bei der Rechtfertigung revolutionärer Gewalt angelangt ist. Beides sind politische Reaktionen – und nicht christlich.

In diesem Sinne sollte man beide Prinzipien lediglich als Grenzlinien ansehen, als Richtlinien für eine ausgeglichene Haltung. Sie definieren die Grenzen einer realistischen Gewaltlosigkeit, die Disziplin ermöglicht, ohne autoritär zu sein, die Mitgefühl ohne Mittäterschaft gestattet. Nur wenn ein Gleichgewicht zwischen diesen beiden Prinzipien gewahrt wird, kann das innere Prinzip der Gewaltlosigkeit zur Anwendung kommen, das sie schützen sollen.

Dies war z. B. der Fehler, den die Juden in Bezug auf das Gesetz machten. Jesus sagte: »Ihr wißt, daß es heißt: Auge um Auge, Zahn um Zahn. Ich aber sage euch: Ihr sollt euch überhaupt nicht gegen das Böse wehren. Wenn dich einer auf die rechte Backe schlägt, dann halte ihm auch die linke hin. Wenn jemand mit dir um dein Hemd prozessieren will, dann gib ihm noch die Jacke dazu.«[56] Dann fügte er noch hinzu: »Liebet eure Feinde, betet für die, die euch verfolgen.« – »Auge um Auge, Zahn um Zahn« war natürlich nicht die Norm, nicht das Recht, sondern die Grenze des Erlaubten. Dadurch sollte bei Situationen wie der einer Blutrache ein endloses Blutvergießen verhindert werden. Aber was als Grenze des Legitimen eingerichtet worden war, um das Prinzip der Gnade zu bewahren, wurde zur Norm erklärt und sogar zum Recht, so daß, wenn einer dem anderen das Auge nahm, der andere ein Recht darauf hatte, dem einen das Auge zu nehmen usw. Aber wenn das ursprünglich so gemeint war, hätte Jesus dem Gesetz widersprochen. Doch Jesus betonte immer wieder, daß er nicht gekommen sei, um das Gesetz abzuschaffen, sondern um es zu erfüllen. Deshalb, so glaube ich, erklärte Jesus, daß das Gesetz die *Grenze* sei, nicht die *Norm*. Der Geist des Gesetzes wurde dadurch erfüllt, daß man dem anderen die andere Wange hinhielt und seine Feinde liebte. Für die Juden waren die Gesetze jedoch sehr hart, denn sie lebten die ganze Zeit an der Grenze des Gesetzes. Diese Grenzen waren zur Norm gemacht worden, zu ihren Rechten.

Das ist ein Fehler, den wir heute oft in der Kirche finden. In einer Gewaltsituation reagieren viele instinktiv – und selten in einer christlichen Art und Weise. Wenn sie aus politischer Überzeugung oder soziologischem Milieu rechtsgerichtet sind, ist der erste Gedanke, der ihnen in einer Gewalt-Situation kommt, die harte Durchsetzung von »Gesetz und Ordnung«. Allzuoft handelt es sich dabei nicht um ein christliches Konzept des Zwangs, sondern um einen instinktiven Ruf nach den zuständigen öffentlichen Institutionen, um die Unordnung einzudämmen. Das entgegengesetzte Extrem trifft für stärker Linksgerichtete zu, die in einer Gewalt-Situation revolutionäre Gewalt befürworten, sie als Läuterung ansehen.

Wenn dies die beiden Leitprinzipien sind, erhebt sich eine letzte Frage: Wie kann Gewaltlosigkeit in der gegenwärtigen Situation praktiziert werden? Wie kann man praktisch eine positive Gewaltlosigkeit ausüben, die weder in utopischen Pazifismus noch in lethargischen Passivismus ausartet? Wie kann man Wahrheit, Disziplin, Zwang oder Gerechtigkeit verwirklichen, ohne autoritär, gewaltsam reaktionär und propagandistisch zu wirken? Wie kann man die Unverletzlichkeit des Menschen bewahren, ohne weich zu werden? Oder das Recht Gottes, ohne hart zu werden? Was bedeutet es, im täglichen Leben unseren Nächsten zu lieben, dem Menschen zu vergeben, der uns Böses angetan hat, Veränderung durch Versöhnung zu suchen und nicht durch gewalttätige Revolution? Wie können wir der Gewaltlosigkeit folgen, zu der Christus uns berufen hat, und immer noch anerkennen, daß Gott in Anwendung von Gewalt wirken kann und daß manchmal eine Anwendung von Zwang notwendig ist?

Wir müssen hier zweierlei Situationen diskutieren:

1. Die Situation der Unterdrückung und Ausbeutung, wo wir versucht wären, nach gewaltsamen Lösungen zu suchen.

2. Situationen, in denen wir auf die Gewalt anderer irgendwie reagieren müssen.

Gewaltlosigkeit – das einzige Mittel

Wie sollte man handeln, wenn man als einzelner oder als Mitglied einer Gruppe dazu versucht ist, nach gewaltsamen Lösungen zu suchen? Da – wie ein Christ erkennen muß – die Gewalt in einer gefallenen Welt manchmal notwendig ist, kommt jeder einmal in eine Situation, in der er versucht wäre, gewalttätig zu werden. Ob er »nur« eine Wut gegen seinen Bruder hegt oder gar eine Waffe zum Töten gebraucht, der Christ weiß, daß er in diesem Augenblick das Bild Gottes im Mitmenschen mißachtet. Keine Situation stellt ihn in ein relativistisches Vakuum, sondern stets vor den Gott, der die Gewalt als falsch verurteilt. Und obwohl die alte Natur des Christen dazu beiträgt, die Gewalt »notwendig« zu machen, befreit ihn seine neue Natur von dieser Notwendigkeit. Gewaltausübung bedeutet Rückfall in die alte, gefallene Natur. Sie ist eine Reaktion und keine Aktion. Alle Gewalt ist deswegen Sünde, die Buße verlangt. Was aber tun, wenn man in Situationen gerät, die die Versuchung zur Gewaltanwendung enthalten? Einige praktische Hinweise können hier helfen. In jeder potentiell gewalttätigen Situation sollte man sich folgende Fragen stellen: Was bedeutet Rückgriff auf Gewalt in diesem Augenblick? – und diese Frage nach biblischen, historischen und psychologischen Gesichtspunkten beantworten.

Ein Freund von mir war mit einigen schwarzen Radikalen eng befreundet, deren Engagement oft an den Rand gewaltsamer Aktion führte. Aber jedes Mal stellte er sich die Frage: »Was bedeutet der Rückgriff auf die Gewalt?«, und als er sich die Angelegenheit von biblischer und psychologischer Sicht her ansah, erkannte er, daß sie oft ein Zeichen endgültiger Verzweiflung in der schwarzen Psyche ist. Die Situation war verständlich, aber für den Christen wäre die gewaltsame Lösung falsch. Deshalb konnte er als Christ sagen: »Ich stehe auch für menschliche Gerechtigkeit. Auch ich bin über all das, was euch unterdrückt und entmenschlicht, empört. Aber an diesem bestimmten Punkt, da ich das Wesen der Gewalt kenne und mich als Christ bezeichne, kann ich mit euch nicht mitmachen, obwohl ich verstehe, was euch dazu treibt.«

Die gleiche Frage weist auf Motivationen hin, die für den Christen völlig unannehmbar wären. Die Gewalt der Schwarzen ist oft eine sich aufbäumende, letzte Verzweiflung; die Gewalt der Wettermänner ist mehr eine endgültige Frustration der Unreife, und die Gewalt der Anarchisten entspringt einem romantischen, utopischen Glauben an eine Veränderung, der dem Christen als unrealistisch erscheint. Auf der anderen Seite des politischen Spektrums, wenn man den Ruf eines Establishmentsprechers nach Gesetz und Ordnung hört, sollte man ihm die Zustimmung verweigern, wenn seine Forderung nach Zwangsmaßnahmen keine Sicherung vor Überreaktion und Ausbruch in Gewalt vorsieht, – selbst wenn man seine Zielvorstellung in einer Sache anerkennen muß. Ein solcher Ruf nach Gesetz und Ordnung hat nichts mit der christlichen Anschauung von Form und Freiheit zu tun, sondern ist dem gewohnheitsmäßigen Griff zur Waffe viel näher.

Ein zweiter praktischer Punkt sollte erwähnt werden in Bezug auf die Frage der Teilnahme von Christen an Massenprotestkundgebungen. Ein Christ sollte sichtbar für die Ziele dieser Bewegungen eintreten, sofern sie es verdienen, sich aber nie zum Verbündeten einer solchen Bewegung machen. Sein persönliches Zeugnis muß in Wort und Tat klar werden. Die Gegenwart eines Menschen wird oft als moralische Garantie interpretiert, daß er alles, was dort geschieht, befürwortet, und in einer Massenbewegung geht Protest oft sehr schnell zu Gewalt, Brandstiftung und Mord über. Mit seiner höheren Moral, seinen unabänderlichen Überzeugungen über das Wesen des Menschen sollte der Christ das Gewissen seiner Gruppe sein. Seine Gegenwart darf nie dazu mißbraucht werden, eine christliche Rechtfertigung für das Böse zu liefern. In einer von jeder Bewegung unabhängigen Position wird er in der Lage sein, ohne einen unnatürlichen Kompromiß den »dritten Weg« zu wählen.

Der dritte Weg wird nicht einfach sein. Er wird einsam sein. Manchmal muß der Christ den Mut haben, auf seiten des Establishments zu stehen, den Radikalen ganz klar ihre destruktive und kontraproduktive Gewalt vor Augen zu halten. Manchmal muß er auf seiten der entrüsteten Radikalen stehen und ihre gerechtfertigten Forderungen nach Abhilfe und Wiedergutmachung unterstützen. Der Christ steht auf beiden Seiten, abhängig davon, wann welche recht hat, aber er steht auch in furchtloser Opposition gegen beide, wenn sie jeweils unrecht haben.

Wenn eine Protestbewegung erfolgreich ist, dann erfolgt oft eine umgekehrte Unterdrückung. Die früheren »Habenichtse« werden zu den »Besitzern« und umgekehrt, denn durch die Kontinuität der Gewalt werden die Unterdrückten schnell zu Unterdrückern. Der

Sieg in Bangladesh zeigte dies ganz deutlich. Statt von den Pakistanis wurde nun von den Bengalen Gewalt ausgeübt. Wenn so etwas geschieht, muß ein christlicher Radikaler bereit sein, für die neuen Unterdrückten gegen jene zu kämpfen, auf deren Seite er einst stand. Der Christ ist nicht ein Parteigänger. Auch wird er nicht ein Höriger der Propaganda. Er ringt um universale Gerechtigkeit unter Gott. Wie so oft stellt Jacques Ellul den Sachverhalt sehr gut dar. Nachdem er auf seiten der französischen Résistance die Nazis bekämpft hatte, war er der erste, der sich gegen die Résistance stellte, als sie ihrerseits die Nazis brutal behandelte. Viele der Liberalen und Radikalen sind in ihrer Entrüstung sehr selektiv. Die Apartheid in Südafrika bringt stets die Banner zum Vorschein, aber andere Themen und Ereignisse, die wirklich empörend sind, werden auf Grund politischer Scheuklappen mit kalter Gleichgültigkeit ignoriert. Der Christ wird für alle die sprechen, die Fürsprecher brauchen, nicht nur für die, die zu unterstützen gerade Mode ist.

Vergebung – unsere einzige Antwort

Wenn nun aber Gewalt aufflammt: Wie soll sich die Tatsache, daß wir Christen sind, hier auswirken? Zunächst einmal, da der Christ einen realistischen Schrecken vor jeglicher Gewalt empfindet, besteht seine Aufgabe darin, falsche Behauptungen zur Rechtfertigung der Gewalt auf jeder Seite zu demaskieren. Rohe Gewalt ist selten primär. Der Treibstoff für Aufruhr wird durch Propaganda geliefert, die auf explosive Situationen geschüttet wird. Der Christ muß falsche Propaganda stets als solche entlarven und ihren zweifelhaften moralischen, psychologischen und politischen Behauptungen widersprechen. Die nackte Brutalität der Gewalt ist unter dieser Oberfläche stets gleich, deshalb muß er sie aller Rechtfertigungen berauben und sich selbst stur weigern, eine Rechtfertigung zu liefern. Diese im allgemeinen negative Rolle wird dazu beitragen, Feindschaft abzubauen, und wird wertvoll sein, wenn zur gleichen Zeit die verringerte Spannung als Gelegenheit zum Angriff auf die wirkliche Wurzel der Probleme benutzt wird.

Was tun, wenn Gewalt gegen den Christen ausbricht? Es ist zu spät, darüber nachzudenken, wenn dieser Tag kommt. Die Reaktion eines Christen muß ein vorher genau durchdachtes Verhalten aufgrund klarer Überzeugungen sein. Grundlegend ist dabei die Erkenntnis, daß die Vergebung – und nicht die Gewalt – entgiftend wirkt. Vergebung wird manchmal von gerechter und mitfühlender

Disziplin begleitet sein. Als einzelner ist kein Christ dafür verantwortlich, was ein anderer ihm antut. Der andere ist Gott und dem Gesetz gegenüber selbst verantwortlich. Aber der Christ ist Gott gegenüber für seine Reaktion auf das, was der andere ihm angetan hat, verantwortlich. Hier ist Vergebung die einzige Antwort. Selbst wenn er anderswo mit der ihm zugewiesenen Autorität handeln muß (z. B. als Richter) – seine disziplinierende Rolle in der Anwendung der Gerechtigkeit muß durch eine persönliche Haltung der Vergebung ausgeglichen werden. Die Ausübung des Zwangs ohne Vergebung ist erneut Gewalt.

Tiefe und lang anhaltende Veränderung wird nicht durch eine Revolution zuwege gebracht, sondern durch Versöhnung und Wiederaufbau. Viele machen den bedauernswerten Fehler, daß sie das »Hinhalten der anderen Wange« mit stoischer Gelassenheit verwechseln. Gewaltlosigkeit ist kein »Passivismus«. Christen sollen aktive Friedens*macher* sein. Die stoische Haltung verfehlt die Essenz der Lehre Christi über Vergebung völlig.

Den Schlüssel dazu finden wir in dem Gleichnis vom hartherzigen Schuldner.[57] Jesus erzählt die Geschichte eines Königs und eines Mannes, der ihm einen Millionenbetrag schuldete. Mit Gefängnis, Beschlagnahmung des Eigentums und Verlust der Familie bedroht, wird ihm vom König seine ganze Schuld vergeben. Aber als der Mann aus dem Palast kommt, trifft er einen anderen Mann, der ihm einen äußerst geringfügigen Betrag schuldet. Der Mann, dem gerade vergeben worden ist, weigert sich, die kleine Schuld zu erlassen, und läßt den Schuldner ins Gefängnis werfen, bis er bezahlen kann. Der König, nachdem er davon gehört hat, zieht seine Begnadigung zurück, der Hartherzige landet im Gefängnis. Jesus wendet sich jetzt ernst seinen Zuhörern zu und sagt: »So wird euch mein Vater im Himmel auch behandeln, wenn ihr eurem Bruder nicht von Herzen verzeiht.«[58]

In der christlichen Perspektive kann nichts, was ein Mensch tun kann, je an das Erlösungswerk Christi heranreichen, und dennoch hat er uns vergeben. Wir müssen andere Menschen auf der gleichen Basis behandeln, auf der Gott uns behandelt hat. Der Gott und Vater Jesu Christi liebt uns, aber er ist nicht weich. Vergebung für Christen beinhaltet, daß wir anderen vergeben, so wie Gott uns vergeben hat, in anderen Worten: wir geben die große Gnade weiter, die Gott uns gegeben hat. Wenn Christus sagte: »Selig sind die Friedfertigen«, so war das keine fromme Rhetorik, kein feierliches Geschwätz, wie man es am Tag vor der Verleihung des Friedensnobelpreises zu hören bekommt. Es sollte die Realität im täglichen Leben des Christen sein.

Man stelle sich das in einer praktischen Situation vor. An einer Bushaltestelle in London am frühen Montagmorgen – die Menschen stehen wie gewöhnlich Schlange, und jemand steht auf dem Zeh seines Nachbarn. Wenn der zweite Mann grollt, dann knurrt der erste vermutlich, und bald schimpft die ganze Schlange. Wenn jedoch der zweite Mann seinen Fuß zurückzieht, sich umdreht und sich entschuldigt, wird der andere vermutlich gut reagieren, und bald wird sich die ganze Gruppe in einer allgemeinen Stimmung guten Willens befinden!

Das ist ein triviales, aber keineswegs untypisches Beispiel für die Art und Weise, in der sich menschliche Beziehungen entwickeln. In Situationen, die von Verletztheit und von der Vermeidung menschlicher Verantwortlichkeit und der Weigerung, die eigene Schuld einzugestehen, vergiftet sind, entsteht eine Atmosphäre von gegenseitiger Beschuldigung, die schnell in Gewalt umschlägt. Eine solche Atmosphäre kann nur durch die Realität der Vergebung verwandelt werden. Dieses Prinzip gilt für alle Spannungssituationen, von Streitereien auf der Treppe des Mietshauses über die Frage, wer den Mülleimer ausleeren soll – bis zu den klassischen Blutfehden und zu internationalen Konflikten. Es ist stets die Vergebung, nicht die Gewalt, die läuternd wirkt. Diese Lehre muß aus ihrer religiösen Verpackung herausgenommen und in der Realität des menschlichen Lebens angewandt werden.

Der dritte Weg

Innerhalb der Grenzprinzipien der »Anwendung des Zwangs« (ohne Überreaktion) und des »Verständnisses der Gewalt« (ohne Mittäterschaft) fordert das Christentum die Praxis der Gewaltlosigkeit nicht nur als eine Ablehnung der Gewalt, sondern als die Bestätigung der christlichen Anschauung vom Wesen Gottes und des Menschen. Es lockt uns auf den Weg der Vergebung, die durch das Werk Jesu Christi ermöglicht wird. In der Anwendung dieses dritten Weges sollten die Christen zusammen als eine versöhnende Gemeinschaft gesehen werden, die Teilungen heilt, Feindschaft überwindet, Kommunikationslücken überbrückt. Traurigerweise verstärkt ein Großteil der westlichen Christenheit die Polarisierung und nicht die Heilung. Ein gutes Beispiel, das zeigt, wie es eigentlich sein sollte, ist die Aktion der Christen während der Rassenaufstände auf Ceylon, als das Verhältnis zwischen den Hindus Tamils und den buddhistischen Singhalesen hoffnungslos polarisiert war. In den bitteren Zusammenstößen zwischen den beiden waren es oft die Christen, die als Vermittler eingriffen, um einen Bürgerkrieg zu verhindern. Am Ende der Aufstände dankte der Premier öffentlich der christlichen Kirche für ihre Rolle als heilende Gemeinschaft. Die Christen wußten um das Geheimnis der Einheit. Obwohl hinduistischer und buddhistischer Abkunft, waren sie weder das eine noch das andere, sondern eins in Christus; somit stellten sie den dritten Weg dar. Sie riskierten ihr eigenes Leben, um als heilende Gemeinschaft wirken zu können.

Noch ein Wort der Warnung: Schon oft habe ich mich kritisch über das Prinzip der Gewalt geäußert. Aber man hat mein Votum nicht als eine christliche Bejahung des Prinzips der Gewaltlosigkeit verwendet, sondern als eine kritische Waffe, um jeden Radikalen anzugreifen, der Gewalt vertritt. Einer solchen Reaktion mangelt es an Ehrlichkeit, sie ist gleichfalls billige Propaganda. Ich schreibe für den Zeitgenossen, der seine eigene Natur gut kennt, aber so brennend auf eine Veränderung unserer Gesellschaft aus ist, daß er unvermeidlich an den Rand der Gewaltanwendung gebracht wird, weil sie ihm als einzig wirksames Mittel erscheint, eine Veränderung herbeizuführen. Ihm will ich deutlich machen: Dein Drängen auf Veränderung und Erneuerung ist legitim. Aber was du denkst und planst, muß herauswachsen aus dem Hören auf das Evangelium, es muß die zentrale Bedeutung Jesu Christi einschließen, es muß die Unverletzlichkeit des Menschen ernst nehmen.

Die moderne Denkweise, die diesen dritten Weg verwirft, hat sich in einem Netz selbstgeschaffener Probleme gefangen. Die Polarisierung zwischen »Krise« und »Entgiftung« maskiert nur die Situation, in der der Mensch auf die Logik des Relativismus antwortet, indem er die Macht zum Prinzip erhebt. Die häßliche Gewalt und die Ethik des Todes auf allen Ebenen verbirgt er dann hinter vorgetäuschten Werten oder schillernden Worten. Man kann diesem Dilemma nicht entrinnen – es sei denn durch eine Rückkehr zum Christentum als dem dritten Weg.

Anmerkungen zu
Kapitel 5: Gewalt

1 *Fanon, Die Verdammten dieser Erde, Frankfurt/Main 1968, S. 72,* zitiert in Ellul, Violence: Reflections from a Christian Perspectice, S. 130; *Mao Tse-tung, Ausgewählte Werke, Peking;* zitiert in Ira Einhorn, Psychedelics, ed. Bernard Aaronson und Humphrey Osmond (New York, 1970) S. 451; *Norman Mailer, Nixon in Miami und die Belagerung von Chicago (Hamburg, 1969), S. 200;* Koestler, The Ghost in the machine, S. 339

2 Platt, S.

3 *Joseph Heller, Catch 22 (Frankfurt/Main, 1971)*

4 *zitiert in Karl Mannheim, Ideologie und Utopie (Frankfurt/Main, 1969)*

5 *Georges Sorel, Über die Gewalt (Frankfurt/Main, 1969), S. 306*

6 *Desmond Morris, Der nackte Affe (München, 1973), S. 134*

7 *Konrad Lorenz, Aggression (Wien, 1963), S. 46*

8 *Ibid., S. 344*

9 *Ibid., S. 388*

10 Koestler, The Ghost in the Machine, 1967, S. 267

11 Ibid., S. 298

12 Ibid., S. 339

13 *Freud, Das Unbehagen in der Kultur (Wien, 1930)*

14 Brown, S. 93

15 Ibid.

16 Ibid.

17 zitiert in L. Clark Stevens, S. 110

18 zitiert in *Hannah Arendt, Macht und Gewalt (München 1971), S. 13*

19 *McLuhan, Krieg und Frieden im globalen Dorf (Düsseldorf, 1971)*

20 *Ibid.*

21 *Eldridge Cleaver, Seele auf Eis (München 1970), S. 72*

22 *Camus, Der Mensch in der Revolte (Hamburg 1953), S. 182*

23 Mills, The Power Elite, S. 171

24 zitiert in Ellul, Violence: Reflections from a Christian Perspective, S. 130

25 *Mao Tse-Tung, op. cit.*

26 *Arendt, S. 13*

27 *Fanon, Die Verdammten dieser Erde, S. 240*

28 *Ibid., S. 239*

29 *Sartre, »Vorwort« in Ibid., S. 21*

30 *Ibid., S. 17*

31 *Fanon, Die Verdammten dieser Erde, S. 64*

32 *Ibid., S. 72*

33 *Ibid., S. 72*

34 *Ibid., S. 72*

35 *Sartre, »Vorwort« zu Ibid., S. 18*

36 *Ibid., S. 18*

37 *Ibid., S. 20*

38 Frantz Fanon, Black Skin, White Masks (London, 1968), S. 10–11

39 *zitiert in David Caute, Fanon/Moderne Theoretiker (München, 1970)*

40 Arthur Schlesinger jr., Violence: America in the Sixties (New York, 1968), S. 19

41 zitiert von Krishan Kumar, The Listener (1969), S. 1

42 Virginia Adams, »Psychology of Murder«, (Time, 24. April 1972), S. 54–59

43 *Norman Mailer, Nixon in Miami und die Belagerung von Chicago (Hamburg, 1969), S. 19, 200, 229*

44 zitiert in Ellul, Violence: Reflections from a Christian Perspective, S. 22
45 Ibid., S. 49
46 Ibid., S. 75
47 *Matthäus 5, 21–22*
48 R. D. Laing, The politics of Experience, S. 11
49 *Matthäus 26, 52*
50 *Camus, Der Mensch in der Revolte, S. 181*
51 *Roszak, S. 419*
52 Karl Popper, »Utopia and Violence«, gerichtet an das Institut für Kunst in Brüssel, Juni 1947, nachgedruckt in: Conjectures and Refutations (New York, 1963), S. 355
53 *Matthäus 26, 52*
54 *1. Mose 15, 16*
55 *Siehe Könige 21, 9; Jesaja 28, 2. 11; Hesekiel 33, 23–29; Habakuk 1, 1. 5. 12*
56 *Matthäus 5, 38–44*
57 *Matthäus 18, 21–35*
58 *Matthäus 18, 35*

6   Der Osten – kein Ausweg

Elementare Ökologie führt geraden Wegs zu elementarem Buddhismus.«

Aldous Huxley

Neben der politischen, sozialen und moralischen Revolution der Gegenkultur ist eine andere Revolution im Vormarsch, die gleichfalls die Überwindung des Systems erstrebt, doch auf eine völlig andere Art und Weise – eine Revolution des Bewußtseins. Das plötzlich auftauchende Interesse für östliche Religionen wirft alle seit 300 Jahren vertretenen Prinzipien der Radikalen – gewaltsame Revolution und Atheismus – über den Haufen. Dennoch hat sich dieser Umsturz fast von heute auf morgen und ohne große Debatte vollzogen. Vor einem Jahrhundert noch konnte Kipling sagen: »Osten ist Osten und Westen ist Westen, und die zwei werden einander nie begegnen.«[2] Damals war der britische Raj auf dem Höhepunkt seiner Macht; die Inder hielten sich noch Sklaven, praktizierten Witwenverbrennungen und brachten Menschenopfer dar.

Die Völker Indiens haben jahrhundertelang anderen dienen müssen, nicht nur den Europäern, sondern auch den Moughals und den Türken. Aber plötzlich ist der Status quo auf den Kopf gestellt worden; die Suche nach philosophischen und religiösen Antworten im Osten ist eine bedeutsame Bewegung geworden. Wenn die westliche Kultur die Antwort auf ihre Probleme nicht finden kann, ist es möglich, daß sie solche Antworten im Osten findet?

Osten und Westen treffen sich in San Francisco

Der Osten feierte seinen ersten Einzug in die Gegenkultur in San Francisco durch die frühen Beats. Obwohl Ginsbergs frühe Gedichte eine wahre Suche nach Gott zeigen, wurde die östliche Meditation durch Gary Snyder eingeführt, der gerade zwei Jahre lang von einem Zen-Meister in Japan geschult worden war. Jack Kerouacs *Gammler, Zen und hohe Berge* scheint eine getarnte Fassung der Geschichte dieses Einzugs des Ostens zu sein. Als die Bewegung jedoch in den 50er Jahren sehr populär wurde, war Alan Watts der Führer der Bewegung. Vor seinem 35. Lebensjahr hatte er bereits sieben Bücher über den Zen-Buddhismus geschrieben. Der ehemalige anglikanische Seelsorger ist einer der bekanntesten Vertreter der östlichen Religionen im Westen. Viele Jahre lang lehrte er auf der Schule für asiatische Studien in San Francisco und ist zu dem bekanntesten Fürsprecher für östliche Denk- und Lebensweisen in Amerika geworden. Einige lehnen ihn verächtlich als »Norman Vincent Peale des Buddhismus« ab, aber sein breites Wissen, seine sensible Auffassungsgabe und seine klaren Schriften strafen den Vorwurf Lügen.

Es ist keineswegs verwunderlich, daß der Zen-Buddhismus in dieser Atmosphäre des Beat-Existentialismus eine große Anhängerschaft gewann. Die Worte des alten T'ang-Meisters Lin-Tschi paßten zu der Philosophie der frühen Beats ausgezeichnet: »Im Buddhismus gibt es keinen Platz für Anstrengung. Sei ein ganz gewöhnlicher Mensch und nichts Besonderes. Iß dein Essen, verdaue es normal, und wenn du müde bist, leg dich hin.«[3] Irgendwie schienen die Lebensweise der Beats und die Philosophie des Zen recht gut zusammenzupassen.

Der rapide anwachsende Trend zum Osten bedarf wohl kaum irgendwelcher Dokumentation, denn heute ist der Einfluß dieser Bewegung überall spürbar. Manche nehmen die Sache äußerst ernst; für andere, die sich nicht um ein großes Verständnis bemühen und eine Vorliebe für das Reiten auf kommerziellen Wellen haben, ist der Zen nur eine vorübergehende Mode, ihr Engagement flüchtig. Die Meditationszentren, der Vegetarianismus, die östlichen Kommunen, der Glaube an die Reinkarnation, das Tragen indischer Kleider, die indische Musik sind genauso in Mode, genauso weit verbreitet wie Blue Jeans, Bärte und Rock-Musik. Eine Welle östlicher Schriften überschwemmt den Buchmarkt. Viele sind mit dem Bhagavad Gita, Rig Veta, Ramayana, Pali Kanon und dem tibetanischen Totenbuch genauso gut vertraut wie andere mit der Bibel. In New York habe ich Schwarze getroffen, die Mandarin-chinesisch lernten, um I-Ching, das Buch der Verwandlungen, im Original lesen zu können. Romane mit östlichem Touch sind sehr populär, so z. B. *Siddartha* und *Das Glasperlenspiel* von Hermann Hesse oder *Eiland* von Aldous Huxley. Eine ganze Reihe von Sekten sind wie Pilze aus dem Boden geschossen, so die Bahai, die Sokagakai (die wahre Sekte des Nichiren). Tausende von jungen Leuten befinden sich entweder geistig oder physisch auf dem Weg zum Osten. Manche arbeiten mit unheimlicher Hingabe in Dorfgemeinschaften in Indien, andere werden von Gurus belehrt und studieren in Ashrams. Viele finden in Kabul oder Kathmandu einen Himmel für

Dropouts, leben in einem Überfluß an Nahrung, Drogen und Freizeit.

All das hat Kipling auf den Kopf gestellt, aber andere haben den Trend vorausgesehen. James Joyce prophezeite: »Der Westen wird den Osten wachrütteln.«[4] Marshall McLuhan schrieb: »Bald, um unsere Kinder richtig zu westernisieren, werden wir sie alle in den Osten schicken.«[5] Und R. D. Laing sagte: »Orientierung heißt zu wissen, wo der Orient liegt. Der Osten ist der Ursprung und die Quelle unserer Erfahrung über den inneren Raum.«[6] Der Osten ist immer noch der Osten, aber der Westen ist nicht mehr der Westen. Die Antworten des Westens passen nicht mehr auf die Fragen. Während die christliche Kultur zerfällt und der Humanismus keine Antwort geben kann, suchen viele nach dem alten Osten.

Aufbruch in Ost und West

Wir wollen uns ein wenig genauer mit den Faktoren beschäftigen, die zur Entstehung dieser Bewegung beigetragen haben. Zunächst einmal das, was ich als »Aufbruch im Westen« bezeichnen möchte. Vieles weist darauf hin, daß das westliche Denken irgendwie ausgespielt hat, blut- und leblos geworden ist. Das Christentum ist abgeschafft worden, der säkulare Humanismus ist an seiner eigenen Widersprüchlichkeit gescheitert, das westliche Denken ist an der Endstation angekommen. Hendrik Kraemer schreibt: »Es ist in der bildenden Kunst klar, es ist ebenso ersichtlich in den Romanen, im Denken und der Tiefenpsychologie, daß wir von einer Art Vorahnung durchdrungen sind. Sie manifestieren eine spontane Offenheit, eine Bereitschaft zur Invasion, vom Orient ›geistlich kolonisiert‹ zu werden. Es gibt offene Tore für eine östliche Invasion.«[7] Die westliche Preisgabe der Vernunft hat eine doppelte Reaktion hervorgerufen: Zunächst einmal die Aufwertung der Phantasie im allgemeinen, und zweitens die Aufwertung der Phantasie in der Rolle, die sie im Osten spielt. Schopenhauer war ein eifriger Freund des Buddhismus und wurde von den Upanischaden beeinflußt. Goethe zeigte ein großes Interesse für den Osten. Aufzeichnungen Wagners zeigen, daß er sich mit dem Buddhismus beschäftigte, und Opern wie *Tristan und Isolde* sind von östlichem Pessimismus erfüllt. In Sir Edwin Arnolds Gedicht »The Light of Asia« (die Geschichte von Gautama Buddha in Form eines poetischen Traktats) wird uns von westlichen Intellektuellen berichtet, die gen Osten blicken, weil das westliche Denken bankrott gemacht hat. Darüber könnte noch viel mehr gesagt werden, aber es genügt zu zeigen, welche Bedeutung es als Hintergrund dieser Bewegung hat.

Zweitens gibt es gleichzeitig einen Aufbruch im Osten. Was wir in den letzten 100 Jahren gesehen haben, ist eine Wiederentdeckung östlicher Kultur, besonders in Indien, das ein sehr reiches kulturelles Erbe besitzt. Das Indien des britischen Raj war genauso wenig das wahre Indien wie das Großbritannien von heute das Großbritannien des britischen Weltreiches ist. Je mehr wir über die indische Geschichte wissen, desto deutlicher treten zwei Merkmale hervor. Zunächst einmal zeigt sich eine historische Kontinuität in der indischen Kultur von ihrem prähistorischen Ursprung bis zur Gegenwart, und keine Invasion oder Eroberung von außen hat es je vermocht, diese Kontinuität zu durchbrechen.

Die Philosophie von Shankara aus dem 9. Jahrhundert ist genauso abstrakt und vielfältig wie jede Philosophie des Westens. Viele messen ihm die gleiche Bedeutung wie Plato und Thomas von Aquin zu. Tausend Jahre bevor der Westen den Begriff der Psychologie erfand, war im Osten bereits eine primitive Psychologie entwickelt worden; gleiches gilt für den Handel und für die Astronomie. Die Höhlen von Ellora und Ahanta weisen Fresken auf, von denen manche mit denen in Florenz konkurrieren können; die Skulpturen des Tempels zu Konarak und Kahjuraho wirken formschön und erhaben. In Mahabilipuram finden wir die Ruinen eines frühen Handelszentrums, dessen Markt sich vielleicht bis nach Rom und China erstreckte. Es geht hier um mehr als historisches, archäologisches Interesse. Aus dem Ursprung der indogermanischen Völker läßt sich erkennen, daß zwischen dem Hinduismus und der vorchristlichen Kultur Europas ein direkter Zusammenhang besteht. In dem Maße, in dem das moderne Europa entchristlicht wird, fühlt es sich in der Gefahr, seine Seele zu verlieren. Auf der Suche nach seinen vorchristlichen Wurzeln entdeckt es seltsamerweise, daß es der indischen Überlieferung näher steht als seiner früheren jüdisch-christlichen Tradition. Vielleicht liegt das daran, daß die alten Indogermanen in der Nähe der alten Griechen lebten. Die Gelehrten werden immer mehr davon überzeugt, daß die Impulse, aus denen die griechische Philosophie erwuchs, den indischen Vorstellungen näherstanden als der jüdisch-christlichen Anschauung.

Von besonderer Bedeutung ist die unterschiedliche Vorstellung, die man sich vom Wesen der Zeit macht. Sowohl die Griechen als auch die Hindus sehen die Zeit als zyklisch und unbegrenzt an; das jüdisch-christliche Weltbild ist teleologisch, d. h. es sieht die Zeit als linear und begrenzt an. Ein weiterer Unterschied ist das Problem der Wirklichkeit der äußeren Welt. Für die Griechen war das physische Universum eine Schattenwelt, weniger wahr oder weniger wirklich als das transzendente Ideal, welches sich jenseits aller Erkenntnis befand; für die Hindus ist das physische Universum eine Welt des »Maya« oder der Illusion, die wahre Wirklichkeit ist der Brahmane oder der Gott im Jenseits. Hier steht der Hinduismus im diametralen Gegensatz zu der christlichen und jüdischen Anschauung, daß Gott ein wirkliches Universum geschaffen hat, das keine Ausdehnung seines Wesens ist, sondern von ihm selbst getrennt existiert. Es ist bekannt, daß Pythagoras die Lehre der Reinkarnation vertrat, und selbst Plato lehrte eine östliche Art der Askese und die Notwendigkeit einer Erleuchtung, die sehr an die hinduistische Meditation erinnert.

Die Wiederentdeckung der indischen Religion ist auf drei verschiedenen Wegen erfolgt. Der erste, wenn auch weniger bedeutende, war die geduldige Arbeit der wissenschaftlichen Forscher. Als die Engländer in Indien ankamen, waren viele der Höhlen verlorengegangen, viele der Tempel Ruinen, bestimmte Rituale wurden nicht mehr praktiziert, und der Taj Mahal wurde gar als Stall verwendet. Vieles von der Größe der Vergangenheit, wie das riesige buddhistische Reich des Kaisers Asoka, war vergessen worden. Erst gegen Ende des 18. Jahrhunderts, nachdem Sir William Jones die Royal Asiatic Society gegründet hatte, und verschiedene andere orientalische Gesellschaften und Sanskritgesellschaften gegründet worden waren, wurden die Tempel restauriert, die Rituale neu etabliert, die Höhlen wiederentdeckt, Asokas Gesetzesinschriften wieder aufgespürt und entziffert; die Inder wurden sich zum erstenmal ihres reichen Erbes bewußt.

Ein wichtiger Schritt zur Wiederentdeckung war die Übersetzung der verschiedenen heiligen Texte. Max Müller gab die bekannten *Sacred Books of the East* heraus. In England arbeiteten Prof. Rhys Davids und seine Frau an dem Pali-Kanon. Durch diese und andere große Orientalisten wie Sir William Jones konnten westliche Gelehrte die östlichen Schriften zum erstenmal im Original studieren. Auf diese Weise kam man in den Besitz der Rig Veda (das frühe hinduistische Schöpfungsepos), die Vedanta (die große Sammlung hinduistischer Literatur), die Bhagavad Gita (wichtigster Teil der Vedanta), die Ramayaba (ein Buch religiöser Mythen) und des Pali-Kanons buddhistischer Schriften.

Der wichtigste Beitrag zur Wiederentdeckung des indischen Erbes war die geduldige Arbeit verschiedener östlicher Apologeten.[8] Raja Ram Mohan Roy war der erste (1772–1833), der diese Arbeiten betrieb, und er ist allgemein als der Vater des modernen Indiens bekannt geworden. Interessanterweise war sein Werk, wie das von vielen anderen, eine direkte Reaktion auf evangelikale Christen wie William Carey. Carey brachte die Schule und den Buchdruck in den Teil Indiens, in dem er arbeitete, verhalf den Frauen zu einem neuen Status und kümmerte sich um medizinische Betreuung. Ram Mohan Roy begeisterte sich zunächst für das Christentum und die westliche Erziehung und studierte unter den Serampore-Missionaren die Bibel. Er war sogar der Meinung, daß die »christlichen Wahrheiten« eher zu sittlichen Prinzipien führen und für den Gebrauch vernunftbegabter Wesen angemessener seien als irgendwelche anderen.[9] Aber er sah auch, daß ohne eine tiefgreifende Selbstreform der Hinduismus vom Christentum beiseitegedrängt würde. Er gründete deshalb das Brahmo Samaj, eine hinduistische Reformbewegung, und führte den Angriff gegen das Verbrennen von Witwen (1829 für illegal erklärt), gegen Kinderehen und andere Untaten dieser Art. Er starb in Großbritannien im Kampf für die Rechte Indiens.

Nach ihm kam Ramakrishna (1836–1886), ein Mann voller Hingabe für Kali (der Gottmutter und Patronin von Kalkutta). Er behauptete auch, Visionen vom Mohammed und Christus zu haben. Er sah den Hinduismus, der bis dahin fast synonym mit Indien gewesen war, in einem weiteren Rahmen und als die Krone der Weltreligionen. Sein Werk wurde von seinem Jünger Swami Vivekenanda (1863–1902) verbreitet. Vivekenanda, der geistige Erbe Ramakrishnas, wurde in einer Missionsschule in Kalkutta ausgebildet und gründete die Ramakrishna-Mission, in der er Verkündigung im Verbund mit sozialer Aktion betrieb. Im Jahre 1893 wurde er weltberühmt, als er – unbekannt, unbemerkt und arm – dem ersten Parlament der Weltreligionen in Chikago beiwohnte. Mit seiner Rede, die nicht auf der Tagesordnung stand, faszinierte er seine Zuhörerschaft und erreichte sofort ein breiteres Publikum in den Vereinigten Staaten. In seiner Darstellung des Engagements von Ramakrishna verlieh Vivekenanda dem Monismus Shankaras neues Leben. Er beanspruchte für den Hinduismus den Titel »Mutter aller Religionen« und erklärte: »Wir erkennen alle Religionen als wahr an.«[10] Dieser Neo-Vedantismus machte später einen großen Eindruck auf Aldous Huxley und übte zeitweise einen bedeutenden Einfluß auf die Vereinigten Staaten aus. Ein Reporter des *New York Herald* schrieb: »Nachdem wir ihn gehört haben, haben wir erkannt, wie unsinnig es ist, Missionare in diese gelehrte Nation zu schicken.« Auf weiten Reisen in den USA und Europa erlangte er eine große Beliebtheit, und sein frühzeitiger Tod im Alter von 39 Jahren wurde in Indien als nationales Unglück empfunden. – Die Gründung der theosophischen Gesellschaft im 19. Jahrhundert hatte gleichfalls einen großen Einfluß. Wenn Vivekenanda dem Hinduismus ein neues Selbstbewußtsein verlieh, so gab ihm die theosophische Gesellschaft neuen Stolz, obwohl der Eifer der Gründer oft größer war als ihre Weisheit, und wenige Inder würden sich mit dem seltsamen Gemisch aus Hinduismus, Buddhismus und Okkultismus einverstanden erklären, zu dem die theosophische Gesellschaft geworden ist. Auch von großer Bedeutung war Sri Aurobindo (1872–1950). Mit den Vorteilen einer Erziehung in England (hierzu gehörte auch das Studium der Klassik in Cambridge) wandte sich Aurobindo als junger Mann der Politik zu und wurde ein Führer der nationalistischen Partei. Aber nach einer Vsion im Jahre 1910 zog er sich in seinen Ashram in Pondicherry zurück, um *The Life Divine* zu verfassen. Er blieb dort bis zum Ende seines Lebens und wurde immer stärker desillusioniert, als seine Vision sich nicht erfüllen wollte. Der Ashram wird jetzt von einer Französin geleitet.

Einige hervorragende Führer des 20. Jahrhunderts: Rabindranath Tagore (1861–1941) war der Leonardo der bengalischen Renaissance – Dichter, Dramatiker, Schauspieler, Komponist, Maler, Philosoph und Prophet. Die Namen von Mahatma Ghandi und Dr. Sarvepalli Radhakrischnan, dem Philosophen und Staatspräsidenten, brauchen wohl kaum erwähnt zu werden. Aber vielleicht sind die meisten hauptsächlich von den Werken verschiedener Gurus beeinflußt worden – Krishnamutri, der »Guru der Intellektuellen«, der Maharishi Mahesh Yogi, Meher Baba, Yogananda und vor allem aus dem Lager der Buddhisten D. T. Suzuki in Kyoto, Japan, ein Nachfolger der Rinzai-Schule des Zen, die vor allem auf plötzliche Erleuchtung – ohne Buddha oder die Schriften – Wert legt. Das Engagement seiner Nachfolger ist manchmal recht hohl, manchmal aber aus tiefem Verständnis erwachsen. Bekannte Nachfolger Suzukis sind John Cage, Erich Fromm und Martin Heidegger.

Der Osten und der nachchristliche Westen

Der bedeutsamste Faktor bei der Entstehung des Hinduismus war die Konvergenz der gedanklichen Strömungen im Osten und im nachchristlichen Westen. Übereinstimmung auf vielen Gebieten haben eine fast unentrinnbare Atmosphäre geschaffen. Das ist keineswegs nur die Folge östlichen Einflusses, sondern dieser Vorgang vollzieht sich in einer Reihe von »Parallelismen« wie Alan Watts sie beschreibt. [11] In vielen Bereichen, vom Ursprung des Menschen in der Vergangenheit bis zu seinen utopischen Hoffnungen in der Zukunft, stellen wir im östlichen und nach-christlichen Denken Übereinstimmung fest. Auf manchen Gebieten ist die Übereinstimmung echt, auf anderen nur scheinbar und auf anderen vorgetäuscht. Wir wollen für alle drei Fälle Beispiele geben.

Das Schweigen Gottes

In der Philosophie z. B. stellt sich die Frage, ob es einen Gott gibt oder nicht, und wenn ja, ob er sich mitteilen kann. Der Osten und der nachchristliche Westen bieten übereinstimmend zwei Möglichkeiten an, entweder »völliges Schweigen« oder einen »reinen Symbolismus« des Mystizismus. Es ist vielleicht überraschend, daß sich die Gottesvorstellung in westlicher Philosophie so lange gehalten hat, denn, obwohl viele Philosophen eine vage Vorstellung von einem persönlichen Gott haben oder diese Vorstellung als Argument in ihren philosophischen Diskussionen verwenden, hatten nur wenige ein zureichendes Offenbarungskonzept. Die Schritte zur gegenwärtigen Situation folgten dicht aufeinander. Immanuel Kant errichtete die völlige Dichotomie zwischen dem »Noumenalen« und dem »Phänomenalen«, zwischen dem Ding an sich und dem Ding, so wie wir es wahrnehmen. Nur das Phänomenale ist erkennbar, das Noumenale ist die Welt des philosophischen »anderen« oder »jenseitigen«. Ludwig Wittgenstein entwickelte daraus seine Vorstellung, daß die Sprache nur den Bereich des Phänomenalen beschreibt, das was der Prüfung durch die Sinne zugänglich ist. Wenn wir es wagen, von dem Noumenalen zu sprechen, müssen wir vor der »verzaubernden Natur« der Sprache auf der Hut sein. Die Verbalisierung kann das Unbekannte und unerkennbare Noumenale nicht durchdringen. Seine Schlußfolgerung war: »Wovon man nicht sprechen kann, davon muß man schweigen.« Damit wird Gott in den Bereich des Noumenalen verwiesen und Theologie zum Schweigen reduziert; für Wittgenstein war dies ein mystisches und kein atheistisches Schweigen. Es war ein Versagen der Sprache, kein Versagen Gottes. Hier sehen wir einen wesentlichen Schritt zur modernen Denkweise. Alan Watts zum Beispiel zitiert diese Worte aus dem *Tractatus* und bedauert, daß die westliche Philosophie die

Gelegenheit, den Mystizismus zu erforschen, nicht wahrgenommen hat, sondern die dritte Möglichkeit, den Atheismus, ergriffen hat. Bei A. J. Ayer und seiner linguistischen Analyse ist Wittgensteins mystisches Schweigen zum völligen Schweigen des Atheismus geworden. Es ist unmöglich, daß ein Satz Sinn hat und gleichzeitig etwas über Gott aussagt. Nicht, daß der Satz falsch wäre; er ist bedeutungslos.

Damit bleiben der westlichen Diskussion über Gott nur noch zwei Möglichkeiten – das tote Schweigen des Atheisten oder der reine Symbolismus des Mystikers. Letzteres finden wir in einem Großteil der liberalen Theologie. Theologie hat dann nichts mehr mit dem zu tun, was Gott über den Menschen aussagt, sondern ist etwas, was der Mensch über Gott aussagt. Es ist symbolische Wahrheit, »Schweigen durch Gleichnisse qualifiziert« (T. R. Miles) oder irrationale »Situation der Enthüllung« (Bischof Ramsey). Die Geschichte wird zum Mythos erklärt. Glaube hat hier wenig mit Tatsachen oder Vernunft zu tun. Manche betonen vielleicht die Immanenz Gottes als Grund allen Seins, während andere die Transzendenz des Gottes hinter Gott hervorheben; aber es gibt keine klare Verbindung der Offenbarung zwischen den beiden oder zwischen Gott und uns. Durch den Gebrauch von religiösem Vokabular wird versucht, den Tod Gottes zu verbergen, ein Kompromiß, in dem viele Atheisten einen Mangel an Ehrlichkeit sehen. Für sie gibt es nur Schweigen, wie grausam und unwillkommen es auch sein mag.

Ingmar Bergman schildert in seinem Film »Winterlicht« (1961), wie Tomas, der zweifelnde Priester, mit diesem Dilemma kämpft. Nach einer öden Seelsorgesitzung, in der er nicht Trost, sondern Verzweiflung mitgegeben hat, blickt Tomas zu dem grotesken Holzkruzifix in der verlassenen Kirche auf und stöhnt: »Gott, oh, mein Gott, warum hast du mich verlassen?« Aber es gibt nur »das Schweigen Gottes, Christi verzogenes Gesicht, das Blut auf der Braue, auf den Händen, das geräuschlose Kreischen hinter den bloßen Zähnen« (Bergmans Szenenbeschreibung). Schließlich keucht er: »Nein! Gott existiert nicht mehr.« Für Bergman gibt es von da an nur noch den »Echo-Gott«, den »Lügen-Gott«, den »Spinnengott«.[12] Gott spricht nicht mehr, und bald gibt es ohne eine göttliche Offenbarung keine menschliche Beziehung mehr. Damit beschäftigt sich Bergman in seinem nächsten Film *Das Schweigen* (1962). John Cage hat seine Autobiographie *Schweigen* genannt, und ein neues Stück von Harold Pinter trägt denselben Titel.

Das kommt dem, was der Osten schon immer gesagt hat, erstaunlich nahe, und diese Tatsache ist im Westen nicht unbemerkt geblieben. Martin Heidegger bemerkte, daß, wenn er D. T. Suzuki richtig verstanden habe, er mit seiner Existenzphilosophie dasselbe aussage. John Robinsons *Gott ist anders* und die Bücher von Paul Tillich werden in Indien viel gelesen und sind in den Büchereien vieler Ashrams aufzufinden. Ein Swami im Rishikesch zeigte auf *Gott ist anders* und sagte zu mir: »Aber eure westlichen Theologen sagen doch nur, was wir schon immer gesagt haben.« Tillich antwortete auf eine Frage, die ihm gegen Ende seines Lebens in Santa Barbara gestellt wurde: »Sagen Sie mir, beten Sie eigentlich?« – »Nein, ich meditiere.« Der Grund ist klar. Die liberale Theologie hat keinen positiven Inhalt, keine verbale Offenbarung; theologisch hat nur das Bedeutung, was der *Mensch* über Gott sagt. Eine solche Anschauung kann nur zur Meditation, nicht zu Gebet führen. R. D. Laing schreibt aus seiner Erfahrung als Philosoph und Psychologe: »An dem Punkt des Nicht-seins sind wir an der Grenze dessen, was die Sprache auszusagen vermag... Indem wir ein Wort, einen Buchstaben, einen Laut gebrauchen, OM, kann man einen Laut nicht zur Lautlosigkeit machen, das Unnennbare nicht nennen.«[13] Das führt uns dahin, wo der Osten immer schon gewesen ist, und wenn der Hinduismus der Betonung der »reinen Symbolik« der liberalen Theologie näher liegt, dann ist der Buddhismus die östliche Parallele des »totalen Schweigens« des westlichen Atheismus.

Typisch ist das monistische Denken von Dankhara. Immer wieder weist er darauf hin, daß letzten Endes über Gott nur »Neti Neti« ausgesagt werden kann, d. h. Gott »ist nicht das« und Gott »ist nicht jenes«. Gott ist immer jenseits, sein Wesen unerkennbar; jegliche Beschreibung, die wir von ihm mit Worten oder Bildern machen, ist lediglich eine Reduzierung Gottes auf unser menschliches Verständnis. Gott kann durch eine rationale, begriffliche, in Worten faßbare Denkweise irgendeiner Art nicht erfaßt werden. Er kann nur durch Intuition und Meditation erfaßt werden – beide nichtrational oder superrational. Shankara erzählte die Geschichte eines Studenten, der seinen Meister immer wieder über das Wesen des Brahma (oder Gottes oder des absoluten Selbst) fragte. Jedesmal, wenn diese Frage kam, stellte sich der Meister taub, bis er sich schließlich ungeduldig seinem Schüler zuwandte und sagte: »Ich lehre dich, aber du folgst meinen Lehren nicht. Das Selbst ist das Schweigen.«[14] Ein bekannter Spruch Upanishads ist: »Die Götter lieben das Obskure und hassen das Offensichtliche.«

Ein ähnliches Zeugnis dafür ist die Rolle, die die Bhakti-Bewegung in indischer Philosophie gespielt hat. Im 12. Jahrhundert v. Chr.

führte der Philosoph Ramunja eine Bewegung gegen den idealistischen Monismus von Shankara an. Vor allem fühlte er, der Monismus sei moralisch nicht streng genug und außerdem zu unpersönlich – er hatte keine Gottheit, der man sich widmen, zu der man beten und der man dienen konnte. Die Bhaktis legten deswegen großen Wert darauf, daß ihr Gott ein persönlicher Gott war, was zwar für Pietisten recht anziehend, aber mit den Prämissen des Hinduismus unvereinbar ist. Die Bhaktis stellen immer noch eine starke Bewegung dar und erhalten die Wärme und Hingabe indischer Religionen am Leben, aber ihr emotionales Engagement war stets stärker als ihre philosophische Basis.

D. S. Sharma, ein moderner indischer Philosoph, zeigt den Grund für dieses Versagen auf: »Der bestimmte Name und die Form irgendeiner Gottheit sind Begrenzungen, die wir in unserer Schwachheit einem alldurchdringenden Geist auferlegen, der in Wirklichkeit namenlos und formlos ist. Das oberste Wesen ist nur in Bezug auf uns und unsere Bedürfnisse eine Person... der höchste Theismus ist nur eine Art glorifizierter Anthropomorphismus, aber *wir können ohnedem nicht auskommen.*«[15] Die letzten fünf Wörter zeigen ganz klar die freudianische Natur der indischen Symbolik über Gott. Man kann nicht sagen, daß »Gott existiert«, sei es in der verbalen Symbolik eines Philosophen oder dem groben Steinsymbolismus eines Dorfbewohners, der seine Götzen im Tempel anbetet. Vielmehr ist Gott für sie nur deshalb vorhanden, weil jeder seine Art der Darstellung »braucht«. Shankara hat es folgendermaßen ausgedrückt: »Ein solcher Jiva, das heißt der Anwärter, der sich der Frömmigkeit widmet, wird von denen, die Brahma als ewig und ohne Wechsel ansehen, als engen und geringen Intellekts erachtet, insofern er nur einen Teilaspekt Brahmas kennt.«[16]

Das »totale Schweigen«« gibt es im Osten auch, nämlich im Buddhismus. Man sagt, daß jedesmal, wenn Gautama Buddha nach Gott gefragt wurde, er von dem »Entschiedenen« und dem »brüllenden Schweigen« sprach. »Und warum, Mönche, habe ich es nicht erklärt? Weil es zu nichts nütze ist...« Buddha wird gewöhnlich als Atheist angesehen, obwohl manche jetzt der Meinung sind, daß er vielleicht ein Mystiker mit einem außerordentlichen Einblick in die Probleme der Sprache war, tausend Jahre vor Wittgenstein. Es wird gesagt, daß, als Buddha im Begriff war, ins letzte Nirvana einzugehen, er all seine Nachfolger auf dem Geierhügel zum Abschied versammelte. Lange Zeit saß er vor ihnen – und schwieg. Schließlich pflückte er eine Blume und hielt sie seinen Nachfolgern hin und wartete auf ein Zeichen von Verständnis. Nach einigen

Minuten waren alle außer einem erstaunt und verblüfft. Nur Mahakasyapa lächelte verstehend. Buddha beglückwünschte ihn. Als einziger hatte er verstanden, worüber Buddha gesprochen hatte, oder vielmehr, warum er überhaupt nicht gesprochen hatte. Endgültige Wahrheit ist nur im Sein; dieses Wissen ist jenseits aller Worte. Manche der Sprüche, die gegenwärtig auf den Universitätsgeländen die Runde machen, illustrierten das gleiche Schweigen, so z. B. Lao-Tse: »Diejenigen, welche wissen, sprechen nicht. Diejenigen, welche sprechen, wissen nicht.« Zen beschäftigt sich sehr viel mit den subtilen Paradoxen der Sprache, und der Zen Koan ist so abgefaßt, daß er die Leser intellektuell neckt, dem Geist durch einen Schock zur Befreiung von der Rationalität verhilft und durch Intuition ins Nichtrationale flieht, wo allein das wahre Selbst zu finden ist. »Was ist das Geräusch einer schlagenden Hand?« »Was ist dein ursprüngliches Gesicht, bevor du geboren wurdest?« Die ernsthafte Rationalität gerät hier ins Stolpern, aber nur wenn sie fällt, können die Höhen der superrationalen Erleuchtung erreicht werden.

Ich habe dieses Beispiel ziemlich ausführlich diskutiert, aber der Sachverhalt sollte klar sein. Sowohl im Osten als auch im nachchristlichen Westen gibt es anstelle Gottes nur noch Schweigen. So etwas wie Offenbarung ist dann unmöglich. Hinzufügen sollte man, daß dieses Schweigen einen scharfen Kontrast zur wortreichen Verkündigung des Christentums bildet. Somit wird der Osten seit der Beat-Generation ein natürlicher Hafen für alle inneren, kaum einmal ausgesprochenen Stimmungen.

Die vergewaltigte Natur

Ein zweites Beispiel für Übereinstimmung im Denken des Ostens und des nachchristlichen Westens finden wir in dem Bereich der Ökologie und der Frage: Was ist die Natur, und wie soll man sie richtig behandeln? Hier gibt es eine scheinbare Parallele, die im Grunde keine ist. Wenige würden leugnen, daß die westliche Industriegesellschaft in ihrer Behandlung der Natur ganz klar versagt hat. Durch Unwissenheit, Hast und wirtschaftliche Habgier in jedem Bereich ist die Vergewaltigung der Natur überall sichtbar geworden. Woran liegt das? Lynn White jr. ist ein typisches Beispiel für viele, die das Christentum für diese Katastrophe verantwortlich machen und behaupten, daß das Christentum den Menschen für so andersartig im Verhältnis zu seiner Natur hält, daß er sich daran macht, die Natur bis zu ihrem Ruin hin sich untertan zu machen.[17]

Andere haben gemeint, daß der Pantheismus die einzige Antwort auf die ständige Ausbeutung der Natur sei, eine Anschauung, die eine respektvolle Behandlung der Natur aufgrund der grundsätzlichen Einheit des Menschen mit der Natur lehrt.

In *Eiland* (1962), einer Fortsetzung zu *Schöne Neue Welt* (1932), stellt Aldous Huxley eine utopische Gemeinschaft dar, die auf wissenschaftlichem Humanismus und Buddhismus errichtet ist. Diese Gemeinschaft wird auf den letzten Seiten verraten, aber in der Idealvorstellung, auf der sie beruht, stellen die Ökologie wie der Buddhismus wichtige Fundamente ihrer Lösungen dar. Die palanesischen Schulkinder fangen ihren Volksschulunterricht mit Ökologie an: »Elementare Ökologie führt so geradenwegs zu elementarem Buddhismus.«[18] Das gilt allerdings nur dann, wenn der Mensch die Erkenntnis erlangt hat, daß er im Grunde mit der Natur eins ist, zunächst physisch, schließlich auch prinzipiell.

Solche Argumente tauchen heutzutage in Diskussionen recht häufig auf. Zweifelsohne finden sie immer weitere Verbreitung. Nichtsdestoweniger besitzt dieses Argument nur eine scheinbare Plausibilität. Eine Analyse zeigt: Obwohl die Christen zugeben müssen, daß viele sich auch durch Gleichgültigkeit und Schweigen schuldig gemacht haben, daß diese Gleichgültigkeit eine Karikatur der wirklichen christlichen Position ist. Die wahrhaft christliche Haltung ist genau umgekehrt.

Das historische Christentum erkennt zwar einen grundlegenden Unterschied zwischen Natur und Mensch, sieht ihn aber nicht von der Natur getrennt. Auf der Ebene der Persönlichkeit ist der Mensch anders als die ganze übrige endliche Schöpfung und findet eine völlige Erfüllung seiner Hoffnungen nur in Gott. Seine Endlichkeit ist die Grundlage seiner Einheit mit der Natur als Teil einer größeren endlichen Schöpfung. Daher hat der Mensch trotz wirklicher Unterschiede eine Beziehung zur Natur, trägt ihr gegenüber also eine gewisse Verantwortung, muß sie mit Respekt behandeln.

Dieses Gleichgewicht finden wir im Pantheismus nicht. Wie Francis Schaeffer nachgewiesen hat, erhöht der Pantheismus das Niedrigere (die Natur) nicht auf das Niveau des Höheren (den Menschen), sondern erniedrigt umgekehrt das Höhere (den Menschen) auf die Ebene des Tieferen (Natur).[19] Paradoxerweise werden Kühe in Indien, obwohl sie heilig sind, oft schlimmer behandelt als Kühe in allen anderen Ländern. Während es große Unterschiede in der Behandlung der Kühe je nach Größe und Qualität gibt (und manche werden als Haustiere verwöhnt), so gibt es viel zu viele Kühe in Indien. Sie fressen nicht nur Nahrung, die die Menschen brauchen, sondern sie stehen auch selbst kurz vor dem Verhungern.

Der gleiche Punkt wird noch deutlicher in der Einstellung zu Parasiten. Mehrmals konnte ich in Neu Delhi beobachten, wie Menschen Ratten in die Gärten ihrer Nachbarn jagten, weil sie sich aufgrund der Lehre von Ahimsa weigern, sie selbst zu töten. Ein Experte der Vereinten Nationen teilte mir mit, daß jedes Jahr in Indien die Parasiten soviel Nahrungsmittel fressen, daß man die ganze Bevölkerung Kanadas damit versorgen könnte, aber wegen der religiösen Tabus kann man daran nichts ändern. Ohne diese religiösen Tabus hätte man also genügend Nahrungsmittel, um das grausame Problem der Hungersnot zu lösen, wie z. B. in Rajastan, wo Millionen am Rande des Verhungerns stehen.

Tatsache ist, daß eine pantheistische Naturanschauung genau soviel Schaden in der Natur anrichten kann wie die »westliche« Anschauung. Die christliche Anschauung von Mensch und Natur hingegen sollte zu ökologischer Verantwortlichkeit führen.

Nehmen wir andere Bereiche: die Frage der Evolution, die Raum-Zeit-Skala, die Parapsychologie und die Hoffnungen auf ein Utopia, das sich um ein zukünftiges kosmisches Bewußtsein herumbildet. Diese viel diskutierten Probleme schaffen gleichfalls ein Klima, in dem es für den Menschen des Westens ganz natürlich ist, sich nach einer intellektuellen Stimulierung aus dem Osten umzusehen. Wir können uns leider aus Platzgründen hiermit nicht im einzelnen beschäftigen. Der wesentliche Punkt, um den es hier geht, ist wohl klar geworden: Die allgemein pessimistische Haltung und die vielen Übereinstimmungen in westlichem und östlichem Denken treiben den Westen immer stärker nach Osten. Ich halte es für wichtig, daß man erkennt, wie »verständlich« dieser Trend zum Osten ist. Wir wollen deshalb noch einiges dazu sagen.

Die Schwäche des westlichen Christentums

Der Zug zum Osten erfolgt zu einem Zeitpunkt, an dem die Christenheit gerade in den Punkten schwach geworden ist, in denen sie stark sein müßte, um dem Osten widerstehen zu können. Ohne Bewußtsein dieser Stärke werden die östlichen Religionen für die Christenheit zu einem neuen, gefährlichen Gnostizismus, diesmal jedoch wird ein Großteil des Kampfes bereits verlorensein, bevor viele die Gefahr erkennen. An drei Punkten schöpft das moderne

Christentum seine Möglichkeiten nicht voll aus. Zunächst einmal das verschwommene und unzureichende Verständnis der Offenbarung: Wenn das Wort Gottes nicht als wahr, die geschilderten Ereignisse nicht als geschichtlich anerkannt werden, dann kann sich die Theologie nur dem Hinduismus nähern. Zweitens ist die unmittelbare, persönliche Kenntnis Gottes des modernen Christen aus eigener Erfahrung nicht so, wie sie sein könnte. Das, was als religiöse Erfahrung bezeichnet wird, ist ein Gefühl der Gemeinschaft, das man in der Kirche, bei Versammlungen, im gemeinsamen Gesang erfährt. Wenige Christen kennen Gott als persönliches Gegenüber. Drittens: Die moderne Kirche vermag kaum noch echte Gemeinschaft zu ermöglichen. Sie ist zum lokalen Gesellschaftsklub geworden, zum »preaching shop« oder zu einer vom Prediger beherrschten Gruppe. Mit diesen Schwächen kann das moderne Christentum nicht hoffen, von jenen, die ostwärts ziehen, verstanden zu werden, von irgendeinem Widerstand gegen diesen Trend und einer Alternative ganz zu schweigen.

Selbst innerhalb der Kirche und ihrer Führungskräfte haben viele ein unklares Verständnis vom Glauben und ein gebrochenes Verhältnis zur Botschaft des Evangeliums. Als ich in einem Ashram in Indien war, wohnte ich neben einem kanadischen Katholiken, der jeden Tag viel Zeit damit verbrachte, mir zu erzählen, wie sein neues Verständnis des Hinduismus seinen christlichen Glauben stärke. Er sollte nach Kanada zurückkehren, um weiterhin als Professor in einem katholischen Seminar zu lehren.

Es ist jedoch wichtig zu erkennen, daß es im Osten viel Gültiges und Wertvolles gibt, das wir als wahr anerkennen müssen. Die allgemeine Hervorhebung des Geistigen ist ein willkommener Gegensatz zum harten Materialismus; die Betonung des Ruhigen ist eine Hilfe gegen die hektische Hetze, der man in der modernen Wohlstandsgesellschaft ausgesetzt wird. Weiterhin gibt es viele positive Auswirkungen von solchen Praktiken wie Leibesübungen, Konzentration, Gedankenkontrolle und der Fähigkeit, den Blutdruck oder den Herzschlag regulieren zu können.

Warum übt der Osten denn eine so große Anziehung auf den Westen aus? Viele Reisen im Osten und viele Gespräche mit Leuten, die sich auf dem Weg der Hinwendung zu östlichem Denken befinden, haben mir die Erkenntnis vermittelt, daß der hauptsächliche Anreiz für den westlichen Menschen das ist, was im Osten anders ist oder anders zu sein scheint. Der Osten betont die Erfahrung an Stelle der Theorie und ist somit ein befreiender Gegensatz zu der Erinnerung an sterile Prediger und an Kanzeln, die mehrere Meter über allen Widerspruch erhaben und allem Leben fremd sind. Für den Osten vollzieht sich die Verifikation auf dem Wege der Teilnahme. Das Tat Tvam Asi (»Du bist so«) ist keine metaphysische Vorstellung, sondern eine psychologische Erfahrung. Wie ein Guru mir sagte: »Für einen Christen ist seine verbale Darstellung von Gott wie ein großer Eisberg, während seine Erfahrung von Gott nur die kleine Spitze des Eisberges ist; aber für einen aus dem Osten ist die Erfahrung Gottes der ganze Eisberg, während seine verbale Darstellung über Gott nur die kleine Spitze ist.«

Weiterhin legt der Osten großen Wert auf Integration im Gegensatz zu isolierter Individualität. Diese Erkenntis der Einigkeit mit der Natur bringt oft einen Strom der Erleichterung, des Friedens und der Freude. Dies erscheint durch den Kontrast des Individualismus und der Entfremdung, die eine sensible Person in einer materialistischen Industriegesellschaft empfindet, noch sehr viel realer. Aldous Huxley behauptete: »Der Trieb zur Flucht aus Selbstheit und Umwelt ist in jedem Menschen fast zu jeder Zeit vorhanden.«[20] Das ist eine zu grobe Verallgemeinerung, obwohl es wahr ist, daß man diesen Trieb heute in vielen findet, die introvertiert, sensibel und vielleicht überintellektuell sind. Für all jene hat der Osten eine natürliche Anziehung. Man kann mit Alan Watts sehr viel Sympathie haben, wenn er von dem »schieren Genie für Eintönigkeit« der modernen Christenheit spricht, oder ihrer »Verstopfung der angenehmen Gefühle«.[21] Oder, wenn er einen Durchschnittsgottesdienst beschreibt: »Die Teilnehmer sitzen in Reihen und sehen von einander nur die Hinterköpfe. Sie kommunizieren nur mit dem Führer.«[22]

Monismus – die Theologie des Ostens

Ich habe für jedermann, der ostwärts zieht, viel Sympathie. Ich verstehe, so meine ich, warum er so anziehend wirkt und was er verspricht. Nichtsdestoweniger sind die östlichen Lehren völlig falsch. So möchte ich nun eine Kritik ihrer zentralen Ideen vornehmen. Es geht mir hier nicht um die verschiedenen Praktiken (z. B. das Kastensystem) oder die verschiedenen Lehren (z. B. die Reinkarnation), sondern vielmehr um die grundlegenden Prämissen östlichen Denkens – und die Resultate, die diese Kultur zeitigt. In anderen Worten, wir wollen uns einmal ansehen, wie diese Vorstellungen sich im täglichen Leben auswirken. Hier wird sich die Kritik hauptsächlich auf einen Zweig des Hinduismus konzentrieren, wir werden die andern hinduistischen Strömungen oder den Buddhismus nur ab und zu erwähnen.

Die hinduistische Theologie ist recht vielfältig. Wenn man so will: es gibt genauso viele Götter, wie es Inder gibt. Aber, obwohl es am Anfang einen starken Polytheismus gab, und die Bhaktis immer noch an einen persönlichen Gott glauben, so ist die einflußreichste Phase (und sicherlich die intellektuell konsequenteste) die des Monismus. Von der Philosophie des Shankara im 9. Jahrhundert an, über die Vision des Vivekenanda bis zum 20. Jahrhundert und zu Maharishi und Radakrishnan war die Hauptströmung indischen Denkens Advaita = nicht-dualistisch und Vedanta = reiner Monismus. Dies stellt immer noch die bedeutendste Schule im modernen Indien dar. Es ist zweifelsohne richtig, daß es noch andere hinduistische Lehren gibt, vom Buddhismus ganz zu schweigen, mit ganz anderen Erkenntnislehren oder Ontologien. Aber wenn man sie ihrer philosophischen Hintergründe beraubt, sind alle Wege des Yoga im Grunde das gleiche. Ihr gemeinsames Ziel ist die Befreiung des Selbst (was man darunter auch verstehen mag) von all dem, was Nicht-Selbst ist, bis das Letztere (sei es die äußere Welt, der menschliche Körper oder die vorübergehende Psyche) aufhört zu existieren.

Der Schlüssel zum Monismus ist wohl die Art und Weise, wie er mit dem Problem der Einheit und Vielfalt fertig wird. Er erkennt nur die Einheit als wirklich an. Der Monismus ist eine der möglichen Antworten auf das Universalienproblem. Wenn man z. B. untersuchen will, was wichtiger ist, die Einheit des Allgemeinen oder die Vielfalt des einzelnen, könnte man fragen: »Was ist wirklicher – ein bestimmter Hund (ein Schäferhund, Pudel, Terrier, Dachshund) oder der Begriff Hund?« Man könnte nun gut sagen, der einzelne Hund sei sehr viel wirklicher, er kann gesehen, gehört, gefühlt, sogar gerochen werden. Aber wenn man die Sache von einem anderen Standpunkt betrachtet, so ist der Begriff Hund, obwohl er von den fünf Sinnen nicht erfaßbar ist, eigentlich das, was den Hund zum Hund macht und nicht zur Katze. Lange nachdem ein Hund gestorben ist, lebt die Vorstellung des Hundseins weiter.

Als Antwort auf diese Frage sagten die frühen griechischen Zyniker und die modernen Existentialisten, daß es kein Allgemeines geben kann, keine endgültige Einheit; der Mensch bleibt in der Vielfalt stecken. In der daraus resultierenden Entfremdung dieser Position bleibt nur noch die Verteidigung des Individualismus gegen ein

Universum, das nicht in der Lage ist, einen allgemeinen Sinn zu geben. Sowohl die Inder als auch viele der Griechen würden jedoch (wie Plato) sagen, daß die Einheit wirklich ist und daß die Vielfalt nur mit dieser Einheit erklärt werden kann. Plato sprach von dem Bereich des Phänomenalen als Schatten der wirklichen Welt, und die Inder sagen, daß nur das absolute Selbst wirklich ist und die Welt der Vielfalt Maya oder Illusion ist. Wie Bhagavad Gita sagt: »Waffen können den Geist nicht verletzen, und Feuer kann ihn nie verbrennen. Er bleibt von ertränkendem Wasser unberührt, unberührt ist er von den Winden. Jenseits der Macht des Schwertes und des Feuers, jenseits der Macht von Wasser und Wind ist der Geist ewig, allgegenwärtig, unveränderlich, unbeweglich, stets eins.«[23] Manche mögen daran zweifeln, daß dies irgendwie von Bedeutung ist. Sind dies nicht nur obskure, komplizierte Probleme, die zwar für Philosophen recht interessant sind, sonst jedoch völlig irrelevant? Tatsache ist, daß das Problem des Einen und des Vielen mehr als nur ein philosophisches Problem darstellt; es ist von grundlegender Bedeutung für jeden Bereich des Lebens. Die moderne Philosophie ist vielleicht angesichts dieser Frage kameraschen geworden, weil die Wahrscheinlichkeit, daß sie eine Antwort finden kann, gering ist, aber die moderne Gesellschaft ist nichtsdestoweniger der Versuch einer Antwort. Die grundsätzlichen Prämissen des Monismus stehen mit der gesamten indischen Kultur in einer direkten Beziehung; um die letztere zu verstehen, muß man die ersteren begreifen. Wir wollen deshalb den indischen Monismus untersuchen, besonders im Hinblick auf sein Verständnis von Wirklichkeit, Persönlichkeit und Moral.

Monismus und Wirklichkeit

Zunächst einmal: Was ist die Beziehung zwischen Monismus und Wirklichkeit? Wenn die Einheit allein wirklich ist, was ist dann die Welt der Vielfalt oder das phänomenale äußere Universum, wie wir es kennen? Früher erklärte es der polytheistische Vedantismus mit dem Bild einer Spinne, die ihr Netz webt, oder eines Feuers, das Funken sprüht. Als sich der Monismus weiterentwickelte, verglich man die Beziehung zwischen Gott und der Welt mit einem Träumer und seinem Traum – wobei nur der Träumer wirklich existierte. Die phänomenale Welt, so wie wir sie kennen, ist *Maya*, ein Sanskritwort, das ursprünglich »messen« oder »klassifizieren« bedeutet. Daher ist Maya die Welt der wissenschaftlichen Phänomene, Illusion, Unwissen und Schatten, eine Welt, wo Individualität und

Vielfalt für wirklich gehalten werden, es aber nicht sind. Gott als die ursprüngliche Einheit spielt mit sich selbst Versteck, gerät gegen Ende seines kosmischen Tanzes in eine Trance oder vergißt sich selbst zeitweilig. »Das ist die Zauberkraft Gottes, durch die er selbst getäuscht wird« sagte Shankara.[24] Der Trend vom Polytheismus zum Monismus hat immer mehr zur Betonung der Unwirklichkeit des Universums, so wie wir es kennen, geführt. Shankara z. B. sagt, daß die Welt Maya ist, aber für wirklich gehalten wird, so wie ein Mensch irrtümlicherweise ein Seil für eine Schlange oder Perlmutt für Silber hält. Wir halten die Welt nur wegen unserer Unwissenheit für wirklich. »Brahma allein ist wirklich, die phänomenale Welt ist unwirklich oder reine Illusion.«[25]

Die Bedeutung dieser Anschauung von der Wirklichkeit läßt sich in zwei praktische Richtungen verfolgen. Zunächst einmal ist hier die hinduistische Vorstellung von der Naturwissenschaft. A. N. Whitehead, Robert Oppenheimer u. a. haben nachgewiesen, daß die moderne Naturwissenschaft eine Errungenschaft des Christentums ist und nur in einem christlichen Milieu entstehen konnte. Vielleicht finden wir in der Vorstellung von der Welt als Maya den Grund, warum in Indien Naturwissenschaft und Technik eine bestimmte Entwicklungsstufe nicht überschritten haben. Die Frage erhebt sich: Werden Hinduismus und Buddhismus in der Lage sein, dem Druck der Naturwissenschaft und Technologie des 20. Jahrhunderts zu widerstehen? Professor Zaehner von der Universität Oxford sagt voraus, daß genauso, wie der Islam, der Taoismus und der Konfuzianismus versagt haben, auch der Zen und der Hinduismus versagen werden, denn »unsere technische Kultur wurde in einem christlichen Milieu geboren, und das war kein Zufall, denn das Christentum ist sowohl diesseits- als auch jenseitsorientiert.«[26] Der Osten hätte die moderne Naturwissenschaft, so wie wir sie heute kennen, niemals hervorbringen können.

Zweitens stellt sich die Frage: Wenn die Welt, die wir als »Wirklichkeit« kennen, tatsächlich Illusion ist, was ist dann der Unterschied zwischen Phantasie und Wirklichkeit? Wie Lao-Tse es ausdrückt: »Wenn ich während meines Schlafes ein Mann war, der träumte, er sei ein Schmetterling, wie weiß ich, wenn ich wach bin, daß ich kein Schmetterling bin, der träumt, er sei ein Mensch?« Wenn wir bequem zu Hause im Lehnstuhl sitzen und dies hier lesen, kann das nicht sehr bedrohlich wirken. Aber für jeden, dem die Wirklichkeit durch sorglos angewandte Meditationstechniken oder durch ständigen LSD-Genuß verlorengegangen ist, kann die Unfähigkeit, zwischen Phantasie und Wirklichkeit zu unterscheiden, zu einer lebenden Hölle werden. So stehen wir hier dem ersten Problem gegenüber: Der Monismus macht es völlig unmöglich, zwischen Phantasie und Wirklichkeit zu unterscheiden; aufgrund einer monistischen Einstellung kann naturwissenschaftliche Forschung nicht sinnvoll betrieben werden.

Monismus und Persönlichkeit

Wenn die Einheit, Gott oder Brahma allein wichtig ist, und die Welt der Vielfalt ist Maya, was ist dann der Mensch? Wer bist du? Wer bin ich?

Shankaras Antwort ist einfach: »Wer bist du? Wer bin ich? Woher bin ich gekommen? Wer ist meine Mutter, wer mein Vater? Denk an das alles als ohne Substanz, laß es alles fahren als den Stoff von Träumen.«[27]

In diesem Rahmen ist der Mensch die Ausweitung des Wesens Gottes in die Welt der Vielfalt, durch einen Traum, einen Tanz, ein Versteckspiel. Radakrishnan sagte, der Mensch sei »Gottes zeitweilige Selbstvergessenheit«. Alan Watts erklärte: »Gott versetzte sich selbst in eine Trance und vergaß den Weg zurück, so daß er sich selbst als Mensch vorkommt, der, schuldhaft, damit spielt, Gott zu sein.«[28]

Das »wahre Selbst« ist Gott, und das »Ich«, für das ich mich selbst halte, ist in Wirklichkeit »Nicht-Selbst«, in einer Welt der Illusion und Unwissenheit gefangen. Daher ist Yoga (was ursprünglich »Joch« oder »Vereinigung« bedeutet) die Befreiung des »Nichtselbst« und seine Verbindung mit dem wahren »Selbst«, wodurch der göttliche Funke im Menschen wieder eins mit Gott wird. Durch seine Erkenntnis, daß er selbst Gott ist, verschmilzt er wieder mit dem Absoluten. Während der Ganges endlos ins Meer und in die Bucht von Bengalen fließt, so erreicht die einzelne Seele schließlich endgültige Einheit mit Gott, die ihn mit dem Absoluten verschmilzt. Die Upanishaden versuchen das mit vielen Beispielen und Gleichnissen zu erläutern. Genauso wie Pollen sich mit Honig vermischt, so wie das Salz sich im Seewasser verliert, wie der Fluß ins Meer fließt, so wird der göttliche Funke im Menschen dadurch befreit, daß er mit dem Absoluten verbunden wird. Die Befreiung vom Nichtselbst ist die Auslöschung der Illusion der Individualität, die selbst nur ein Nebenprodukt der Maya oder Illusion ist. Alle diese Vergleiche sollen zeigen, daß der einzelne im Ganzen aufgehen muß; das allein ist Freiheit. Aber es ist wichtig zu begreifen, daß solche Freiheit (Mukti oder Mokscha) eine Freiheit »von« der Individualität ist, so wie wir sie kennen, und nicht etwa die Freiheit, die einzelne Person »zu sein«, als die wir uns kennen oder die wir sein wollen. Individualität ist nie mehr als das irrtümliche Selbst, nur Gott ist das wahre Selbst.

Dieser Rückzug von der Individualität kommt in den hinduistischen Lebensidealen offen zum Ausdruck. Gewöhnlich wird von einem Mann erwartet, daß er nach seiner Ehe und einem Leben im Beruf in den letzten Jahren seines Lebens rein geistliche Ziele verfolgt. Außergewöhnliche Menschen wie Gurus, Rishis, Seher oder Männer wie Gautama Buddha verlassen das normale Leben früher und geben Frau, Familie und Beruf fast völlig auf. In Bhagavad Gita erklärt Krishna, daß ein Mensch von dem »dunklen Wald der Illusion« befreit werden muß.

D. T. Suzuki hat gesagt, das Ziel des Zen sei keine Inkarnation, sondern eine »Exkarnation«. Alan Watts deutet oft an, daß die östliche Antwort auf die Frage der Persönlichkeit keine Lösung, sondern eine Auflösung ist.

Eine solche Haltung führt unvermeidlich zu einer pessimistischen Einstellung zum Wert der Individualität in diesem Leben. Das gilt auch für den Buddhismus, der den Menschen als Bewußtseinsstrom sieht, dessen Persönlichkeit nur durch den Impuls selbstsüchtigen Begehrens zu einer Einheit wird. Der Mensch, der sein wahres Selbst erkennt, so sagt Buddhagosa, »begreift die vielfältige Leere, die in den Worten enthalten ist: ›Ich bin nirgendwo irgend etwas für irgend jemanden.‹«[30] Westliche Denker, die östliche Gedanken vertreten, haben oft ein ähnliches Menschenbild. Alan Watts beschreibt den Menschen als eine »Ego-Maske« oder ein in »Haut eingekapseltes Ego«.[31] R. D. Laing beschreibt ihn als »dieses identitätsverankerte, raum- und zeitgebundene Erlebnis«.[32] Für den Monismus ist das grundlegende Dilemma des Menschen nicht moralisch (durch das, was er getan hat) bedingt, sondern metaphysisch (durch das, was er ist). Daher kann dem einzelnen auch nicht geholfen werden, weil ja das Problem gerade darin besteht, daß er ein einzelner ist. Ihm muß *von* seiner Individualität weggeholfen werden, er muß mit dem Absoluten verschmelzen. Meher Baba sagte: »Eine wahre Verschmelzung des Begrenzten im Ozean des universalen Lebens bringt die völlige Aufgabe einer getrennten Existenz in aller Form mit sich.«[33] Das kann lediglich zu einer radikalen Negierung jeden positiven Strebens nach einer Erfüllung des einzelnen in diesem Leben führen. Lewis Carroll drückte dies in *Hinter dem Spiegel* sehr gut aus. Was der König wohl träume, wollte Zwiddeldei wissen. Aber Alice wußte es nicht. »Nun, dich träumt er!« rief Zwiddeldei und klatschte triumphierend in die Hände. »Und wenn er aufhört, von dir zu träumen, was meinst du, wo du dann wärst?« – »Wo ich jetzt bin, natürlich« sagte Alice. »So siehst du aus!« entgegnete Zwiddeldei verächtlich. »Gar nirgends wärst du. Du bist doch jetzt nur so etwas, was in seinem Traum vorkommt!« »Der König da« fügte Zwiddeldum hinzu, »braucht bloß aufzuwachen, und schon gingst du aus – peng! – wie eine Kerze!«[34]

Eine solche erkenntnistheoretische Unsicherheit bringt weiter die Erkenntnis mit sich, daß das Leben nicht nur in einer Illusion gelebt wird, sondern auf dem Rad der Samsara oder des Leidens. Viele Gleichnisse in den Upanishaden sind recht pessimistisch; sie zeigen die menschliche Situation als Ergebnis des Elends der Samsara. Einer stellt die Samsara als einen Brunnen ohne Wasser dar, wo ein Mensch wild und hoffnungslos im Morast wühlt. Ein anderer beschreibt den Menschen, wie er kopfüber in einer Grube hängt; Schlangen bedrohen ihn von unten, Elefanten von oben; er wird nur durch die Schlingpflanze am Leben erhalten, an der er hängt, und diese wird langsam von einer schwarzen und weißen Ratte angenagt, die Verkürzung seines Lebens durch die Tage und Nächte. Wenn wir die Situation nüchtern betrachten: Ist eine solche metaphysische Entpersönlichung eine wahre Antwort auf die Frage des Menschen nach seiner Bedeutung? Oder ist es nur eine Flucht?

Ist es nicht klar, warum sowohl der Kommunismus als auch der säkulare Humanismus »christliche Irrlehren« sind? Nirgendwoher im Osten könnte man eine ausreichende Basis für ein solch hochstehendes Menschenbild bekommen. Der Kommunismus mag in der Praxis seinen Humanismus verraten haben; er endete in einer Art Staatskapitalismus, in dem der einzelne zur Null geworden ist. Dem säkularen Humanismus ist es nicht geglückt, sein Menschenbild, das unter den Strömungen der technologischen Entmenschlichung schwankte, auf eine sichere Basis zu stellen. Aber der Osten hat nie ein hohes Menschenbild gehabt. Sowohl in der Philosophie als auch in der Praxis zeigt er eine gefährliche Sorglosigkeit in Bezug auf das menschliche Streben nach Menschlichkeit. Wenn wir den Buddhismus untersuchen sollten, der ja etwas andere Voraussetzungen hat, kämen wir zu der Schlußfolgerung, daß er im Grunde noch radikaler pessimistisch und lebensverneinend ist.

Das sollte uns auch solchen Kulthelden wie Pierre Teilhard de

Chardin gegenüber kritisch machen, der, obwohl er den Osten als »Ausflucht« und überholt verachtet, sich einer gleichartigen Verneinung der Individualität gefährlich nähert. Wie es Teilhard sieht, hat die Menschheit nur vier Alternativen: »Entweder durch irgendeine Form von Selbstmord aufhören zu handeln; oder in eine Mystik der Trennung zu fliehen; oder uns durch egoistische Absonderung aus der Masse individuell zu vollenden; oder uns entschlossen in den die Gesamtheit ergreifenden Strom hineinzuwerfen, um ein Teil des Stromes zu werden.«[35]

Dies sind die Antworten des »Pessimisten«, des »Buddhisten«, des »Pluralisten« und des »Monisten«.

Teilhard selbst trifft seine »große Wahl«, d. h. er entscheidet sich für die *Monisten,* distanziert sich dabei aber ganz bewußt vom hinduistischen Monismus und attackiert die »weitverbreitete Meinung, eine Zielsetzung ›monistischer‹ Art würde in allen ihren Formen das Opfer der personalen Werte des Universums verlangen und ihre Zerstörung vorbereiten« als unfundiertes Vorurteil.[36] Im Gegenteil behauptet er: »Die Sozialisation, deren Stunde für die Menschheit geschlagen zu haben scheint, bedeutet also keineswegs für die Erde das Ende, sondern eher den Anfang des Zeitalters der Person.«[37]

Aber was in Teilhards Vision wird das totalitäre Prinzip des Monismus daran hindern, zum Zuge zu kommen, was wird es der Einheit ermöglichen, die Vielfalt zu erfüllen, ohne sie zu schlucken? Seine Antwort ist »eine ›Verschwörung‹ informiert mit Liebe, das einzige natürliche Milieu, in dem die aufsteigende Bewegung der Evolution sich fortsetzen kann. Ohne Liebe steht wirklich das Gespenst der Gleichschaltung und der Versklavung vor uns: das Schicksal der Termiten und der Ameisen«.[38]

Interessanterweise führt ihn die Erwähnung seines Endzieles dazu, von einer »Mystik der Trennung«[39] (was an das Nirwana erinnert) und vom »Absoluten«[40] zu sprechen (was an das göttliche Absolutum des Hinduismus erinnert). Trotz seiner verschwommenen Darstellung ist sein Ziel nicht ohne Reiz, aber seine Unbestimmtheit erweist sich als chronisch. Wer würde auf ein solch unklares Liebeskonzept setzen, um die ewigen Probleme der Einheit und Vielfalt zu lösen, den Dualismus von Form und Freiheit, woran der Optimismus so oft gescheitert ist? Wenn die Liebe letzten Endes doch nicht gewinnt, stehen wir der unwillkommenen Logik des Monismus erneut gegenüber, nur daß diesmal die Negation der Individualität den Menschen »zum Schicksal der Ameisen und Termiten« verurteilt. Wenn beide Wege zu Pessimismus und Negation führen, dann ist der offene Realismus des Ostens schon der verschwommenen Romantik eines Teilhard vorzuziehen. Es ist recht paradox, daß Geistliche sich immer noch lobend über eine Anschauung äußern, die das, was nach christlicher und humanistischer Überzeugung den Menschen zum Menschen macht, schlicht leugnet.

Arnold Toynbee erkennt etwas von der grundsätzlichen Verneinung und Entfremdung der Individualität in all den Weltanschauungen, die letzten Endes unpersönlich sind, wenn er sagt: »Wir können uns einen Menschen als Welle vorstellen, die sich aufrichtet und dann fällt, oder als eine Blase, die sich bildet und dann zerplatzt, auf der Oberfläche des ›unsterblichen Meeres‹ . . . Aber, wenn wir wirklich so sind, müssen wir leben und sterben, ohne je zu erfahren, in welcher Beziehung wir zur endgültigen Wirklichkeit stehen, die Quelle und Ziel unseres kurzen Menschenlebens auf dieser Erde ist. Sind wir das Resultat vieler Zufälle und haben deshalb in dieser Wirklichkeit keinerlei Bedeutung – und sind nur zeitweise als Persönlichkeiten differenziert? Oder haben wir uns von der Quelle unseres Seins lediglich durch eine perverse *tour de force* entfremdet, die wir jenseits der Bahn des menschlichen Lebens nicht aufrechterhalten können?«[41] Die Frage ist für den Menschen des Westens nicht einfach.

Monismus und Moral

Wenn das Dilemma des Menschen metaphysisch und nicht moralisch bedingt ist, was bleibt von der Moral noch übrig? Der Monismus sagt, daß Gut und Böse nur deshalb unterscheidbar sind, weil wir in der Welt des Maya leben. Es gibt keine moralischen Absoluta; moralische Werte sind nur relativ wahr oder gesellschaftlich nützlich, und die Frage der Ethik ist lediglich die Frage der optimalen Spielregeln. Alan Watts vergleicht die moralische Situation mit einem Schauspiel. Auf der Bühne sieht man, wie der »gute Mensch« gegen den »bösen Menschen« kämpft, obwohl man weiß, daß die Schauspieler beste Freunde sind. Nur in diesem Leben kann man an die Realität und an den Unterschied zwischen Gut und Böse glauben. Hinter der Bühne sind Gott und Satan die besten Freunde. Im Rahmen des Monismus ist Gott sowohl gut als auch böse und gleichzeitig jenseits von Gut und Böse. Der Zen kommt in diesem Punkt der hinduistischen Auffassung gleichfalls recht nahe. Meister Yun Men sagte:

Wenn du die reine Wahrheit wissen willst,
kümmere dich nicht um Gut oder Böse.
Der Konflikt zwischen Gut und Böse ist
eine Krankheit von Geist und Seele.[42]

Jeder, der die Transzendenz erreicht, der »sich ins Es getaucht hat«, wie Bernard Berenson es beschreibt, hat einen Einblick in das Universum getan, das sich über alles Gute und Böse erhebt. Er hat hinter die moralischen Unterscheidungen und Kategorien geblickt und kennt die Dinge so, wie sie sind: einleuchtend und selbstgenügsam. Alan Watts drückt es folgendermaßen aus: »Jedes Ding, jedes Ereignis, jedes Erlebnis in seiner unentrinnbaren Jetztheit und seiner eigenen besonderen Individualität war genau, was es sein sollte, und zwar dermaßen, daß es eine göttliche Autorität erlangt . . . Man darf überzeugt sein, daß diese gesamte unaussprechliche Welt ›richtig‹ ist, so richtig.«[43] Eine lustige Karikatur dieser Auffassung war die brillante Zen Predigt von Donald Sutherland in dem Film *Little Murders*. In *Die Dämonen* stellte Dostojewski die Konsequenzen eines Nihilismus jenseits aller Moral dar. Kirilow erklärt Stawrogin:

Keine Allegorie! »Allegorie? Ich meine einfach ein Blatt, nur ein Blatt. Das Blatt ist gut. Alles ist gut.«

»Alles?«

»Ja. Der Mensch ist unglücklich, weil er nicht weiß, daß er glücklich ist; nur darum. Das ist alles, alles! Wer das erkannt, der wird sogleich glücklich, augenblicklich. Diese Schwiegermutter wird sterben, und das kleine Mädchen wird zurückbleiben – alles ist gut. Ich habe das auf einmal entdeckt.« – »Aber wenn jemand Hungers stirbt, oder wenn jemand ein Mädchen beleidigt und entehrt – ist das auch gut?«

»Ja, es ist gut. Und wenn jemand einem kleinen Kinde den Kopf zerschmettert, so ist auch das gut, und wenn er ihn nicht zerschmettert, ist es ebenfalls gut. Alles ist gut, alles. All denen geht es gut, welche wissen, daß alles gut ist. Wenn die Menschen wüßten, daß es ihnen gut geht, dann würde es ihnen gut gehen; aber solange sie es nicht wissen, daß es ihnen gut geht, wird es ihnen schlecht gehen. Das ist der ganze Gedanke, der ganze; weiter gibt es keinen!«[44]

Das Ideal besteht also darin, ein solches Niveau an Verzückung zu erreichen, daß man in einen Zustand der Transzendenz jenseits von Gut und Böse gerät. Das hat sogar zu der bizarren Idee geführt, der wahre Test für das tatsächliche Erreichen eines solchen Zustandes sei die Vollbringung einer vollendeten Bosheit, um zu sehen, ob man dabei irgendwelche Gewissensbisse empfindet. In *Schuld und Sühne* verfolgt Dostojewski genau dieses Motiv.

Warum aber und wie kämpfe ich gegen soziale Ungerechtigkeit oder moralisches Übel? Erneut sind die Antworten, die man uns gibt, radikal pessimistisch. Da das Leben auf Erden die metaphysische Auseinandersetzung mit Samsara ist, ist das Leiden für das Leben auf dem Rad die Norm. Mein Leben ist das Ergebnis meiner Karma, die gerechte Belohnung für meine vorausgegangene Inkarnation. Wie das in der Praxis aussieht, zeigt sich an zwei verschiedenen Einstellungen.

Zunächst einmal gibt es die Haltung persönlicher Resignation, den Fatalismus. Schließlich ist jeglicher Versuch der Erleichterung des Leidens ein Ausschlagen gegen das Karma. Was vieles an Indien so unglaublich traurig stimmt, ist nicht nur die Vielzahl notvoller Probleme, sondern der glasige Stolz und die endgültige Resignation in dem tiefgesunkenen Blick des Mannes auf der Straße. Dennoch fällt das vielen Touristen nicht auf. Amerikanische Reisende haben oft zu mir gesagt: »Warum soll man zu den Indern sprechen, wenn man doch sehen kann, wie glücklich sie sind?« Mich stimmte diese Bemerkung noch trauriger. Es zeigt, daß ihr Mangel an Mitleid aus ihrem Mangel an Verständnis dessen, was sie sahen, resultierte. Ich beobachtete sie dann, wie sie in einer höheren Zugklasse reisten, in besseren Hotels übernachteten und in teureren Restaurants dinierten. Nur wenige können dem Leid ins Auge blicken.

Der Wahrheit sehr viel näher war die zornige Frustration einiger kommunistischer Agitatoren, denen ich begegnete. In einer Kultur, in der sich keinerlei Bewußtsein vom Wert der Individualität hat entwickeln können, war es diesen Aktivisten unmöglich, einen Ansatzpunkt für die Schaffung eines revolutionären Bewußtseins zu finden. Manche sagen, daß vielleicht wenig andere Länder in der Welt so reif für eine Revolution sind; dennoch machen die Kommunisten überraschend geringe Fortschritte. Mit der Aussicht einer unendlich fortgesetzten Reinkarnation wie auf einem sich drehenden Rad, wo das pure Unbefriedigtsein das einzig Unveränderliche ist und es keine Gründe für irgendeine positive Bejahung der Individualität gibt, können die Menschen kaum anders als pessimistisch und resigniert sein.

Das Problem besteht nicht darin, daß der Hinduismus und der Buddhismus keine wasserdichten philosophischen Systeme sind, sondern daß sie in ihrer offen vertretenen Ausschließlichkeit nicht mit dem übereinstimmen, wofür der Mensch sich intuitiv selbst hält. An irgendeinem Punkt tritt stets eine Spannung auf zwischen dem, was der Mensch sagt, daß er sei, und dem, was er wirklich ist. Das deutlichste Beispiel gibt uns der japanische Dichter Issa (1762–1826), wegen der Menschlichkeit seiner Gedichte vielleicht der wirkungsvollste aller Haiku-Dichter. Sein eigenes Leben verlief tragisch. Alle seine fünf Kinder starben, bevor er dreißig war, dann starb seine junge Frau. Nach einem dieser Todesfälle ging er zu seinem Zen-Meister und fragte ihn nach der Erklärung für solches Leid. Der Meister erinnerte ihn daran, daß die Welt nichts als Tau sei. Genau wie die Sonne aufsteigt und der Tau verdampft, so ist das Leid auf dem Rad des Leidens vorübergehend, das Leben ist vorübergehend, der Mensch ist vorübergehend. Hingabe an Kummer und Trauer zeigt nur die Unfähigkeit, den Impuls des selbstsüchtigen Egoismus zu überwinden. – Hier hatte Issa seine religiöse philosophische Antwort. Aber als er nach Hause zurückkehrte, schrieb er ein Gedicht, das sich folgendermaßen übersetzen läßt:

> Diese Tautropf-Welt,
> sie ist eine Tautropf-Welt, und immer noch,
> obwohl sie ist . . .[45]

> Oder einfacher:
> Die Welt ist Tau –
> Die Welt ist Tau –
> und doch,
> und doch . . .

Hier stehen wir einer Wahrheit gegenüber, die jeden, der sich auf dem Wege zum Osten befindet, innehalten lassen sollte. Aber ihr fragmentarisches Pathos wird zu einem solchen Juwel der Poesie, daß sich seine Lektion leicht darin verliert. Issa, der orthodoxe Zen-Anhänger, muß sagen: »Die Welt ist Tau, die Welt ist Tau«, aber Issa, der Vater, der Ehemann, der Mensch mit seinem Kummer und seiner gequälten Liebe kann lediglich in die unerfüllte Dunkelheit schreien, in die der Zen kein Licht scheinen läßt: »Und doch, und doch!« Er fühlt die unentrinnbare Spannung zwischen der Logik dessen, was er zu sein glaubt, und dessen, was er ist.

Zweitens findet man die Haltung einer allgemeinen Loslösung von der Gesellschaft. Wenn die einzige Lösung für die Individualität ihre Auflösung durch Verschmelzung mit dem Absoluten ist, dann läßt sich die Antwort nicht in der Hetze des menschlichen Lebens finden, sondern in geistiger und physischer Zurückgezogenheit. Shankara weist dazu den Weg: »Indem man aufhört, seinen Freunden Gutes oder seinen Feinden Böses zu tun, erreicht man durch das

Yoga der Meditation den ewigen Brahma.«[46] Gurus, als man sie fragte, was sie für den Mann auf der Straße tun könnten, haben lächelnd geantwortet, daß sie ihnen ihre Vibrationen hinuntersenden. Aber politische Radikale, wenn man sie fragte, was die Vibrationen der Gurus ihrer Meinung nach beitragen würden, spuckten auf den Boden. R. C. Zaehner, der Nachfolger von Präsident Radakrishnan auf dem Lehrstuhl für östliche Religionen und Ethik in Oxford, bestätigt das in seinen Schriften über Hinduismus und Buddhismus: »In der Praxis bedeutet das, daß keine der beiden Religionen in ihrer klassischen Form das, was in der Welt vorgeht, auch nur durch die geringste Aufmerksamkeit würdigt.«[47]

Manche werden sofort sagen, dies Urteil sei nicht fair, weil hiermit die ständige Betonung auf Karuna oder Mitleid ignoriert werde, die tatsächlich ein Merkmal des Buddhismus ist, von Gautama und den Bodhisattwas bis zu Huxleys palanesischer Insel. Aber diese Lehre und Praxis scheinbarer Selbstlosigkeit hat mit christlichem Mitleid wenig zu tun. Für den Buddhisten ist die Praxis der Selbstlosigkeit lediglich Teil der allgemeinen Technik der Selbstbefreiung von der Illusion des Selbst. Zaehner schreibt: »Das Mitleid wird nicht empfohlen, weil es in sich selbst gut ist, sondern weil es sich als nützlich erweist, die irrtümliche Vorstellung individueller Persönlichkeit loszuwerden.«[48] Daher ist die Karuna nicht Mitleid, sondern »richtige Gesinnung«, ein weiterer Schritt auf Gautamas edlem, achtfältigem Pfad.

Die Untersuchung der monistischen Prämissen des Hinduismus und sein Bezug zur Wirklichkeit, Persönlichkeit und Moral (wobei wir sowohl die Unterschiede als auch grundsätzliche Übereinstimmungen zwischen Hinduismus und Buddhismus berücksichtigen) sollte deutlich gemacht haben, daß der Monismus nicht nur unzureichend, sondern gefährlich ist, unzureichend in der kulturellen Situation des Ostens – aber gefährlich in unserer westlichen Situation.

Können wir eine Anschauung dulden, die die Wirklichkeit des physischen Universums leugnet? Die westliche Philosophie, die zwischen unbegründetem Positivismus und unfruchtbarem Skeptizismus hin- und hergerissen ist, kann keine Grundlage für das Verständnis der Wirklichkeit mehr liefern. Somit sind wir Zeugen der wachsenden Furcht vor antinaturwissenschaftlicher Haltung in der Bevölkerung, während die Lokomotive der Technologie unkontrolliert davonlaufen kann. An diesem Punkt hat der östliche Beitrag gefährliche Schwächen. Können wir eine Anschauung unterstützen, die die individuelle Persönlichkeit so radikal negiert und der menschlichen Gemeinschaft keinerlei Glaubwürdigkeit oder Unterstützung zukommen lassen kann? Der westliche Mensch, der schon durch die »geistige Not der Moderne« leidet, kämpft außerdem noch gegen die entmenschlichenden Kräfte der Gesellschaft und Technologie. An dieser Stelle gelingt es dem Osten auch nicht, eine echte Alternative zu bieten. Können wir eine Anschauung der Moral vertreten, die bestenfalls relativistisch ist und schlimmstenfalls zu Resignation und Zurückgezogenheit führt, Haltungen, die für den westlichen Menschen mit seinen gegenwärtigen Schwierigkeiten höchstens zum kulturellen Selbstmord führen können? In der gegenwärtigen Inflation der Werte und in Furcht vor ethischen Fragen, die er bald beantworten muß, kann der westliche Mensch den Osten vielleicht als willkommenen Ausweg sehen. Aber der wahrhaft besorgte Sucher wird gezwungen, sich woanders nach einer wahren Basis für die Moral und einer tragenden Motivation für ein soziales Engagement umzusehen. Der Osten ist kein Ausweg!

Eine christliche Alternative

Hier können wir die Frage stellen, ob das Christentum tatsächlich eine »metaphysische Vernebelungstaktik«[49] ist, wie Alan Watts behauptet, oder ob die Flucht vor der Wahrheit des historischen Christentums nicht seine Bedeutung und Botschaft ertränkt hat. Es ist eine perverse Tatsache, daß viele Leute das, was sie im Christentum verächtlich ablehnen (z. B. das nichtmaterielle Übernatürliche), im östlichem Mystizismus mit offenen Armen empfangen, und das, obwohl das Christentum genau an den Punkten stark ist, an denen der Osten kritische Schwächen aufweist. Das erwächst aus der Offenbarung Gottes in Jesus Christus. Die vorchristlichen westlichen Gottheiten versagten, denn sie waren zwar persönlich, aber endlich. Die östlichen Götter versagen jetzt, weil sie, obwohl sie unendlich sind (und somit ausreichen, die philosophische Einheit als Allgemeines zu tragen), keine Persönlichkeit besitzen und daher für den Wert der menschlichen Persönlichkeit keinerlei Basis liefern.

Aber Gott, der sich in Jesus Christus offenbart, ist Person (wodurch das Dilemma des Ostens vermieden wird) und zugleich unendlich (wodurch die sinnlose Irrelevanz der vorchristlichen westlichen Götter vermieden wird). Aus der christlichen Schau vom Wesen Gottes erwächst ein volles und systematisches Verständnis des Menschen in dieser Welt. Die schwachen Stellen des Ostens werden hier ausgefüllt, wir kommen zu einem höheren und völlig andersartigen Humanismus.

In der christlichen Gottesvorstellung gibt es kein Problem von Einheit und Vielfalt. Der Christ wird nicht gezwungen, zwischen Einheit und Vielfalt zu wählen (d. h. entweder den Monisten oder Existentialisten zuzustimmen). Ein Gleichgewicht wird erreicht, relativ in dieser Welt und absolut in Gott selbst, denn Gott offenbart sich schon als drei-in-einem in seiner dreifältigen Einheit. Gott ist nicht nur dreieinig in einer symbolischen Ausdrucksweise, sondern hinter allen Dingen in dem Geheimnis seines Seins. Er ist wirklich da, und in sich selbst immer noch drei-in-einem. Im Herzen von Gottes eigenem Sein gibt es eine Vielfalt innerhalb der Einheit und eine Einheit in der Vielfalt. Das bedeutet, daß, wenn Gott diese Welt erschaffen hat, sie verschieden von ihm selbst, und dennoch nicht von ihm getrennt ist. Es gibt ein Gleichgewicht zwischen Einheit und Vielfalt, die aus Gott selbst abgeleitet ist. Doch jetzt nach dem Fall ist dieses Gleichgewicht aufgrund der Entfremdung gestört. Das führt zu einer Weltanschauung, die vernünftig ist und das Universum für wirklich hält. Wie Christen wie Francis Bacon und Isaac Newton sahen, verlangt dies eine Ausübung von Kunst und Naturwissenschaft als notwendige Rollen des Menschen als Gast in Gottes Universum.

Das bedeutet auch, daß das Christentum die Persönlichkeit stark bejaht. Der Gott, der in sich selbst persönlich ist, hat den Menschen nach seinem Bild geschaffen. Allein dadurch ist schon ein hohes Persönlichkeitsideal gegeben. Wenn der Mensch auf der Ebene der Endlichkeit mit allen anderen endlichen Geschöpfen verwandt ist, so ist er doch auf der Ebene der Persönlichkeit nach oben zu Gott gerichtet, von dem allein sein Wesen ganz erfüllt und sein Sein erklärt werden kann. Für den Christen ist die Freiheit des einzelnen nicht die Freiheit von der Individualität, sondern die Freiheit, endgültig voll und ganz er selbst zu sein. Die Entfremdung des Menschen ist moralisch, nicht metaphysisch; deshalb wird dem Menschen der Eintritt in die wachsende Freiheit der Wiedergeburt durch die Erlösung, die Jesus Christus ermöglicht hat, gestattet.

Im christlichen Rahmen erhält die Moral auch Sinn. Der christliche Gott ist nicht jenseits von Gut und Böse und vereinigt auch nicht beide in seiner Person. Die Unverletzlichkeit seines heiligen Charakters ist in sich selbst das Absolutum und das oberste Gericht der Moral. Wenn Gott sagt, er sei gut, so ist das klar und unverwechselbar das Gegenteil der Aussage, er sei nicht gut; der Ruf nach unterscheidbaren moralischen Kategorien und dynamischem sozialen Engagement ist ein Imperativ für alle, die ihn in seiner flammenden Realität kennen.

Für den Augenblick wollen wir uns hier mit skizzenhaften Hinweisen begnügen. In Kapitel 9 werden wir uns ausführlicher mit der Frage nach der Verifikation des christlichen Denkens beschäftigen. Im Augenblick will ich lediglich zeigen, daß an den Punkten, an denen der Osten heute schwach ist, ein richtig verstandenes Christentum überzeugende Antworten bieten kann. Diese Antworten treiben nicht in einem intellektuellen Vakuum, sondern beruhen auf einer einmaligen historischen Offenbarung. Der Hinduismus glaubt nur an schattenhafte Avatare als Offenbarungsträger Gottes, aber Krishna wird angebetet. Gautama Buddha sagte, es gäbe keinen Gott, aber er ist von vielen seiner Nachfolger vergöttert worden. Mohammed lehrte, es sei Gotteslästerung, irgendeinen Menschen als Gott zu bezeichnen, aber der Islam hat ihn zum Quasi-Gott erhoben. So haben diese Männer gegen ihre ausdrückliche Lehre eine Art Gottheit erlangt, basierend auf den Bedürfnissen ihrer Nachfolger (hier könnten wir wieder Freud zur Erklärung heranziehen). Aber Jesus ist der einzige, der lebte und starb und behauptete, der Sohn Gottes zu sein – und das alles in der offenen Arena der Geschichte.

Toleranz im Osten und Westen

Ein letzter Punkt ist der scheinbare Gegensatz zwischen der »Toleranz des Hinduismus und Buddhismus« und der »Intoleranz« des Christentums. Dieser Gegensatz ist allerdings nur ein scheinbarer, der auf dem relativistischen Vakuum nach dem Tod der Universalien erwächst. Wir finden hier einen starken Unwillen, jenseits der oberflächlichen Erscheinungen weiterzudenken. Es ist nicht überraschend, daß in einer solchen Atmosphäre der Osten einen starken Anreiz hat und die Ökumene des Bahai populär ist.

Alan Watts z. B. illustriert die Beziehung zwischen Judentum, Christentum und Hindureligion, indem er sie mit chinesischen Kästen vergleicht, in denen der kleinere in dem größeren enthalten ist, und der größere in einem noch größeren. So enthält das Christentum das Judentum, ist aber selbst im Hinduismus enthalten. In dieser Art haben mehrere Gurus über »den gesegneten Herrn Jesus Christus« geschrieben und behauptet, daß die christliche Lehre gut zum Hinduismus passe. Zum Beispiel wird die Aussage Jesu: »Das

Reich Gottes ist inwendig in euch« als andere Version des ›Tat twam asi‹ zitiert. Solchen morgensternartigen Behauptungen mangelt es an intellektueller Redlichkeit: man läßt sein, was nur sein darf, wählt aus den Tatsachen aus, was in die eigene Vorstellung paßt, unabhängig vom Zusammenhang der zitierten Aussprüche. Das Christentum wird durch das Sieb der hinduistischen Prämissen gepreßt, und solche Sätze wie »Ich bin der Weg, die Wahrheit und das Leben, niemand kommt zum Vater denn durch mich« werden ignoriert. Das Christentum wird auf der Basis seiner eigenen Prämissen nicht ernst genommen.

Wenn Jesus zu Indern gesprochen hätte und nicht zu Juden, hätte jedermann ihm zugelächelt, Blumen und Girlanden zugeworfen, und man hätte ihn auf Händen die Straße entlang getragen. Seine Behauptungen der Göttlichkeit wären keineswegs außergewöhnlich gewesen. Man hätte ihn als einen neuen Avatar begrüßt. Aber Jesus sprach ganz klar und absichtlich zu den Juden, der einzigen Nation auf Erden, die aus historischen und theologischen Gründen die Vorstellung einer Inkarnation Gottes in menschlichem Fleisch klar ablehnte. Es gab hier kein Mißverständnis. Die Juden verstanden im Gegenteil so gut, daß ihre Antwort die Logik der Kreuzigung war. Jesus war kein mißverstandener Mahatma oder unbewußter Avatar.

Es ist ganz klar, daß von seinen Prämissen her das Christentum die volle Wahrheit und Gültigkeit anderer Religionen ausschließt. Wenn das Christentum wahr ist, kann Hinduismus nicht wahr sein. Selbst wenn es auf der Oberfläche so aussieht, als sei der Hinduismus toleranter, verlangen beide letzten Endes eine Entscheidung. Viele Inder geben das zu. Manche sprechen von der Subtilität hinduistischer Toleranz als dem »Todeskuß«. Radakrishnan sprach von dem »Ersticken in brüderlicher Umarmung«. Die anfängliche Toleranz verbirgt ein eindringendes Wahrheitsverständnis, das schließlich alle anderen Voraussetzungen beiseite drängt. Die beste Art und Weise, in der der Hinduismus mit der zügellosen buddhistischen Reformbewegung in Indien fertigwerden konnte, war die Erklärung, daß Buddha ein weiterer Avatar von Krishna sei. In »brüderlicher Umarmung« wurden die Unterschiede des Buddhismus verschluckt. Vermutlich wird man sich in den nächsten Jahren in dieser Weise der christlichen Theologie nähern. Der Liberalismus zeigt bereits Zeichen einer positiven Reaktion, noch bevor die Ouvertüren gemacht worden sind. Der Unterschied zwischen der Intoleranz des Hinduismus und der Intoleranz des Christentums kann folgendermaßen illustriert werden: Das Christentum stellt sich dem Menschen wie ein Soldat mit gezogenem Schwert entgegen und sagt: »Wähle oder verweigere«, »Leben oder Tod«, »ja oder nein«. Die Wahl und ihre Konsequenzen sind klar erkennbar. Die Subtilität östlicher Religion dringt wie ein geruchloses Giftgas unter der Tür ein, durchs Schlüsselloch, durchs offene Fenster, so daß der Mann im Zimmer überwältigt wird, ohne sich je irgendwelcher Gefahr bewußt zu werden. In Rishikesch teilte ich mit einem Freund von Federico Fellini mein Zimmer. Dieser Mann erinnerte mich daran, daß er noch immer ein italienischer Atheist und kein Hindu war. Aber bereits nach einer Woche konnte ich sehen, daß alle seine Vorstellungen von Mensch, Moral und Leben durch und durch hinduistisch waren, auch wenn er sich der atheistischen Terminologie bediente. Die »Toleranz des Hinduismus« duldet keine dem Monismus widersprechenden Prämissen anderer Anschauungen. Alan Watts, der früher eine Synthese versucht hatte, mußte schließlich zugeben: »Jeglicher Versuch, Vedanta mit dem Christentum zu verheiraten, muß dabei berücksichtigen, daß das Christentum ein streitsüchtiger Glaube ist, der eine Alles-oder-nichts-Hingabe verlangt . . . Meine früheren Diskussionen berücksichtigen diesen ganzen Aspekt des Christentums nicht genügend, der kompromißlos, militant, anmaßend und selbstherrlich ist.«[50]

Ein Christ muß sich natürlich auch stets bewußt sein, daß eine solche »Intoleranz« stets eine Intoleranz des Prinzips sein muß, sie darf nie zu einer Intoleranz gegen die Leute werden, die andere Anschauungen vertreten.

Wir sollten jetzt in der Lage sein zu verstehen, warum eine Generation, die vom Westen desillusioniert ist, nach Alternativen im Osten gesucht hat. Wir sollten jedoch bemerken, daß ihr euphorischer Enthusiasmus mehr durch das Neuartige und Mysteriöse des Ostens, nicht aber durch eine echte Lösung von Problemen ausgelöst worden ist. Viele, die »gen Osten« zogen, sind jetzt enttäuscht und desillusioniert zurückgekehrt. Andere sind dort geblieben und haben behauptet, dort eine geistliche Erfüllung gefunden zu haben. Aber solche Leute sind nur selten in die gesellschaftlichen, rassischen und politischen Probleme verwickelt, die sie zurückgelassen haben. Wenn die gegenwärtige Mode zu einer neuen Lebensweise wird, kommen wir der ›Schönen Neuen Welt‹ mit ihrem Soma einen Schritt näher. Und wenn der Osten sein schwerfälliges kulturelles Gepäck der Rückständigkeit loswerden und in ein Bewußtsein übersetzen kann, das für den Westen noch anziehend ist, dann kann sich der Prozeß in dramatischer Weise beschleunigen.

Das verheißen uns die Drogen.

Nur wenn das Christentum wahr ist, gibt es eine lebendige Antwort auf die Probleme, denen sich der westliche Mensch heute gegenübergestellt sieht.

Hierin liegen Bedeutung und Anspruch der Person Jesu Christi und die Konsequenzen einer radikalen Nachfolge.

Anmerkungen zu
Kapitel 6: Der Osten – kein Ausweg

1 Rudyard Kipling, »The Ballad of East und West«; Lainf, The Politics of Experience, S. 136; *Aldous Huxley, Island (London, 1966)*, S. 256; zitiert in Alan Watts, Beat Zen, Square Zen and Zen (San Francisco, 1959), S. 10; Charles Manson, Rolling Stone Magazine, 25. Juni 1970; Buddhagosa, »Path of Purity; Man in Buddhism and Christianity (1954), S. 119

2 Kipling, »The Ballad of East and West«

3 zitiert in Watts, Beat Zen, Square Zen und Zen, S. 3

4 *McLuhan, Das Medium ist Massage*

5 McLuhan, The McLuhan Dew-Line, Band 1, No. 12, Juni 1969, S. 7

6 Laing, The Politics of Experience, S. 136

7 Hendrik Kraemer, World Culture and World Religion (London, 1960), S. 18

8 D. S. Darma, The Renaissance of Hinduism (Benares, 1944)

9 *zitiert in R. C. Zaehner, Hinduismus (München, 1964), S. 159–160*

10 *Ibid., S. 177*

11 *Alan Watts, Vom Geist des Zen (Stuttgart, 1956), S. 10*

12 Aus »Winter Lights« in: Three Films by Ingmar Bergman (New York, 1970), S. 87

13 Laing, The Politics of Experience, S. 35

14 zitiert in H. D. Lewis und R. L. Slater, The Study of Religions (Harmondsworth, 1969), S. 163

15 D. S. Sarma, »Nature and History of Hinduism«, The Religion of the Hindus: Interpreted by Hindus, ed. Kenneth W. Morgan (New York, 1953), S. 11

16 *zitiert in R. C. Zaehner, Mystik, religiös und profan (Stuttgart, 1960) S. 227*

17 siehe Lynn White jr., »The Historical Roots of our Ecological Crisis«, Science, 10. März, 1967, S. 1203–1207

18 *Aldous Huxley, Island, S. 256*

19 siehe Francis Schaeffer, Pollution and the Death of Man: The Christian View of Ecology (Wheaton, 1970)

20 *Aldous Huxley, Die Pforten der Wahrnehmung (München, 1956), S. 44*

21 Alan Watts, Beyond Theology: The Art of Godmanship (New York, 1967), S. 32

22 *Alan Watts, Kosmologie der Freude (Darmstadt, 1972), S. 108*

23 The Bhagavad Gita, trans. Juan Mascaro (Harmondsworth, 1962), S. 92

24 *zitiert in Zaehner, Mystik, religiös und profan, S. 228*

25 Aus: An Encyclopedia of Religion, ed. Vergilius Ferm (New York, 1945), S. 707

26 R. C. Zaehner, The Convergent Spirit (London, 1963), S. 184–185

27 *zitiert in R. C. Zaehner, Mystik, religiös und profan, S. 238*

28 Watts, Beyond Theology, S. 68

29 The Bhagavad Gita, S. 53

30 Buddhagosa, S. 119
31 Watts, Beyond Theology, S. 49
32 Laing, The Politics of Experience, S. 113
33 Meher Baba, Biscourses (1967), 1, S. 23
34 *Carrol, Alice im Wunderland, Alice hinter dem Spiegel (Frankfurt/Main, 1963), S. 175–176*
35 *Teilhard de Chardin, S. 68*
36 *Ibid., S. 75*
37 *Ibid., S. 78*
38 *Ibid., S. 78*
39 *Ibid., S. 68*
40 *Ibid., S. 84*
41 *Arnold Toynbee, Der moderne Mensch und der Tod*
42 Alan Watts, Beat Zen, Square Zen and Zen, S. 10
43 Alan Watts, This Is It (New York, 1958) S. 30, 36
44 *Dostojewski, Die Dämonen, S. 262–263*
45 Harold G. Henderson, An Introduction to Haiku: An Anthology of Poems and Poets from Basho to Shiki (New York, 1958), S. 124
46 *zitiert in: Zaehner, Mystik, religiös and profan, S. 228*
47 Zaehner, Convergent Spirit, S. 36
48 R. C. Zaehner, Foolishness to the Greeks (London, 1953)
49 Watts, Beyond Theology, S. 160
50 Ibid., S. XII

7 Die vorgetäuschte Unendlichkeit

Euphorisch, narkotisch, angenehm halluziniert – all die Vorteile des Christentums, ohne seine Nachteile.

Aldous Huxley

Und die »Ewigkeit« war nichts anderes als die Erlösung der Zeit, war gewissermaßen ihre Rückkehr zur Unschuld, ihre Rückverwandlung in den Raum.

Hermann Hesse

Hier, in der reinen Energie, fanden wir das Allwissen und ein Zauberland, in dem ich fortan immer verweilen wollte.

Constance A. Newland

Mein Verbrechen ist uralt und wohlbekannt – die Korruption der Jugend. Diese Anklage ist gültig.

Timothy Leary

Ach, die Laster des Menschen, wie grauenvoll man sie sich auch vorstellt, sie enthalten doch den Beweis für seine Neigung zum Unendlichen.

Der Mensch wollte den Traum, jetzt wird der Traum den Menschen beherrschen.

Charles Baudelaire

Quellen:
Hesse, Hermann, Gesammelte Werke, Bd. 7, Suhrkamp, Frankfurt 1970, S. 345; aus »Der Steppenwolf«
Newland, Constance A., My Self and I, New York 1962, zitiert aus Löbsack, Theo, Die manipulierte Seele, dtv 1971, S. 216

Auf der Suche nach einer Abkürzung in die Versenkung, nach Wegweisern ins Jenseits, greifen Jugendliche und Angehörige der Gegenkultur immer mehr zu Rauschmitteln aller Art. Innerhalb der Bewegung haben Drogen fast eine sakramentale Bedeutung erlangt; sie sind die Hostie und der Wein der neuen Gemeinschaft. Außerhalb der Bewegung begegnet man dem neuen Drogenkult mit Entsetzen und Verständnislosigkeit, man bekämpft ihn wie eine Seuche. Manche preisen die Rauschmittel als »Energien«[2] oder »Honig des Geistes«[3], sprechen vom »einzigen Ausweg«[4] und propagieren die »molekulare Revolution«. Andere verdammen Drogen als »Pulverwahnsinn« und ihre Anhänger als »Abführmittelhändler« mit »Wahnvorstellungen« in einem »geistigen Disneyland«.[5] Derart polarisierte Meinungen, die von jeder Seite durch emotionsgeladene, oft irrationale Argumente vertreten werden, lassen sich einer objektiven Betrachtung wohl kaum unterziehen. Aber die psychologische Bewegung als solche verdient schon unsere Aufmerksamkeit, denn zunächst einmal ist sie ein wichtiges Merkmal der Gegenkultur; außerdem offenbart sich hier der immerwährende »Geschmack fürs Unendliche« (wie Baudelaire es beschrieb)[6] und der Versuch, eine Abkürzung zur Lösung der Probleme des modernen Menschen zu finden.

Das chemische Paradies

Blaise Pascal bemerkte zu dem »immerwährenden Geschmack fürs Unendliche«: »Die meisten Schwierigkeiten des Menschen rühren daher, daß er nicht ruhig in seinem Kämmerlein sitzen bleiben kann.« Aldous Huxley meinte: »Der Drang, die Grenzen ichbewußter Selbstheit zu überschreiten, ist ein Hauptverlangen der Seele.«[7] Jahrhunderte währte das Bemühen, jenes Ideal zu erreichen, das die Griechen Ataraxia nannten, das Ideal der tiefen inneren Ruhe und Zufriedenheit, jenseits aller Rastlosigkeit, fern von Frustrationen und Spannungen des täglichen Lebens. Viele suchten nach diesem Ideal in Religion und Philosophie; doch stets gab es welche, die auf kürzerem Weg ans Ziel zu kommen suchten, die »mit einem Schlag im Paradies« landen wollten (so Baudelaire).[8] Es ist dann auch nicht verwunderlich, daß diesen Abkürzungen, einmal entdeckt, der Heiligenschein einer neuen Gottheit verliehen wurde. So war den Azteken Peyote, den Inkas Coca, den Vedas Soma und den Griechen Ambrosia heilig. Vermutlich wurden sie zufällig entdeckt; die Einzelheiten ihrer Entdeckung sind jedenfalls in der Dämmerung der Prähistorie verlorengegangen; ihr Gebrauch vermischte sich mit religiösen und magischen Praktiken.

Die Chemie hat den modernen Menschen zum Erben dieser uralten Suche gemacht. Hinzu kommt noch die Dringlichkeit seiner eigenen Suche nach einem neuen Bewußtsein als Lösung der Probleme des Menschen in einem nachchristlichen Zeitalter. Hier sind die Rauschmittel ein begrenztes chemisches Mittel zum höheren psychischen Zweck. Man hofft, daß sie zu einer »Neuformulierung« des Menschen führen, um ein Gegengewicht zur Technologie und dann die Errichtung einer utopischen Gesellschaft zu ermöglichen. Genau das wird von Propheten der psychodelischen Bewegung versprochen.

Charles Reich, bei dem bewußtseinserweiternde Drogen ein integraler Bestandteil seiner Vision von »Bewußtsein III« sind, behauptet: »Bewußtsein III kann eine neue Gesellschaft erschaffen.«[9] Timothy Learys Loblied ist genauso extravagant: »... Zunächst erwägt, aus der Stadt zu ziehen. Drei bis vier Stunden von San Francisco entfernt werdet ihr leere und verlassene Geisterstädte finden, in denen Menschen in Übereinstimmung mit der Natur leben und ihre Sinnesorgane so gebrauchen können, wie sie es in zwei Millionen Jahren der Evolution gelernt haben.«[10]

Man verspricht uns ein »Paradies«, ein kosmisches Bewußtsein, eine neue Antwort auf die Unfähigkeit des Menschen, mit seinem normalen Bewußtsein zu leben. Im Osten von Eden kehrt das Verlangen des Menschen sehnsüchtig zur »recherche du temps perdu« zurück. Er träumt vom Leben als Spiel (à la Huizinga), von der Liebe als »prägenitale polymorphe Perversität« (à la Freud), von der Geschichte als Zeitlosigkeit (à la Marcuse) und von der Mystik der Natur als pränatalem Wonnezustand (à la Jung). Eine Parallele dazu und zu anderen Themen (wie dem Naturismus und der Unisexualität) ist der »ewige Geschmack für das Unendliche«.

Wir wollen versuchen, eine Analyse der Rauschgift-Saga vorzunehmen und dabei die Wirklichkeit hinter aller Euphorie zu enthüllen. Umgekehrt allerdings wollen wir uns mit reaktionärer Unwissenheit keinesfalls zufriedengeben. Es geht mir hier nicht um medizinische oder pharmakologische Zusammenhänge, sondern um die philosophische und religiöse Bedeutung der Rauschgifteuphorie und ihre Stellung innerhalb der Gegenkultur.

Wir werden uns hier auch nicht mit dem Mißbrauch von Beruhigungs- und Anregungsmitteln befassen, sondern nur mit Rauschmitteln mit psychodelischen Effekten. Haschisch, Heroin und Opium werden heute von vielen regelmäßig eingenommen; andere berauschen sich an Fettlösungsmitteln und Plastikleimen. Die Wirkung der eingenommenen Drogen schwankt zwischen leicht stimulierend und katastrophal; einige sind kaum erwähnenswert; die Schreckenserlebnisse, die andere hervorrufen, sind ausreichend dokumentiert. Die psychodelische Bewegung spielt eine starke Rolle innerhalb der Gegenkultur; ihr Drogenkonsum stellt alles andere eindeutig in den Schatten. Wir wollen hier auch nicht von *Halluzinogenen* oder *Psychotemimetika* sprechen, sondern uns des Begriffes *psychodelische Drogen* bedienen, der im Jahre 1957 von Humphrey Osmond geprägt wurde, um ihre bewußtseinserweiternden Effekte zu beschreiben. Das gemeinsame Merkmal dieser Drogen ist allgemein bekannt: Sie lösen eine seelische Befreiung aus, die der Kontrolle des wachen, rationalen Bewußtseins nicht unterworfen ist. Das, was logisch denkt, wird von dem ausgeschaltet, das das Selbst von der äußeren Welt trennt und die Wirklichkeit in Farben, Form, Geruch und Schall quantifiziert. Ein »transzendierendes« Bewußtsein wird erlangt, wobei die eigene Identität oft in einem Gefühl ozeanischer Einheit untergeht und das lineare Denken einem flutenden Bewußtsein und kaleidoskopischen Strukturen Platz macht. Farben und Töne nehmen oft eine eigene, unabhängige Existenz an und erscheinen in stark erhöhter Intensität. Manchmal führt dies zu Synästhesie oder der Überkreuzung von Empfindungen.

Die explosiven Möglichkeiten dieser Transzendenz wurden bereits frühzeitig von William Blake erahnt, als er schrieb: »Wenn die Pforten der Wahrnehmung gereinigt würden, erschiene dem Menschen alles so, wie es ist, nämlich unendlich.«[11] Erst im 20. Jahrhundert jedoch zeigte sich ein genaueres Verständnis dieser Möglichkeiten von einem naturwissenschaftlichen Standpunkt. William James schrieb (im Jahre 1902) nach einem Experiment mit Stickstoffoxyd – ein seither klassisch gewordener Passus: »Eine Schlußfolgerung drängte sich mir damals auf, und meine Überzeugung von ihrer Richtigkeit hat sich seitdem nicht geändert. Unser normales, waches Bewußtsein, das wir als rationales Bewußtsein zu bezeichnen pflegen, ist lediglich eine besondere Art des Bewußtseins, während um es herum, nur durch dünnste Schichten von ihm getrennt, potentielle Formen von völlig anderen Bewußtseinszuständen liegen. Wir können durch ein ganzes Leben gehen, ohne ihre Existenz auch nur zu vermuten. Wenden wir jedoch den erforderlichen Reiz an, sind sie auf einen Schlag in all ihrer Vollständigkeit vorhanden... Keine Darstellung dieses Universums kann in ihrer Totalität endgültig sein, die diese anderen Bewußtseinsformen völlig unbeachtet läßt... Wenn ich auf meine eigenen Erlebnisse zurückblicke, so sehe ich, wie sie alle auf eine Art der Einsicht konvergieren, und ich kann nicht anders, als ihnen irgendeine metaphysische Bedeutung zuzuschreiben.«[12]

Moderne Chemikalien haben die Pforten der Wahrnehmung nicht nur erahnt, sondern aufgesprengt, und deshalb sind Autoren jüngerer Zeit mit der gewöhnlichen Wahrnehmung recht unzufrieden. Colin McGlashan spricht von Träumen als einer »Akte, die in die Raum-Zeit–Zelle geschmuggelt wird, in der der Mensch gefangen liegt; eine Zelle, deren Wände und Decke unsere fünf Sinne sind, und deren Wärter die unbeugsamen Gesetze der Logik sind.«[13] Man versteht die psychodelischen Drogen hier als »Seelenmikroskope«, die die Kräfte des Erfassens, des Sehens und des Bewußtseins vergrößern.

Wir wollen auch noch kurz darauf hinweisen, daß im Bereich der Drogenanwendung alle Erfahrungen von der Person des Drogengenießers, seinem Milieu und den Umständen abhängig sind, unter denen die Droge eingenommen wird. Daher sind viele verschiedene Reaktionen auf ein- und dieselbe Droge zu erwarten. Ein bezahlter Freiwilliger, der Drogen zu Forschungszwecken unter fachmännischer Kontrolle einnimmt, wird etwas anderes dabei erleben als ein neugieriger Künstler oder jemand, der sein Ego aufmöbeln will. Und ein ganz anderes Erlebnis wiederum hat jemand, der sich mit Hilfe von Drogen auf eine Suche nach Gott begibt.

Kenneth Kenniston stellte drei Kategorien von Drogenbenutzern auf: die »Probierer«, die nur gelegentlich Drogen zu sich nehmen, um zu experimentieren; die »Sucher«, die sie regelmäßig einnehmen, aber bei denen der Drogenkonsum, abgesehen von einer Suche nach Bedeutung, keine Veränderungen in der Lebensführung verursacht; und schließlich die »heads«, eine kleine, aber lautstarke Minderheit, für die Drogen der Ausweis für ihre Subkultur sind.

Die Geschichte des Marihuana

Eine geschichtliche Darstellung kann als Hintergrund für jede beliebige objektive Diskussion von großem Wert sein.[14] Bei den psychodelischen Drogen, und insbesondere bei Marihuana, ist es recht schwierig zu entscheiden, worüber man nun berichten soll und was man weglassen kann. Im Blick auf diejenigen, die mit diesem Thema nicht so sehr vertraut sind, möchte ich etwas ausführlicher sein; wer bereits über die Tatsachen informiert ist, kann diesen und die nächsten beiden Abschnitte einfach überschlagen.

Man kann in der Entdeckung der Psychodelika drei Perioden unterscheiden. Die erste Phase ist die vorwestliche Geschichte, die zweite ist die Periode der ernsthaften, aber begrenzten Forschung im Westen, und die dritte ist die Phase des weitverbreiteten Drogenmißbrauchs.

Zunächst kurz einiges über Marihuana: Als Marihuana bezeichnet man die getrockneten Blätter des Hanfs, 1753 von Linné als *cannabis sativa* bezeichnet. Der indische Hanf ist eine der ältesten Pflanzen, die von Menschen angebaut wurden. Die schlanke, mit dem Feigenbaum bzw. dem Hopfen verwandte Pflanze trägt entweder männliche oder weibliche Blüten (d. h. weibliche und männliche Blüten befinden sich auf jeweils getrennten Pflanzen). Die Stengel der männlichen Pflanze werden zur Herstellung von Hanfstricken verwendet. Aus den Drüsenhaaren an den jungen Knospen der weiblichen Hanfpflanzen tritt ein goldfarbenes, harziges Sekret aus, das einen minzartigen Geruch von sich gibt. In Indien stellt man daraus drei verschiedene Dinge her. Zunächst einmal Bhang, den Absud einer Rauchmischung, die aus den Spitzen der wilden, weiblichen Pflanze gewonnen wird, deren Harzgehalt recht klein ist. Abgesehen von den Ärmsten der Armen wird es von allen Indern verachtet; interessanterweise ist es im Westen jedoch recht beliebt. Dann Ganja, eine besonders zu diesem Zweck angebaute Hanfart; man schneidet die Spitzen ab und verwendet sie für Rauchmischungen, Getränke, Süßigkeiten etc., aber das Harz wird nicht von den Blättern abgesondert. Einst wurde Ganja in Indien mit staatlicher Genehmigung angebaut. Drittens Charas, ein reiner, unverfälschter Harzextrakt von den besten gezüchteten Pflanzen, aus den Blüten gewonnen; im Westen ist es als Haschisch bekannt.

Die uns bekannte Geschichte von Marihuana beginnt in China. Im Jahre 2737 v. Chr. schrieb der Kaiser Shen Nung ein Buch über Pharmazie, aus dem hervorgeht, daß er viel mehr über Hanf wußte als die meisten Menschen heute. Schon damals bereitete Marihuana den chinesischen Moralisten Kopfzerbrechen und wurde von manchen als »Befreier der Sünde« bezeichnet, aber von anderen als »Freudenspender« empfohlen. Shen Nung verschrieb es als Medizin für »weibliche Schwäche, Gicht, Rheumatismus, Malaria, Verstopfung und geistige Abwesenheit«.

Von China kam es dann nach Indien und erlangte dort ganz besondere Bedeutung. Vermutlich war es schon vor 800 v. Chr. dort bekannt und ist seitdem Bestandteil indischer Religion und Philosophie geworden, wie wir sowohl in den Veden als auch im Bazaar nachlesen können: »Bhang ist der Freudenspender, der himmlische Führer, der Himmel des armen Mannes, der den Kummer lindern hilft... Kein Gott, kein Mensch ist so gut wie der religiöse Trinker des Bhang.«

Gordon Wasson, ein Mykologe und Gelehrter von der Harvard-Universität, erklärt, daß mindestens ein Zehntel der über tausend Psalmen des Rig Veda dem Pflanzengott Soma gewidmet ist.[15] Manche behaupten sogar, daß Yoga in Indien erst dann als Mittel zur Bewußtseinsänderung entwickelt wurde, als das legendäre Soma nicht mehr zur Verfügung stand. Allgemeinhin wird geglaubt, daß Shiva selbst Marihuana rauchte, und an seinem Geburtstag wird Marihuanapaste mit Mandelmilch als Opfer getrunken. Manche Gurus halten Ganja für eine gute Einführung zur Saddhana (Yogi-Disziplin), um den Ablenkungen der Welt zu entgehen. Zweifelsohne ist das Verhältnis zum Alkohol in Indien ganz anders als in den Vereinigten Staaten. In Indien setzt man Alkohol in Beziehung zu Leidenschaft und Aggression; Marihuana führt zu Ruhe und Losgelöstheit.

Von Indien kam das Marihuana weiter nach Westen, zum Nahen Osten, wo die frühen Berichte über die Verwendung von Marihuana recht bizarr anmuten. Herodot berichtete von den Skythen, die vor einer Schlacht Hanfsamen auf heiße Steine warfen und die Dämpfe inhalierten. Es gibt Berichte von einer seltsamen tibetanischen Sitte, ein Hanfgebräu in warmem Menschenfett zu emulgieren und in menschlichen Schädeln als Getränk zu servieren. Die vielleicht farbenprächtigste Geschichte handelt von dem legendären Hassan-i-Sabah, dem sogenannten »alten Mann auf dem Berge«. Er lebte um etwa 1090 n. Chr. (kurz vor dem ersten Kreuzzug) in einer starken Bergfestung in der Nähe von Bagdad, auf der Karawanenroute nach Mekka. Als fanatischer Moslem sah er seine heilige Pflicht darin, die Welt von falschen Propheten zu befreien, und zu diesem Zwecke setzte er eine neue Geheimwaffe ein – das politische Attentat. Seine Jünger und Nachfolger bildeten eine gefürchtete Gruppe, die sogenannten Attentäter. Ihre Terrorherrschaft dauerte lang und wurde erst dadurch beendet, daß Dschingis Khan 12 000 seiner Nachfolger im 13. Jahrhundert abschlachten ließ. Sein voller Name, Haschischin, wurde mit Haschisch und Attentat in Verbindung gebracht; er hatte eine bemerkenswerte Methode, seine Nachfolger unter Kontrolle zu halten: Er versorgte sie mit Haschisch, hielt die Rauschmittelausgabe jedoch unter strenger Kontrolle. Wer im Kampf fiel, ging sofort in den Himmel ein. Wer überlebte, bekam mehr Haschisch!

Vom Vorderen Orient gelangte das Marihuana langsam in andere Länder, besonders in Länder des Islam, wo es im Gegensatz zum Alkohol nie verboten wurde. Kif, wie es genannt wird, wurde im 7. Jahrhundert von den arabischen Eroberern in Marokko eingeführt, und der Handel blühte trotz starker Opposition, bis es unter amerikanischem Druck im Jahre 1954 für illegal erklärt wurde. Es ist auch in Afrika und Teilen von Lateinamerika weit verbreitet. In Jamaika ist es als »Weisheitskraut« bekannt, und eine moderne Protestbewegung gebraucht Ganja als politisches Symbol.

In der zweiten Phase finden wir ernsthaftes Interesse im Abendland und begrenzte Forschung. Besonders daran beteiligt war der Club de les Hachichins in Paris (um 1840). Auf dem linken Seineufer, in dem alten neo-gotischen Hotel Pimodan, schlossen sich einige französische Intellektuelle zusammen, und eine ihrer Aktivitäten bestand in der Einnahme von Marihuana. Zu ihnen gehörte auch Charles Baudelaire, der bekannte französische Kunsthistoriker, der dem Klub im Jahre 1844 beitrat und dort in einer Dachkammer wohnte. Er beschrieb seine Erlebnisse in *Die künstlichen Paradiese* (1860) und verlieh seiner Besorgnis über die Untergrabung der Moral durch den Hanf Ausdruck. Mit Worten, die der Schilderung eines modernen Trips gleichkommen, beschrieb er seine Erlebnisse: »Jetzt hast du genügend Ballast für eine lange und einzigartige Reise. Die Dampfpfeife ertönt, die Segel sind gesetzt, und gewöhnlichen Reisenden gegenüber hast du den seltsamen Vorteil, daß du nicht weißt, wohin die Reise geht. Du hast deine Wahl getroffen – hurra dem Schicksal!«[16] Manche glauben, daß das Haschisch ihn in die Nervenklinik trieb; aber es ist anzunehmen, daß er an einer Krankheit litt.

Téophile Gautier war ein weiteres Mitglied des Haschischklubs. Er erlebte ebenfalls auf seinem ersten Trip phantastische Halluzinationen, vermutlich durch melodramatische Umstände verstärkt. Er geriet ganz plötzlich in eine wilde Panik und rief: »Die Zeit ist tot!« Als die Wirkung der Droge nachließ, rief er: »Halleluja! Die Zeit ist von den Toten auferstanden!«

Im Jahre 1960 kaufte Fitzhugh Ludlow, ein Freund von Mark Twain, in einer Apotheke in Poughkeepsie, New York, für ein paar Cent etwas Marihuana. Er gebrauchte es jahrelang. Begründung: »Um den bescheidenen Betrag von sechs Cent kann ich mir ein Billett für die ganze Erde kaufen.«[17] Ganz im Gegensatz zu seinem früheren Enthusiasmus bezeichnete er das Rauschmittel später jedoch als »Wiegenlied der Hölle«.

Die dritte Phase ist die gegenwärtige Massenbegeisterung für Marihuana. Statistiken der Vereinten Nationen aus dem Jahre 1951 schätzten, daß es damals in der ganzen Welt an die 200 Millionen Marihuana-Konsumenten gab. Die erste Rauschgiftwelle erreichte die Vereinigten Staaten und Europa Mitte der 30er Jahre, gefolgt von einer zweiten Welle in den 60er Jahren. Die erste Reaktion war eine sofortige Begeisterung und die zweite eine sofortige Polarisation, die heute noch ein Hauptmerkmal der Drogenszene ist. Die Panik des Establishments führte zu einer gleichartigen Paranoia bei denen, die das Rauschmittel einnahmen. Typisch für diese Panik war die Kampagne von Harry J. Anslinger, dem Leiter des amerikanischen Bundesamtes für Narkotika. Anslinger behauptete, es bestehe eine direkte Beziehung zwischen dem Gebrauch von Marihuana und verschiedenen Verbrechen und Gewalttaten (wie Vergewaltigung) sowie Wahnsinn: »Der fortgesetzte Gebrauch von Marihuana führt direkt in die Nervenanstalt.«[18] Diese irrationale Panik treffen wir heute noch häufig an.

Die Paranoia ist gleichfalls ganz klar vorhanden, wenn auch verständlich, und ist in der Gegenkultur häufig aufzufinden. Selbst Allen Ginsberg mußte zugeben: »Es ist auch nicht verwunderlich, daß die meisten Leute, die in Amerika Marihuana geraucht haben, oft einen Zustand der Unruhe, der Bedrohung, ja der Paranoia erleben, die zum Zittern oder zu Schreikrämpfen führen kann... Ich selbst erlebe diese Art der Paranoia, wenn ich Marihuana rauche.«[19]

Angeblich führt Marihuana zum Wahnsinn, zur sexuellen Perversion und Gewalttätigkeit und dient als »Sprungbrett« zu härteren Drogen, hauptsächlich, so meint man, zur Heroinabhängigkeit. Dabei sollte man zwei bekannte Berichte über die Wirkungen von Marihuana mit berücksichtigen. Zunächst einmal den Bericht der indischen Hanfdrogen-Kommission in Simla, Indien, 1894. Die 3000 Seiten in sieben Bänden sind ein Standardwerk auf diesem Gebiet; der Bericht wurde in zwei Jahre langer Forschung zusammengestellt; 800 Ärzte waren daran beteiligt, die Aussagen der Befragten – zu denen alle möglichen Personen, vom Kuli bis zum Yogi, gehörten – zu analysieren. Der Bericht kommt ganz klar zu der Schlußfolgerung, daß geistige, moralische oder körperliche Schädigungen nicht nachzuweisen seien, daß gemäßigte Dosen nie zur Abhängigkeit führen und daß ein Exzeß nur bei faulen und liederlichen Charakteren festzustellen sei. Also besteuerte man die Ganja-Kneipen und gab den Hanfzüchtern eine staatliche Lizenz.

Der zweite Bericht wurde im Auftrag des New Yorker Bürgermeisters La Guardia im Jahre 1938 angefertigt. Zu dem Zeitpunkt war das Land bereits von einer Panik erfaßt worden. La Guardia bat die New Yorker Akademie der Naturwissenschaft, einige unparteiische Naturwissenschaftler damit zu beauftragen, das Problem zu untersuchen. Ihre Ergebnisse, die im Jahre 1944 veröffentlicht wurden, widersprachen der damaligen Panik ganz klar. Trotz heftiger Angriffe seitens des Bundesamtes für Narkotika kamen die Forscher zu demselben Ergebnis wie ihre britischen Kollegen in Indien: »Zwischen der Ausübung von Verbrechen und Gewalt und dem Genuß von Marihuana läßt sich keine direkte Beziehung herstellen.«[20] In seinem Vorwort schrieb Bürgermeister La Guardia: »Ich bin froh, daß es sich gezeigt hat, daß die soziologischen, psychologischen und medizinischen Schäden, für die das Marihuana verantwortlich gemacht worden ist, *zumindest was die Stadt New York betrifft,* sich als übertrieben erwiesen haben.« Der britische Wootton-Bericht aus dem Jahre 1969 zog gleiche Schlußfolgerungen.

Wenn wir uns also den emotionalen Angriffen gegen Marihuana nicht ohne weiteres anschließen können, bedeutet das keineswegs, daß wir der gegenwärtigen Marihuana-Welle kritiklos gegenüberstehen. Ein Punkt, der häufig zum Gegenstand der Kritik wird: Ständiger Konsum führt zur Untergrabung jeglicher Motivation. Im Jahre 1858 warnte Baudelaire: »Später vielleicht wird eine zu häufige Befragung des Orakels deine Willenskraft verringern; vielleicht wirst du dann weniger ein Mann sein als heute.«[21] Dies gilt nicht für gelegentliche Konsumenten, sondern für regelmäßige Genießer. Zum Teil vielleicht rührt das von der Atmosphäre und der allgemeinen Haltung der Gruppen her, die sich regelmäßigem Marihuanagenuß hingeben. Aber es hat auch innere Gründe, die in der Zusammensetzung der Droge begründet liegen. Mir ist das Schwinden an Motivation unter Gewohnheitskonsumenten, die politische Aktivisten oder Künstler sind, häufig aufgefallen.

Ich habe mich nur deshalb solange bei der Geschichte des Marihuana aufgehalten, um der ganzen Diskussion einen Hintergrund zu geben, auf dem eine rationale Analyse überhaupt möglich ist.

Meskalin: Mexikanische Zauberkakteen

Man könnte sich nun etwas genauer mit einer zweiten psychodelischen Droge beschäftigen: Psilocybin, das vom »heiligen Pilz« entwickelt wurde. Frühe Siegel von Byblos (etwa 5000 Jahre alt) zeigen einen Priester, der einem Bittsteller zwei Pilze übergibt, und viele sind heute der Meinung, daß die eleusischen Geheimnisse ein Pilz-Mystizismus waren. Vielleicht war Soma ein Pilz, und manche fragen sich, warum auf dem Triptychon »Der Hai-Wain«[22] von Hieronymus Bosch auf der Pforte zur Hölle ein großer Pilz abgebildet ist. – Ich möchte aber lieber etwas mehr auf Meskalin eingehen, weil es in der Gegenkultur eine größere Bedeutung hatte.

Meskalin wird aus einem unscheinbaren kleinen Kaktus gewonnen, der den Namen »Peyote« trägt. Er hat saftiges Fleisch, ist dornenlos und hat eine zapfenförmige Wurzel; sein Kopf wird von weißlichen Wollhaaren geziert. Für Azteken und Mexikaner war die Pflanze heilig; sie erklärten sie zu dem Fleisch der Götter und glaubten, Mais sei für den Körper, Peyote für den Geist. Um den Gebrauch dieses Rauschmittels hat sich eine Reihe von Ritualen entwickelt; zu den Vorbereitungen für seine Ernte z. B. gehört Gebet, Fasten, sexuelle Abstinenz und Buße. Dieses Ritual erreichte seine höchste Entwicklungsstufe in der eingeborenen amerikanischen Kirche, deren Peyote-Nacht dem »Agape« oder Liebesfest der frühen Kirche ähnelte. Ernsthafte Forschungen wurden erst unternommen, als das Meskalin gegen Ende des 19. Jahrhunderts entdeckt wurde, und die Nachricht erreichte auch den englischen Schriftsteller Havelock Ellis in London. Er nahm eine Dosis Meskalin zu sich und erlebte einen guten Trip, den er später als »Schwelgerei der Sinne und vor allem eine Orgie des Sehens« beschrieb.[23] Ein Künstlerfreund, der sich dann gleichfalls dem Rausch hingeben wollte, war nicht so begeistert; bei ihm führte die Droge ohne Höhenflug unvermittelt zum Katzenjammer und ihm wurde schwer übel. Gleiches Schicksal erlitt das Experiment am eigenen Körper bei William James; er erlebte lediglich starke Bauchschmerzen. Er schrieb an seinen Bruder: »Ich aß vor drei Tagen eine Knospe, litt für vierundzwanzig Stunden unter heftiger Übelkeit und außer dieser und dem Katzenjammer am folgenden Tag machten sich keine anderen Symptome bemerkbar. Ich bin aber bereit, auch so an Visionen zu glauben.«[24]

Der Durchbruch des Meskalins erfolgte im Mai 1953, als Humphrey Osmond Aldous Huxley dazu anregte, es einmal zu probieren. An dem Abend vor dem Experiment war Osmond sehr besorgt. Über seine Stimmung an diesem Abend schrieb Aaronson (zusammen mit Osmond) später: »Er war unruhig, er wäre enttäuscht, wenn nichts passierte, aber was, wenn das Meskalin zu stark wirkte? ... Ihm gefiel die Möglichkeit überhaupt nicht, einen kleinen, wenn auch keineswegs rühmlichen Platz in der Literaturgeschichte zu finden als der Mann, der Huxley in den Wahnsinn trieb.«[25] Aber anstatt in den Wahnsinn wurde Aldous Huxley zur Ekstase getrieben: »Ich war wieder dort, wo ich gewesen war, als ich auf die Blumen blickte – wieder zurück in einer Welt, wo alles vom inneren Licht leuchtete und seiner Bedeutsamkeit unendlich war.«[26] Ein glühender Bericht seiner Wahrnehmungen findet sich in *Die Pforten der Wahrnehmung* (1954). In einem Artikel gegen Ende von *The Humanist Frame* (1961) wirbt er für den Genuß von Meskalin als Mittel zur Entwicklung höherer menschlicher Möglichkeiten. Gemessen an heutigen Behauptungen klingen diese frühen Hoffnungen und Ansprüche auf Erfahrungen erster Ordnung recht zurückhaltend. Später jedoch hatte Huxley das starke Gefühl, daß biochemischer Mystizismus der Schlüssel zu seiner »philosophia perennis« sein könnte. Von der Ähnlichkeit von Gedanken und Ausdrucksweisen aller Mystiker stark beeindruckt, seien sie Hindus, Buddhisten, Taoisten oder Moslems, kam er zu der Schlußfolgerung, daß man hinter allen Weltreligionen eine endgültige Wahrheit erkennen könne, von der jede Religion nur einen Teil ausdrücke.

LSD – die seelische Wasserstoffbombe

Die vierte psychodelische Droge, LSD, wird auf chemischem Wege synthetisch gewonnen, und deshalb reicht ihre Geschichte nicht weit in die Vergangenheit zurück. Allerdings gibt es einen purpurnen parasitischen Pilz namens Mutterkorn, der den Roggen befällt. Die Sehstörungen, die er hervorrief, wurden als St. Antonius-Feuer bezeichnet. Eine aktive Substanz, die in diesem Pilz enthalten war, ist Lysergsäure, obwohl diese an sich keine halluzinogenen Effekte hat. Im April 1943 wurden die psychodelischen Wirkungen des LSD durch Zufall entdeckt, und zwar durch Dr. Albert Hoffmann bei seiner Arbeit in den pharmazeutisch-chemischen Laboratorien der Sandoz A. G. in Basel. Er war auf der Suche nach einem schmerzstillenden Mittel für Migräne; mit aus Mutterkorn gewonnener d-Lysergsäure stellte er durch chemische Umsetzung mit Diäthylamid d-Lysergsäure-Diäthylamid her. Nachdem er sich 0,25 Milligramm (die 10 bis 20-fache Dosis für einen normalen Trip) verabreicht hatte, um diese neuartige Substanz zu testen, endete sein Laborbericht in etwas chaotischer und humoristischer Weise; später schrieb er einen Bericht über seine Heimfahrt auf dem Fahrrad, im ersten bekannten LSD-Rausch vollbracht. Jahre später hatten die Psychodelika ihre Sternstunde – kein Ideal schien mehr unerreichbar, keine Grenze versperrte den Weg zu neuen, ungeahnten Möglichkeiten.

Am Karfreitag 1963 fand das sogenannte »Wunder vom Marsh Chapel« statt. Dr. Walter Pahnke, der damals bereits zwei akademische Titel trug und in Harvard an seiner theologischen Dissertation arbeitete, war überzeugt, daß das grundlegende Erlebnis jeder mystischen Religion gleich ist und von psychodelischen Drogen nachgeahmt werden kann. Um seine These zu beweisen, gab er an 20 seiner Kollegen Psilocybin aus. Alle, die die Droge einnahmen, erklärten, sie hätten das tiefste »religiöse« Erlebnis ihres Lebens gehabt.

Eine berühmte Gruppe, die in das Licht der öffentlichen Aufmerksamkeit geriet, war die Erweckungskirche, die im Oktober 1963 amtlich eingetragen wurde. Die Gruppe hatte sich in Sorocco, Neumexiko, um einen verärgerten Presbyterianer namens John Aiken herum gebildet. Im Jahre 1959 waren sie durch Dr. Osmond in den Kontakt mit Psychodelika gekommen, und im Laufe ihrer Sitzungen waren viele Atheisten »bekehrt« worden. Es gab keine Lehre, aber ein Sakrament – ein durch Drogen hervorgerufenes psychodelisches Erlebnis, das jedem Mitglied höchstens alle drei Monate einmal zuteil wurde. Die neoamerikanische Kirche hatte ähnliche Praktiken, trat aber in ihrer Verteidigung von Peyote als legalem Sakrament wesentlich militanter auf.

Solche Ereignisse und Gruppen verliehen den Psychodelika früh Popularität; aber der charismatische Einfluß zweier Männer, Timothy Leary und Ken Kesey, war von weitaus größerer Bedeutung. Leary war der Hohepriester der Bewegung, ihr Messias und Märtyrer; in seiner Person vereinte er alle Hoffnungen und Ideale der psychodelischen Gesellschaft. Von Humphrey Osmond als »irisch, revolutionär und ganz schön rücksichtslos«[27] apostrophiert und von seiner Frau als »dem gesundesten, amüsantesten und klügsten Mann, dem ich je begegnet bin«[28] gepriesen, wurde Leary unter dem Einfluß von psychodelischen Drogen regelrecht »bekehrt«. Vorher hatte er dem katholischen Glauben seiner Eltern den Rücken gekehrt und war aus der Armee ausgetreten, wodurch er sowohl seine katholische Mutter als auch seinen militärisch gesinnten Vater beleidigte. Nachdem er von der Universität von Kalifornien (Berkeley) einen Doktortitel erhalten hatte, wurde er als Dozent für klinische Psychologie an der Harvard-Universität eingestellt. Später beschrieb er sich als »Mann mittleren Alters, verfangen im Sterbeprozeß der mittleren Jahre.«[29] Der Wendepunkt kam im Jahre 1960 in Cuernavaca, Mexiko, wo der 39jährige Leary einen der »Zauberpilze« aß und über »einen Niagarafall von Sinneswahrnehmungen« geschwemmt wurde.[30] Nach Harvard zurückgekehrt, wurde er zum aktiven Erforscher und Propagandisten psychodelischer Drogen. Im Rahmen eines offiziellen Forschungsprogramms wurde es ihm gestattet, je eine Dosis von Psilocybin an 35 Strafgefangene auszugeben. Die meisten von ihnen, so behauptete er, hatten ein tief religiöses Erlebnis und erfuhren Charakterveränderungen.

Seine Arbeit wurde über Nacht populär und gleichzeitig berüchtigt, als er der erste Dozent von Harvard wurde, »den zu entlassen man sich gezwungen sah«, weil er entgegen vorherigem Versprechen das Rauschgift auch an Studenten ausgegeben hatte. Die Tatsachen, so wie sie damals berichtet wurden, können im *Harvard Crimson* vom 26. November 1962 nachgelesen werden.

Von seiner Entlassung unbeirrt, gründete Leary 1963 die »International Federation for Internal Freedom« (Internationale Gemeinschaft für innere Freiheit), eine formlose Gemeinschaft aus Theologen, Predigern und Forschungspsychologen. Unter Learys Vorsitz unternahm die IFIF unabhängige Forschungen in dem Bereich der psychodelischen Drogen. Sie führten zahlreiche Forschungsprojekte durch, veröffentlichten die Zeitschrift *Psychedelic Review* und gründeten Gemeinschaften in Mexiko, Massachusetts und Millbrook (New York). Sie hofften, eine große Revolution zu entfachen und warben unermüdlich durch Schallplatten, Filme, Gebetsbücher, öffentliche Diskussionen und Predigten. Im gleichen Jahr gründete Leary die Castalia-Foundation, die ihren Namen von einem heiligen Orden erhielt, der in Hermann Hesses *Das Glasperlenspiel* beschrieben wird. Der Prototyp der psychodelischen Gemeinschaft, wie Leary sie anstrebte, war Millbrook.

Learys Krach mit der Leitung der Harvard-Universität war gar nichts im Vergleich zu den Schwierigkeiten, die ihm von den Behörden bereitet wurden. Am 16. April 1966 durchsuchte die Polizei sein Gemeinschaftszentrum in Millbrook, förderte eine winzige Menge von Marihuana zutage und nahm vier Verhaftungen vor. Unter den Festgenommenen befand sich auch Leary. Zu diesem Zeitpunkt hatte Leary bereits gegen eine Verurteilung Revision beantragt, die er sich einhandelte, als Grenzbeamte ihn auf dem Weg nach Mexiko mit etwa 15 g Marihuana erwischten. Ein texanischer Richter hatte ihn zu 30 000 Dollar Strafe, wahlweise 30 Jahre Haft, verurteilt. Die Härte der Strafe trug nur zu Learys Ruhm bei, der sich damit verteidigt hatte, daß chemische Stoffe Nahrung (Gehirnvitamine) seien und daß die neue Transzendenz offensichtlich allem anderen überlegen und für Menschen aus allen Klassen zu empfehlen sei.

Zu dieser Zeit begann er die psychodelischen Drogen als neue evolutionäre Religion zu propagieren. Ein Trip war nicht nur ein kindisches Verlangen nach chemischen Siebenmeilenstiefeln, sondern ein heiliger Ritus: »Der LSD-Dreh ist eine geistige Ekstase. Der LSD-Trip ist eine religiöse Wallfahrt.«[31] Er ermöglicht, »bei den Tönen von Gottes großem Gesang mitzuschwingen«.[32] Leary ermutigte seine Nachfolger: »Gründe deine eigene Religion«, »Schreib deine eigene Bibel«, »Schreib deine eigenen Zehn Gebote«.[33] Für Leary gab es nur zwei absolute Gebote. Erstens: Du sollst das Bewußtsein deines Nächsten nicht verändern. Zweitens: Du sollst deinen Nächsten nicht daran hindern, sein eigenes Bewußtsein zu verändern.

Seine Religion war ein bizarrer Psycho-Darwinismus, in welcher der Drogengenießer der neue Mensch ist. LSD ist »das Sakrament, das dich mit der Millionen Jahre alten Weisheit in dir in Verbindung setzen wird« und eine Befreiung verwirklicht, die »zu der nächsten Phase führt, der evolutionären Zeitlosigkeit, der alten Reinkarnationstheorie, die wir ständig in uns tragen«.[34] Zu vielen seiner öffentlichen Versammlungen erschien Leary, der Prophet, komplett mit weißen Baumwollpyjamas, Weihrauch und Eintrittskarten, die 4 Dollar kosteten.

Der zweite Führer der psychodelischen Bewegung war Ken Kesey, und es ist schwer zu sagen, wer von beiden mehr Anhänger gewann. Aber zwischen den beiden gab es große Unterschiede.

Leary war der Professor der Bewegung, Kesey ihr Romancier. Er arbeitete nicht in Harvard, sondern in Stanfords Perry Lane. Seine großen Tage kamen, als er »Chef« der *Merry Pranksters* wurde. In seiner Gesellschaft waren Faye (seine Frau), Neal Cassidy (der Held in Jack Kerouacs *Unterwegs*), Babbs, Hagan, Mountain Girl, die sich allesamt auf ihrem Phantasietrip befanden, alle mit ihrer psychodelischen Musik ihren eigenen »Film« ansahen, mit ihren Kreidezeichnungen und LSD. Sie kauften einen alten Bus aus dem Jahre 1939, gaben als Zielort »WEITER« an und begaben sich auf eine verrückte Reise quer durch die USA. Ihre Sternstunde schlug im Januar 1966 mit dem Trip-Festival, dem »Acid-Test« (Acid – engl. Säure – steht für LSD) und dem »Electric Kool-Aid Acid-Test«. Ken Kesey wurde zur psychodelischen Heldenfigur, und LSD wurde bei hartem Rock, fahler Beleuchtung und ausgeflipptem Tanz serviert. Idole waren die *Grateful Dead* und die »Owsley Blues« (eine 0,5 Milligramm Kapsel LSD, die mit einem Bild von Batman verkauft wird).

Hermann Hesse hat zweifelsohne einen großen Einfluß auf die psychodelische Bewegung gehabt, sein bekannter Roman *Steppenwolf* wurde für die erste Feier der Leary-Gruppe geradezu als Bibel verwendet; Leary beschreibt ihn als »Dichter der Reise nach innen«.[36] Leary preist die Engländer als die »ursprünglichen Hippies«[37], weil sie einen Stammbaum von Psychodelikern aufweisen können, mit prominenten Gliedern wie Humphrey Osmond, Aldous Huxley, Alan Watts, R. D. Laing und Paul McCartney. Seine Phantasie schlägt einen weiten Bogen, wenn er schreibt: »Das spirituelle Band, das unsere Zivilisation vom Selbstmord zurückhält, kann zurückverfolgt werden von den Wäldern des Himalaja, wo die Philosophen der Veda Soma tranken, den Ganja hinunter, durch den Suez bis hinüber nach Liverpool.«[38]

In den frühen Tagen war der Mißbrauch von LSD keineswegs auf die Gegenkultur beschränkt. Zu den bekanntesten Persönlichkeiten, denen man nachsagt, sie seien psychodelisch »auf Reisen gegangen«, gehören u. a. Cary Grant (»Ich werde in dem späteren Teil meines Lebens mehr ›wirklich gelebt‹ haben, als die meisten Menschen sich vorstellen können«), Herman Kahn und Henry Luce.[39]

Einwände gegen Psychodelika

Welche Einwände werden gegen den Genuß von psychodelischen Drogen gewöhnlich erhoben, und inwiefern sind sie gültig? Allgemein werden Psychodelika deshalb abgelehnt, weil sie erstens eine Flucht vor der Wirklichkeit und zweitens gefährlich sind.

Greifen wir einmal das Beispiel LSD heraus. Im Jahre 1961 untersuchte der amerikanische LSD-Fachmann Sidney Cohen etwa 20 000 Trips von 5000 Personen, die entweder LSD oder Meskalin einnahmen. Er kam zu der Schlußfolgerung, daß sie keine besonderen körperlichen Nachwirkungen hatten, obwohl es manchmal leichte Nebenerscheinungen gab, wie körperliches Unbehagen, Übelkeit, Erbrechen, Schmerzen, Panik, Geistesverwirrung und in einzelnen Fällen Folgeschäden.[40] Bei labilen Persönlichkeiten konnte die Droge eine tiefe Depression oder Psychose hervorrufen. Gewöhnung war in keinem Fall nachzuweisen. Vier Jahre später mußte er allerdings feststellen, daß die Anzahl der mißratenen Trips, die unmittelbar in Übelkeit endeten, sich stark erhöht hatte. Es gab eine alarmierende Anzahl von Panikanfällen mit akuter Paranoia, Macht-Illusionen, schizophrenen Reaktionen und sichtbaren Charakterveränderungen. Neben der Möglichkeit der Schädigung der Nervenzellen fürchtete man sich immer mehr vor Chromosomenveränderungen. Cohen gab die Schuld dafür zu einem großen Teil dem Schwarzmarkt, dem Verkauf von unreinen Drogen und ihrer falschen Verwendung.

Vielleicht hat dies zu der Abkehr von psychodelischen Drogen beigetragen. Aber der Hauptgrund für das Schwinden der Begeisterung ist ihre Unzulänglichkeit. Alan Watts verteidigt sie trotz aller möglichen Gefahren: »Jede lohnende Erforschung ist gefährlich... Es war für Jesus wohl kaum hygienisch, sich kreuzigen zu lassen, aber das sind die Risiken, die man bei geistlichen Abenteuern nun einmal auf sich nehmen muß.«[41] Das Nachlassen des LSD-Konsums bedeutet jedoch die Fortsetzung der ›Suche‹ jenseits der Psychodelik. Die Drogen sind nicht in der Lage, einem zu jenen hohen Ebenen des transzendenten Bewußtseins zu verhelfen, die durch subtilere Meditationstechnik erreicht werden können. In *The Master Game: Beyond the Drug Experience* behauptet Robert de Roop, daß Drogen nur zu geistiger und körperlicher Erschöpfung führen, sie seien eine Art »geistiger Diebstahl«.[42] Seine Warnung wird von vielen östlichen Gurus und westlichen Psychologen bestätigt: »*Wer psychodelische Drogen mißbraucht, opfert seine Entwicklungskapazität, indem er jene inneren Ressourcen verschwendet, von denen das geistige Wachstum abhängig ist. Er begibt sich auf eine Abwärtsspirale, und je weiter er sich auf dem Abwärts-Weg befindet, desto schwieriger wird es für ihn, wieder nach oben zu steigen.«[43]*

Wenn die Zahl derjenigen, die den Gefahren dieser Drogen zum Opfer fallen, auch relativ gering ist (obwohl hier von vielen Tragödien berichtet werden könnte), so ist die Anzahl derer, die sich von der Flucht vor der Wirklichkeit, die sie anbieten, verführen lassen, erschreckend hoch. Baudelaire beschreibt Marihuana als eine Flucht: »Der Mensch kann seinem schicksalhaften physischen und ethischen Temperament nicht entfliehen.«[44] Selbst Leary gibt zu: »Der uralte Reiz der psychodelischen Erfahrung ist seine Lösung des Fluchtproblems. Die visionäre Offenbarung beantwortet die Frage nach dem Ausweg. Es gibt keinen Tod. Ekstatische, heitere Erleichterung... Es ist interessant, daß der Heroinsüchtige und der erleuchtete Buddha das gleiche Ziel erreichen: Die Leere.«[45]

Aktivisten und Radikale äußern sich mit Unbehagen darüber, daß ständige Konsumenten von psychodelischen Drogen sich zwar nach den Idealen von Bewußtsein III orientieren, aber der Dropout wird dann letzten Endes zum Cop-out. Drogen werden zum automatisierten »Glück«, das in Huxleys *Schöne Neue Welt* vom Soma geliefert wird, zu einem Fall von Marcuses Entsublimierung.

Viele, die regelmäßig »high« werden oder periodisch »ausflippen«, spielen nur mit den Antworten, weichen den wirklichen Fragen allerdings aus. Im Endergebnis spielt das Motiv der Flucht vor der Wirklichkeit in dem Gebrauch von psychodelischen Drogen jedenfalls eine große Rolle.

Als ich vor zwei Jahren an einem Café in Kathmandu vorbeiging, hörte ich mit Erstaunen, daß in diesem Café Dylan-Musik gespielt wurde. Als ich hineinsah, erblickte ich etwa 25 junge Amerikaner und Europäer, die an langen Tischen saßen, den Kopf in die Hände gestützt. Als ich die Tür öffnete, stierten sie mich mit leeren Blicken an und ließen ihren Kopf langsam wieder sinken. Sie waren ständig unter Drogen und waren nur nach Nepal gekommen, um zu sterben.

Das erweiterte Bewußtsein

Auf die Art des psychodelischen Erlebnisses müssen wir etwas näher eingehen. Psychodelische Drogen schalten das normale, rationale Bewußtsein aus und wirken anscheinend wie eine Serie optischer Linsen, die das Niveau des bewußten Erfassungsvermögens erhöhen.

Nach Timothy Leary gibt es sechs verschiedene Bewußtseinsebenen.[46] Seine Analyse ist für die zahlreichen Behauptungen von Drogengenießern recht typisch.

Die erste Ebene ist die des Schlafes, des Komas oder der Betäubung; hier werden nur starke äußere Reize wahrgenommen. Diese Ebene wird oft durch Alkohol, Barbiturate oder Narkotika erreicht. Die zweite Ebene ist das symbolische Bewußtsein des Wachzustands; hier werden äußere Gegenstände als äußere Gegenstände wahrgenommen. Die dritte Ebene ist das äußere Sinnesbewußtsein; hier konzentriert sich das Bewußtsein scheinbar auf die Nervenenden der Sinnesorgane, die die Information von außen aufnehmen – die Netzhaut, das Trommelfell oder Tastnerven. Die vierte Ebene ist das innere Sinnesbewußtsein; hier scheint sich unser Bewußtsein auf die Nervenenden zu konzentrieren, die Impulse von den Unterleibsorganen erhalten – von den Genitalien, den Verdauungsorganen, dem Herzen, den Atmungsorganen und dem Gehirn – das *Cakras* des östlichen Mystizismus.

Die fünfte Ebene ist die zellulare Ebene, auf welcher, so behauptet Leary, sich das Bewußtsein auf das Leben in den Zellen selbst konzentriert. Die sechste Ebene ist das prä-zellulare Bewußtsein; hier wird man sich des äußersten Seinszustands bewußt, wird von reiner Energie durchpulst; das Erlebnis kommt dem, was die Mystiker als »die Leere« bezeichnen, recht nahe, entspricht dem mystischen »weißen Licht« oder der »Flamme«. Gewisse Zurückhaltung zeigt Leary lediglich in dieser letzten Kategorie: »Kann man solche Erlebnisse überhaupt aufzeichnen und nachfolgenden Untersuchungen zugänglich machen? Ich weiß es nicht. Ich spreche hier nur zögernd von der sechsten Bewußtseinsebene, wissend, daß ich den Verlust meiner gläubigsten Leser riskiere.«[47]

Er gibt auch zu, daß die Effektivität, mit der verschiedene Drogen »die optischen Linsen erweitern« und zu tieferem Bewußtsein verhelfen, stark variiert. Marihuana ermöglicht das Erreichen des inneren Sinnesbewußtseins nur, wenn die betreffende Person geistig diszipliniert ist und andere äußere Reize ausgeschaltet werden. Die fünfte Ebene kann mit gemäßigten Dosen von LSD und Meskalin nur erreicht werden, wenn alle äußeren Reize ausgeschaltet werden, Marihuana und kleine LSD-Dosen sind hier ungenügend. Die sechste Ebene schließlich kann nur mit großen Dosen von LSD erlangt werden.

Aber da erhebt sich die große Frage: Was ist diese Welt des transzendenten Bewußtseins? Wie läßt sich das von Drogen herbeigeführte Bewußtsein mit anderen Formen des Bewußtseins vergleichen? Diese Fragen sind immer noch ohne Antwort, was an der unpräzisen Natur des Mystizismus liegt. Jeglicher Versuch, sie zu beantworten, kann daher nur vorläufiger Natur sein.

Das normale, rationale Bewußtsein im Wachzustand könnte man mit einem stark eingeengten Taststrahl vergleichen, der das Bewußtsein auf einen kleinen Ausschnitt der Wirklichkeit konzentriert und unnötige Randwahrnehmungen ausschaltet. Jenseits dieses kleinen Ausschnittes befindet sich die ek-statische Welt ungewöhnlicher Wahrnehmungen, die paranormal und transzendent sind. Innerhalb der Grenzen dieser ek-statischen Welt, wie unklar ihre Grenzen auch sein mögen, befinden sich solche Bereiche, die als »die sublime oder transmarginale Region« (William James), »das kosmische Bewußtsein« (R. M. Bucke), »das kollektive Unterbewußtsein« (Carl Jung) und »die Seele auf freiem Fuß« (Aldous Huxley) bezeichnet werden.

Das normale, rationale Bewußtsein funktioniert wie ein auf einen Zugwagen gerichteter Taststrahl, der sich selbst auf den Geleisen nur wenig bewegen kann – die Endstationen sind geistige Normalität und Verrücktheit. Aber die Schienenführung ist nicht gerade. Sie ist in Form eines Hufeisens gekrümmt, es gibt eine Stelle, an der sich die Endpunkte fast berühren. Da sich der Treffpunkt außerhalb des Bereichs des normalen Bewußtseins befindet, wäre es klug, diesen Bewußtseinszustand von der Normalität des gewöhnlichen Bewußtseins zu unterscheiden. Gemäß Drogenfachmann Sidney Cohen könnten wir das gewöhnliche Bewußtsein als *Normalität* bezeichnen und die beiden Endstationen (die jenseits der gewöhnlichen Wahrnehmung liegen) als *Anormalität* und *Unnormalität*. In dieser Definition sind sowohl Anormalität als auch Unnormalität paranormal, aber während die Anormalität als krankhafter Zustand angesehen wird, ist die Unnormalität ein geistig gesunder Zustand.

In dem Bereich der Unnormalität lassen sich verschiedene mystische Erlebnisse in die Geographie des Transzendenten einzeichnen.[48] Dazu gehören Gipfelerlebnisse (seltene, plötzliche Augenblicke der Erleuchtung, der Verzückung und des Glücks), Integrationserlebnisse (mystische Erfahrungen, bei denen weder eine Ausdehnung der Persönlichkeit jenseits ihrer natürlichen Grenzen noch eine Verschmelzung mit der Natur stattfindet, sondern ein Selbstbewußtsein oder eine Selbsterkenntnis erlangt wird, die das Raum-Zeit-Bewußtsein der Individualität durchdringt), pan-naturalistische Erlebnisse (ein Bewußtsein des Vorhandenseins der Natur in allem und der Einheit aller Dinge, ohne daß irgendwie ein Gottesgedanke etwas damit zu tun hat), pantheistische Erfahrungen (die mit den pan-naturalistischen Erlebnissen identisch sind, wo aber noch die Vorstellung eines Gottes hinzukommt, der mit der Natur eins ist), isolierte Erlebnisse (nach denen z. B. Yoga-Praktiken und der Zen streben, in denen das Selbst von all dem, was sich bewegt, isoliert ist und in Raum und Zeit existiert, aber in denen es, wenn die Seele von allem isoliert ist, das höher ist als sie selbst, eine Decke erreicht, jenseits derer es nichts mehr gibt) und theistische mystische Erfahrungen (wie die der Sufis und Bhaktis, mit direktem Bezug auf persönliche Gottheiten). Viele dieser positiven Erlebnisse haben irgendein negatives Gegenstück auf der anderen Seite, der Seite der Anormalität.

Will man diesen Phänomenen gerecht werden, dann muß man dabei zwei Tatsachen berücksichtigen. Zunächst einmal werden Wahrnehmungen von a priori-Vorstellungen beeinflußt; von daher ist es sehr gut möglich, daß die Vielfalt der verschiedenen Erlebnisse in Wirklichkeit gar nicht so groß ist. Zwei verschiedene Personen mit dem gleichen Erlebnis mögen es auf zwei verschiedene Weisen schildern und interpretieren, bedingt durch ihre verschiedenen allgemeinen Anschauungen. Zweitens muß man allerdings sagen, daß die Vielfalt der Daten derart groß ist, daß sie nicht durch ein einziges, stets gleiches Erlebnis erklärt werden können.

(Eine solche Erklärung ist zum Beispiel die Anschauung, daß alle Erlebnisse nur Variationen der *Philosophia perennis* sind). Es ist wahr, daß der gemeinsame Faktor all dieser Erlebnisse ihre vereinigende Wirkung ist; sie sind alle ein Erlebnis einer *Einheit* mit irgend etwas oder irgend jemand anderem als man selbst. Aber damit ist die Frage, womit diese Einheit oder Verbindung hergestellt wird, noch nicht beantwortet. Bei den Antworten auf diese Frage finden wir wieder eine große Vielfalt, und das Tatsachenmaterial muß gut gesichtet werden. Unterschiede in der Art des mystischen Erlebnisses kommen zunächst einmal durch die Art und Weise zustande, in der dieses Erlebnis herbeigeführt wird (durch Drogen oder Meditationstechniken), hängen fernerhin von a priori-Konzeptionen ab (so wie z. B. Pantheismus oder Psychoanalyse) und von den Gegenständen des Mystizismus (z. B. natürlicher oder dämonischer Art).

Wir sehen also, daß die psychodelischen Drogen nur eins von vielen Mitteln sind, die eine Bewußtseinsveränderung bewirken. Analoge Effekte können durch Meditation und Hypnose, verschiedene Atemtechniken und Gesang, durch schwingende Körperbewegungen und durch Selbstkasteiung erreicht werden. Dies sind lediglich verschiedene Methoden, sie können entweder auf die transzendente Welt der Unnormalität gerichtet werden oder Depression und Verzerrung bis zur Geisteskrankheit herbeiführen.

Hindu-Meditation ist zum Beispiel eine hochentwickelte Technik zur Eliminierung von äußeren Reizen durch Konzentration auf eines der Sinnesorgane, z. B. auf das Auge durch eine Mandala, auf das Ohr mit Hilfe einer Mantra, auf den Geschmack, das Gefühl und den Geruch durch eine Tantra, bis zu dem Punkt, an dem der Geist ausgeschaltet wird und das Bewußtsein einen transzendenten Zustand erreicht, den Glückszustand der Yoga. Der Maharishi erklärt es oft auf folgende einfache Weise: In einem Glas Wasser sind aufsteigende Blasen über dem Boden des Glases noch klein, je weiter sie aufsteigen, desto größer werden sie, bis sie schließlich an die Oberfläche gelangen. Der Boden des Glases steht in diesem Vergleich für unser Unterbewußtsein und die Oberfläche für unser Bewußtsein, wo Gedanken zum Durchbruch kommen, ausgedrückt und gewürdigt werden.[49] Normalerweise, wenn wir einer Unterhaltung zuhören, einem Konzert lauschen oder ein Buch lesen, passieren Töne, Worte und Gedanken die Oberfläche unseres Geistes (durch ein Ohr herein und zum anderen hinaus!) und verharren nicht in unserem Bewußtsein. Durch eine Mantra, einen symbolischen Klang, der den Namen und das Wesen einer Gottheit repräsentiert, wird innerhalb unseres Bewußtseins ein kontinuierlicher Gedankenkreis gebildet. Dann bleibt der Gedanke im Bewußtsein und bewegt sich sozusagen rückwärts im Blasenstrom. Das heißt, der Gedanke wird nicht nur auf seinem bewußten Niveau erfaßt, sondern auch auf allen tieferen Ebenen, bis schließlich das Unterbewußte in den Bereich des Bewußten gebracht wird. Dadurch wird die Macht des bewußten Geistes vervielfacht.

Manche sind der Meinung, daß Störungen von Sinnesorganen damit zusammenhängen können.[50] Gewöhnlich verlangt das normale Bewußtsein einen ständigen Feedback von äußeren Reizen. Wenn diese fehlen, kann eine Störung der Sinnesorgane eintreten, die unter Umständen sogar zu Halluzinationen oder zu einem transzendenten Bewußtsein führt. So etwas kommt gelegentlich vor bei Höhlenforschern, einsamen Schiffbrüchigen, Autofahrern, die grelle Wüstenstreifen durchqueren oder langzeitigen Krankenhauspatienten mit bandagierten Augen und beschränkter Bewegungsfreiheit. Einer normalen Person kann dies leicht passieren, wenn sie sich in einem geräuschlosen, stockdunklen Raum befindet. Die ägyptischen Tempelriten beispielsweise beinhalteten u. a. Beschränkungen der Sinneswahrnehmung, Fasten und soziale Isolation. Die Sioux-Indianer praktizieren ein Sonnenritual von Hitze und Durst, das bei ihnen delirische Zustände hervorruft. Die Sufis praktizieren langes Atemanhalten und langes Fasten, die gleiche Erscheinungen hervorrufen. Vermutlich funktionierte das Orakel von Delphi in ähnlicher Weise: Die Pythia, eine alte Frau, saß über einer Felsspalte, aus der Kohlendioxyd heraustrat; das versetzte sie in eine Art Trance. Kam aus dem Felsen kein Gas, verbrannte man heilige Lorbeerblätter in einer Kupferschale, und die Kohlendioxyddämpfe, die daraus emporstiegen, wurden dann eingeatmet. Sobald sich ihr Bewußtseinszustand verändert hatte, gab sie jene unartikulierten Laute von sich, welche die gerissenen Priester in eine Prophezeiung für die Verehrer der Gottheit umsetzten, die immer zweideutig ausfiel und stets von dem lüsternen Seitenblick nach der angemessenen Bezahlung begleitet war.

Deshalb ist es sehr gut möglich, daß die Psychodelika, die Zen-Meditation, die Yoga-Meditation, die Naturmystik und ästhetische Mystik verschiedene analoge Wege in die transzendente Welt sind. Natürlich sind die Erlebnisse alle verschieden, und nicht alle Trips führen zum gleichen Ziel. Aber selbst im Bereich der Psychodelika stellten wir solche Unterschiede schon fest: z. B. ist Marihuana weniger wirkungsvoll als LSD.

Über diese Fragen habe ich langen Diskussionen zwischen Gurus und Drogensüchtigen zugehört. Der Guru behauptet, daß man ohne die Ethik und Disziplin des Yoga den Zustand des transzendenten Bewußtseins oder der Glückseligkeit nicht erreichen kann. Aber der LSD-Abhängige antwortet darauf, daß er sowohl Yoga als auch Drogen versucht habe, und daß der Unterschied nur quantitativ, nicht jedoch qualitativ sei. Ein guter Freund von mir ist ein erfahrener Bergsteiger. Ich vermute, daß, wenn er wieder einmal das Matterhorn besteigen sollte, er für jemanden, der sich per Hubschrauber auf den Gipfel hat bringen lassen, nicht viel Achtung haben würde. Das fachmännische Können, die Disziplin und körperliche Leistung, die er zur Erreichung des Gipfels aufgewendet hat, wird sehr viel größer sein als die des anderen, das Gefühl der inneren Befriedigung ob der eigenen Leistung ebenfalls; aber der Ausblick von oben wäre für beide derselbe. Eine Diskussion zwischen Gurus und Drogenabhängigen ist dieser Situation durchaus vergleichbar.

Ich möchte noch einmal hervorheben, daß dieser Versuch, den Bereich des Transzendenten darzustellen, lediglich spekulativ ist. Wenn jedoch darin überhaupt irgendein Körnchen Wahrheit enthalten sein sollte, dann ist es wichtig, die Bedeutung der psychodelischen Drogen auf anderen Gebieten zu untersuchen.

Tod und Evolution

Für den Menschen des 20. Jahrhunderts ist der Tod, wie wir schon früher erwähnten, die neue Pornographie. Die Furcht vor dem Nicht-Sein hält den Menschen ständig gefangen. Dr. Eric Kast, ein Experte in der Frage der Beziehung zwischen Tod und LSD, bemerkt, daß es kein Tier gibt, das »der Krankheit der Konzeptualisierung des Todes« ausgesetzt ist.[51] Für den Menschen, der sich selbst als individuelle Persönlichkeit kennt, ist der Tod aus zwei Gründen unerträglich: Erstens wegen des Verlusts seiner Identität, und zweitens wegen des Verlusts an Zukunftsorientierung; beide sind grundlegende Bestandteile der menschlichen Psyche. Wenn die Wirkung von LSD darin besteht, das Individualitätsempfinden aufzulösen und es durch eine ozeanische Einheit zu ersetzen, das Gefühl der Zukunftsorientierung zu verdrängen und es durch eine Zeitlosigkeit zu ersetzen, dann müßte das LSD dazu beitragen, die Furcht vor dem Tod oder dem Nichtsein abzubauen.

Psychiater wie Dr. Kast haben auf dem Gebiet der Beziehung zwischen LSD und dem Sterben ernsthafte Forschungen betrieben, LSD scheint ein Allheilmittel für die Todesfurcht zu sein. In seinem Roman *Eiland* beschreibt Huxley, wie Lakshmi im Drogenrausch stirbt. In der Nacht, in der Huxley selbst auf dem Sterbebett lag (am 22. November 1963), gab ihm seine Frau LSD ein. All dies kann einen wohl kaum überraschen.

Viele LSD-Abhängige haben auch die bizarre Behauptung geäußert, daß sie auf ihren Trips frühere Entwicklungsstufen von submenschlichen Spezies erlebten und daß sich daraus ein naturwissenschaftlicher Beweis für die Evolution ableiten ließe. Dazu schreibt LSD-Prophet Leary: »Die psychodelische Erfahrung ist die experimentelle Bestätigung der hinduistisch-buddhistischen Reinkarnationstheorie in deinem eigenen Nervensystem. Du erfährst noch einmal deine menschlichen Vorfahren, fährst in die Kette der DNS-Erinnerung zurück. Es ist alles da in deinen zellularen Tagebüchern. Du bist alle Männer und Frauen, die gekämpft und sich ernährt und einander getroffen und gepaart haben... Wenn LSD-Reisende von Retrogressions- und Wiedergeburtsvisionen berichten, hat das nichts Mystisches oder Übernatürliches. Es ist einfach moderne Biogenetik.«[52]

Wenn das stimmt, dann hätten wir hier einen Beweis für die Gültigkeit der Theorien und Hypothesen der Evolution.

Dabei drängen sich einem sofort zwei Einwände auf. Erstens: Die aufgrund solcher Erlebnisse aufgezeichneten evolutionären Stammbäume widersprechen einander häufig; kein Biologe könnte ihnen irgendeinen Grad an Genauigkeit zuschreiben. Zweitens ist es unzweifelhaft klar, daß die psychodelischen Drogen uns mehr über unsere Gefühle über die Wirklichkeit mitteilen als über das tatsächliche Wesen der Wirklichkeit. Sie greifen auf unser tiefes Unterbewußtsein zurück und bringen an die Oberfläche, was schon tiefverankerte Anschauungen sind. Somit stellen sie die Wirklichkeit unserer Überzeugungen unter Beweis, nicht jedoch ihre Gültigkeit.

Kommunikation

Psychodelische Propheten behaupten immer wieder, daß auf symbolischer Ebene die zwischenmenschliche Kommunikation zusammengebrochen und zu trockener, rationalistischer, mechanistischer Verbalisierung geworden ist – Worte, Worte, Worte. Alan Watts beschreibt diese als »eine Spezialisierung im Unterscheiden, im Differenzieren, und nichts ist definierbar, klassifizierbar oder beachtbar außer durch Kontrast mit etwas anderem.«[53] Leary äußert sich ebenfalls abfällig: »Für kommende Generationen wird unser Verlaß auf substantielle Ausschließungskonzepte zum Gegenstand der amüsierten Verwunderung werden. Wir müssen nonverbale Methoden der Kommunikation anwenden, sollen wir unser Nervensystem von der sich verschiebenden Einfachheit der Worte befreien.«[54] Für Watts und Leary sind die psychodelischen Drogen ein Mittel zur Kommunikation oberhalb der Kommunikation.

Aber hier müssen wir dann doch die Frage stellen, ob es sich wirklich um Kommunikation mit Inhalt und Bedeutung oder nur um ein vertieftes Erlebnis, um verstärkte Sinneswahrnehmungen handelt. Offensichtlich stehen wir hier vor dem Problem, daß selbst wenn eine tatsächliche »Bedeutung«, ein tatsächlicher Inhalt vorliegt, er sich der normalen Welt nicht mitteilen läßt, weil es dafür keine Kategorien gibt. Dieses Problem liegt natürlich im Wesen einer jeden Mystik und macht sie nicht automatisch ungültig. Wie William James ganz klar erkannt hat, tritt dieses Problem bei den psychodelischen Drogen besonders deutlich auf: »Dem Einnehmenden scheint eine Tiefe jenseits der Tiefe der Wahrheit offenbart zu werden. Diese Wahrheit jedoch verblaßt oder entschwindet in dem Augenblick, in dem man sich ihr nähert; und sollten noch irgendwelche Worte übrigbleiben, erweisen sie sich als der größte Unsinn.«[55] Das wurde vor fast siebzig Jahren geschrieben und ist heute noch der beste Kommentar zu vielen der vorgegebenen Behauptungen, die sich schnell in Luft auflösen.

Mit persönlicher Schärfe kommentiert Timothy Leary diese Aussage von William James und widerlegt übrigens damit seine eigenen Behauptungen. In einem Interview mit Paul Krassner, dem Chefredakteur der Zeitschrift *Realist,* behauptete Leary, daß psychodelische Drogen neue Möglichkeiten der Kommunikation auf verschiedenen Ebenen erschließen, so in der Natur und bei der geschlechtlichen Vereinigung. In beiden Bereichen wurden Learys extravagante Behauptungen von den tiefgreifenden Fragen Krassners zu rhetorischer Verschwommenheit reduziert. Über die Natur fragte der Redakteur: »Sie haben gesagt, daß Sie zu Bäumen sprechen; was ich gerne wissen möchte, ist: Hören die Bäume, was Sie ihnen sagen?« Leary antwortete: »Nun, ich höre, was die Bäume *mir* sagen. Ich *höre* den Bäumen zu. Ob sie mich hören, weiß ich nicht. Da müßten Sie einen Baum fragen. Ich glaube schon, daß sie mich hören.«[56]

Das ist wohl kaum die Art der Kommunikation, deren Erschließung Leary behauptete. Sensibler wirkt das Gedicht *Voice* (»Stimme«) von Zbigniew Herbert, das seine Suche nach einer wahren Stimme von der Natur beschreibt. Es endet folgendermaßen:

> meine erfahrung nimmt an
> die form einer alternative
> entweder die welt ist stumm
> oder ich bin taub[57]

Die Fragen über die Wirkungen des LSD auf den Geschlechtsverkehr waren noch entmutigender. In einem anderen Interview hatte Leary behauptet: »Zweifellos ist LSD das mächtigste Aphrodisiacum, das der Mensch je entdeckt hat... Lassen Sie es mich so formulieren: Verglichen mit Sex unter LSD erscheint die Art, auf die man bisher geliebt hat – gleichgültig für wie ekstatisch man das Vergnügen daran hält –, als liebe man eine Schaufensterpuppe.«[58]

Er schickt gleichzeitig eine Warnung mit auf den Weg: Es sei große Vorsicht geboten, man dürfe nur mit solchen Partnern gemeinschaftlich LSD einnehmen, die man sehr gut kenne und die man bereits sehr liebe – eine Art psychodelische Monogamie. »... denn fast unausweichlich wird sich eine Frau in den Mann verlieben, der ihre LSD-Erfahrung teilt.«[59] Als dann Krassner den Experten sanft darum bat, zu erklären, warum seine zweite Ehe trotz LSD auf der Hochzeitsreise auseinandergebrochen sei, weigerte sich Leary, dazu Stellung zu nehmen. Diese Weigerung ist verständlich, nicht jedoch die Unfähigkeit, die Inkonsistenz seiner eigenen Behauptungen zu erkennen.

Utopische Träume

Extravagante Behauptungen äußern die psychodelischen Propheten auch im Hinblick auf die Zukunft. Im Gegensatz zu der Verwirrung der heutigen Situation stehen die extravaganten Ankündigungen einer neuen Phase der Evolution, wofür die Psychodelika chemische Geburtshelfer sein sollen. Leary stellte explizit eine Verbindung zwischen psychodelischen Drogen und Teilhard de Chardins Hoffnungen auf eine Noosphäre her: »Der Mensch wird erkennen, daß das Bewußtsein der Schlüssel zum menschlichen Leben ist, und statt Machtkämpfen über Territorien und Waffenbesitz wird das Bewußtsein Brennpunkt der menschlichen Energien sein...«[60] Als eine Folge der psychodelischen Revolution sah Leary voraus: »Innerhalb von zehn Jahren wird auf dem Times Square Marihuana wachsen... Die dritte Generation von heute an wird kein LSD mehr brauchen. Die vierte Generation von heute an wird mit jeder Form von molekularer, zellularer und Sinnes-Energie in völliger Harmonie sein, so daß LSD nicht notwendig sein wird.«[61]

Solche Begeisterung zeigte sich auch in den etwas nüchterner klingenden Hoffnungen von Psychiatern wie Humphrey Osmond: »Diese chemischen Agenten haben in unserem Überleben als Spezies eine Rolle zu spielen... Ich glaube, daß die Psychodelika eine Chance bieten, wenn vielleicht auch nur eine geringe, den homo faber, jenen gerissenen, rücksichtslosen, verwegenen, vergnügungssüchtigen Werkzeugmacher, in jenes andere Wesen zu verwandeln, dessen Gegenwart wir so voreilig angenommen haben, den homo sapiens.«[62]

Es gibt nur wenige wirkliche Anzeichen dafür, daß psychodelische Drogen zu individueller Erleuchtung oder zur Verbesserung gemeinschaftlicher Beziehungen beigetragen haben. Der Versuch, die psychodelischen Drogen zu kulturellen Proportionen aufzublasen, ist ein großes Fiasko.

Charles Reich behauptet von Bewußtsein III: »Die Wahl eines neuen Lebensstils ist das Herz der neuen Erweckung. Eine neue Art des Lebens ist im Kommen, ein neuer Mensch mit neuen Energien und neuen Vorstellungen, ein Mensch, der ein Teil der lebendigen Welt ist.«[63] Rousseau ist wieder in Mode, aber die empirische Wirklichkeit läßt solche Behauptungen albern erscheinen. Roszak erblickte hierin eine fixe Idee, die für den schlimmsten amerikanischen Kommerzialismus typisch ist: »Fang mit einer Kleinigkeit an, hör mit einer ›Weltanschauung‹ auf.«[64]

Psychodelische Drogen und Gott

Was antworten wir jenen, die behaupten, sie haben durch psychodelische Drogen Gott erfahren? Viele mit verschiedenem religiösen Hintergrund – Hindus, Juden, Christen und auch Agnostiker und Atheisten – haben diese Behauptung geäußert. Alan Watts gehörte dereinst der anglikanischen Kirche an, Walter Pahnke ist ein liberaler Theologe, Timothy Leary ein Atheist, aber alle drei haben ihre psychodelischen Erlebnisse als tiefes religiöses Bewußtsein beschrieben. Nach seinem ersten Meskalin-Trip erklärte Aldous Huxley, die »Beatific Vision«, die Glückseligkeit der Hindus und der Darmakörper des Buddha seien »so einleuchtend wie Euklid«.[65] Viele wurden im LSD-Rausch bekehrt. Paul McCartney erklärte im britischen Fernsehen, durch LSD sei »Gott in allem«, und Theodore Gill, Präsident des presbyterischen theologischen Seminars in San Francisco, bemerkte: »Die Drogen drehen eine letzte Runde um Christus und gehen geradewegs zum Heiligen Geist.«[66]

Eine unvermeidliche Frage drängt sich einem sofort auf. Wenn wir durch psychodelische Drogen direkt mit Gott in Berührung kommen können, werden dadurch die christlichen Vorstellungen von der notwendigen Voraussetzung einer *Offenbarung* ungültig? In welcher Beziehung steht dieser psychodelische »Gott« zu dem persönlichen Gott des Christen, zu dem man nur durch Jesus Christus kommen kann? Um diese Zusammenhänge zu verstehen, müssen wir genau untersuchen, was die psychodelischen Propheten wirklich behaupten.

Zunächst einmal stellen wir fest, daß die Definitionen dessen, was sie wirklich erfahren, von jedem Atheisten oder Humanisten akzeptiert werden könnten, ohne daß diese ihre atheistischen bzw. humanistischen Auffassungen aufgeben müßten. Der Buddhist hat ähnliche Erfahrungen und interpretiert sie nicht als »Gott«; und von denen, die LSD einnehmen, bezeichnen nur einige ihre Erlebnisse als religiös. Andere haben mit Rimbaud geschrien: »Ich war sehnsüchtig nach Gott«, aber mußten mit ihm zugeben, daß das veränderte Bewußtsein sie Gott kein Stück nähergebracht hat. Gefühle psychischer Transzendenz können sowohl religiös als auch säkular sein.[68] Walter Houston Clark definiert Religion als »die innere Erfahrung eines einzelnen, wenn er das Jenseits spürt«. Aber das hat mit »Religion« nicht mehr zu tun als das Verständnis des modernen Physikers von den tieferen Quellen geschaffener Energie. Professor U. A. Asrami von Benares, selbst ein Mystiker, hat sogar versucht, eine Beziehung zwischen moderner Physik und Mystizismus nachzuweisen. »Die modernen Techniken wissenschaftlicher Forschung«, so schreibt er, »könnten dazu beitragen, die Begrenzungen, Nachwirkungen und Anwendungen des mystischen Erlebnisses zu bestimmen... Wenn Mystik und mystische Erfahrung von ihren ›übernatürlichen‹ Attributen befreit werden können, so gibt es keinen Grund anzunehmen, warum die moderne Naturwissenschaft sie nicht anerkennen und in den Bereich ihrer Forschung mit einbeziehen sollte.«[69] Sowohl der Christ als auch der Atheist würden damit wohl übereinstimmen.

Leary schreibt: »Um selbst mit Gott zu reden, müssen sie alle ihre

Definitionen wegwerfen und sich einfach diesem Vorgang ausliefern. Die Sprache Gottes ist der DNS-Code. Darüber hinaus ist die Sprache Gottes der Atomkern. Und darüber hinaus ist die Sprache Gottes der köstliche, sorgsam ausgearbeitete Dialog der Planeten und der Milchstraßensysteme usw. Und das existiert, und es gibt eine Intelligenz und eine Absicht und eine Weisheit und Macht, in die sie sich einfügen können.«[70]

Das vorliegende Tatsachenmaterial beweist natürlich im Grunde gar nichts. Es kann im Rahmen einer atheistischen genausogut wie im Rahmen einer religiösen Anschauung interpretiert werden. Deshalb erheben sich einige tiefschürfende Fragen gegen den, der das transzendente Bewußtsein als bestimmtes Erlebnis von Gott ansieht. William James bemerkte dazu: »Wir haben kein Recht . . . dies alles zugunsten irgendeines besonderen Glaubens zu interpretieren.«[71]

Wenn dem so ist, dann muß man fragen: Warum wird es dann Gott genannt? Nach langem Nachdenken bin ich zu dem Schluß gekommen, daß dieses Erlebnis Gott genannt und mit religiösen Assoziationen verbunden wird, weil der Kontrast zu dem gewöhnlichen Bewußtseinszustand so überwältigend ist. Für Gautama Buddha in seiner angestrengten Suche oder für viele westliche Sucher heute ist das Erlebnis der eigenen einzelnen Person der Brennpunkt einer fortgeschrittenen Isolation und Entfremdung. Zaehner urteilt: »Huxleys Leben ist offenbar eine einzige fortdauernde Auflehnung gegen die rein materiellen Werte des neunzehnten Jahrhunderts, denen ein dekadentes Christentum einen Schein von Ansehen verlieh. In seinem späteren Leben kam er in Berührung mit den religiösen Klassikern des Ostens, die ihn offensichtlich stark anzogen... und in einem Leben des Nachdenkens, der Konzentration und der Kontemplation, das jene viel stärker als die christliche Kirche betonten, glaubte Huxley endlich einen sicheren und beständigen Anker- und Ruheplatz gefunden zu haben.«[72] Als intelligenter Mensch erkannte er, daß Unglücklichsein und Selbst keineswegs ohne Beziehung sind, und hier fängt die östliche Religion an. Seiner Individualität geht man aus dem Wege, wenn die psychodelischen Drogen das normale rationale Bewußtsein ausschalten. Das Empfinden, ein »in Haut eingekapseltes Ego« zu sein, schwindet und macht einem Gefühl überwältigender ozeanischer Einheit Platz, das eine Flut der Erleichterung und Befreiung bringt. Das führt sehr leicht zu der Interpretation des Erlebnisses als Einheit mit dem Grund allen Seins und insofern als religiöses Erlebnis. Nachdem ich Hunderten von »Säureköpfen« (wie man die LSD-Konsumenten zuweilen nennt) zugehört habe, die behaupteten, eine Erfahrung mit Gott gehabt zu haben, bin ich zu dieser Schlußfolgerung gekommen.

Kürzlich fiel mir ein interessanter Absatz in den Schriften von Martin Buber auf, der vermuten läßt, daß er in der gleichen Richtung dachte. Er meinte, die Seele »sei gezwungen sich vorzustellen«, *dies sei Gott.* »Nichtsdestoweniger, wenn wir diese Einheit ehrlich und nüchtern in verantwortlichem Verständnis betrachten, so ist sie nichts als die Einheit meiner Seele, deren ›Grund‹ ich erreicht habe, und zwar so weit unter allen Formationen, unter allem Inhalt, daß mein Geist keine andere Wahl hat, als dies als grundlos zu verstehen.«[73] Buber erkannte auch die starke Wirkung des Gegensatzes zu den gewöhnlichen Empfindungen als Erklärung für die religiöse Interpretation. Dies ist der uralte Irrtum in der Verwechslung von natürlicher und übernatürlicher Mystik. Im Rahmen des christlichen Denkens ist eine klarere Unterscheidung möglich.

Psychodelische Drogen und der Osten

Jenes Gefühl des Jenseits, das die psychodelischen Drogen vermitteln, paßt sehr gut mit östlicher Metaphysik zusammen. Es überrascht daher auch nicht, daß der Atheist Leary dem Hinduismus nahegekommen ist, und der Anglikaner Watts ist jetzt ein Vertreter des Zen. Obwohl einige hiermit nicht einverstanden sind, so würden doch die meisten das psychodelische Erlebnis ähnlich wie das religiöse Erlebnis im Osten interpretieren. Gurus, die das ganz einfach leugnen, lehnen den Gedanken von »Samadhis in Flaschen« oder »eingekapselten Satoris« rundweg ab. Es gibt einen indischen Spruch: »Wenn der Himmel für einen Pfennig gekauft werden kann, warum sollte man so sehr danach streben?« Oder, wie Meher Baba sagt: »Wenn Gott durch das Medium irgendeiner Droge gefunden werden kann, dann ist er nicht wert, Gott zu sein.«[74] Aber dies reflektiert mehr seine Gottesvorstellungen als seine Anschauungen über die Gültigkeit des psychodelischen Erlebnisses. Thomas de Quinceys Bemerkung über die Konsumierung von Opium kam der Sache schon näher: »Glückseligkeit kann jetzt für einen Penny gekauft und Seelenfrieden per Post zugestellt werden.« Geldentwertung und Schwarzmarkthandel haben den Preis zwar unvergleichlich höher getrieben, aber die Post ist immer noch ein wichtiges Transportmittel für verbotene Drogen!

Am besten kann man das Verhältnis der psychodelischen Bewegung zum östlichen Denken zeigen, indem man die drei Bereiche aufgreift, in denen Buddhismus und Hinduismus grundlegende Schwächen aufweisen – im Bereich der Wirklichkeit, der Persönlichkeit und der Moral –, um zu sehen, ob sich ein gleiches Dilemma für Drogenkonsumenten ergibt. Die Unzulänglichkeit im Wirklichkeitsverständnis ist sofort offensichtlich. In der Praxis leiden viele »Säureköpfe« sehr darunter, daß sie zwischen Wirklichkeit und Phantasie nicht mehr so recht unterscheiden können. Aber schon rein theoretisch läßt sich die Unzulänglichkeit ihres Denkens erkennen. Leary degradiert all das, was wir als Wirklichkeit bezeichnen: »Die Bedingtheit unserer Sinne zwingt uns, eine »Wirklichkeit« zu akzeptieren, die eine komisch-tragische Farce, eine Illusion ist.«[75] Alan Watts beschreibt die durch unsere Sinnesorgane vermittelte Wirklichkeit als »die Meisterillusion, wodurch wir verschieden erscheinen«[76] – oder als Schock »des Wiedererkennens«. Das steht nicht weit hinter dem erkenntnistheoretischen Skeptizismus des Ostens und seiner Anschauung von der Welt als »Maya« zurück.

Die Psychodelika führen auch zu einer gleichermaßen niedrigen Anschauung von der Persönlichkeit. Watts, der von seinem »von Haut eingekapselten Ego« spricht, schreibt: »Was wir als Selbstbewußtsein bezeichnen, ist die Empfindung, daß sich der Organismus selbst im Weg steht, eins mit sich selbst zu sein, indem er sozusagen gleichzeitig auf den Gashebel und die Bremse tritt«[77]. – Sicherlich eine gute Beschreibung der Entfremdung, aber wohl kaum die Basis für irgendein hohes Menschenbild. Es wundert dann wenig, daß die einzige Lösung sich durch Auflösung vollzieht. Leary schreibt im gleichen Stil über Entfremdung, allerdings mehr in bezug auf Kommunikation: »Jeder Mensch ist eine Galaxie, die sich einsam im Raum dreht, und die einzige Verbindung, die wir mit anderen Galaxien (in Wirklichkeit Lichtjahre entfernt) haben, ist das schwache Flimmern unserer Sinnesorgane.«[78]

Das ist identisch mit der östlichen Anschauung von dem Selbst als »Nicht-Selbst«, das in einem Netz des Maya gefangen ist.

Die Unzulänglichkeit im Bereich der Moral ist auch nicht zu übersehen. Wie Yoga ist das Rauscherlebnis unter Drogen jenseits von Gut und Böse. Wenn man diesen Zustand erreicht, sagt man einfach: »Das ist es«, und dann ist es möglich, durch die Unterschiede, Einteilungen und Kategorien hindurchzusehen, anhand derer allein die gewöhnlichen Unterscheidungen zwischen Gut und Böse möglich sind. So schreibt Watts: »Die Fragen haben metaphysische Untertöne… – die erste Ursache, der göttliche Grund, die Basis der Moral, der Ursprung des Handelns. ›Wer wird aufräumen?‹ fragt danach, wo die Verantwortung letztlich liegt, oder wie wir unsere sich immer weiter vermehrenden Probleme lösen sollen, ohne sie einfach an die nächste Generation weiterzugeben… jeder einzelne von euch ist vollkommen, so wie er ist.« Leary unterstützt ihn hierin: »auch wenn er es nicht weiß.«[79] Jene intermediäre Manifestation des göttlichen Vorgangs, die wir als DNS-Code bezeichnen, hat mindestens zwei Milliarden Jahre darauf verwandt, diesen Planeten zu einem Garten Eden zu machen… In diesen Garten Eden wird jedes menschliche Wesen in Vollkommenheit geboren.«[80] Diese Erkenntnis ist eine »freudenerfüllte Kosmologie«, eine »prächtige Ausgelassenheit«, aber jeder, der den Schrecken der großen Dunkelheit in Nietzsches Abgrund erblickt hat – oder der sich den Zustand des Menschen in dieser Welt einmal unvoreingenommen angesehen hat, kann dies lediglich als romantische Verblendung oder moralisches Vakuum empfinden. In der Vergangenheit war die Anzahl der Mystiker verhältnismäßig gering, und jene, die Gut und Böse transzendiert hatten (bzw. zu haben glaubten), richteten nicht viel Schaden an. Die Ankunft der psychodelischen Drogen in kommerziellen Quantitäten hat die Situation jedoch sehr verändert. Ein Auswuchs dieses Denkens ist die perverse Logik eines Manson (der sich im Rausch für Gott und Satan in einer Person hielt und damit für jenseits von Gut und Böse); eine allgemein feststellbare Konsequenz ist die Verstärkung jener Lähmung aller Motivation, die die Gegenkultur befallen zu haben scheint.

Nachdem wir die motivationshemmenden Wirkungen von Marihuana schon kurz erwähnt haben, sehen wir jetzt, daß dies zum Teil im Wesen der Droge begründet liegt und nicht allein an den Umständen, unter denen sie eingenommen wird. Das gleiche gilt in verstärktem Maße für stärkere Psychodelika. Wenn das Rauscherlebnis die Individualität und moralische Unterscheidungen transzendiert, schaltet es gleichzeitig die Initiative und die kritische Urteilsfähigkeit des Menschen aus, die beide zu einer Motivierung unentbehrlich sind.[81] Watts und Leary geben diese Tatsache unumwunden zu. So schreibt Watts: »Jegliches Entscheidungsvermögen kann vollständig paralysiert werden durch die plötzliche Erkenntnis, daß es Gut nicht ohne Böse geben kann, daß man nicht mit Glaubwürdigkeit handeln kann, ohne aus seiner eigenen Unerfahrenheit wählen zu müssen. Wenn geistige Gesundheit Verrücktheit voraussetzt und der Glaube den Zweifel, bin ich dann im Grunde ein Wahnsinniger, der vorgibt, normal zu sein, ein verschreckter Idiot, dem es gelingt, zeitweilig so zu tun, als ›besäße er sein Selbst?‹ Ich fange an, mein Leben als ein Meisterwerk der Duplizität zu sehen.«[82] Bei dieser Art von Grübelei sieht man einen Tausendfüßler vor sich, der darüber nachdenkt, wie es ihm wohl gelingt, seine tausend Beine zu koordinieren. Sie hat einen lähmenden Effekt. Leary drückt sich schroffer aus: »Gib Cäsar alles Äußere . . .« (d. h. »Gesellschaft, Politik, Vorschriften«). Wie bei den östlichen Religionen erleben wir hier also den Verlust moralischer Kategorien, gefolgt von der Tendenz zum Sichverkriechen. Viele der regelmäßigen Konsumenten von psychodelischen Drogen, von den extremen »Säureköpfen« ganz abgesehen, sind lebende Beispiele kultureller Drückebergerei.

Psychodelische Drogen und Entfremdung

Viele greifen zu Drogen, um der Entfremdung in der modernen Gesellschaft zu entrinnen, nur um dabei festzustellen, daß diese Drogen die Schraube noch fester anziehen. Zunächst einmal setzt allein der Trieb zur Transzendenz schon einen gewissen Grad an Entfremdung voraus. Der Mensch ist das einzige bekannte Wesen, das den Trieb empfindet, dem gewöhnlichen Bereich seines Bewußtseins, der ihn offensichtlich nicht befriedigt, zu entrinnen; dieser Trieb gibt ihm ein Gefühl der Uneinigkeit mit sich selbst, er fühlt sich als etwas anderes, als er eigentlich ist. Es ist kein Zufall, daß die Psychodeliker und die östlichen Religionen mit ihren im Grundsätzlichen unpersönlichen Konzeptionen schlußendlich die Individualität des Menschen verneinen.

Zweitens: wenn eine solche Transzendenz erreicht wird, ist sie höchstens vorübergehend. »Das Problem mit LSD ist nicht die Veränderung, die man erdulden muß. Das Problem besteht darin, daß die Wirkung nicht lange genug anhält«, gibt Timothy Leary zu.[83] Nachdem er von seinem ersten Höhenflug wieder auf den harten Boden der Wirklichkeit zurückgekommen war, schrieb Carlos Castaneda: »Das Erwachen zu ernstem, nüchternen Bewußtsein war wirklich erschreckend. Ich hatte vergessen, daß ich ein Mensch war! Die Traurigkeit einer solchen unvertrauten Situation war so stark, daß ich weinte.«[84]

Das Leben wird zu einem Spiel reduziert; wenn das Leben keinen Sinn hat, dann, wie Nietzsche erkannte, bleibt nur noch die Idee des Spiels übrig. Der Gedanke von menschlichen Handlungen als Teilen eines Spiels taucht immer häufiger auf. Stephen Potter konnte noch humorvoll darüber schreiben; Eric Berne ist in seinem Buch *Erwachsenenspiele* weitaus ernster. Aber heute sind wir bereits an dem Punkt angelangt, wo das Leben überhaupt keinen Sinn mehr hat; alles was einem noch bleibt ist das Spiel, das den Mangel an Sinn zu verbergen hilft. Robert de Ropp, der die Meditation als höheres Spiel jenseits von Drogen empfiehlt, gibt folgenden Ratschlag: »Suche vor allem nach einem Spiel, das es wert ist, gespielt zu werden. ... Obwohl nichts irgend etwas bedeutet und alle Straßen mit dem Schild KEIN AUSGANG versehen sind, bewege dich trotzdem so, als ob deine Bewegungen irgendeinen Sinn hätten. Wenn das Leben dir kein Spiel zu bieten scheint, das es wert ist, gespielt zu werden, *erfinde eines* ... Irgendein Spiel ist besser als kein Spiel.«[85] Alan Watts wirft einen verstohlenen Blick in die Wirklichkeit des Lebens und sagt: »Hör auf damit, Schiwa, du alter Gauner! Du bist zwar ein guter Schauspieler, aber du kannst mich nicht täuschen.«[86] Hermann Hesse entwickelt die Vorstellung des Spiels zum subtilen Extrem in den esoterischen Geheimnissen des *Glasperlenspiels*. Leary wurde einmal gefragt, ob er die Drogenszene verlassen und etwas anderes betreiben wolle. Seine Antwort lautete ähnlich: »Ich bin bereit. Und *was* soll ich tun? Sie müssen mir ein *besseres* Spiel zeigen. ... Ich bin sofort bereit, LSD aufzugeben, wenn mir jemand ein Spiel vorschlagen kann, das aufregender, versprechender, expansiver, ekstatischer ist. Sagen Sie es mir ... ich werde meine Schuhe ausziehen und Ihnen folgen.«[87] Rimbaud hatte bereits erkannt, wohin dieses Spiel führte. Er wollte Gott, aber er konnte ihn im Mystizismus nicht finden. Er wurde zu der Schlußfolgerung gezwungen: »Das Leben ist eine Farce, durch die jeder hindurchgehen muß.«[88]

Die gleiche Verzweiflung ergibt sich aus der Reduzierung des Lebens auf einen Film. Ken Keseys psychodelische Pilgerreise zeigt dies sehr gut. Die Pranksters sahen in dem psychodelischen Erlebnis nicht so sehr die Versetzung in eine zeitlose Welt, sondern die Verurteilung, ihr Leben damit zu verbringen, sich einen Film über sich selbst anzusehen; denn mit der Verzögerung zwischen Vorgang und Wahrnehmung spielte sich das wirkliche Leben immer eine dreißigstel Sekunde früher in der Vergangenheit ab. Hierin bestand die Frustration der Merry Pranksters: sie verlangten nach dem »ewigen Jetzt«, erfuhren aber gleichzeitig quälend seine Unmöglichkeit. Tom Wolfe verglich das mit »einem Mann, der sich ewig seinen eigenen Film ansieht und dem es niemals gelingt, in das Paradies jenseits der Leinwand zu gelangen.«[89]

Psychodelische Drogen und christliche Erfahrung

Wie können wir die psychodelischen Drogen und diese Formen der Mystik in eine Beziehung zum Christentum setzen? Wenn die christliche Botschaft wahr ist, bedeutet das noch keineswegs automatisch, daß alle anderen Erfahrungen falsch oder unwirklich sind. Und trotzdem zeigt sich im Licht eines tieferen Verständnisses christlicher Wahrheit, daß viele Interpretationen nicht akzeptabel sind.

Die versuchsweise Darstellung der verschiedenen transzendenten Ebenen läßt sich mit dem christlichen Verständnis des Menschen und der Welt, in der er lebt, schon in Einklang bringen. Für den Christen gibt es zwei Ebenen menschlicher Beziehungen. Zunächst einmal kennt sich der Mensch selbst als selbständige persönliche Einheit (denn er ist nach dem Bilde Gottes geschaffen) und ist damit von der übrigen endlichen Schöpfung unterschieden. Der Mensch ist sich eben dieser persönlichen Ebene in den Emotionen, dem Denken und den Entscheidungen seines normalen Bewußtseins im Wachzustand bewußt. Zweitens weiß der Mensch auch, daß er endlich ist, und darin hat er eine Beziehung zu dem Rest der Schöpfung, sei es das Tier, die Pflanze oder die anorganische Welt.

Wenn man es so sieht, dann *beweisen* die psychodelischen Drogen überhaupt nichts. Wenn sie das normale Bewußtsein transzendieren, erreichen sie ein transzendentes Bewußtsein, das höchstens ein Maß der Einheit ist, die auf der Ebene der endlichen Schöpfung erreicht werden kann. In der Natur ist eine tiefere und engere Einheit vorhanden, als man gewöhnlich wahrnehmen kann, und die Grenze zwischen dem Einzelnen und seiner Umgebung ist keineswegs absolut. Diese Ebene teilt der Mensch mit dem Rest der Schöpfung in dem Sinne, daß die Energie, die im Menschen der Tanz des Lebens ist, auch in der übrigen Natur tanzt. Innerhalb eines christlichen Verständnisses mag ein solches Bewußtsein zwar als paranormal gelten, aber es ist keineswegs übernatürlich, denn es ist lediglich ein Bewußtsein der Einheit mit der endlichen Schöpfung.

Im Gegensatz dazu gibt es für den Christen zwei übernatürliche Bereiche. Der erste ist ein echtes Erlebnis mit Gott, und der zweite ist eine Erfahrung der okkulten Mächte, des Teufels und der bösen Geister. Während beide sowohl wirklich als auch übernatürlich sind, so ist nur das erstere legitim; das letztere ist wirklich möglich, aber falsch (im moralischen Sinne). Wenn wir das verstehen, so sehen wir, daß es für den Christen noch zwei legitime mystische Erlebnisse gibt. Erstens eine Naturmystik (die eine ästhetische Mystik enthält); zweitens eine übernatürliche Mystik, eine echte Erfahrung mit Gott. Beide sind legitime Formen der Mystik, aber es ist ein weit verbreiteter Fehler, Naturmystik mit dem Übernatürlichen zu verwechseln und ihr daher geistliche Färbungen zu verleihen.

Besonders in der heutigen Zeit, wo inhaltlose religiöse Erlebnisse groß in Mode sind, kann man nicht stark genug darauf hinweisen, daß das mystische Erlebnis nur ein Teil der gesamten christlichen Erfahrung ist. Geistliche Wirklichkeit ist auch ein Ergebnis gewissenhaften Studiums, nüchterner Erkenntnis, eines täglichen Gehorsams Gott gegenüber und eines Wachstums des Charakters. Aber ohne Zweifel gehört das mystische Erleben auch dazu, und manche Christen leugnen das zu ihrem eigenen Schaden.

Hiermit kommen wir zu der letzten Frage: Was ist der Unterschied zwischen dem transzendenten Bewußtsein in den verschiedenen Formen der Naturmystik und dem echten übernatürlichen Erleben mit Gott, das ebenfalls mystisch sein kann? Man könnte die Unterschiede in zwei Bereiche einteilen. Zunächst einmal jene Unterschiede, die lediglich Unterschiede in der Intensität, nicht aber in der Art des Erlebens darstellen. Gewöhnlich ist ein naturmystisches Erlebnis von einem unpersönlichen Bewußtsein begleitet. Bei psychodelischen Drogen sind persönliche »Offenbarungen« gleichfalls selten. Visionäre Figuren, die sich offenbaren, haben oft mehr mit dem Okkulten zu tun als mit irgendwelchen persönlichen Beziehungen. Aber das übernatürliche mystische Erleben des Christen ist stets sehr personbezogen.

Naturmystik ist selten in einem besonderen geschichtlichen Zusammenhang verwurzelt. Gewöhnlich sind die geschichtlichen Umstände zufallsbedingt, das ganze Erlebnis ist ahistorisch und wird meistens auf mechanische Weise hervorgebracht. Das Erleben eines Christen mit Gott geschieht immer in einem Zusammenhang mit dem, was einmal geschehen ist oder gerade geschieht, und nimmt oft gerade darauf besonderen Bezug.

Naturmystik läßt sich immer als ein Trip erklären – »jede Religion der Weltgeschichte wurde auf der Basis eines visionären Trips gegründet«[90] –, aber das übernatürliche Erleben des Christen vollzieht sich immer in Wahrheit. Das widerspricht natürlich vielen Vorstellungen heutiger Theologie, von der Mystik ganz abgesehen; deshalb möchte ich den Bericht von der Bekehrung des Paulus in Apostelgeschichte 9 dazu benutzen, um zu erläutern, was ich meine. Die Bekehrung des Paulus wird oft als Musterbeispiel für ein mystisches Erleben mit Gott zitiert, das Paulus später in den Begriffen seiner eigenen Theologie »rationalisierte«. Aber eine genaue Untersuchung widerspricht dieser Interpretation. Denn Paulus wurde wirklich bekehrt; in seinen Überzeugungen, in seinem Leben vollzog sich ein radikaler Wandel. Sein Erleben hatte einen Inhalt. Paulus schwenkte um 180⁰ und setzte seinen Lebensweg in der genau entgegengesetzten Richtung fort. Offensichtlich handelte es sich nicht um ein inhaltsloses Erlebnis, das er später mit seinen vorherigen Prämissen zu erklären versuchte. Was war dieser Inhalt? Nun, zunächst die klare und mutige Rede von Stephanus. Als Pharisäer mit starken antichristlichen Vorurteilen wies Paulus sie zurück und beteiligte sich an der Steinigung des Stephanus. Aber als ihm der auferstandene Herr in all seiner Herrlichkeit erschien, den er als Jude unter dem Namen JHWH kannte, mußte Paulus fragen: »Herr, wer bist du?«[91] Es war der Inhalt der Antwort, die sein Leben so völlig veränderte: »Ich bin Jesus, den du verfolgst.«[92] Dieser Jesus, den Stephanus gepredigt hatte und den Paulus abgelehnt hatte, jener ländliche Zimmermann aus Galiläa, der in Jerusalem als Verbrecher gekreuzigt worden war, war der Herr, JHWH. Die Verbindung zweier Wahrheiten, nämlich, daß Jesus Herr und Gott war und gleichzeitig Mensch, stellte jenen Inhalt dar, der zur Bekehrung des Paulus führte.

Eine weitere Einzelheit macht dies noch deutlicher. Als Paulus diese Geschichte später erzählte, erwähnt er die faszinierende Tatsache, daß Jesus mit ihm »auf hebräisch«[93] gesprochen hatte, d. h. in der Sprache, der Logik, der Grammatik und dem Syntax der Kultur, der Paulus entstammte – nicht etwa in den auch üblichen Sprachen wie Griechisch, Lateinisch oder Aramäisch, sondern auf hebräisch. Im ganzen gesehen geht aus dem biblischen Bericht ganz klar hervor, daß das Erlebnis mystischer Natur war; vieles war jenseits aller Worte. Aber es war auch persönlich, es hatte Inhalt und war deshalb in gewissem Grade mitteilbar.

Der zweite Bereich der Unterschiede zwischen naturmystischen und übernatürlichen Erlebnissen betrifft qualitative Unterschiede. Sehr gute Beispiele solcher übernatürlichen Erlebnisse finden wir in der Bibel, so im Leben von Mose (Exodus 3), Jesaja (Jesaja 6), Hesekiel (Hesekiel 1), Paulus (Apostelgeschichte 9) und Johannes (Offenbarung 1). In diesen und anderen Berichten stellen wir fest – was übrigens auch in den Erlebnissen von Christen, die nicht in der Bibel berichtet werden, deutlich wird – daß es tiefgreifende Unterschiede zwischen naturmystischen und übernatürlichen Erlebnissen bzw. ihren Interpretationen gibt. In seinem Erleben mit Gott hat der Christ stets ein starkes Empfinden seiner Individualität, nie das einer völligen Einheit mit Gott – d. h. er empfindet einen scharfen Unterschied zwischen dem Schöpfer und seinem Geschöpf, nie ein Verschmelzen der beiden oder eine Absorption des einen durch den anderen. Oder, noch schärfer formuliert: ein Christ hat ein Gefühl seiner moralischen Sünde und nicht nur seiner metaphysischen Kleinheit angesichts des Jenseits. Das Dilemma des Menschen ist nicht das, was er ist, sondern das, was er getan und versäumt hat. Seine unheilvolle Situation besteht nicht darin, daß er klein ist, sondern daß er sündig ist.

Darum sind für den Christen psychodelische Drogen nicht deshalb moralisch falsch in dem Sinne, daß ihre Einnahme einem bestimmten biblischen Gebot zuwiderläuft. Vielmehr sind sie im Zusammenhang christlicher Wahrheit mit den Tatsachen des Lebens erstens völlig unnötig (und zwar sowohl darin unnötig, daß der Christ sie nicht braucht, um seinem Leben einen Sinn zu verleihen, als auch als Flucht vor der Wirklichkeit) und zweitens sind sie im Zeitalter einer drogenabhängigen Kultur keineswegs hilfreich.

Manche Christen, die dies hier lesen, verstehen vielleicht die Kritik, fragen sich aber, warum sie in der Stille ihres Zimmers immer noch unbefriedigt sind. Stunden der Kritik sind kein Ersatz für Sekunden der echten, existential erfahrenen Wirklichkeit der Erkenntnis Gottes, die durch Jesus Christus und den Heiligen Geist ermöglicht wird.

Die psychodelische Bewegung ist ein weiterer Kreis auf der Spirale der Gegenkultur. Die psychodelischen Drogen vermitteln nicht nur eine illusorische, vorgetäuschte Unendlichkeit. Viele, die sich einmal auf die Reise begeben haben, können sich davon nicht mehr freimachen, um eine neue Suche zu beginnen. Viele sind dem Heroin zum Opfer gefallen. Und manche sind auf einem noch teuflischeren Trip.

Anmerkungen zu
Kapitel 7: Die vorgetäuschte Unendlichkeit

2 *Leary, Politik der Ekstase, S. 119*
3 The Times (London, 15. Juli 1967)
4 *Leary, Politik der Ekstase, S. 114*
5 Martin Mayer, »Getting Alienated with the Right Crowd at Harvard«, Esquire, September 1963
6 *Baudelaire, Die künstlichen Paradiese, S. 49*

7 *Aldous Huxley, Die Pforten der Wahrnehmung, S. 47*

8 *Baudelaire, Die künstlichen Paradiese, S. 49*

9 *Charles Reich, Die Welt wird jung (München, 1971) S. 273*

10 *Leary, Politik der Ekstase, S. 120*

11 William Blake, »The Marriage of Heaven and Hell«

12 William James, Varietes of Religious Experience (New York, 1958), S. 298

13 Colin McGlashan, The Savage and Beautiful Country (London, 1966), S. 122

14 Ein Großteil meiner Information stammt aus Solomon, The Marijuana Papers

15 R. Gordon Wasson, Soma: Divine Mushroom of Immortality, (New York, 1969)

16 Ein Ausschnitt aus »The Seraphic Theater«, zitiert in Solomon, S. 222

17 *zitiert in Robert S. de Ropp, Bewußtsein und Rausch (Mannheim, 1964), S. 77*

18 H. J. Anslinger. »Traffic in Opium and Other Dangerous Drugs«, Government Report, 31. Dezember 1938

19 Allen Ginsberg, »First Manifesto to End the Bringdown«, zitiert in Solomon, S. 270

20 Aus der Zusammenfassung von George B. Wallace, Chairman of the Report, zitiert in Solomon, S. 384

21 Baudelaire, zitiert in Solomon, S. 222

22 »The Hay-Wain« und berühmte Gemälde von Bosch, wie z. B. »The Garden of Delights«, im Prado Museum, Madrid

23 *zitiert in de Ropp, Bewußtsein und Rausch, S. 52*

24 *zitiert in Ibid., S. 54*

25 zitiert in Aaron & Osmond, S. 461–462

26 *Aldous Huxley, Die Pforten der Wahrnehmung, S. 16*

27 zitiert aus »She Comes in Colour«, Playboy, September 1966

28 Dieser Satz ist das gesamte Vorwort zu Leary, *Politik der Ekstase, S. 6*

29 *Leary, Politik der Ekstase, S. 10*

30 zitiert in Playboy, September 1966

31 *zitiert in Roszak, S. 242*

32 *Ibid., S. 242*

33 *Leary, Politik der Ekstase, S. 221*

34 Aus »The Mind Alchimists«, BBC TV, 1967

36 siehe Leary, »Poet of the Interior Journey«, Psychodelic Review, No. 3, abgedruckt in *Politik der Ekstase, S. 164*

37 *Leary, Politik der Ekstase, S. 152*

38 *Ibid., S. 163*

39 Dies wurde von Leary in einem Interview mit Paul Krassner behauptet. Siehe Realist, September 1966

40 Sidney Cohen, The Beyond, The Beyond Within: The L. S. D. Story (New York, 1966) S. 209

41 California Law Review, Januar 1968, S. 74–85

42 Robert S. de Ropp, The Masters Game (London, 1969), S. 48

43 Ibid., S. 44

44 *zitiert in de Ropp, Bewußtsein und Rausch, S. 63*

45 *Leary, Politik der Ekstase, S. 82*

46 Siehe Leary, »The Politics, Ethics and Meaning of Marijuana« in Solomon, S. 154–175

47 Leary, zitiert in Solomon, S. 173

48 Für eine Diskussion von psychodelischen Zuständen, die nicht von Drogen hervorgerufen sind, siehe Aaronson & Osmond, S. 277–320

49 Maharishi Mahesh Yogi, The Science of Being and the Art of Living (New York, 1963), S. 46–49

50 vgl. Cohen, S. 50, für eine ausführliche Diskussion
51 Aaronson & Osmond, S. 367
52 *Leary, Politik der Ekstase, S. 68 u. 34*
53 *Watts, Alan, Die Kosmologie der Freude, S. 67*
54 *Leary, Politik der Ekstase*
55 James, S. 298
56 *Leary, Politik der Ekstase*
57 Zbigniew Herbert, Selecte Poems (Harmondsworth), S. 41
58 *Leary, Politik der Ekstase, S. 24*
59 *Ibid., S. 27*
60 *Ibid., S. 14*
61 *Ibid., S. 206*
62 Aaronson & Osmond, S. 477–478
63 *Reich, S. 275–276*
64 *Roszak, S. 234*
65 *Aldous Huxley, Die Pforten der Wahrnehmung, S. 14*
66 *Leary, Politik der Ekstase, S. 132*
67 Rimbaud, Oeuvres complètes (Paris, 1954) S. 221
68 Aaronson & Osmond, S. 184
69 U. A. Asrami, »Synthesis of Science and Mysticism«, Main Currents La Modern
   Thought, 20, September-Oktober 1963, zitiert in Cohen, S. 242–243
70 *Leary, Politik der Ekstase, S. 212*
71 James, S. 326
72 *Zaehner, Mystik, religiös und profan, S. 20*
73 *Martin Buber, Der Mensch und sein Gebild (Heidelberg, 1955)*
74 Meher Baba, »God in a Pill?« ein Flugblatt, das von Sufiem Reoriented, Inc. herausgegeben wurde
75 *Leary, Politik der Ekstase, S. 73–74*
76 *Watts, Kosmologie der Freude, S. 66*
77 *Ibid., S. 22*
78 *Leary, Politik der Ekstase, S. 72*
79 *Watts, Kosmologie der Freude, S. 74 u. 88*
80 *Leary, Politik der Ekstase, S. 212*
81 Ibid., S. 221–222
82 *Ibid.*
83 *Leary, Politik der Ekstase*
84 *Castaneda, Carlos, Die andere Realität: Die Lehren des Don Juan, Ein Yaqui-
   Weg des Wissens (1972) S. 46*
85 de Ropp, The Master Game, S. 11–12
86 *Watts, Kosmologie der Freude, S. 77*
87 *Leary, Politik der Ekstase*
88 Rimbaud, S. 225
89 *Wolfe, S.*
90 *Leary, Politik der Ekstase, S. 86*
91 Apostelgeschichte 9, 5
92 Apostelgeschichte 9, 5
93 Apostelgeschichte 26, 14

8 Auf den Spuren des Unheim- lichen

»Es gibt zwei Irrtümer über die Teufel, in die das Menschenge- schlecht leicht verfällt. Sie widersprechen sich und haben doch die gleiche Auswirkung. Der eine ist, ihre Existenz überhaupt zu leug- nen. Der andere besteht darin, an sie zu glauben und sich in über- mäßiger und ungesunder Weise mit ihnen zu beschäftigen.«

C. S. Lewis

Es sollte inzwischen klargeworden sein, daß man die Gegenkultur nicht als eine monolithische Einheit ansehen kann. Wir haben hier eine umfassende, allerdings äußerst widersprüchliche Bewegung von großer Komplexität vor uns, einen Strom von bunt zusammen- gewürfelten Menschen, Trends, Moden, Idealen und Hoffnungen. Stets gibt es Hunderte von Strudeln und Gegenströmungen, und es geschieht leicht, daß man an Nebensächlichem hängenbleibt. Paral- lel zu der Massenbegeisterung für psychodelische Drogen hat sich ein weiterer Trend entwickelt, der aus dem Versagen der Gegenkul- tur erwächst und mit dem wir uns in diesem Kapitel befassen wol- len. Er ist noch verhältnismäßig jung, hat aber in der Gegenkultur bereits eine große Bedeutung erlangt; vielleicht wird er einst die ganze Gegenkultur umfassen und gegen Ende des 20. Jahrhunderts einen tiefgreifenden Einfluß auf die gesamte Menschheit ausüben. Ich spreche hier von der okkulten Revolution.

Das Feuer brennt niedrig

Wenn sich im frühen Afrika Jäger auf Safari begaben, ließen sie des nachts hohe Feuer brennen, um die wilden Tiere von ihrem Lager fernzuhalten. In den frühen Morgenstunden, wenn das Feuer nur noch leicht flackerte, sahen die Jäger sich oft von einem Ring von zuckenden Augenpaaren umgeben, und sie konnten die Umrisse der Tiere erkennen. Wenn die Flamme des Feuers hoch loderte, wa- ren die Tiere weit weg, aber wenn das Feuer niedrig brannte, schli- chen sie sich wieder heran.

Nach dem Zusammenbruch der christlichen Kultur im Westen ha- ben wir gesehen, wie das hinterlassene Vakuum von Gedanken und Vorstellungen gefüllt worden ist, die zu der Zeit, da die Flamme des Christentums hoch loderte, völlig undenkbar gewesen wären. Von all diesen neuen Anschauungen und Trends ist der letzte, auf den wir hier näher eingehen wollen, zweifelsohne der schreckenerregendste. Es handelt sich um weit mehr als eine berauschende Spirale, in die sich viele gestürzt haben, vom Strom der Faszination des Wunderbaren und Unheimlichen mitgerissen. Es ist schwer, diesen Trend genauer darzustellen – meist hört man nur von spektakulären oder unheimlichen Dingen, die für ein tieferes Verständnis des Phänomens im Grunde irrelevant sind, aber gerade auf diesem Grund-Niveau muß ein Versuch, das Okkulte zu verstehen, ansetzen. Was seine Zukunft betrifft, sind bislang nur schattenhafte Umrisse erkennbar. Aber diese reichen vollkommen aus, um uns einen Vorgeschmack von dem Schrecken der großen Dunkelheit zu geben, die sich über den Westen ergießt und ihn wie eine große, ständig anwachsende Flut überrollt.

In mancherlei Weise ist dieser Trend der erstaunlichste von allen. Vor gar nicht langer Zeit wäre jeder Glaube an Astrologie, an das Übernatürliche oder Okkulte mit viel Gelächter in den Bereich der Phantasie verbannt worden. Markdurchdringende Stories sowie Horrorfilme ersetzten dem modernen Menschen den Glauben an die Hölle. Sie waren alles andere als wirklich. Geschichten aus dem Okkulten waren vielleicht in der Missionswelt anzutreffen oder im Mittelalter, aber doch wohl kaum im Westen des 20. Jahrhunderts, und vor allem nicht in der Jugend oder der Avantgarde. Aber heute kann das Okkulte nicht mehr in ferne Länder oder die ferne Vergangenheit verwiesen werden. Manche Skeptiker von gestern sind heute fest davon überzeugt, daß es okkulte Mächte wirklich gibt. Allgemeinhin wird das Okkulte noch weitgehend ignoriert und als Schwindel abgetan. Wahrscheinlich wäre es heute noch kaum möglich, in einer angesehenen Zeitschrift für Psychiatrie einen Artikel zu veröffentlichen, in dem ein offener Glaube an die Wirklichkeit der Welt des Okkulten proklamiert wird, denn dieser Wissenszweig wird immer noch von naturalistischen Vorstellungen beherrscht. Die längst fällige »antimaterialistische Befreiungsfront« ist vielleicht schon im Begriff, sich zu formieren, aber in der Literatur der letzten Jahre findet man noch überall die gleiche ablehnende Haltung.[2] Pennethorne Hughes, ein britischer Fachmann, schrieb im Jahre 1965, das Hexentum liege »angesichts der Volkspresse, der Volkserziehung, einer nationalen Erziehung, einer nationalen Gesundheitsversicherung und dem ›american way of life‹ endgültig in den Todeszügen.«[3] Mit Nachdruck stellte er fest: »Das Hexentum als Glaubenskult in Europa ist tot. Es ist eine degenerierte Form eines primitiven Fruchtbarkeitsglaubens und enthält sehr frühe ›Weisheiten‹ – die Praxis solcher Glaubenshaltungen ist vorbei.«[4] Derartige Todesproklamationen sind durchaus typisch und keineswegs überraschend, denn selbst in vielen Bereichen der Theologie, wo man ein bestimmtes Maß von Glauben an das Übernatürliche erwarten sollte, wird über seine Existenz nicht viel gesprochen. In den Schriften von Paul Tillich oder Reinold Niehbur taucht zwar das Wort *dämonisch* auf, aber es bezieht sich nicht auf eine objektiv vorhandene dämonische Welt. Das Wort *dämonisch* wird vielmehr als Symbol für den menschlichen Hang zum Bösen verwendet. Daß ein Mann wie Erzbischof William Temple tatsächlich an die Existenz eines persönlichen Teufels glaubte, wurde als außergewöhnlich für einen bekannten Erzbischof und Gelehrten angesehen.

Aber heute sehen wir im Westen, vor allem unter den Jugendlichen und der Avantgarde, daß der Glaube und die Praxis des Okkulten wieder im Kommen sind; verschiedene Vorstellungen und Praktiken reichen vom Harmlosen bis zum Entsetzlichen.

Für diejenigen, die an dieses Kapitel leichten Herzens herangehen, kann man nicht besser als mit einer Warnung von C. S. Lewis beginnen: »Es gibt zwei Irrtümer über die Teufel, in die das Menschengeschlecht leicht verfällt. Sie widersprechen sich und haben doch dieselbe Auswirkung. Der eine ist, ihre Existenz überhaupt zu leugnen. Der andere besteht darin, an sie zu glauben und sich in übermäßiger und ungesunder Weise mit ihnen zu beschäftigen.«[5]

Seine *Dienstanweisungen an einen Unterteufel* waren für eine Generation geschrieben worden, deren Einstellung von einem mechanistischen Weltbild bestimmt wurde, welches das Übernatürliche oder Unsichtbare aus dem Bereich der Wirklichkeit verbannt hatte. Lewis erinnerte seine Leser in brillanter Weise an die Subtilität und Wirklichkeit dieser Dinge. Heute würde er vielleicht in ganz anderer Richtung schreiben.

Mit dem Risiko, wirklich vorhandene Unterschiede zwischen den verschiedenen Trends im Okkultismus etwas zu verwischen, möchte ich den neuen Trend zum Okkulten unter drei Hauptaspekten beschreiben, in denen er in Erscheinung tritt: Aberglaube, Spiritismus und Satanismus. In manchen Bereichen werden diese Unterscheidungen sicher etwas willkürlich ausfallen. Verschiedene Personen und Gruppen, die in das Okkulte verwickelt sind, werden von verschiedenen Anregungen beeinflußt. Manche, von ihrem bisherigen Leben frustriert, suchten einfach nach etwas Aufregendem, Unterhaltendem; andere verfolgten höhere psychische Ziele, manche haben, fast einem Altertumsforscher gleich, ein Interesse an heidnischer Naturanbetung entwickelt; andere sind in eine sonderbare Mischung aus Halbüberzeugungen und Praktiken verwickelt und sind mit der esoterischen Welt in einer völlig exzentrischen Weise verbunden. Trotzdem ist diese Einteilung der Bewegung in drei Kategorien hilfreich.

Zurück zum Okkulten – Weshalb?

Welche kulturellen Faktoren bedingen diese Rückkehr zum Okkulten? Wie kann dieses Comeback verständlich gemacht werden? Der erste der Faktoren, die hier erwähnt werden könnten, ist der Tod des Rationalismus. Vor und während der Reformation betrieben die Hexenjäger ihre Hexenverfolgungen ohne Rücksicht auf Verluste. Ihre Anstrengungen trugen jedoch häufig dazu bei, den Hexenkult am Leben zu erhalten. Er fiel erst der Theologie der Reformation und später dem Rationalismus zum Opfer. Die Reformatoren vertraten im allgemeinen die Ansicht, das Hexentum gäbe es zwar wirklich, Hexenjagden und Hexenverbrennungen seien aber zu verurteilen. Der Rationalismus ging weiter und erklärte das ganze zur Fabel; die Hexerei sei nur Einbildung. Der Aufstieg des Rationalismus im 18. Jahrhundert fiel mit dem Verschwinden des Hexenkults zusammen. Im Jahre 1737 wurden die Hexenjagden schließlich abgeschafft. Aber heute, im 20. Jahrhundert, haben die Psychoanalyse und die moderne Philosophie dem Rationalismus mächtig die Flügel gestutzt. Die Tür zum Irrationalen, zum Superrationalen ist weit geöffnet. Zu dem vielen »Undenkbaren«, das sich durch diese Tür hindurchgedrängt hat, gehört das Okkulte.

Ein zweiter Faktor ist die Skepsis gegenüber der Wirklichkeit des Übernatürlichen in der modernen Theologie. Seit D. F. Strauss, Ernest Renan und dem Aufstieg der Höheren Kritik sind säkulare Prämissen der naturalistischen Philosophie immer mehr in die Theologie eingedrungen. Ein ständiges Merkmal dieser Gedankeninfiltration war die Verbannung jeglicher übernatürlicher Vorstellungen. Das alte und neue Suchen nach dem historischen Jesus und die Bewegung zur Entmythologisierung des Evangeliums sind beide an der völligen Unmöglichkeit gescheitert, das Menschliche vom Übernatürlichen zu trennen. Aber das Erbe ihrer Skepsis hat zwei Resultate aufzuweisen.

Zu einer Zeit, wo die Theologie scheinbar die Intelligenz der Christenheit vertrat, sah es so aus, als ob das ganze Christentum einem

Naturalismus verfallen sei, der durch semantischen Symbolismus verschleiert wurde. Das Christentum, welches das Okkulte nicht mehr als existent ansah, verlor seine Mittelstellung zwischen den Skeptikern, die seine Existenz leugneten, und denen, die es voll und ganz akzeptierten. Somit wurde jeder, der nach geistlicher Wirklichkeit suchte und sie in der Kirche nicht finden konnte, zum Okkulten getrieben. Ironischerweise sind Theologen, die sich im Rationalismus ihrer Theologie gleichgültig schlafengelegt haben, die letzten, die an diese Dinge glauben.

Das zweite Resultat des Liberalismus ist der Verlust der kritischen Kontrolle durch die biblische Offenbarung. Die Bibel bestätigt die Wirklichkeit des Okkulten, leugnet aber seine Rechtmäßigkeit, und somit werden kritische Normen gegeben, anhand derer der Christ zwischen wahrer und vorgetäuschter Geistlichkeit unterscheiden kann. Ohne diese kritische Kontrolle durch biblische Normen wird die Erfahrung selbst normativ. Der Verlust an kritischer Kontrolle erklärt, warum so viele, die dem Ganzen einst völlig ungläubig gegenüberstanden, alle übersinnlichen Phänomene unkritisch akzeptieren. Die zweite Position, die gleichfalls dumm und doppelt gefährlich ist, erwächst also daraus, daß das Erlebnis zur Norm gemacht wird.

Ein dritter Faktor ist der Einfluß der östlichen Religionen. Wir haben bereits auf die perverse Tatsache hingewiesen, daß all das, was Leute im Christentum ablehnen, mit offenen Armen aufgenommen wird, wenn es aus dem Osten kommt. Dabei ist in allen östlichen Religionen offensichtlich, – wie hoch die Ethik, wie weit entwickelt ihre Philosophie auch sein mag, – daß es auf der unteren Ebene, unter den gewöhnlichen Menschen, offene Götzenanbeterei, Animismus und Spiritismus gibt.

Was immer Shankara, Gautama oder Mohammed auch gesagt haben mögen, der Durchschnittspriester in Tibet oder der malaysische Bomo glaubt felsenfest an die Praxis des Okkulten. Es überrascht daher auch nicht, daß der Glaube an das Okkulte oft ein integraler Bestandteil der Weltanschauung östlich Orientierter wird, besonders bei denen, die mit den verschiedenen Todesbüchern vertraut werden.

Ein vierter Faktor ist das Chaos und die Komplexität der modernen Kultur. Genau wie ein Leben in ständiger Streßsituation zu Anspannungen und Furcht führt, ist der wachsende Glaube an das Okkulte symptomatisch für die Mentalität des »Abkürzungsdenkens« angesichts der verblüffenden Komplexität des modernen Lebens. Zur Zeit des Niedergangs des Römischen Reiches blühte der Aberglaube unter den Flüchtlingen der zahlreichen Religionen, die versagten. Heute sind sich Astrologen gleichermaßen bewußt, daß ihre Popularität teilweise von der Unzulänglichkeit moderner Überzeugungen, von der allgemeinen Ungewißheit und dem Mangel an Halt herrührt. »Wir fürchten uns, zu dem bärtigen Mann da oben nein, nein, nein zu sagen, bevor wir einen Ersatz haben«,[6] erklärte ein amerikanischer Astrologe. Der moderne Mensch findet aufgrund seiner Identitätskrise und der Verunsicherung durch den »Verluste der Mitte« in der Praxis des Okkulten eine Antwort, die sich als dermaßen populär erwiesen hat, daß eine psychische Epidemie anscheinend die gesamte nachchristliche Welt überrollt.

Ein fünfter Faktor ist das gegenwärtige Stadium der psychischen und parapsychologischen Forschung. Vor noch gar nicht langer Zeit wurden alle transzendenten Erlebnisse als erfunden, mißverstanden oder verrückt abgetan. Heute werden sie lediglich als andersartig beurteilt, als paranormal oder mystisch.

Im Jahre 1882 wurde in England die Gesellschaft für psychische Forschung gegründet, aber erst die Pionierarbeit von William James sicherte ein allgemeines Interesse auf breiterer Basis. Im Jahre 1903 schrieb er: »Im Wahnsinn . . . stehen wir vielleicht einem *diabolischen* Mystizismus gegenüber, einer Art auf den Kopf gestellten religiösen Mystizismus . . .; diesmal jedoch sind die Gefühle pessimistisch; die Bedeutungen sind furchtbar; und die Mächte sind Feinde des Lebens . . . (Diese) entspringen aus der gleichen geistigen Ebene, jener großen transmarginalen Region, deren Existenz die Naturwissenschaft anfängt einzugestehen, über die wir in Wirklichkeit aber nur sehr wenig wissen.«[7]

Die inzwischen vorliegenden Arbeiten von Dr. J. B. Rhine von der Duke University über außersinnliche Wahrnehmung (»ESP«) und die Theorie von Carl Gustav Jung über die Synchronizität scheinen in gleiche Richtungen zu gehen. Sie deuten auf die Existenz eines paranormalen Zustandes hin, der sich mit der Vorstellung von der astralen Ebene im Okkulten vergleichen läßt. Synchronizität ist die Bezeichnung für die Vorstellung, daß alles in unserem Universum in diesem Augenblick an allem anderen Geschehen im Universum teilhat. Jung bezeichnet die Astrologie häufig als »scientia intuitiva« und entwarf für seine Patienten sogar Horoskope. Er blickte in die Kristallkugel, nicht um in die Zukunft schauen zu können, sondern um die Persönlichkeitselemente seines Patienten bloßzulegen.

In neuerer Zeit schrieb auch R. D. Laing über den gegenwärtigen

Zustand der Psychologie: »Wir sind vielleicht zu einer längst verlorenen Welt zurückgekehrt. Diese Leere ist möglicherweise gar nicht leer. Sie ist vielleicht von Visionen und Stimmen, Geistern, seltsamen Umrissen und Erscheinungen bevölkert.«[8] Laing untersucht das Paranormale und seine Beziehung zur Normalität und »Unnormalität«: »Wahnsinn braucht nicht unbedingt ein Zusammenbruch zu sein. Er kann auch ein Durchbruch sein.« – In seinem wie gewöhnlich unnachahmlichen Stil fängt McLuhan dieses Merkmal der gegenwärtig vorherrschenden Stimmung ein: »Das gegenwärtige Interesse der Jugend an Astrologie, Hellseherei und dem Okkulten ist kein Zufall. ... Mystik ist einfach die Wissenschaft von morgen, heute erträumt.«[9]

Der sechste Faktor, der vielleicht für Christen und Personen mit gleichartigen Weltanschauungen von größerer Bedeutung ist, ist die Tatsache, daß es das Übernatürliche wirklich gibt. Im Rahmen christlichen Denkens besteht der Unterschied zwischen dem Natürlichen und dem Übernatürlichen nicht darin, daß das erstere vielleicht wirklicher ist als das andere; vielmehr ist das erste eine sichtbare, das letztere eine unsichtbare Welt, und beiden kommt ein gleiches Maß an Realität zu.

Dies sind nur einige der Faktoren, die zu der neuen Aufwertung des Okkulten geführt haben. Diese Bewegung ist Teil eines allgemeinen Trends zu pervertierter Religiosität, die nun einmal ein Merkmal unserer Zeit ist. Dieses Phänomen wiederum ist eine Reaktion auf das Versagen des Atheismus; man könnte es mit dem vergleichen, was McLuhan die Umkehrung des überheizten Mediums nennt. Aus unserer atheistischen Kultur mit ihrer mechanistischen Naturwissenschaft, in der Philosophie und Technik von rationalem, kühlem Denken beherrscht werden, ist eine völlig neue und tief religiöse Ära erwachsen, ein Zeitalter, dessen zentrale Merkmale das Mystische und das Subjektive sind, deren Produkte die vielen Inhaltslosen, die Getäuschten und die Verwirrten sind. Das Kommen eines neuen religiösen Zeitalters wurde bereits in den fünfziger Jahren von den frühen Zen-Beats angekündigt; die nächste Welle in dieser Bewegung war die psychodelische Revolution im Jahre 1963; der Okkultismus und später die Jesus People setzten den Trend fort. In den sechziger Jahren war ein dramatisches Anwachsen des Okkultismus festzustellen. 1966 kann als das Jahr bezeichnet werden, in dem die Bewegung größere Popularität gewann. In diesem Jahre wurden mehrere der berühmten Satanskirchen, magische Kreise und Hexenkulte gegründet.

Bevor wir jedoch auf die Entwicklung der modernen okkulten Bewegung näher eingehen, sollte noch einiges gesagt werden. Dieses Kapitel ist keineswegs ein Versuch, die Existenz der übernatürlichen Welt oder des Teufels zu beweisen. Vielmehr setze ich ihre Existenz voraus, eine Vorausnahme, die aus tieferen inneren Überzeugungen erwächst und die durch zahlreiche persönliche Erlebnisse bestätigt worden ist. Viele sind zu unserer Gemeinschaft nach L'Abri gekommen, für die das Ganze nur zu wirklich war. Neugier und flüchtiges Engagement hatte sie schließlich zu einer tragischen Konfrontation mit einer Wirklichkeit geführt, die sie nicht mehr kontrollieren konnten. Sollte man dieses Thema auf allen Ebenen angemessen behandeln, so müßte man die physikalischen, medizinischen, psychologischen, parapsychologischen und geistlichen Aspekte dieses Problems alle berücksichtigen; dazu fehlt uns leider der Raum. Ich möchte hier lediglich ganz allgemein sagen, daß ich als Christ stets vor einem überskeptischen Rationalismus auf der Hut bin, aber umgekehrt nicht bei jeder Gelegenheit das Magische zur Erklärung heranziehen würde.

Ein gutes Beispiel, das illustriert, wie leicht es ist, ins Extrem zu geraten, ist das Verhältnis des Herbalismus (Heilkräutermedizin) zur modernen Medizin. Als Heilmittel für Eiterbeulen verwendete man einst schimmeligen Käse. Ob die Menschen glaubten, es sei übernatürliche Zauberei, oder ob es lediglich ein Aberglaube war, wir wissen heute jedenfalls, daß es sich hierbei lediglich um eine primitive Anwendung des Penizillins handelte, durch Zufall entdeckt. Fingerhut wurde einst als Heilmittel benutzt; die moderne Medizin hat aus dem Fingerhut einen Wirkstoff gewonnen, der in Herzdrogen enthalten ist. Viele Jahrhunderte vor Christus stellten die Inder aus der Wurzel der Rauwolfiapflanze ein »Mittel gegen den Wahnsinn« her; heute wird aus dieser Wurzel »Serpasil« gewonnen und als Tranquilizer verwendet. Diese Beispiele sollen zeigen, daß man, bevor irgendwelche Ereignisse oder Tatsachen interpretiert werden, erst alle Umstände soweit wie irgendmöglich in Betracht ziehen muß, und überdies extreme Auslegungen, ganz gleich in welche Richtung, vermeidet.

Die drei Kategorien, in welche wir die Bewegung einteilen – Aberglauben, Spiritismus, Satanismus – sind auch insofern etwas willkürlich, als daß diese Einteilung nicht wirkliche von vorgetäuschten Phänomenen, unzulässige von empfehlenswerten Praktiken unterscheidet. Die einzelnen Phänomene müssen daher später noch aufgrund dieser Kriterien untersucht werden. Allgemeinhin können alle Phänomene in zwei große Gruppen eingeteilt werden: In jene, die reiner Humbug sind, und jene, die echt sind. Aber selbst, wenn die Phänomene an sich echt sind in dem Sinne, daß es eine objektive Möglichkeit ihrer Verifikation gibt, gibt es dafür drei verschiedene Erklärungen: rein psychologische Effekte, übernatürlicher Einfluß des Okkulten und übernatürlicher Einfluß von Gott. Daher gibt es grundsätzlich stets vier verschiedene Interpretationen für jedes Phänomen (vorgetäuscht, psychologisch, dämonisch oder göttlich), und die Grenze zwischen diesen verschiedenen Möglichkeiten ist manchmal verwischt. Daher ist eine kritische Beurteilung von vorrangiger Bedeutung.

Aberglauben

Wir leben in einer Blütezeit des Aberglaubens. Aberglauben, das ist jenes unheimliche Gefühl, jene Furcht, die den Menschen packt, der sich unbekannten Kräften gegenübersieht, die er nicht kontrollieren kann; Aberglauben wird besonders von Ängsten, Wünschen und Hoffnungen im Hinblick auf die Zukunft hervorgerufen. Vieles in diesem Bereich ist harmlos, aber all dem liegt etwas zugrunde, was manchmal wesentlich ernstere Konsequenzen hat, auf persönlicher, politischer und manchmal sogar krimineller Ebene.

Die Ursprünge der Astrologie sind in den Nebeln der Vorgeschichte verborgen, aber wir wissen mit Sicherheit, daß im Jahre 3000 v. Chr. die Chaldäer und Babylonier bereits ein kompliziertes, bis ins Detail ausgeklügeltes astrologisches System besaßen. Im Mittelpunkt ihrer Astrologie stand der Bau der Zikkurate, und das ganze System wurde von der Priesterklasse errichtet. Ihre Vorstellungen beruhten auf dem Glauben an eine determinierte Einheitlichkeit des Universums vom Makrokosmos (dem Weltall) bis zum Mikrokosmos (dem Menschen) – und auf dem Glauben, daß die Sterne mit aktiven Göttern identisch seien. Vom Vorderen Orient breitete sich die Astrologie nach Indien, China, Ägypten, Rom und schließlich nach Europa aus. Es ist wichtig zu erkennen, wie durchdringend und omnipräsent ihr Einfluß war, und zwar nicht nur unter einfachen Menschen; in höchsten Kreisen des Hofes und der Politik hatte die Astrologie einen entscheidenden Einfluß auf Beschlüsse auf allen Ebenen.

Der Dichter Ennius sagte: »Horoskope kosten eine Drachme und sind eine Drachme zu teuer.« Aber eine solche Skepsis war äußerst selten, und wir vergessen leicht, daß es erst seit kurzer Zeit eine weitverbreitete skeptische Haltung gibt. Skepsis entwickelte sich zunächst innerhalb der christlichen Kirche im Westen. Wo die Astrologie immer noch blühte, stand sie stets im Zusammenhang mit schlimmster Korruption in der katholischen Kirche. Augustinus brandmarkte die Astrologie als das größte Hirngespinst aller Zeiten. Savonarola griff sie in Florenz stark an, und Martin Luther wandte sich gleichfalls dagegen. Nichtsdestoweniger nahm selbst ein Reformator wie Philipp Melanchton einen Lehrstuhl für Astrologie an ebenso wie der berühmte Naturwissenschaftler Johannes Kepler, wenn auch nur zögernd.

Wenn wir vergessen, wie schwach unsere moderne Aufgeklärtheit wirklich ist, können wir allem Aberglauben mit einem überlegenen Lächeln begegnen. Wenn wir hören, daß ein Frommer in Burma sich weigert, an einem heiligen Tag sein Haar zu waschen, daß Sambier glauben, das Essen von Eiern verursache Unfruchtbarkeit, daß chinesische Reisende sich nicht getrauen, ihren Fisch auf dem Teller umzudrehen, weil sie fürchten, dadurch würde ihre Dschunke sich gleichfalls umdrehen und kentern, oder daß es Stämme gibt, die Milch niemals über dem Feuer erwärmen, weil sie meinen, die Kuh könnte sonst auch Schaden erleiden, dann lächeln wir angesichts solcher Unwissenheit. Ist das nicht der Bereich der Ungebildeten oder Fanatischen? Doch gerade der Aberglaube ist heute, wie von Astrologen prophezeit und von Psychologen und Soziologen bestätigt, wieder weit verbreitet und wird (teilweise zumindest) von der am stärksten von der Naturwissenschaft geprägten Generation von jungen Menschen überraschenderweise wieder ernst genommen.

Die Astrologen behaupten, daß wir nach 2000 Jahren im Zeitalter der Fische (das Zeitalter des Skeptizismus und der Desillusionierung nach dem Tode Christi) in das Zeitalter des Aquarius eingetreten seien (ein Zeitalter des Glaubens und der Hoffnung, in dem die Astrologie eine bedeutende Rolle spielt).

Ein Kennzeichen dieser neuen Welle des Aberglaubens ist die Tatsache, daß nichts voll und ganz geglaubt wird; man akzeptiert alles nur halb und lehnt es auch nur halb ab, man spielt, ohne riskieren zu wollen. Zunächst stellen wir fest, daß viele alte Rituale oder Vorstellungen wieder aufgegriffen werden, meist in Form von irgendwelchen Sprüchen, ohne daß der Bezug zu ihrer ursprünglichen Bedeutung noch hergestellt wird. »Holz anfassen« oder »dreimaliges Klopfen auf Holz« und dergleichen rührt wahrscheinlich von einem primitiven Glauben an einen Waldgott her. Das Werfen von Salz über die eigene Schulter sollte Glück bringen, denn es wurde in das

Gesicht eines bösen Geistes geworfen, der angeblich hinter der linken Schulter war. Wenn jemand niest, ruft man ihm »Gesundheit« zu oder im Englischen »Bless you« (»sei gesegnet«), denn man glaubt, der Niesende habe sich für böse Geister verwundbar gemacht. Diese Rituale haben ihre ursprüngliche Bedeutung verloren und werden nur noch instinktiv ausgeführt; aber das Anwachsen des Aberglaubens zeigt sich eben gerade darin, daß solche Rituale halb geglaubt, halb abgelehnt werden. Wer sie skrupelhaft befolgt, hat sicher noch einen Rest von Glauben daran, während die spöttische Art und Weise, in der man solchen Hokuspokus mitmacht, sicherlich auch eine gewisse Ablehnung beinhaltet.

Es gibt aber auch eine Reihe völlig neuartiger Formen des Aberglaubens. Manche Psychologen ordnen den Glauben an Fliegende Untertassen und die Idee, daß Wasserstoffbombentests Regen verursachen und ein Testbann Trockenheit bringt, in diese Kategorie ein. Viele dieser neuen abergläubischen Tendenzen zeigen sich bemerkenswerterweise auch unter den technisch und naturwissenschaftlich Geschulten. *Time* berichtet, daß manche Piloten von Linienflugzeugen nach erfolgter Inspektion vor einem Flug auf ein Rad der Maschine spucken, und ein bekannter europäischer Rennfahrer weigert sich, an einem Rennen teilzunehmen, wenn sich in seiner Box eine einzelne Erdnuß finden läßt.[10] Manche Computerexperten, mit der »Intelligenz« und Komplexität ihrer Maschinen konfrontiert, weisen eine Tendenz zu einer abergläubischen Anthropomorphisierung ihrer Maschinen auf. So sagte einst der Manager einer Forschungsabteilung in der Nähe von Boston: »Ich stellte alle Experten, die am Bau des Computers beteiligt waren, aufgrund des Sternzeichens ein, unter dem sie geboren worden waren.« Aber er selbst war ein ›Löwe‹ und deshalb voreingenommen: »Ich stellte zwei ›Krebse‹ ein, beide bekamen Geschwüre.«[11]

Diese Form des Aberglaubens ist kein allgemeines Merkmal der Gegenkultur, aber der Boom der Astrologie verfehlt auch dort seinen Einfluß nicht. Gegenwärtig ist dieser Boom vielleicht das spektakulärste Anzeichen des weitverbreiteten Interesses für das Okkulte in unserer Zeit. Im Jahre 1969 schätzte das amerikanische Nachrichtenmagazin *Time,* daß es in den Vereinigten Staaten 10 000 vollberufliche Astrologen gäbe. Die Tatsachen brauchen nicht näher angeführt zu werden, so offensichtlich ist der Trend bereits geworden: Kaum eine Zeitschrift ist ohne Horoskop; Gastgeberinnen bedienen sich des »I-Ching«, um das Datum ihres Diners zu bestimmen, und auf den Einladungen stehen »Astronotizen«; freie Universitäten geben Kurse in Astrologie; Schlagertexte verleihen ihr

Glaubwürdigkeit, und bekannte Seher wie Carroll Righter, Jeane Dixon, Maurice Woodruff und Arthur Ford lassen das Ganze glaubwürdig erscheinen. Der Mensch als Person wird völlig verunsichert; seine Verantwortung für Entscheidungen wird in den Bereich der Astrologie, Kartenleserei, Handleserei, der Kristallkugel und des Ouija-Bretts delegiert. Das Ouija-Brett ist besonders von Bedeutung, weil es sehr verbreitet ist und oft für viele die Tür zu wesentlich ernsterer Verwicklung in okkulte Dinge geöffnet hat. Das Wort OUIJA ist eine Kombination des deutschen »Ja« und des gleichbedeutenden französischen »Oui«. Tausende dieser Bretter werden als harmloses Spielzeug verkauft. Manchmal jedoch war das Spiel nicht mehr so harmlos und geriet außer Kontrolle der Beteiligten, weil ein Geist sich seiner bemächtigt hatte. Für manche hat dieses Erlebnis zu fortgesetztem Kontakt mit Geistern und zur Entwicklung medienartiger Fähigkeiten geführt. Das Ouija-Brett ist ein typisches Beispiel, denn, obwohl die meisten darüber lachen und das ganze als harmlos ansehen würden, sind sich diejenigen, bei denen wirklich etwas passierte, der Wirklichkeit des übernatürlichen Bereichs gewiß.

Wie wichtig ein kritisches Urteilsvermögen ist, zeigt sich im Bereich des Aberglaubens besonders deutlich. Hier gibt es nichts, das in irgendeiner Weise von Gott kommt. Wir können die Phänomene des Aberglaubens allgemein in drei Kategorien einteilen. Die Mehrzahl aller Erscheinungen in diesem Bereich sind völliger Humbug und Schwindel. Hier wird an der Leichtgläubigkeit des modernen Menschen viel verdient. Vielleicht 95 % aller modernen Astrologie gehört dazu. Man bedenke nur, wie sich der astrologische Tick im Handel und im Showgeschäft breitgemacht hat! Hunderte von Beispielen könnte man hier anführen. Kurt Koch erzählt die Geschichte von einem Studenten in Paris, der seine Dissertation im Fach Psychologie über den Aberglauben schrieb.[12] In einer Zeitungsanzeige gab er sich als Astrologen aus und versprach jedermann ein detailliertes Horoskop, der ihm dafür 20 französische Franken bezahlte. Alle 400 Kunden bekamen das gleiche Horoskop, ungeachtet des Sternzeichens. Er stellte fest, daß das Horoskop bei jedermann auf Zufriedenheit stieß, wenn es nur genügend Ermutigungen und Warnungen enthielt (was eben auf dem Einfluß von Furcht und Wunschdenken beruht). Auf diese Weise konnte er sich genügend Geld für sein Studium verdienen!

Auf einer Konferenz in der Bundesrepublik berichtete ein Zeitungsredakteur, wie eines Tages das Wochenendhoroskop nicht rechtzeitig ankam. Deshalb setzte er einfach ein altes Horoskop ein, das jedoch aufgrund seiner Unkenntnis der Sternzeichen völlig verkehrt war. Trotz einer Auflage von Hunderttausenden von Exemplaren fiel keinem dieser Fehler auf. Daraufhin beschloß er, sich die Honorare für seinen Astrologen fortan zu sparen und wiederholte den Trick mit alten Manuskripten drei Monate lang. Schließlich kam eine Zuschrift mit dem Hinweis, da könne doch etwas nicht stimmen.[13] – Für die moderne Astrologie gibt es keinerlei wissenschaftliche Grundlage; der ganze Unsinn hat nicht Erfolg aufgrund dessen, was die Menschen lesen, sondern durch das, was sie in ihre Horoskope hineinlesen. Bestenfalls finden wir in Horoskopen konstruktive Ratschläge, stets in klassischer delphinischer Zweideutigkeit formuliert. Die weit auseinandergehenden Voraussagen verschiedener Astrologen über das gleiche Ereignis zeigen, wie unverläßlich solche Prophetie ist; für jedes ›korrekte‹ Horoskop gibt es viele völlig falsche. Jeane Dixon ist durch ihre Voraussage der Ermordung von Präsident Kennedy bekannt; die Propheten seiner Wiederwahl, Scheidung und dergleichen sind in Vergessenheit geraten. Gerade weil der größte Teil der modernen Astrologie und des modernen Aberglaubens in die Kategorie des Schwindels fallen, glauben nun viele, daß alles nur Schwindel oder Humbug sei, der nur mit viel Glück oder psychologischer Rationalisierung zum Zug komme. Aber dem ist nicht so.

Die beiden anderen Kategorien verdienen schon etwas mehr Aufmerksamkeit. Die erfolgreichen Phänomene einer zweiten Gruppe, die wir untersuchen wollen, beruhen sämtlich auf natürlichen Kräften wie Telepathie oder Suggestion. Weder psychologisches Fachwissen noch psychologische Ausstrahlungskraft sind übernatürlich; beide sind vollkommen naturalistisch. Koch gibt ein gutes Beispiel.[14] Ein Mädchen begegnete einmal einer Zigeunerin, die an ihrer Haustür hausierte. Als sie sich weigerte, ihr irgend etwas abzunehmen, ergriff die Zigeunerin ihre Hand und sagte: »Oh, das ist interessant. Du wirst in zwei Jahren heiraten.« Interessiert ließ das Mädchen sie fortfahren: »Mehrere Männer werden dir einen Heiratsantrag machen, du wirst den größten von ihnen heiraten. Im ersten Jahr deiner Ehe wirst du Mutter werden. Aber ich sehe, hier hört deine Linie plötzlich unversehens auf. Du wirst bei der Geburt deines ersten Kindes sterben!« Die Zigeunerin ließ ihre Hand fallen und machte sich davon. Wie vorausgesagt, heiratete das Mädchen, (das in heiratsfähigem Alter war und auch sehr attraktiv aussah). Aber vor der Geburt ihres ersten Kindes packte sie eine lähmende Furcht, die sich jeder Faser ihres Lebens bemächtigte. Es war eine Furcht, die weder von einem Psychiater noch von der Ermunterung ihres Gatten beseitigt werden konnte. Das Kind wurde schließlich geboren, und die Geburt an sich verlief ohne Komplikationen. Ohne ersichtlichen medizinischen Grund brach ein Fieber aus, die Frau wurde geistig gestört und starb drei Wochen später. Die Ärzte mußten annehmen, daß sie einer Thanatomanie oder dem Todeswunsch zum Opfer gefallen war.

Ähnliche Fälle finden wir in mehreren Ländern, wo eine Furcht vor Verwünschungen, Flüchen, Hexendoktoren und Voodoo herrscht. Wir wollen hier keineswegs behaupten, daß okkulte Mächte nicht auch oft mit im Spiel sind, aber manchmal löst die Furcht in dem Opfer eines Fluches eine totale Lähmung aus. Viele Fälle dieser Art sind nicht so tragisch, aber selbst in solch ernsten Fällen braucht es sich nicht um übernatürliche Kräfte zu handeln, die am Werk sind; Telepathie, ein ausgeprägtes Suggestionsvermögen und mediale Bereitschaft reichen vollkommen aus.

In die dritte Kategorie schließlich gehören jene Kräfte oder Prophezeiungen, bei denen echter okkulter Einfluß mit im Spiel ist; dafür könnte man als Beispiele viele Heilungen oder Weissagungen anführen. Beide sind in dem Sinne erfolgreich, daß tatsächlich eine Heilung erfolgt oder daß die Prophetie tatsächlich in Erfüllung geht. Aber damit ist die Angelegenheit noch keineswegs erledigt. Eine von zwei möglichen Folgen stellt sich später gewöhnlich ein: Entweder eine Verhärtung gegenüber geistlichen Dingen oder eine Reihe von Nachwirkungen, die oft als des »Teufels Entgelt« bezeichnet werden. Diese Nachwirkungen von Medienheilungen bestehen manchmal in schweren Depressionen, geistiger Bedrückung, einer Sucht nach Alkohol oder Zigaretten, irgendeiner psychischen Labilität oder einer schreckhaften Angst vor anderen Menschen. Das ist jedenfalls ein Anzeichen dafür, daß die Heilung von einem Medium mit okkulten Mächten bewirkt wurde. Neben zahlreichen biblischen Beispielen (so z. B. trieb Paulus die Dämonen aus einem Mädchen in Philippi aus, deren mediale Kräfte kommerziell ausgebeutet wurden), könnte man auch viele Beispiele aus unserer Zeit anführen.

Wir wollen noch einmal darauf hinweisen, daß Erlebnisse keineswegs normativ sein können. Dazu ist ein genaues Verständnis der Quelle und des Wesens dieses Erlebnisses erforderlich. Von den drei Kategorien, in die wir die Phänomene des »Aberglaubens« eingeteilt haben, sollte man die letzte vielleicht eher unter »Spiritismus« oder »Satanismus« anführen, aber die Grenzen zwischen diesen Unterscheidungen sind hier nicht sehr genau zu ziehen. Wir beschäftigen uns hier überhaupt nur deshalb mit dem Aberglauben, weil jeder mit ihm schon in irgendeiner Weise in Berührung gekommen ist, und weil er die Leichtgläubigkeit und die Unsicherheit des modernen Menschen beim Treffen seiner Entscheidungen aufzeigt.

Es hilft dem modernen Menschen nicht unbedingt zu seinem Selbstverständnis, wenn er sich so stark auf die äußerst schwache Stütze der Astrologie lehnt. Auch hilft es ihm nicht, wenn er sieht, daß westliche Politiker und Personen im öffentlichen Leben von Medien und Metaphysikern umgeben sind, seien diese nun echt oder Schwindler. Die Welle des Aberglaubens, die über uns hinwegrollt, ist der stets länger werdende Schatten der Dämmerung, die über die westliche Kultur hereinbricht.

Spiritismus

Immer mehr in Mode kommt auch der Spiritismus, die zweite Klasse von Phänomenen, die wir uns ansehen wollen, oft von einem wachsenden Glauben an den Animismus und der Praxis von Hexerei begleitet. Das englische Wort für Hexe, *witch,* kommt von dem mittelenglischen Wort *Wicca,* weise, das auch mit dem Wort *wikked,* böse, verrucht und *wick,* lebend, verwandt ist. Das Hexentum ist die »alte Religion«, der Kult der Wicca, die Macht, die Kunst, das linkshändige Spiel; es wird behauptet, der Hexenkult sei die wahre Religion Europas, deren Stelle dann vom Christentum eingenommen wurde. Vermutlich stammt das Hexentum, so wie wir es heute kennen, aus drei Quellen. Die erste sind die alten Fruchtbarkeitskulte, die es in Europa vor dem Christentum gab und die es in den meisten heidnischen Naturreligionen gibt. Die zweite ist das Erbe der magischen Praktiken, die auf einem Umweg von den ägyptischen Priestern entlehnt worden sind. Die dritte Quelle sind zahlreiche Verzerrungen, deren Zweck es war, die Hauptreligionen zur Zeit der verschiedenen Phasen des Hexentums lächerlich zu machen. Besonders letztere wurden zum Punkt, an dem sich die Kontroverse entzündete, und die historischen Tatsachen sind deshalb nicht mehr genau zu verfolgen. Berichte von Hexenjagden gibt es nur von den Hexenjägern, und denen kann man wohl kaum Unparteilichkeit und unvoreingenommene Objektivität bescheinigen! Ihre Methoden, Hexen als solche zu identifizieren, waren völlig willkürlich. Eine Warze z. B. wurde als dritte Brustwarze und damit als sicheres Zeichen dafür angesehen, daß die betreffende Frau eine Hexe war. Es kann einen dann auch nicht verwundern, daß diese Verfolgungen höchst barbarisch waren. Die Dominikanermönche sahen sich selbst als »Domini canes«, die Hunde des Herrn, und das Mittelalter wurde Zeuge einer erschreckenden Serie von Verbrennungen, Erhängungen und Ertränkungen. In Straßburg allein wurden innerhalb von zwanzig Jahren mehr als 5000 Hexen verbrannt, und ganze Dörfer gingen daran zugrunde. Das Echo mancher Grausamkeiten hallt noch bis in unsere Zeiten wider.

Aus diesem Grunde teilten sich die Meinungen über die Interpretation des Hexenkults sehr. Die orthodoxe Lehrmeinung der römischen Kirche, wie sie vor dem zweiten Weltkrieg von Dr. Montague Summers sehr klar dargestellt wurde, war die, daß das Hexentum das Werk des Antichristen ist. [15] Da sich die Hexen mit dem Teufel im Bund gegen die Christenheit befanden, war jegliche Verfolgung zu rechtfertigen, wenn sie nur dazu diente, diese Teufelsdiener und -innen auszurotten. Das ist vermutlich eine grob vereinfachte Sicht der ursprünglichen Situation; jedenfalls läßt sich auch auf diese Weise eine solch monströse kirchliche Gewaltanwendung nicht rechtfertigen.

Die zweite, der ersten völlig entgegengesetzten Anschauung ist die, daß der Hexenkult eine reine Erfindung seiner Gegner ist. Im Licht späterer Vernunft wurde alles bei den Hexenprozessen vorgebrachte »Beweismaterial« einfach verlacht, oder es wurde erklärt, alle Geständnisse und dergleichen seien unter Folter erzwungen worden. Das ist die Meinung liberaler Geschichtswissenschaftler, so z. B. von Trever-Roper, der die katholischen Inquisitoren und Folterer für die Exzesse der Hexenjagden verantwortlich machte. Dieser Anschauung nach erfanden die Kirchenleute den Hexenkult, damit sie ihre politischen Feinde unterdrücken konnten. Der Schrecken der Unterdrückung ihrer Feinde durch die Inquisition wird in dem Film *The Devils* von Regisseur Ken Russell äußerst anschaulich beschrieben. Aber die Anschauung, daß das Hexentum lediglich eine Erfindung seiner Gegner war, ist eine Vereinfachung des vorliegenden Tatsachenmaterials, und das Wiederaufkommen des Hexentums bringt solche Theorien ein wenig in Verlegenheit. Die Theorie von Margaret Murray ist der Wahrheit vermutlich weitaus näher. Ihrer Meinung nach war das Hexentum eine Weiterentwicklung vorchristlicher Fruchtbarkeitskulte, in verschiedenen Phasen auftretend, sich aber bis in unsere Zeit fortsetzend. [16] Dem verwandt ist die Anschauung von Aldous Huxley und Gerald Heard, die im Hexenkult die Fortsetzung der uralten Suche nach einem höheren Bewußtsein sehen, das lange Zeit verloren war, aber jetzt durch Zauberei und die astrale Ebene wieder neu zugänglich geworden ist. Huxley und Heard standen der Welt des Yogi, des Shamanen und des Hexendoktors sehr positiv gegenüber. Für sie ist der Hexen-Sabbat ein Freudenfestival, eine Flucht vor dem hauptsächlich auf Buße eingestellten Mittelalter. Theodore Roszak, gleich vielen anderen in der Gegenkultur, begrüßt eine solche Mystik.[17] Er ruft nach einer neuen Art des Radikalismus, die ihr Vorbild im Shamanismus sucht. Als eine Reaktion auf den »Mythos des objektiven Bewußtseins« ist das verständlich, aber Roszaks Vorschlag ist zu vage, um als Leitprinzip für ein ganzes Leben zu gelten, und er öffnet die Tür für Phänomene, die mehr als nur psychologisch sind.

Welche Impulse das mittelalterliche Hexentum auch zu erklären vermögen, es ist jedenfalls wichtig zu wissen, daß, was jahrhundertelang in Vergessenheit geraten war, heute wieder an die Oberfläche geraten ist. Im Jahre 1951 wurde das Hexengesetz in England für ungültig erklärt und durch das Gesetz über betrügerische Medien ersetzt. Seitdem hat die Zahl der Hexen und Hexensabbate explosionsartig zugenommen. Schätzungen der Anzahl von Hexen in England rangieren von einigen Hunderten bis zu Zehntausenden; die meisten Hexen, von denen man weiß, stammen aus der unteren Mittelklasse, aus recht konservativen Gruppen, die sich in der Regel nicht sonderlich darum bemühen, Anhänger zu gewinnen. Sex- und Gewaltorgien in diesen Gruppen sind vielfach von den Medien geschaffene Mythen und kommen nicht so oft vor, wie man weithin glaubt. Oft ist das Engagement sehr tief und verkrampft, meistens regelrecht langweilig.

Der Stil des Engagements in der heutigen Generation ist gegen früher auffallender und moderner. Das zeigt sich in Nachrichtenberichten, im Interesse für okkulte Buchläden mit Enzyklopädien der Dämonologie, okkulten Büchern wie *Das sechste und siebente Buch Mose* und den verschiedenen Anleitungen. Hexenkreise und -sabbate findet man an unerwarteten Orten, z. B. in Schulen aller Stufen. In den vergangenen drei Jahren habe ich auf vielen Universitätsgeländen Zauberer und Hexen angetroffen, und ihre Ansichten tauchen immer mehr in Studentendebatten auf. Zwischen den Extremen von schwarzer und weißer Magie gibt es ein ganzes Potpourri verschiedener neuer Hexen, die in ihrer Suche nach religiösen Erlebnissen mit dem Okkulten in Berührung gekommen sind; viele nehmen offen an Riten, Ritualheilungen, Zeremonien und Praktiken teil, für die einst die Todesstrafe verhängt wurde.

Bekannte Zauberer unserer Zeit sind z. B. Aleister Crowley und Gerald Gardner. Crowley, von vielen als »das große Tier« gebrandmarkt, trat als großer Zauberer auf, wurde aber später als unmoralischer Scharlatan entlarvt. Gerald Gardner, der 1964 nahe der afrikanischen Küste starb, war der »König der britischen Zauberer und Hexen« von eigenen Gnaden. Nach einer seltsamen Kindheit und einer langen Faszination für den Osten schrieb er viele okkulte Bücher und gründete auf der Isle of Man ein Hexenkult-Museum. Im Jahre 1959 schrieb er: »Ich glaube nicht, daß irgend jemand... auch nur wagen dürfte,anzudeuten, daß an dem Hexentum etwas Wahres dran ist, ohne ausgelacht zu werden.« Aber innerhalb eines Jahrzehnts waren seine Nachfolger zu Kulthelden geworden und hatten Zugang zum Fernsehen, was ihnen stets ein großess Publikum sicherte.

Unter den Rivalen, die sich um eine Position in der Hexenhierarchie und um die Gunst der Öffentlichkeit bemühen, ist eine Engländerin mittleren Alters mit dem Namen Sybil Leek. Sie verließ England im Jahre 1967, nachdem sie Schwierigkeiten mit ihren Nachbarn in Ringwood, Hampshire, bekommen hatte, und ließ sich in den Vereinigten Staaten nieder. Ihre Dohle, Hotfoot Jackson, sitzt auf ihrer Schulter, und durch ihre häufigen Auftritte in Radio und Fernsehen sowie durch ihre Spalte in *Ladies Home Journal* ist sie zu einer nationalen Berühmtheit geworden. Nach einem Einbruch in ihrem Haus warnte sie die Diebe: »Alle Qualen der Hölle werden losbrechen.« Diese Drohung genügte, um die Diebe zur prompten Zurückgabe der gestohlenen Wertsachen zu veranlassen.

In Los Angeles lebt eine Frau in einem Vorort, der als Hochburg für die »Elite« gilt. Sie behauptet, sie sei die Reinkarnation einer ägyptischen Königin und unterhält ihre Anhänger mit einem schwarzen Schwan auf ihrem nackten Körper. Mit drolliger Egozentrik herrscht sie über ein Sammelsurium von Drogensüchtigen, Homosexuellen und Psychopathen.

In England ist Alex Sanders der neue König der Zauberer und Hexen. Pompöser denn irgendeiner vor ihm erklärt er, Aleister Crowley werde, verglichen mit ihm, bald wie ein Waisenknabe wirken. Mit seinen Büchern, Filmen, Interviews und Shows hat er fast schon den Status eines Pop-Stars erreicht.

Kritisches Urteilsvermögen ist hier wieder sehr vonnöten, denn der angebliche Unterschied zwischen schwarzer und weißer Magie verschleiert lediglich die Tatsachen. Weiße Magier behaupten, ihr Einfluß sei ausschließlich gut, und die schwarze Magie allein bringe das

Hexentum in Verruf. Sie behaupten, die schwarze Magie benutze ganz offen dämonische Mächte für üble Zwecke; weiße Magie suche dagegen nur wohltätige, wenn nicht göttliche Hilfe. Wenn das Hexentum nur ein Humbug ist, dann ist dieser Unterschied nicht von Bedeutung; doch allzuoft sind Heilungen der weißen Magier »erfolgreich«. Solche Heilungen sind kein Humbug. Die rituale Wiederholung von Zahlen und Namen, wie z. B. die dreifache Wiederholung der göttlichen Namen oder das dreimalige Zeichen des Kreuzes, ist ein Anzeichen dafür, daß die Heilung nicht aufgrund göttlicher Hilfe, sondern durch okkulte Macht zustandekam. Die erwähnten Nachwirkungen (»Entgelt«) stellen sich auch bei weißer Magie ein und zeigen, daß es sich weder um Humbug, noch um göttliches Eingreifen, noch um rein psychologische Erlebnisse handelt.

In diesen Bereich fallen z. Teil die spiritistischen Phänomene (das Hören von Stimmen, Visionen, Levitationen, Telekinese, Lichtformen und Medienheilungen, die definitiv kein Humbug und nicht rein psychologisch sind), die vor allem auch in den Bereich des kultischen Spiritismus gehören. Zwei Faktoren können das Anwachsen des Interesses in diesem Bereich erklären. Zunächst einmal die Schwierigkeit einer genauen Beurteilung aufgrund des erlebnisorientierten, inhaltslosen Charakters der modernen Theologie. Durch ein oberflächliches Hinschauen ist eine vorgetäuschte Geistlichkeit von echter Geistlichkeit nicht zu unterscheiden. Tatsächlich können religiöse Phänomene wie Prophetie, Heilung und Zungenreden aus einer von drei völlig verschiedenen Quellen stammen: Sie können rein psychologisch bedingt sein, sie können dämonisch oder göttlich sein. Oft finden viele Dinge dieser Art großen Anklang, ohne sich auf den Bereich des Legitimen zu beschränken. Aber in einer Zeit inhaltsloser religiöser Erlebnisse kümmern sich nur wenige darum, woher die Phänomene kommen. Das Erlebnis legitimiert sich selbst; das Ergebnis führt, wie nicht anders zu erwarten, in perverse Verwirrung. Wir leben in einer Zeit, wo das Echte und die Fälschung nebeneinander existieren, wo das Spiritistische für das Geistliche ausgegeben wird.

Zweifellos trägt auch die Ungewißheit des modernen Menschen angesichts des Todes und des damit verbundenen Leides oft zu dem Rückgriff auf Geisterbeschwörung und Spiritualismus bei. Hinterbliebene Verwandte sind von ihrem Verlust so betroffen, daß sie zur Totenbefragung übergehen, um sich Trost zu verschaffen. Ein berühmtes Beispiel für einen solchen Fall im Zweiten Weltkrieg ist Sir Arthur Conan Doyle (der Erfinder von Sherlock Holmes), der Spiritist wurde; in unseren Tagen haben wir das Beispiel von Bischof Pike.

Wer ist ein Medium? Wie kann man die Fähigkeiten eines Mediums erlangen? Allgemeinhin ist es klar, daß gewisse Menschen aufgrund ihres Temperaments, Erbes oder kulturellen Milieus für das Geistliche oder Mystische eine größere Empfänglichkeit besitzen als andere. Gleiches gilt für die Gaben eines Mediums. Manche besitzen diese Gaben als Familienerbe, ob sie sich dessen bewußt sind oder nicht; andere erlangen sie durch ständiges geistiges Training und durch Übung, wieder andere stolpern darüber, indem sie ihren Geist allem vollkommen öffnen, bis sie schließlich feststellen, daß sie sich selbst einem ihnen unbekannten Geist geöffnet haben. Manche, die regelmäßig LSD zu sich nehmen oder Yoga oder Zen-Meditation praktizieren, haben festgestellt, daß sie sich der Finsternis und dem Spiritismus geöffnet haben und sehen sich selbst als Medien und besessen. Das ist auch mit mehreren jungen Menschen geschehen, die solchen Musikgruppen wie u. a. »Quintessence« zugehört haben. Es hat sich auch bei Rockfestivals ereignet, wie z. B. in Glastonbury. Mehrmals, wenn ich Vorträge über den Okkultismus gehalten habe, haben sich später einige Fragesteller gemeldet, die behaupteten, diese Gaben bei sich entdeckt zu haben. Die meisten waren sich dessen gar nicht bewußt gewesen, bis irgendein Medium sie darauf hingewiesen hatte; oder eine ständige Serie von psychischen Phänomenen hatte sie darauf aufmerksam gemacht (wie z. B. das Déja Vu). Manchmal, wenn ich sie bat, doch einmal in ihrer Familiengeschichte nachzuforschen, schrieben sie, sie hätten mit großer Überraschung festgestellt, daß, obwohl es ihre Eltern ihnen verheimlicht hatten, ihre Familien eine lange Tradition von medialen Fähigkeiten hatten. Gerald Gardner erklärte, sein eigenes Engagement im Hexenkult sei auf seine Abstammung zurückzuführen. Okkultisten näherten sich ihm und sagten: »Du hast zu uns gehört in der Vergangenheit. Du hast unser Blut. Komm zurück, dahin, wo du hingehörst.«

Als ich einmal in der Universität Essex einen Vortrag hielt, sah ich in der ersten Reihe ein seltsam aussehendes Mädchen mit einem komischen Gesichtsausdruck. Am vorhergehenden Abend schon hatte ein Radikaler versucht, den Vortrag zu unterbrechen; deshalb sprach ich weiter, betete aber im Stillen, daß sie keine Schwierigkeiten verursachen möge. Sie verhielt sich den ganzen Abend lang ruhig, aber sobald der Vortrag vorbei war, kam sie zu mir mit besorgtem Gesichtsausdruck und fragte mich, welchen Bann ich auf sie gelegt hätte. Sie erzählte mir, sie gehöre einer Gruppe von Spiritisten an, und die Geister hätten ihr befohlen, eine Reihe von Vorträgen zu stören, die dort in dieser Woche gehalten wurden. Als ich nach der Schweiz zurückkehrte, fragte mich eine Frau aus unserer Gemeinschaft, die normalerweise nicht von phantasievollen Visionen heimgesucht wird, was bei den Vorlesungen in Essex vorgefallen sei. Sie habe eines morgens für diese Vorträge gebetet und dabei in einer Vision den Vortragssaal in Essex gesehen, und zwar so wirklich, als wäre sie wirklich dort gewesen. Sie sah auch jenes seltsame Mädchen, das den Vortrag stören wollte. Nachdem sie für das Mädchen gebetet hatte, war sie überzeugt, daß nichts geschehen war, aber sie fragte sich, ob das ganze wirklich nur ihre Phantasie gewesen sei. Die Gegenwart eines Christen, der in der Macht des Heiligen Geistes betet, reicht stets aus, das Okkulte unwirksam zu machen.

Kurt Koch berichtet von einer deutschen Bauersfrau, die einen starken Schmerz hatte, der, wie sie glaubte, von ihrem Rheuma herrührte.[18] Zu ihrer großen Überraschung machte sie eines Tages die Entdeckung, daß der Schmerz sofort nachließ, wenn sie sich daran machte, etwas zu schreiben, sobald er kam. Jedesmal, wenn der Schmerz unerträglich wurde, griff sie also zum Füllhalter, setzte sich nieder und fing an zu schreiben; alsbald verschwand der Schmerz. Bald entwickelte sich daraus eine wahre Schreibmanie. Schließlich stellte sie fest, daß sie Dinge niederschrieb, die weit jenseits ihrer eigenen Erfahrung lagen und ihre intellektuellen Fähigkeiten bei weitem überstiegen. Letzten Endes war der Inhalt ihrer Schriften hauptsächlich religiöser Natur; gelegentlich tauchte der Name Felix auf. Felix behauptete, ein Geist zu sein; er erklärte, er wolle sie als Prophetin verwenden. Auf diese Weise wurde die einfache Frau zum Geistermedium.

Die meisten in unserer Generation, die zufällig in die Geisterwelt einbrechen, gelangen meistens über LSD und falsch angewandte Meditationstechniken dort hin. In den letzten Jahren haben sich immer mehr Menschen auf diese Weise geistig geöffnet und haben sich dabei Kräften und Vibrationen ausgeliefert, die völlig jenseits ihrer Kontrolle lagen, bis sie schließlich Gaben und Kenntnisse entwickelten, die mit denen von den erfahrensten Medien konkurrieren konnten. Wenn man das Bewußtsein von allem Inhalt entleert, lädt man damit manchmal sieben Teufel aus dem Bereich des Unbewußten ein. Ein Student, der in solche Dinge sehr verwickelt gewesen war, erklärte mir kürzlich: »Am Anfang müssen wir dazu verführt werden, uns dem hinzugeben, aber nachdem unsere gegenseitige Bekanntschaft gewachsen ist, ist unsere psychische Abhängigkeit auch größer. Unsere Identität wird zusehends immer mehr zu der Identität der Kraft, mit der wir es zu tun haben. Unser Standpunkt wird zu ihrem Standpunkt, und wir werden dadurch in Schach gehalten, daß sie droht, uns zu verlassen, wenn wir nicht gehorchen!«

Nicht ganz so ernst, aber auf der gleichartigen Faszination beruhend ist die ständige Popularität solcher Fernsehprogramme wie *Bewitched* (»Verhext«) oder *Dark Shadows* (»Dunkle Schatten«), oder die Tatsache, daß eine Zeitschrift wie *Man, Myth and Magic* (»Mensch, Mythos und Zauberei«) bei der ersten Ausgabe schon mehr als eine Million Auflage verkaufen konnte. Deren Engagement beschränkt sich nicht auf eine allgemeine abergläubische Öffentlichkeit und auch nicht auf eine Handvoll junger Leute mit einer unersättlichen, wenn auch seltsamen Neugier. *Karl Jaspers* berichtet über die Zeit einer selbstinduzierten Krankheit, als »das persönliche Selbst porös geworden und mein Bewußtsein geschwächt war«: »Ich hatte mir verfrühten Zugang zu der ›Quelle des Lebens‹ erzwungen . . . Zu spät erkannte ich, daß da düstere Elemente mit im Spiel waren. Ich lernte sie kennen, als sie schon zuviel Macht hatten. Es gab kein Zurück mehr. Ich hatte jetzt die Geisterwelt, die zu sehen ich mich gesehnt hatte. Die Dämonen kamen aus dem Abgrund hervor.«[19] Vermutlich glaubte Jaspers nicht daran, daß diese Dämonen aus dem übernatürlichen Bereich stammten, sondern vielmehr aus den Tiefen seiner eigenen Psyche. Seine Beschreibung jedoch könnte auch für jemandem, der die Wirklichkeit des Okkulten erfahren hat, gelten.

In einem interessanten Interview mit Lewis Freedman über Filme diskutierte der schwedische Regisseur Ingmar Bergman die Entstehung und Entwicklung seiner Philosophie, so wie sie sich in seinen Filmen niedergeschlagen hat. Er war von der Rolle der Dämonen und der inneren Stimmen stets fasziniert gewesen, aber in *The Hour of the Wolf* versuchte er sie sichtbar zu machen. Als er hart an seinem Skript arbeitete, konnte er in den langen schwedischen Nächten nicht einschlafen, weil er Dämonen in seinem Zimmer spürte. Plötzlich rief er mit brechender Stimme: »Sie waren da! Alle. Und ich hatte Schwierigkeiten, sie zurückzuhalten . . . Ich konnte nicht schlafen, weil sie da waren. . . Ja, sie wollten nicht fortgehen!«

Es überrascht heute kaum, daß so viele nach direkter Erfahrung mit dem Okkulten zu Gott kommen. Philosophische Diskussionen sind da überflüssig. *Daß* es Gott gibt, ist gar keine Frage mehr. Ihre Bekehrung entscheidet sich vielmehr an der Frage, *wer* Gott ist.

Die höchste Form des Spiritismus ist kultischer Spiritismus. Gegründet wurde er im Jahre 1848 von Margaret und Kate Fox, zwei Schwestern aus dem Staate New York, nach einer Reihe von bizarren psychischen Ereignissen. Es ist nicht allgemein bekannt, daß beide Schwestern an den Folgen des Alkoholismus starben, aber beide hatten sich vorher von ihrem eigenen Kult öffentlich distanziert. Im Jahre 1888 erklärte Margaret Fox in Gegenwart ihrer Schwester Kate: »Ich bin heute hier als eine der Gründerinnen des Spiritismus, um ihn als teuflische Bosheit zu entlarven . . . Er ist die übelste Art der Gotteslästerung, die die Welt je gesehen hat.«[20] Ich frage mich, ob die extreme Bindung an den Alkohol nicht vielleicht das war, was Okkultisten als des »Teufels Entgelt« bezeichnen. Trotz dieser Bloßstellung blühen die spiritistischen Kult-Gruppen heute immer noch; sie verachten jede niedere Form des Spiritismus, und intellektuell und ethisch macht ihre Praxis wohl auch einen besseren Eindruck. Sie haben Lieder, Gebete und sogar Predigten, die sich eng an christlichen Stil anlehnen. Sie gebrauchen sogar die Bibel, aber alle Hinweise auf »die Toten« sind zu »lebenden Geistern« umgeändert worden, und das Verbot der Totenbefragung wird geflissentlich übersehen. Die Auferstehung Christi wird als psychisch und geistlich, nicht jedoch physisch angesehen; Christus selbst ist für sie nicht die Menschwerdung Gottes, sondern ein Super-Medium.

Davon ist die spätere Theologie des Bischof Pike kaum zu unterscheiden. Bischof Pike verließ das Union-Seminar mit den Worten, in seinen Augen sei die Bibel nicht viel mehr wert als »eine Handvoll Kieselsteine«, die biblische Offenbarung könne ihm nicht mehr als Normgrundlage dienen. Nach dem tragischen Selbstmord seines Sohnes in New York ging Bischof Pike nach Cambridge in England, wo sich eine Reihe seltsamer Vorfälle ereignete, mit Postkarten, Uhrzeigern, den Haarsträhnen seiner Sekretärin, die auch Schnitte unter ihren Fingernägeln aufwies. Diese Ereignisse führten ihn zu der Überzeugung, sein Sohn Jim versuche, mit ihm in Kontakt zu kommen. So nahm er an Seancen teil und befragte Medien; manche der Seancen wurden sogar im Fernsehen übertragen, und er behauptete, dadurch mit seinem Sohn in Verbindung zu sein.

Er verbrachte die letzten Jahre seines Lebens damit, seine gesamte Theologie zu überdenken. Er interpretierte die Auferstehung Christi zum Beispiel als psychisches Phänomen. Von kritischem Unglauben an die Existenz des Übernatürlichen schwenkte er um zu einer unkritischen Annahme der Gültigkeit seiner Erlebnisse allein auf Grund seiner Erfahrung. Einmal stellte man ihm die Frage, ob er die Möglichkeit erwogen habe, daß er mit der Welt der bösen Geister in Berührung sei. Der Fragesteller erzählte dann einige Berichte von Geisteranbetung in China. Bischof Pike antwortete, er habe einmal darüber nachgedacht, aber der Gedanke sei ihm zu beunruhigend gewesen, und er habe ihn begraben. Die Art und Weise, in der Bischof Pike ums Leben kam, ist sehr tragisch, denn sowohl wörtlich als auch in übertragenem Sinne ging er in der Wildnis verloren; selbst die Medien konnten nur widersprüchliche Angaben darüber machen, wo er wohl sei.

Satanismus

Wenn man auch nur das Wort »Satanismus« in den Mund nimmt, hört man manchmal Proteste, die das ganze als Sensationslust abtun; aber gerade in diesem Bereich ist ein Teil der Gegenkultur besonders engagiert. Satanismus und Hexenkult dürfen nicht miteinander verwechselt werden. Hexenkult ist fast so alt wie die Menschheit selbst, aber der Satanismus nahm seinen Anfang im 13. Jahrhundert in Frankreich, wo die Schwarze Messe als Parodie der römisch-katholischen Messe entwickelt wurde. Die Schwarze Messe war eine Totenmesse für die Lebenden, deren Ziel darin bestand, anderen Schaden zuzufügen und bösen Einfluß zu verbreiten. Anstelle von Brot und Wein wurde eine Kröte, eine Rübe oder eine schmutzige Mischung aus Blut, Urin und Kot verwendet und im Namen des Opfers geweiht.

Im 17. Jahrhundert wurde Madame le Voisin in Frankreich für die Einführung dieses Ritus hingerichtet. Man warf ihr die Opferung von Säuglingen und die Erpressung von hohen Hofbeamten vor. Madame de Montespan, die Geliebte von Ludwig XIV., soll sich als lebendes »Opfer« sexuell dargeboten haben, um die Liebe des Königs zu erhalten.

Im 18. Jahrhundert fanden viele solcher Orgien mit Opferdarbringungen, Sex und extremem Hedonismus statt. Besondere Beliebtheit fanden die Höllenfeuervereine, die es überall in Europa gab, vor allem in Kreisen der Aristokratie. Der Klub in Medmenham Abbey in England war weithin bekannt und berüchtigt; zu den sogenannten Medmenham-Mönchen gehörten viele Aristokraten, mehrere Grafen und sogar der Finanzminister. Am bekanntesten allerdings war wohl die Eagle-Tavern in Dublin, ein Klub, den die Engländer als Sündenbock benutzten, um die verarmten Iren und die katholische Hierarchie anzuschwärzen. Es ist behauptet worden, daß dort unter anderem auch Kannibalismus betrieben worden sei. Derart erschreckende Sitten starben glücklicherweise gegen Ende des 18. Jahrhunderts aus, vor allem aufgrund der evangelikalen Erweckung und dem daraufhin erfolgenden tiefen Wandel im moralischen Klima und der sozialen Fürsorge in Großbritannien.

Es ist bemerkenswert, daß gerade in unserer Zeit der Satanismus wieder groß im Kommen ist, und interessanterweise finden wir Parallelen in einer Hauptströmung moderner Theologie wieder. Auf der einen Seite gibt es die »Konservativen«, die an die objektive Existenz eines Teufels glauben. Dann gibt es aber auch die »Liberalen«; sie haben den Teufel entmythologisiert und die »Religion« um ihn in einen semantischen Satanismus umgewandelt, in eine rein psychologische Angelegenheit, aber immer noch mit den Assoziationen der Zauberei und Magie verknüpft.

Typisch für den entmythologisierten Teufelskult ist die berüchtigte Satanskirche in San Franzisko. Sie wurde im April 1966 von Anto Szandor LaVey gegründet und zählt heute über 10000 Mitglieder. LaVey, ein bizarrer Extravertierter, veröffentlichte im Jahre 1968 seine Satanisten-Bibel. Er wurde auch dadurch bekannt, daß er sich einen Löwen als Haustier hielt, weiter durch die satanistische Hochzeit, die er in seiner Kirche halten ließ (1967), und durch seine Behauptung, er habe Dämonen auf Haight Ashbury heruntergebetet. Solche Sensationen zogen eine Schar von Reportern an, die, vom Unheimlichen fasziniert, z. B. Zeremonien mit einem nackten Mädchen auf einem Altar hochspielten. Inmitten der weißgestrichenen Häuser in San Franzisko ist die Kirche nicht schwer zu finden; sie ist ein schwarzes Haus mit schwarzen Fenstern, schwarzen Vorhängen und schwarzen Katzen auf ihren Stufen. In ihr findet sich ein Sammelsurium von Särgen, Skeletten, ausgestopften Eulen, Peitschen, ein Davidsstern und verschiedene makabre Bilder und Ritualgegenstände. Wenn man das Gebäude betritt, wird man von LaVey persönlich begrüßt; er trägt eine schwarze Mönchskutte, einen gehörnten Kopfschützer und einen riesigen Priesterring. Zu seiner großen Freude bezeichnet man ihn als den »Schwarzen Papst« Amerikas, und unter der Zuhörerschaft seiner wöchentlichen Vorträge finden sich viele Jugendliche unter 30 und manche, die andere Kulte und Bewegungen versucht haben und erst in der Satanskirche Befriedigung fanden.

Der Inhalt ihrer Glaubensvorstellungen ist recht interessant. Für LaVey ist Satan nur ein Symbol für die natürlichen und lebenswichtigen bösen Kräfte im Menschen: »Im Menschen gibt es einen Dämon. Er muß geübt, nicht ausgetrieben werden.« Selbstsucht ist heilig. (»Haben Sie den Teufel gesehen?« fragte ihn jemand. »Ja, ich sehe ihn jedesmal, wenn ich mich rasiere!«) Wenn der Teufel entmythologisiert ist, bleibt als einzige Wirklichkeit nur noch das Ritual. »Das Ritual von gestern ist das Psychodrama von heute.« Wenn die Mitglieder in die Ritualkammer eintreten, schaffen die zeremoniellen Psychodramen, die mit allerlei symbolischen, magischen Wörtern das emotionale Engagement ausnützen, all die machtvollen Effekte der Magie, ohne daß ihr wirkliches Vorhandensein behauptet wird. Die Ritualkammer wird zur »intellektuellen Dekompressionskammer«, gibt LaVey offen zu. »Wir hängen unseren Intellekt vorher an den Nagel.« Die Ähnlichkeit zwischen dieser Art von Satanismus und einem Großteil liberaler Theologie in ihrer Einstellung zum Glaubensbekenntnis oder zur Liturgie ist auffallend. LaVey kommentierte: »Ich gebe das zu. Der einzige Unterschied zwischen uns und den Liberalen ist der, daß wir ehrlich zugeben, was mir gemacht haben.« LaVeys Kult ist als Ayn Rand mit schwarzen Gewändern bezeichnet worden, oder als ein Beispiel zu Comtes Behauptung, daß ein vom Aberglauben befreiter Mensch immer noch Rituale brauche.

Zu den praktizierten Zeremonien gehört das Ritual der Schwarzen Messe, bei dem ein Mädchen der Altar ist. Viele alte Rituale lassen sich bis in die Zeit der Tempelritter in Malta zurückverfolgen. Die Fetische, die zerstört werden, sind nicht mehr christliche Symbole – so etwas hält LaVey für überholt –, sondern Marihuana, das die Toilette hinuntergespült wird, ein Bild von Timothy Leary, verkehrt herum aufgehängt, oder eine LSD-Kapsel, die zerstückelt wird.

Weitaus unheimlicher als LaVeys Kirche mutet einen jedoch die andere Hälfte der satanistischen Bewegung an, wo an die Existenz eines wirklichen Teufels geglaubt wird. Da gibt es verschiedene Satanskirchen und die Kirche des Antichristen, die zahlreiche Anhänger in verschiedenen Teilen Europas und der Vereinigten Staaten haben. Ableger finden sich in Rom, Genf, London, New York und Los Angeles. Diese Welt wird beschrieben in *Rosemarys Baby* und den Romanen von Dennis Wheatley; vorhergesehen wurde sie bereits von Aldous Huxley in *Ape and Essence*. Nur wenige wissen von dem Terror und dem Ekel, der in solchen Kreisen vorherrscht. Jegliche Art von Befriedigung oder Vergnügen, die einige Oberschüler anscheinend in den Satanskreisen zu finden meinen, verschwindet bei ernsterem Engagement. Die Anhänger der Bewegung benutzen oft eine alte verlassene Kirche, manchmal einen überwachsenen Friedhof. Ihr Ritual beginnt des nachts um 11 Uhr und soll um Mitternacht enden. Bei der Zeremonie wird ein mit einem schwarzen Tuch bedeckter Altar verwendet, sechs schwarze Kerzen, ein Kelch und ein kopfüber aufgehängtes Kruzifix. Als Altar dient eine nackte Frau, die auf dem Tisch liegt und in ihren Händen schwarze Kerzen hält. Der Priester weiht die Hostie auf ihrem bloßen Magen. Die Schwarze Messe ist eine wörtliche Wiederholung der katholischen Messe, nur daß für *Christus* das Wort *Satan* eingesetzt wird. Oft wird die katholische Hostie in einem Taschentuch von einer wirklichen Messe gestohlen. Der Höhepunkt des Rituals wird erreicht, wenn der Priester mit dem Mädchen auf dem Altar Geschlechtsverkehr hat, ein Akt, der oft von grobem Sadismus begleitet wird. Viele solcher Abende enden mit Tanzen im Alkoholrausch, Drogeneinnahme und einer allgemeinen Sexorgie; am nächsten Tag findet man oft gehäutete Katzen, geköpfte Hühner oder Ritualtaschen vor, die Drogen, einen Trank, Tierknochen und gelegentlich menschliche Finger enthalten.

Die letzteren erinnern uns daran, daß Satanismus oft mit anderen Problemen zusammenhängt. Er ist eine echte Bedrohung, so makaber und abstoßend wie jedes Phänomen in der berüchtigten Geschichte des Okkultismus. Oft steht er mit Heroin in Verbindung. Eine hohe Anzahl von denen, die in satanistische Gruppen verwikkelt sind, sind auch heroinsüchtig. Dann hängt Satanismus auch mit kriminellen Praktiken zusammen; die Gruppe übt mittels Erpressung eine starke Kontrolle über all ihre Mitglieder aus. Letztlich ist auch stets Gewalt mit im Spiel. Potentielle Verräter von geheimen Informationen müssen umgebracht werden; Mord wird auch schon deshalb als legitim betrachtet, weil manchmal Menschenopfer dargebracht werden. Gewöhnlich ist das Opfer nur ein Huhn oder eine Katze, aber manchmal auch ein Mensch – ein Kind, ein Landstreicher, den niemand kennt, oder eine Prostituierte, deren Verschwinden niemand anzeigen wird. Man fragt sich, wie viele der ungelösten Mordfälle der vergangenen Jahre auf Satanistengruppen zurückgehen. In manchen Fällen gibt es Indizien, die so etwas vermuten lassen, aber eine nähere Beschäftigung mit dieser Frage würde den Rahmen unseres Buches sprengen.

Sehr bekannt jedoch ist der Fall von Charles Manson und seiner Familie. Der ehemalige Gefängnisinsasse und selbsternannte Prophet behauptete, Gott, Jesus und Satan in einer Person zu sein und sammelte seine Anhänger um sich, die er als Satans-Sklaven oder die »Familie« bezeichnete. Mansons Mentalität läßt sich mit dem mit telalterlichen »schwarzen Mann« vergleichen, der Berichten zufolge Opfermorde verlangte und seine Nachfolger mit Sex belohnte. Die verschiedenen Einflüsse hinter Mansons Verhalten zeigen die logische Endstation vieler Randtendenzen unserer Generation. Gesetzlosigkeit, Drogensucht, die östliche Vorstellung von der Einheit von Gut und Böse, die Satansanbetung – die fatale Kombination all dieser Einflüsse in einer Person reiften unter der kalifornischen Sonne zu dem Schreckgespenst heran, das die gesamte Gesellschaft schockte.

Auf einem weniger gefährlichen Niveau werden solche Ideen z. B. im Bereich der Schule durch die Namen von Rockgruppen, Langspielplatten und Schlagern ausgedrückt. Eine Gruppe nennt sich Black Sabbath (»Schwarzer Sabbat«), die Rolling Stones nannten eins ihrer Alben *Their Satanic Majesties* (»Ihre Majestät Satan«) und überschrieben einen ihrer Songs mit »Sympathy for the Devil« (»Sympathie für den Teufel«). Für manche ist es nur eine vorübergehende Mode, andere werden in ernstere Dinge verwickelt.

Allgemein kann man vier Wege nennen, auf denen Menschen zu Satanisten werden. Zunächst einmal durch Abstammung; Familien, die diese Rituale praktizieren, geben sie weiter. So etwas wird in *Rosemarys Baby* beschrieben. Manchmal endet das in Tragödien am Totenbett, wenn die Mitglieder der Familie die weitergegebenen Gaben nicht akzeptieren wollen, denn die Person, die im Sterben liegt, kann keine Ruhe finden, bis die Gabe weitergegeben ist. Man spricht hier von teuflischer Nachfolge. Zweitens gibt es die Teufelsunterzeichnung, ein Gegenstück zur christlichen Taufe, wobei man in einer Taufe der schwarzen Magie seine Seele an den Teufel verkauft. Drittens: durch okkulte Experimente. Buchläden bieten zahlreiche »Do-it-yourself«-Bücher an, wie das Buch *Guide to the Supernatural* (»Führer zum Übernatürlichen«). Viele blättern darin, versuchen ihre eigenen Experimente und werden langsam aber sicher darein verstrickt.

Letztens gibt es eine okkulte Übertragung, ein Gegenstück zum christlichen »Händeauflegen«, durch das die Macht von einem auf den anderen übertragen wird.

Der Christ und das Okkulte

Die geschichtliche Einstellung des Christentums zum Okkultismus ist klar und unmißverständlich, praktisch und mutig, aber für den Großteil der liberalen Theologie kann man das nicht sagen; für liberale und ungläubige Theologen ist das erneute Auftauchen des Okkultismus mit seinen kühnen Ansprüchen auf Zugang zu übernatürlichen Mächten eher Anlaß zur Verlegenheit. Entweder muß der Liberale seinen Liberalismus aufgeben oder dem Ganzen mit skeptischem Rationalismus begegnen. Mir ist häufig aufgefallen, daß, wenn die Wirklichkeit des Dämonischen besonders deutlich wird, die Atheisten am stärksten mit Betroffenheit reagieren. Nicht nur, daß ihr naturalistisches System bei der Unmöglichkeit, die Ereignisse zu erklären, zusammenbricht; vielmehr fühlen sie ihre Unfähigkeit, den in Schwierigkeiten Geratenen zu helfen. Es ist fast, als ob sie vor die Wahl gestellt würden: Leugne das Phänomen oder schließe dich dem Kult an.

Bischof Pikes Karriere veranschaulicht dieses Dilemma recht gut. Ähnliche Kraft- und Hilflosigkeit zeigt sich bei vielen christlichen Gemeinschaften, bei theologischen Modernisten, aber auch bei angeblich Orthodoxen, bei denen die Realität Gottes in der leeren Wiederholung religiöser Formeln verlorengegangen ist. Wie Jesus in anderem Zusammenhang sagte: ihr Problem besteht vor allem darin, daß sie weder die Heilige Schrift noch die Kraft Gottes kennen (Matth. 22, 29).

Die Bibel erkennt die Wirklichkeit der okkulten Welt ganz klar an. Die christliche Lehre beschreibt nicht nur das sichtbare Universum als durch den Fall verdorben, sondern auch eine unsichtbare Welt, in der es einen Teufel und böse Geister gibt, die in ihrer Rebellion einen aktiven Einfluß auf die Welt und die Menschen haben. Der Apostel Paulus schrieb diesbezüglich: »Wir kämpfen nicht gegen Menschen. Wir kämpfen gegen unsichtbare Mächte und Gewalten, gegen die bösen Geister zwischen Himmel und Erde, die jetzt diese dunkle Welt beherrschen.«[21]

Moderner Spiritismus und Satanismus (solange sie nicht nur Humbug sind) bedienen sich tatsächlich der Kräfte aus der okkulten Welt.

Im Genesis-Bericht von der Versuchung Evas im Paradies lesen wir, wie Eva folgendes Versprechen gemacht wird: »Ihr werdet sein wie Gott und wissen, was gut und böse ist.«[22] Satanismus und schwarze Magie sind das totale Gegenteil von Vertrauen und Gehorsam Gott gegenüber; sie bieten ein übermenschliches Wissen und eine übermenschliche Macht und täuschen daher eine Gleichheit mit Gott vor, stehen aber in Wirklichkeit unter der Herrschaft des Teufels.

Bemerkenswerterweise erkennt auch die Parapsychologie diese doppelte Natur der Magie mit ihrem Wunsch nach Wissen und dem Hunger nach Macht. Sie unterscheidet zwischen Psi-gamma-Phänomenen (vom Griechischen *gignoskein,* wissen) und Psi-kappa-Phänomenen (von *kinein,* bewegen).

Die Bibel bestätigt also ganz klar die Realität des Okkulten. Wie der Name besagt, ist es verborgen und unsichtbar, aber darum um nichts weniger real als die Welt, die wir natürlich nennen, weil wir sie sehen können.

Es ist auch ganz klar, daß die Bibel das Okkulte nicht für legitim hält. Im Alten und Neuen Testament wird der Okkultismus als wirklich bestätigt, aber als völlig gottwidrig verdammt. Das Alte Testament verurteilt das Okkulte und ruft auf zu einer Gemeinschaft, die sich auf dem Charakter Gottes gründet. Israel war dazu berufen, eine ganz besondere Gemeinschaft zu sein, weil es einen Gott kannte, der einen ganz anderen Charakter hatte, als die Götter der Völker. Synkretismus und Synthese, entweder mit den benachbarten Völkern oder reisenden Händlern, waren streng verboten. Okkulte Praktiken, Spiritismus, Weissagung, Zeichendeuterei, Omina, Talismane, Hellsehen oder Zauberei wurden von der Freiheit im Vertrauen zu Gott ganz klar getrennt und kategorisch als Leugnung des Wesens Gottes und als Zeichen sozialer Auflösung und Degeneration verboten.[23] Denn im Grunde ist Okkultismus eine Beleidigung Gottes im Lichte dessen, was er wirklich ist. Das levitische Gesetz legt unmißverständlich fest: »Ihr sollt euch nicht wenden zu den Geisterbeschwörern und Zeichendeutern . . . ich bin der Herr, euer Gott.«[24] So gesehen ist das Okkulte ein Verstoß gegen das erste Gebot. Wenn Gott Gott ist, muß er als Gott anerkannt und respektiert werden. Die Frage nach der Magie ist nicht allein eine Frage nach der Realität von Dämonen, sondern eine Frage nach der persönlichen Erfahrung der Realität Gottes.

Das Neue Testament entwickelt die Ablehnung des Okkulten noch weiter. Mit der Inkarnation Jesu Christi ist die Macht über dämonische Kräfte ein sichtbares Merkmal der Ankunft des neuen Reiches und der Errichtung einer neuen Ordnung. Das Reich Gottes ist ein Reich der Wiederherstellung; die Blinden sehen, die Lahmen gehen, die Aussätzigen werden geheilt, die Tauben hören, die Toten werden wieder erweckt, den Armen wird die Frohe Botschaft gepredigt, die Fesseln werden gesprengt, die Gefangenen befreit. Sicherlich begegnete diesem neuen Reich Christi sehr viel menschliche Opposition, durch die Priester, die Schriftgelehrten, das Establishment und die Tradition. Aber Jesus erkannte auch die okkulten Mächte hinter dieser Opposition, die ihm offen in den Besessenen begegneten. In diesen Mächten sah er die eigentliche Opposition, als er sagte: »Wenn ich aber durch Gottes Kraft die bösen Geister austreibe, so könnt ihr daran sehen, daß Gott mitten unter euch seine Herrschaft aufrichtet.«[25]

Im Hinblick auf zukünftige Generationen erklärte Jesus, daß seine Nachfolger, wenn sie an ihn glaubten, noch größere Zeichen und Wunder vollbringen würden als er.[26] Über die Vollendung des Reiches Gottes schreibt Paulus, daß dann alle okkulten Mächte von Christus unschädlich gemacht werden und die Erde unter der völligen Herrschaft Gottes stehen wird.

Als Christen, die wir die Wirklichkeit dieser Dinge im Rahmen der größeren Wirklichkeit Gottes kennen, können wir uns mit der hohlen Dummheit vorgetäuschter okkulter Ereignisse nicht abgeben. Doch wo okkulte Mächte wirklich am Werk sind, sind sie eine Herausforderung für alle, die sich bewußt auf die Seite Gottes gestellt haben. Sie sollten deutlich machen können, daß sie in Christus im Besitz einer größeren Macht und einer echten Freiheit sind.

Biblische Lehre kann zur Verschärfung kritischer Urteilsfähigkeit in solchen Fragen und zu einer genaueren Einsicht in die Macht, die dem Christen zur Verfügung steht, verhelfen. Die Bibel lehrt ganz klar, daß Wunder nicht immer von Gott kommen; sie können auch dämonisch sein. Wie Moses zahlreiche Zeichen vorführen konnte, so konnten die ägyptischen Magier ähnliches.[28] Im Neuen Testament wird das Wort *semeion* oder *Zeichen* sowohl für die göttlichen Wunder Christi als auch für die dämonischen Wundertaten verwendet, die als Zeichen für die Endzeit der Welt vorausgesagt werden, wenn über vielen vorgeblichen Wundern der Glaube der wahren Gläubigen geprüft werden wird.[29] Jesus warnt vor falschen Christussen,[30] Paulus sagt das Auftreten eines äußerst gottlosen Menschen voraus[31], das letzte Buch der Bibel enthält die apokalyptische Vision von einem großen Tier, von okkulten Kräften und falschen Propheten. Immer wieder wird darauf hingewiesen, daß ein Zeichen aus zwei verschiedenen Quellen stammen kann.[32] Wirklichkeit ist mit Legitimität nicht zu verwechseln. Der Bereich möglicher machtvoller Erlebnisse ist wesentlich umfassender als der Bereich der gottgewirkten religiösen Erlebnisse.

Interessanterweise ist das Wort, das die Offenbarung in ihrer Prophetie für Zauberei benutzt, das Wort *pharmakeia*, von dem das Wort *Pharmazie* entlehnt ist.[33] Es ist durchaus denkbar, daß hier von einer drogeninspirierten Zauberei in der Endzeit gesprochen wird. Der Apostel Johannes sagt in seinem Brief, daß wir die Geister auf die Probe stellen müssen, um zu sehen, ob sie von Gott kommen.[34] Heute, da Heilungen, Wahrsagerei und Zungenreden derart in Mode sind, darf unsere Haltung weder naiv noch völlig skeptisch sein, sondern ist eine kritische Beurteilung innerhalb des christlichen Rahmens notwendig.

Eine solche Urteilsfähigkeit sollte von dem Wissen geleitet werden, daß, weil es echte Macht gibt, deswegen noch nicht alle Macht echt sein muß. Die Tatsache, daß es unechte Macht gibt, bedeutet nicht, daß alle Macht unecht ist. Wer der Fälschung am kräftigsten entgegenwirkt, sollte das Echte wärmstens begrüßen. Für jedes nachgeahmte Phänomen aus dem okkulten Bereich gibt es auch ein echtes Phänomen, das vom Heiligen Geist kommt. Biblische Prophetie wurde oft durch außersinnliche Wahrnehmung ermöglicht, die der Heilige Geist bewirkte, sei es rational oder ekstatisch. Biblische Heilung oder Exorzismus ist ein übernatürlicher Einfluß, durch die Macht des Heiligen-Geistes möglich gemacht. Die Bibel beschreibt Engel als geistige Wesen, die unsichtbar und übernatürlich sind, aber genauso wirklich wie die Mächte des Bösen.

Wir können in dieser Diskussion nicht auf die komplexen Probleme der Diagnose und Seelsorge einzelner Fälle eingehen. Aber ohne zu zögern möchte ich ganz klar sagen, daß jeder in Jesus Christus eine völlige Befreiung von jeglicher okkulten Bindung finden kann. Christus befreit! Und hier ist das Wort *Befreiung* keine leere religiöse Rhetorik, denn sie deutet auf die dynamische Freiheit eines neuen Lebens hin. Ich sage dies nicht einfach leichten Sinnes, sondern aus Erfahrung mit Menschen, die ich persönlich kenne. Ob die Bindung sich in selbstmörderischer Depression, starker Alkoholsucht oder in ganz seltsamen Formen offenbarte (etwa in der Unfähigkeit, auf dem Wasser zu treiben) – die Befreiung im Namen Jesu Christi hat immer unmißverständlich Freiheit, eine völlige Veränderung und neues Wachstum gebracht.

Paulus schrieb über Jesus: »Er hat die unsichtbaren Mächte entwaffnet und sie zu ihrer Schande vor aller Welt in seinem Triumphzug mitgeführt.« Dieselbe Macht Jesu Christi ist heute noch am Werk.

Wenn wir sehen, wie unsere westliche Zivilisation von der Welle des Okkultismus überschwemmt wird, so können wir sicher die Tragödie einer Generation erahnen, die sich auf den Weg eines glänzenden Idealismus begeben hat, aber von ihrem Ziel noch weit entfernt ist. Die Gegenkultur ist immer noch eine Art Mythos, und der Weg zu ihrer heutigen Position ist übersät mit verratenen und aufgegebenen Idealen. Das Okkulte entwickelt sich von einer spielerisch-unernsten Mode zu einer Bewegung, die sich immer mehr in gefährliche und deprimierende Bereiche begibt. In Verbindung mit LSD und Rock-Musik zieht sich eine ganze Generation in sich selbst zurück – ihre einzige Hoffnung ist noch die apokalyptische Hinwegnahme einer Elite in den Weltraum. In der Nachahmung christlicher Eschatologie wird ein Großteil der Bewegung schweren geistigen Vibrationen ausgesetzt, erlebt »Rockfestivals der Letzten Tage« wie satanische Pfingstversammlungen und bereitet die Treuen auf die letzte Hoffnung, auf das Raumschiff vor: »Leute! Jetzt brauchen wir es. Die Erde wird zu voll. Wir ziehen ins Kalte und Dunkle . . . Embarkationszahl: 4 Mill. (ca. 1989/9) . . . Raumschiff-Stiftung«.[36] Soll das ernst oder bloß satirisch aufgefaßt werden? Die Geschichte wird ihr Urteil darüber fällen; aber das Ende der Spirale ist von den Hoffnungen der frühen Beats, von dem Ideal der Freedom Riders oder den euphorischen psychodelischen Rishis weit entfernt.

Man könnte sich unsere Generation so vorstellen, als sei sie in einer gigantischen Umzäunung gefangen, die kreisförmig und unbeleuchtet ist. An den dunklen Grenzen stehen die Wachposten – Philosophen, Poeten, Künstler, Denker, die mit dem großen unbekannten Jenseits ringen, aber mit den inneren Absurditäten nicht fertig werden, und viele halten ihr eigenes Leben für einen der Würfel in der letzten Spielrunde. Hinter ihnen drängen sich die Jungen, die Tapferen, die Engagierten, die Idealisten, die entweder ihren Platz an der prekären, einsamen Grenze einnehmen oder entsetzt und frustriert zurückfallen. In der Mitte lebt die große Mehrheit der Selbstzufriedenen, die sich nicht getraut, ihren fragenden Ängsten zu folgen – und die auch nicht die harte Disziplin der eigentlichen Alternative auf sich nehmen will, von der wir im nächsten Kapitel sprechen werden.

Genau an diesem Punkt, wo man die Endstation »Verzweiflung« erreicht und sich – durch die gebrochenen Versprechen moderner Illusionen bedrückt – einer lethargischen Resignation hingegeben hat, sollte man hörfähig werden für das Wort Jesu Christi: »Ich bin der Weg, die Wahrheit und das Leben.«

Anmerkungen zu
Kapitel 8: Auf den Spuren des Unheimlichen

1 C. S. Lewis, *Dienstanweisung für einen Unterteufel (Freiburg, 1971), S. 7;* Marshall McLuhan, zitiert in »Astrology: Fad and Phenomenon«, Time, 21. März, 1969, S. 48; Laing, The Politics of Experience, S. 109; Karl Jaspers, General Psychopathology (Manchester, 1962), S. 417–418; Rimbaud, zitiert in Ellul, Violence: Reflections from a Christian, S. 164; 1. Korinther 4, 20

2 *Siehe Arthur Koestler, Die Wurzeln des Zufalls (München, 1972)* und Sheila Ostrander & Lynn Schroeder, Psychic Discoveries Behind the Iron Curtain, (Hemel Hempstead, 1970)

3 Pennethorne Hughes, Witchcraft (Hamondsworth, 1965), S. 210

4 Ibid., S. 217

5 *C. S. Lewis, Dienstanweisung an einen Unterteufel, S. 7*

6 »Astrologoy: Fad and Phenomenon«, Time, 21. März 1969, S. 56

7 James, S. 327

8 Laing, The Politics of Experience, S. 109–110

9 zitiert in Time, 21. März 1969, S. 48

10 »That new Black Magic«, Time, 27. September, 1968, S. 42

11 Ibid.

12 *Kurt E. Koch, Seelsorge und Okkultismus, Berghausen 1954*

13 *Ibid., S. 82*

14 *Vgl. Ibid., S. 70*

15 Siehe Montague Summers, The History of Witchcraft and Demonology (New York, 1965)

16 Siehe Margaret A. Murray, The Witch-Cult in Western-Europe: A Study in Anthropology (London, 1921)

17 Siehe *Roszak, Kapitel 8*

18 *Koch*

19 Jaspers, S. 417–418

20 Raphael Gasson, The Challenging Counterfeit (Plainfield/USA, 1966), S. 23

21 Epheser 6, 12

22 Genesis 3, 5

23 5. Mose 18, 9–13; 3. Mose 20, 6. 27

24 3. Mose 19, 31

25 Lukas 11, 20

26 Johannes 14, 12

27 1. Korinther 15, 24–28

28 2. Mose 7, 8–13

29 Für ein »göttliches« Zeichen finden wir Beispiele in Markus 16, 17; Johannes 2, 23; 4, 54; 6, 2; 11, 47; Apostelgeschichte 4, 16

30 Matthäus 24, 24, Markus 13, 22

31 2. Thessalonicher 2, 9

32 Offenbarung 13, 13; 16, 14; 19, 20

33 Offenbarung 9, 21; 17, 23

34 1. Johannes 4, 1

35 Kolosser 2, 15

36 Anzeige für ein Album, Blow against the Empire, RCA Victor SF 163

9 Kindliche Happiness –
verantwortetes Christsein

Im Augenblick, wo wir etwas nicht mehr glauben wollen, was wir bisher geglaubt haben, entdecken wir, daß nicht nur eine Menge Gründe dagegen sprechen, sondern daß auch diese Gründe uns die ganze Zeit über vor der Nase gelegen haben.

George Bernard Shaw

Nun sagt man uns: Laßt uns einmal die Wahrheit hören. Wir haben sie seit langer, langer Zeit nicht mehr gehört.

Jaime Robbie Robertson

Wenn der Widerstand der Gegenkultur scheitert, haben wir meiner Ansicht nach nichts anderes zu erwarten, als was Anti-Utopisten wie Huxley und Orwell vorausgesagt haben.

Theodore Roszak

Die Lebenslüge ist das stimulierende Prinzip.

Henrik Ibsen

Zitat von G. B. S.:
aus Wendt, Herbert, Ich suchte Adam, Rowohlt 1965, S. 209

Befinden wir uns auf dem Rückzug in die Barbarei? Unsere Zivilisation ist allzu verletzlich. Zivilisation ist stets das Ergebnis menschlichen Bewußtseins und Vertrauens, nie das Produkt ihrer Leistungen, wie großartig diese auch sein mögen, oder ihrer Einrichtungen, wie solide sie auch sind. Heute stellen wir fest, daß im Westen das Selbstbewußtsein schwindet, seine Vitalität verblaßt, die Ordnung sich auflöst; wir finden nur noch Traditionen, Innerlichkeit, Lethargie. Als erschöpftes Opfer seiner eigenen Ängste steht der Westen in der Gefahr, von der Furcht, Apathie und dem Zorn einer erstickenden Menschheit überwältigt zu werden. Er ist besonders für die Frustrationen und den Zorn jener empfindlich geworden, die von seinem Selbstverrat so bitter enttäuscht sind.

Dies ist der Westen von heute. Der Verlust der Mitte kann nicht mehr verschleiert werden. Die endlosen Polarisationen sind nur beispielhafte Merkmale dieser Desintegration. Die geistige Not der Moderne und das Abtreiben der Gegenkultur sind Tatsachen, die bei jeder Diskussion über die Zukunftsrichtung unserer Gesellschaft berücksichtigt werden müssen. Keine Hochflüge erneuter Romantik dürfen mehr gestattet werden. Derlei Lösungen erweisen sich angesichts des Urteils der Geschichte als extravaganter Unsinn. Eine zusammenbrechende Zivilisation kann nicht durch Utopien wiederhergestellt werden. Aber bedeutet das nun, daß der westliche Mensch zu lähmender Grübelei angesichts seines Dilemmas verurteilt ist, eingekeilt zwischen der Skylla des romantischen Optimismus und der Charybdis des realistischen Pessimismus? Gibt es keine Alternative zu Theodore Roszaks fatalem Urteil: »Wenn der Widerstand der Gegenkultur versagt, so wird uns wohl nichts anderes mehr bleiben, als das, was Anti-Utopisten wie Huxley und Orwell vorausgesagt haben?«[2] Gibt es keinen dritten Weg? Ich glaube, daß es ihn gibt, und ich schreibe das aus der festen Überzeugung, daß dieser dritte Weg in der Neuüberprüfung und Wiederentdeckung der Wahrheit des historischen Christentums zu finden ist – in einer Reformation seiner Wahrheit und einer Wiedererweckung ihres Lebens, wobei das eine ohne das andere nicht möglich ist –, aber das eröffnet einen Weg, der zu einer Umformung der ganzen Kultur führen kann. Dieser dritte Weg zielt auf ein persönliches Verhältnis zu dem lebendigen Gott. Ihn als Schöpfer zu kennen, gibt Sinn, ihn als Person zu kennen, bringt Erfüllung, ihn in Gnade zu kennen, bringt Freiheit, Liebe, Freude, Frieden und Anbetung. Aber das ist keineswegs das, was der moderne Mensch erlebt, wenn er mit dem ortsüblichen Christentum in Berührung kommt. Gewöhnlich werden diese Erlebnisse mit Qualifikationen von erträglich bis abstoßend versehen. Auch ich erlebte nicht immer Dinge, die sich in obige Kategorien einordnen lassen. Ich muß also genau erklären, was ich eigentlich meine, und zur völligen Klarstellung auch auf das hinweisen, was ich nicht meine.

Ein Großteil der heutigen Christenheit hat das Eigentliche verloren und versucht, das Verlorene in extravaganten Trends und Bewegungen wiederzufinden – oder in der Übernahme altüberlieferter Formen und Formeln. In jedem Fall stellen wir oft fest, daß die Wirklichkeit im Ritual verlorengeht oder das Eigentliche sich in Rhetorik auflöst.

Das Image der Kirche

Die erste Barriere für ernsthafte Aufmerksamkeit ist das soziologische Image der Kirche. »Der Mensch ist auf dem Wege in eine geistliche Eiszeit« diagnostiziert Arthur Koestler. »Die etablierten Kirchen können nicht mehr als Eskimohütten bieten, in denen sich die
fröstelnden Herden zusammenkauern.« Tatsächlich befinden wir
uns auf dem Weg von der Arktis einer toten Kirche zu einem geistlichen Treibhausklima, in dem das Exotische und Exzentrische wilde
Blüten treiben. Aber allgemein gesehen trifft Koestlers Diagnose
noch zu. Verschiedentlich ist darauf hingewiesen worden, daß die
Reaktion auf die Glaubenskrise in den USA anders war als in Europa. Als die Krise Europa überrannte und es nicht mehr viel zu glauben gab, sahen die Leute keinen Sinn mehr im Gang zum Gottes-
dienst. Der Kirchenbesuch nahm drastisch ab. Aber in den Vereinigten Staaten, als die Krise kam und es weniger zu glauben gab,
wurde der Kirchgang wesentlich anziehender; die Kirchen wurden
zu Gemeinschaftszentren, zum Teil zu Zellen des »American way
of life«.

Ein Katalog der Kritik ist lang und gerechtfertigt: Der Mangel an
profilierten Führern (auf einer Kirchenbank fand und findet man
manchmal mehr Glauben als auf einem Dutzend Kanzeln); die
Leere kirchlicher Publizistik; das Vordringen technologischer Rationalisierung, geistlich als Verwaltungskampagne maskiert; die
Enthüllung der Christen als Angehörige des Kleinbürgertums usw.
All das basiert natürlich auf Unwahrheit in Sprache und Leben.
Heuchelei ist das betrübliche Ergebnis von Leere – das hohle Grin-
sen, nachdem die Katze bereits verschwunden ist.[3]

Wenn für viele das soziale Image des heutigen Christentums
getrübt ist, so ist der intellektuelle Status keineswegs besser. Glaube
wird als emotionale oder psychologische Angelegenheit angesehen,
aber selten als verständlich oder glaubwürdig – und kaum als Frage
der Wahrheit. Die Prämisse, mit der der moderne Mensch an die
Untersuchung des Christentums herangeht, ist die, daß Wahrheit
lediglich relativ, subjektiv und innerlich ist. »Gefühl ist die tiefere
Quelle der Religion«, erklärte William James. »Wir müssen... uns
von dogmatischer Theologie endgültig lossagen.«[4] Freuds Schlußfolgerung steht dem um nichts nach: »Was als Lehre ausgegeben
wird, ist nicht... das Endergebnis von Nachdenken; es sind Illusionen, Erfüllungen der ältesten, stärksten und dringlichsten Wünsche
der Menschheit.«[5] Es scheint also, daß die Christen die
Leere ihres Glaubens durch einen kunstvollen, akrobatischen Vor-

gang der Rationalisierung kaschieren und echten intellektuellen Problemen aus dem Wege gehen, als seien sie lediglich Ablenkungsmanöver von tieferen moralischen Problemen. Zur gegenwärtigen Situation schreibt R. D. Laing: »Viele Menschen sind bereit, irgendeinen Glauben zu vertreten, in dem Sinne, daß es sich um einen wissenschaftlich nicht zu verteidigenden Glauben an eine ungeprüfte Hypothese handelt. Wenige besitzen genügend Vertrauen, um sie zu testen. Viele Menschen heucheln wahre Erlebnisse.«[6] Solche Anklagen sind oft nur allzu wahr. Die moderne Christenheit hat sich sorglos bloßgelegt, so daß ihre empfindlichste Flanke offen dem Angriff dargeboten ist. Wenn es für die christlichen Wahrheitsbehauptungen keine ausreichende Grundlage gibt, dann kann es sich dabei höchstens um einen weiteren Trip handeln, nicht aber um Wahrheit. Von diesen beiden Schwächen ist die intellektuelle schwerwiegender als die soziale, denn die erste ist der Grund für die zweite. Soziale Irrelevanz ist die Folge der Tatsache, daß man nicht verstanden hat, wie sich das Wahrheitsverständnis im modernen Denken verschoben hat. Wenn es hier nicht zu tieferer Einsicht kommt, müssen all die verschiedenartigen Versuche, das Image der Kirche aufzubessern, fehlschlagen. Diese Unfähigkeit, echte Fragen zu verstehen und darauf zu antworten, und zwar in einer unverwechselbar christlichen Art und Weise, kann vielerorts aufgespürt werden, u. a. in der frommen Literatur.

Die intellektuelle Haltung der Kirche

In der liberalen protestantischen und progressiven katholischen Theologie kann man die Ergebnisse dieses Mangels an Wahrheitsgrundlagen gut sehen. Indem sie den Akzent auf einen Glaubenssprung legten, eine Trennung zwischen Fakten und Glauben vollzogen, die Geschichte zum Mythos deklassierten und somit jedem vernünftigen Glauben allen Boden entzogen, haben die Modernisten und Progressiven die Glaubwürdigkeit des Glaubens zu radikaler Ungewißheit schwinden lassen. Angefangen bei den Liberalen, die unterschieden zwischen der Bibel als dem Wort Gottes und einer Bibel, die Gottes Wort enthält, über Rudolf Bultmann mit seiner Behauptung, daß der Glaube an Ostern intakt bliebe, selbst wenn wir heute die Gebeine Christi in einem Grab finden würden–, bis zu den jüngeren Theologen, denen nur noch daran liegt, daß die »Sache« Jesu weitergeht – alle stehen dem unlösbaren Problem der Bedeutung ihrer Theologie gegenüber. Fragt man sie, was sie denn eigentlich meinten, oder auf welcher Grundlage sie solche Aussagen machen könnten, enden ihre Antworten in der Leere, im Trivialen oder Absurden. Wahrheit ist nicht mehr, was Gott über sich und den Menschen sagt, sondern was der Mensch erkennt, wenn er Gott sucht und sich in menschlichen Begriffen äußert. Aber eine solche Sprache ist rein symbolisch. Wie ein Pfeil versucht sie die Decke der Unendlichkeit zu durchbohren, jenseits derer Gott, wenn es einen Gott gibt, der unfaßbar Andere ist. Unterhalb der Decke sucht der Mensch und ringt nach der Wahrheit, aber jeglicher Sinn ist stets jenseitig. Dem Menschen bleibt nur noch, was T. R. Miles »Schweigen, durch Gleichnisse qualifiziert« genannt hat. Diese »radikale Ungewißheit« unterscheidet sich von offenem Zweifel nur wenig, und ein solcher Glaube erscheint nur den Glaubenden als tapfer. Der kaltblütige Realismus von Freud ist dem bei weitem vorzuziehen, der solche jeglicher Verifikation unzugänglichen Glaubensvorstellungen folgendermaßen kommentierte: »Genauso wie man sie nicht beweisen kann, kann man sie auch nicht widerlegen.«[7] Der Liberalismus kann auf die Frage »Woher können wir das wissen?« nichts antworten. Wie gut die liberale Rhetorik auch sein mag, der Glaube schwebt dort ständig in der Gefahr, von erkenntnistheoretischer Ungewißheit oder vom Relativismus geschluckt zu werden.

Mängel betr. der Wahrheitsgrundlage zeigen sich allerdings auch im älteren Fundamentalismus. Es mutet einen ironisch an, daß, obwohl die Fundamentalisten den Liberalismus ganz und gar ablehnen, ihre Antwort die gleiche Schwäche aufweist. Auch sie betonen den Glaubenssprung und erheben die Irrationalität fast zum Prinzip; sie lehnen die ernsthaften Fragen des modernen Menschen als Ablenkung von tieferen persönlichen Problemen ab. Dahinter verbirgt sich eine verzweifelte intellektuelle Unsicherheit, von der umzäunenden Hecke von Tabus zwecks Erhaltung moralischer Reinheit nur dürftig verborgen. Die scharfe Intoleranz vieler evangelistischer Unternehmungen, die nur durchgeführt werden, um das eigene Gewissen zu beschwichtigen, verrät die gleiche Unsicherheit. Viel von dem, was in diesen Kreisen gelehrt wird, muß in der großen Schule des Lebens wieder über Bord gehen, und es überrascht keineswegs, daß die Universitäten mit Versagern, die aus solchen Kreisen stammen, ihre Not haben. Ihr irrationaler, subjektiver Glaube wird von den auf der Hochschule notwendigerweise auftauchenden Fragen grausam durchlöchert, und viele können nur deshalb beim Christentum bleiben, weil sie sich an einen schizophrenen Glauben klammern, den sie für religiös wahr halten, ohne ihn gedanklich, geschichtlich und psychologisch verifizieren zu können.

Der Grund dafür liegt auf der Hand. Das zeitgenössische Christentum hat seine eigene Glaubensgrundlage bewußt und unbewußt verraten, indem es die Verschiebung im Wahrheitskonzept nicht verstanden und seine Äußerungen nicht auf die modernen Denkvoraussetzungen abgestimmt hat. Für den modernen Menschen ist es nicht nur falsch, sondern unsinnig, im Bereich der Moral und Vernunft mit »Universalien« zu arbeiten und im Bereich der Theologie oder Metaphysik von objektiver Wahrheit zu reden. Das moderne Denken ist von einem Schwung vom Absoluten zum Relativen, von Objektivität zur Subjektivität, vom Universalen zum Existentiellen gekennzeichnet. Sowohl der Liberalismus als auch der Fundamentalismus haben hier falsch reagiert – wenn auch in der entgegengesetzten Richtung. Der Liberalismus hat beim Aufkommen der rationalistischen Kritik am Christentum nicht auf seinen eigenen Prämissen bestanden. Stattdessen hat man versucht, biblische Theologie auf naturalistischen und säkularen Prämissen zu errichten, je nach den gerade vorherrschenden philosophischen Strömungen. Keine liberale Theologie ist je eine neue Theologie. Es handelt sich lediglich um säkulare Prämissen, die in die religiöse Dimension erhoben werden. Daraus erklärt sich, warum die neuen Theologien so schnell passé gewesen sind; sie überdauern ihre Elternphilosophie nicht. Manche Theologen könnte man passend als »theologische Mannequins« bezeichnen. Wenn man die hegelianischen, existentialistischen oder idealistischen Prämissen hinter einer bestimmten neuen Theologie aufspüren kann, kann man ihre Relevanz und ihren Aufstieg und Niedergang gewöhnlich mit ziemlicher Sicherheit vorhersagen. Was die liberale Theologie anscheinend durch ihre vorübergehende Aktualität gewinnt, verliert sie schließlich durch ihre Kapitulation durch Kompromiß. Die Vermischung von biblischen und säkularen Prämissen endet stets in der Irrationalität.

Extremer Fundamentalismus ist gleichfalls irrational, doch aus anderen Gründen. Stolz auf die »Reinheit der Lehre« und Treue zum Väterglauben veranlaßt die Fundamentalisten, jede Andeutung eines Kompromisses oder einer Verständigung abzulehnen. Aber ihr Mangel an einer ausreichenden Wahrheitsgrundlage ist ebenso sichtbar. Ihr Fehler besteht grundsätzlich darin, daß sie die Schlacht dort kämpfen, wo sie längst nicht mehr gekämpft wird; Don Quijote ähnlich stürmen sie gegen die Windmühlen von gestern. Sie vergessen Martin Luthers Ermahnung, daß ein Kampf an jedem Punkt, ausgenommen an dem, wo sich heute die Schlacht abspielt, eine Zeitverschwendung ist. Der Fundamentalismus hat die modernen Prämissen des Relativismus nicht begriffen und ihre Verbreitung geographisch, kulturell und intellektuell nicht verfolgt. Er befindet sich daher in einer gesellschaftlichen Isolation, auf einer selbstgemachten Mittelklasseinsel, von der allgemeinen Kultur und sogar den eigenen Kindern getrennt. Sie verstehen den Unterschied zwischen einer Ablehnung von Falschem und einer Ablehnung von Sinnlosem nicht. Sie verteidigen die Bibel als das Wort Gottes, aber sie erkennen nicht, daß die moderne Position dies nicht wegen bestimmter Einzelheiten ablehnt, sondern weil es in der geschichtlich gewordenen und geschichtlich bedingten Sprache *das* Wort nicht geben kann. Sie verweisen auf die Auferstehung Jesu als Beweis für die Wahrheit des Christentums, erkennen aber nicht, daß es dem Existentialisten nicht eigentlich darauf ankommt, ob die Auferstehung nun ein historisches Ereignis war oder nicht; er fragt sich, ob es sich dabei nicht um ein weiteres sinnloses Ereignis in einem irrationalen Universum handelt. In der Diskussion der Wunderberichte mit den Materialisten verstehen sie nicht, daß es gar nicht darum geht, wie viele historisch belegte Wunder man aufführen kann, sondern daß man es mit einer tiefbegründeten Grundhaltung zu tun hat, die jeglichen Glauben an von Gott gewirkte Wunder unmöglich macht – auch wunderbare und unerklärbare Geschehnisse haben heute keine Sprache mehr. Diese Verständnislosigkeit führt nicht nur zu einem Kommunikationsversagen, sondern zu einer intellektuellen Haltung, die bestenfalls irrational und schlimmstenfalls verlogen und absurd ist. Ein solcher Glaube ist wie ein intellektueller Bluter – man braucht ihm nur den Finger anzuritzen, und er verblutet.

Dieser Mangel an Wahrheit findet sich nicht nur im Liberalismus oder im extremen Fundamentalismus, sondern auch in neueren Bewegungen innerhalb der Christenheit. Sicherlich sollten die Christen ihrer Einheit Ausdruck verleihen und ihre Aufsplitterungen überwinden, aber die Ökumene hat sich bislang mehr als Einigung auf Kosten der Wahrheit statt als Vereinigung auf der Grundlage der Wahrheit erwiesen. Sicherlich brauchen die Christen ein tieferes Erleben der Wirklichkeit des Heiligen Geistes; in der charismatischen Bewegung finden wir jedoch vielfach eine Überbewertung des Erlebnisses auf Kosten der Erkenntnis. Insgesamt haben diesen Bewegungen – Liberalismus, extremer Fundamentalismus, die Ökumene und das neue Pfingstlertum, welche positiven Beiträge sie auch im einzelnen geleistet haben mögen – dazu beigetragen, die Wahrheit zu entwerten, die Einzigartigkeit des christlichen Glaubens zu verwischen und das historische Christentum seiner größten Stärke zu berauben: des Anspruchs, wahr zu sein.

Die Jesus-People-Revolution

Hier werden einige vielleicht fragen: Aber wie steht es denn mit der Jesus-Revolution? Sicherlich haben wir hier eine Bewegung, die von der christlichen Bourgoisie losgelöst ist, sich besonders auf die Bibel beruft und den Humanismus ablehnt, und die obendrein noch aus dem Herzen der Gegenkultur erwachsen ist. Christen haben die Bewegung aus diesen Gründen weitgehend begrüßt. Aber in meinen Augen ist diese Einstellung unkritisch und naiv. Ein Großteil der Jesus-Bewegung weist den gleichen Mangel an Wahrheit auf.

Zunächst einmal muß man ganz klar erkennen, daß die Bewegung in ihrer Gesamtheit keine echte Erweckung darstellt. Vielmehr ist sie ein Teil einer großen Hinwendung zu erneuter Religiosität. G. K. Chesterton gab der Vorhersage moralischer Gleichgültigkeit von Dostojewski eine religiöse Richtung, als er sagte, daß, wenn Gott tot ist, die Leute nicht an nichts glauben; sie glauben vielmehr an irgend etwas. Oswald Spengler beschreibt die Vision einer weithin leidenschaftlichen Religiosität als Zeichen des Niedergangs des Westens. Der Atheismus mit seiner mechanistischen Wissenschaft, rationalistischen Philosophie und technologischen Objektivität verliert seinen eisigen Griff, die Religiosität gewinnt wieder die Oberhand. Das amerikanische Nachrichtenmagazin *Time*, das den Tod Gottes verkündet hatte (Titelgeschichte, 8. April 1966), wurde sich plötzlich bewußt, daß die Gott-ist-tot-Theologen lediglich Seismographen waren, die die Schockwellen der früheren säkularen Philosophie registrierten. Dreieinhalb Jahre später mußte sich *Time* fragen: »Erwacht Gott wieder zum Leben?« (Titelgeschichte, 26. Dezember 1969).

Zweifelsohne gibt es eine religiöse Renaissance, aber man sollte sie nicht mit einer Erweckung verwechseln. Gary Snyder, Jack Kerouac und der frühe Beat–Zen waren die ersten Lebenszeichen der neuen religiösen Seele. Lange vor der Jesus-Bewegung fand sie in der Hinwendung zum Osten und später in der religiösen Verwendung der Psychodelika und im Trend zum Okkultismus ihren Ausdruck. *Time* vergleicht die Jesus-Bewegung mit den großen amerikanischen Erweckungen durch George Whitefield und Jonathan Edwards und zitiert einen Prediger, der die Jesus-People als »die echteste Erweckung zu unseren Lebzeiten«[8] bezeichnet. Diese blinde und unkritische Begeisterung illustriert ein interessantes Merkmal unserer modernen Gesellschaft. Vor einem Jahrzehnt noch beschwerte man sich, daß die ältere Generation nicht verstand. Heute bemühen sie sich verzweifelt zu verstehen und haben eine gedankenlose Kritik gegen eine unkritische Naivität ausgetauscht. Von der schnellen Veränderung der Gesellschaft verwirrt und aus Angst, bald überholt zu sein, verläßt sich die ältere Generation immer mehr auf junge Menschen und wertet deren Trends als Barometer in Bezug auf die Gefahr kultureller Bedeutungslosigkeit.

Natürlich wäre es genauso falsch, zur gedankenlosen Kritik von gestern zurückzukehren. Zu viele Kritiker der Bewegung begegnen ihr entweder mit Vorurteilen oder ziehen zu allgemeine Schlußfolgerungen aus begrenztem Tatsachenmaterial. Zwei Beispiele dafür sind der politisch voreingenommene Bericht von James Nolan in *Ramperts,* August 1971, mit seiner offen antichristlichen Einstellung, und Richard Gelwicks unbegründete Behauptungen, daß die Jesus-Revolution antisemitische Tendenzen aufweise (*The Christian Century*, 10. Mai 1972). Solche Artikel zeigen einen schlechten Geschmack und sagen mehr über ihre Autoren als über ihr Thema aus.

Aber es läßt sich nicht leugnen, daß unqualifizierte Begeisterung nicht nur durch den kulturellen Hintergrund der Bewegung gedämpft wird, sondern vor allem durch eine genauere Untersuchung der Bewegung selbst.

Sie ist keineswegs ein Ganzes, sondern kann in mehrere Kategorien eingeteilt werden. Zunächst einmal gibt es wahrhaft gläubige Christen in dieser Bewegung, die ihrem Glauben durch einen neuen Lebensstil Ausdruck verleihen. Wenn sie außerdem geistliches Gleichgewicht und menschliche Reife erlangen, stellen sie vielleicht den hoffnungsvollsten Teil der Jesus-Bewegung dar. Auf tiefen Überzeugungen basierend und mit einer Liebe, die stärker ist als alle Slogans, dazu von der machtvollen Vision einer erneuerten Gesellschaft angetrieben, sind ihre Teestuben, Drogenzentren und ihre »christlichen Häuser« zu Hoffnungszentren für viele geworden. Scheinbar erleben die Leute jetzt wirklich, worüber die Prediger jahrelang nur gesprochen haben, und durch echte Gemeinschaft beglaubigte christliche Liebe füllt jenes Vakuum, das vom Versagen der Familien und der Gemeinden herrührt.

Eine zweite Gruppe sind diejenigen, die vielleicht wirkliche Christen sind, die aber einen völlig subjektiven Glauben praktizieren, separatistische Reinheitsideen vertreten und von einer völlig naiven Begeisterung ergriffen sind. Seltsamerweise begehen sie genau die gleichen Fehler, die eine ältere Generation von Christen beging und die dazu führten, daß unsere eigene Generation sich vom Christentum derart abgestoßen fühlte. Sie halten an der Wahrheit der Bibel fest, aber privatisieren ihre Botschaft. Sie rufen zum Rückzug aus der Gesellschaft. Universitäten sind böse, Filme weltlich, kurze Röcke verboten, Bücher werden verbrannt, von Arbeit wird abgeraten, und manchmal wird der Geist eines fanatischen Absolutismus und völliger Abhängigkeit gezüchtet.

Sie sind sicherlich treue Christen, zeigen aber eine Unreife, die sich nicht durch Mangel an Erfahrung entschuldigen läßt, eine Torheit, die sich nicht durch Begeisterung rechtfertigen läßt.

Die dritte Gruppe ist die zweifelhafteste von allen. In ihr befinden sich Leute, für die Jesus lediglich ein Heldensymbol ist, ein Mitrebell in gemeinschaftlicher Sache gegen bestehende Systeme. Für manche ist er der neueste Trip, jenseits von Marihuana und LSD, verläßlich, befriedigend und geistlich. Für manche ist er der Seelenmensch. Aber im unkritischen Klima von heute blüht das Vorgetäuschte neben dem Vollmächtigen, das Hohle neben der Irrlehre. Ein besonders schlimmes Beispiel hierfür sind die Children of God – eine höchst autoritäre und exklusive Sekte mit einem schweren Verfolgungskomplex. Sie entstand in Texas, verbreitet sich jetzt aber über die ganze Welt. Neue Mitglieder treten den Kommunen bei und unterwerfen sich diktatorischer Kontrolle. Es wird ihnen verboten, wieder nach Hause zu gehen, ihre Post wird zensiert, ihr Privatleben der Gemeinschaft preisgegeben und ihr Besitz in Gemeineigentum überführt. Von ihren »Außenposten« aus setzen sie sich in ihren »Prophetenbussen« in Bewegung unter der Leitung von Führern, deren Identität geheimgehalten wird, und betreiben eine äußerst suggestive Evangelisation. Ihr häßlicher Stil, ihre primitive Literatur und ihre widerwärtigen Methoden verraten ihre Härte und Strenge. Die SDS, Haight-Ashbury oder die Rockfestivals existierten wenigstens eine längere Zeit, bevor die Unzulänglichkeit ihrer Logik offen zutage trat. Das untere Ende der Jesus-Bewegung repräsentierte fast sofort erkennbare Torheit.

Entgegengesetzt zu dieser religiös-autoritären Haltung gibt es eine religiöse Anarchie, von den wandernden Gammlern und Dropouts repräsentiert, die sich als selbsternannte Propheten und Apostel schwach maskieren – Egotrip-Spezialisten, deren Spracharsenal auch ein Jesus-Vokabular enthält. Eine andere Mischung ist eine Gruppe, die man in Zeiten, da man diese Dinge noch klarer durchschaute, ganz klar als Häretiker entlarvt hätte: »The Way in Ohio.« Selbst die Okkultistengruppe »The Process« ist irrtümlich als Teil der Jesus-Bewegung angesehen worden.

Die gesamte Bewegung bringt drei große Gefahren mit sich. Die erste ist Verwirrung. Ohne starkes Wahrheitsbemühen gibt es eine ständige Tendenz zu inhaltslosem Glauben und zu Pseudoerlebnissen. Das erstere führt zu einer Schwäche in Glauben und Kommunikation, während die letzteren dazu führen, daß sich das Vorgetäuschte mit dem Echten vermischt. Natürlich gibt es in der Bewegung sehr viel echtes geistliches Erleben; vieles ist aber auch rein psychisch, und manches ist dämonisch. Das trifft für Heilungen, Prophetie und Zungenreden zu. Selbst das Echte wird manchmal zum Selbstzweck erhoben, anstatt zu einer wachsenden Reife oder konstruktiver öffentlicher Fürsorge führen zu können. Wenn dieser inhaltslose Supersubjektivismus, die »Instant Spirituality« (Nescafé-Frömmigkeit) unkontrolliert weiterwirken kann, wird bald ein extremes Chaos vorherrschen. Die, die einst LSD einnahmen und sich jetzt auf einem Jesus-Trip befinden, finden bald einen neuen Trip, und wenn sie die Bewegung verlassen, führt dies nicht nur zu einer Diskreditierung des Falschen, sondern auch des Echten – die ganze Bewegung könnte sich auflösen. In mancherlei Weise gleicht die gegenwärtige Situation der Begeisterung, die von Jesus selbst ausgelöst wurde, aber seine Reaktion war ganz anders: »Viele sahen die Wunder, die er tat, und faßten Vertrauen zu ihm. Aber Jesus hielt sich zurück, weil er sie alle durchschaute. Über die Menschen brauchte ihm keiner etwas zu sagen, denn er wußte genau über sie Bescheid.«[9] Er war weder zynisch noch naiv, er ließ sich von dem vorübergehenden Trend nichts vormachen. Stattdessen wies er auf die Sauberkeit der Motive, auf das persönliche Opfer und die Treue im Verborgenen hin und trennte so die Spreu vom Weizen.

Die zweite Gefahr ist der Kommerzialismus. Ein warnendes Beispiel hierfür sind die Beats, die Hippies, die Rockfestivals und die Radikalen. Die Jesus-Hemden, die Jesus-Aufkleber, -Posters, -Uhren, -Knöpfe, die endlosen Slogans, Jesus-Ausrufe und sogar Jockey-Hemden und -Bikinis nehmen der ganzen Bewegung ihre Bedeutung, ihre innere Wirklichkeit und erniedrigen sie auf das Niveau einer neuen Mode. Leider ist die Bewegung selbst auch von solchem Kommerzialismus keineswegs frei. Bald wird die wirkliche Botschaft ihre Bedeutung verlieren, und die Gesellschaft wird ihren Sättigungspunkt erreicht haben. Es gibt schon viele Anzeichen dafür. Man sehnt sich schon geradezu nach den guten alten Tagen der harten Atheisten. Heute sind die Gotteswörter und Jesus-Phrasen in aller Munde, aber sie sind oft leer und unernst.

Ein Musterbeispiel für die Gefahren der Verwirrung und des Kommerzialismus bietet die Broadway-Produktion *Jesus Christ Super-*

star. Bei einem Publikum, das wenig über die Bibel und noch weniger über Geschichte weiß, zieht diese Mischung aus gekonntem Rock, hanebüchener Theologie und gewitzter Geschäftemacherei aus dem gegenwärtigen geistlichen Betrieb ungerührt den größtmöglichen Profit, schafft nur noch mehr Verwirrung und erklärt christliche Symbolik zum Copyright von geschäftstüchtigen Managern. Ihre Ausbeutung der Religion macht sie zu den Nachfolgern derer, die Jesus einst in tiefer Entrüstung aus dem Tempel hinausjagte.

Eine dritte Gefahr, die weiter reicht als die ganze Jesus-Bewegung, besteht darin, daß Religionen jetzt als Hilfsmittel moderner Manipulation zur Verfügung stehen. Das ist ein Problem, das wir bei vielen nichtchristlichen Religionen finden, und innerhalb des Christentums auch bei allen solchen Bewegungen, denen es an einer klaren Wahrheitsaussage mangelt. Immer mehr gelangt man zu der Erkenntnis, daß die sozialen Werte der Religion notwendig sind. Eine Nation mit monolithischen religiösen Idealen ist leichter zu regieren, wie G. B. Shaw erkannte, als er sagte: »Ohne Religion ist eine Regierung nicht möglich.«[10] Im Rückblick auf seine Erfahrungen als Analytiker schrieb C. G. Jung: »Unter all meinen Patienten, die sich in ihrer zweiten Lebenshälfte befanden, also sagen wir, älter als 35 Jahre waren, gab es nicht einen einzigen, dessen Problem nicht letzten Endes darin bestand, daß er nach einer religiösen Lebensanschauung suchte und sie nicht finden konnte. Man könnte gut sagen, daß jeder von ihnen krank wurde, weil er das verloren hatte, was die lebenden Religionen aller Zeiten ihren Anhängern gegeben hatten, und keiner von denen, die ihre religiöse Bindung nicht wiedererlangten, ist wirklich genesen.«[11]

In vielen Bereichen fällt das Neuaufkommen der Religion sehr bequem mit der wachsenden Anerkennung des soziologischen Wertes der Religion zusammen, besonders wenn die Religion keinen unangenehmen, absoluten Inhalt hat, und Theologie sich darauf beschränkt, daß »Gott ist, was mich unbedingt angeht«, wie Paul Tillich knapp formulierte.[12] Jedem, der für die Warnzeichen eines totalitären Systems zugänglich ist, sollte die Gefahr einer solchen Einstellung klar sein. Über die Zeit des Niedergangs des Römischen Reiches schrieb Edward Gibbon, daß die meisten Leute dort alle Religionen für gleich wahr hielten, die Philosophen hielten sie alle für gleich falsch, und die Verwaltungsbeamten hielten sie alle für gleich nützlich. Diese »Toleranz« war Teil des Zements des römischen Totalitarismus. Wenige wissen, daß Himmler während des Krieges wütend an den Rudimenten einer neuen Nazi-Religion arbeitete, indem er eine Mischung aus den großen Weltreligionen der Vergangenheit verfaßte, die sich in der Person von Hitler vereinigten. Manche meinen, daß die UdSSR innerhalb von fünfzig Jahren auch religiöses Vokabular verwenden wird, nicht aus einem Glauben an die Wahrheit irgendeiner Religion, sondern lediglich, um das soziale Gefüge zu zementieren. Julian Huxley sagte zwar: »Der evolutionäre Mensch kann sich nicht länger aus seiner Einsamkeit heraus in die Arme einer vergöttlichten, selbstgemachten Vaterfigur flüchten«[13], aber später kamen die Humanisten zu der Überzeugung, daß, obwohl es keinen Gott gibt, der Mensch besser so lebt, als gäbe es einen Gott. Sollte es am Ende so sein, daß auch atheistische Marx-Jünger nicht auf das »Opium fürs Volk« verzichten wollen?

Das Christentum: Psychologische Wahrheit?

Bislang ist unsere Analyse lediglich negativ gewesen. Wir haben gesehen, was das wahre Christentum, der ›Dritte Weg‹, *nicht* ist. Wir wollen hier noch einen Schritt weitergehen und ganz klar zeigen, daß das Christentum nicht mit den modernen Religionsformen, die auf psychologisch-subjektiver Wahrheit fußen, verwechselt werden darf. Wenn ich mich im Jahre 1700 in Cambridge auf das Universitätsgelände gestellt und gesagt hätte »Ich glaube an Gott«, hätte wohl jedermann verstanden, was ich meine. Ob sie mit mir bezüglich der Existenz eines persönlichen Gottes einer Meinung gewesen wären oder nicht – die meisten hätten jedenfalls ganz klar verstanden, daß ich an einen Gott glaubte, den es wirklich gab, im Gegensatz zu seiner Nichtexistenz. Die Diskussion hätte sich also darum gedreht, ob ich recht gehabt hätte oder nicht. Aber wenn ich mich heute in Cambridge hinstellen würde (und vielleicht in Cambridge in den USA, im William James Building) und dumm genug wäre, bei »Ich glaube an Gott« aufzuhören, dann würden die meisten nicht nur anderer Meinung sein als ich, sie würden vor allem etwas ganz anderes verstehen als das, was ich meinte. Ich würde immer noch meinen »Ich glaube an einen Gott, den es objektiv gibt«, aber aufgrund des relativistischen Gitters ihrer Prämissen würden die meisten mich so verstehen: »Ich glaube an einen Gott, den ich als Vaterfigur oder psychische Stütze brauche, d. h. ich glaube an etwas, das nur für meine Psyche wahr ist.«

Das Christentum darf mit dieser modernen Form psychologischer Wahrheit nicht verwechselt werden. In seinem kurzen Buch *Die*

Zukunft einer Illusion erklärte Sigmund Freud ganz klar, daß das Christentum nur eine Illusion ist, die aus dem Bedürfnis des Menschen erwächst, der sich den inneren und äußeren Kräften hilflos ausgesetzt sieht. Der Mensch, so argumentierte Freud, schafft sich die Illusion einer Vaterfigur als Schutz und Trost entweder so, daß seine Kultur eine Antwort auf die Fragen von Natur und Schicksal hat, oder daß der einzelne eine Antwort auf die Schwäche seiner Kultur hat. Für Freud gab es hinter religiöser Lehre keine Wahrheitsansprüche: »Die Gesellschaft ist sich der Unsicherheit der Aussagen, die sie über die religiösen Lehren macht, wohl bewußt.«[14] Das bedeutet, daß ein mutiger Mensch die Religion ablehnen und sie als kollektive Neurose entlarven solle, um sich in ein »feindseliges Leben zu begeben und nach einer neuen Religion in der Wissenschaft zu suchen.«[15]

Trotz dieser kritischen Anschauung gab Freud immer noch zu, daß die Religion »vielleicht der wichtigste Bestandteil des psychischen Inventars einer Kultur« ist.

Carl Gustav Jung ist angeblich kein Gegner der Religion wie Freud, er beschränkt sich auf die Phänomene der Religion, im Gegensatz zu ihrer Metaphysik. Was bestimmte religiöse Glaubensvorstellungen wie die Auferstehung Christi angeht, so würde Jung sagen, daß es nicht von Bedeutung sei, ob die Auferstehung historisch wahr ist oder nicht, weil es lediglich auf die Bedeutung der Auferstehung in der Psyche des Gläubigen ankomme. »Die Psychologie beschäftigt sich lediglich mit der Tatsache, daß es eine solche Vorstellung gibt, aber nicht mit der Frage, ob diese Vorstellung in irgendeinem anderen Sinne wahr ist. Sie ist durch ihre Existenz psychologisch wahr. Psychologische Existenz ist subjektiv, wenn eine Vorstellung nur in einem einzelnen vorkommt, aber objektiv, wenn sie von einer Gesellschaft etabliert worden ist.«[16]

Daraus läßt sich erkennen, daß Jung, obwohl er scheinbar der Religion gegenüber toleranter ist als Freud, die Basis des Christentums genauso ablehnt wie Freud, denn Jungs »psychologische Wahrheit« unterscheidet sich von Freuds »Illusion« kaum. Das Jungsche Kriterium für Gültigkeit (oder objektive Wahrheit) ist soziale Anerkennung, und diese ist natürlich relativ. Es geht nicht wirklich darum, ob Freud dagegen und Jung dafür ist, daß der eine Religion als Illusion ablehnt und der andere sie als psychologische Wahrheit anerkennt, sondern daß in keinem Fall die Psychoanalyse mehr als ein Verständnis der psychischen Wirklichkeit hinter den Gedankensystemen erstrebt. Sie kommt damit Spinozas Aussage recht nahe: »Was Paulus über Petrus sagt, erzählt uns mehr über Paulus als über Petrus.« Eric Fromm erläutert, »für die Psychoanalyse ist das Problem der Religion kein Problem Gottes, sondern die formulierte und ausgearbeitete Antwort des Menschen auf das Dasein.«[17] Allgemeinhin wird die irrtümliche Schlußfolgerung gezogen, die Psychoanalyse leugne die Möglichkeit irgendwelcher Wirklichkeit hinter psychischen religiösen Glaubensvorstellungen. Nun ist das zwar die nicht ausgesprochene Prämisse eines Großteils moderner Psychologie. Aber man sollte darauf hinweisen, daß Freud zugab, daß er die Wahrheitsansprüche der Religion nicht diskutiere, sondern lediglich ihre psychischen Ursprünge. Er wies auch ausdrücklich darauf hin, daß die Tatsache, daß eine Vorstellung eine Wunscherfüllung darstellt, noch keineswegs bedeutet, daß diese Vorstellung falsch ist. Eric Fromm gibt das ebenfalls zu: »Das Kriterium der Gültigkeit liegt nicht in der Psychoanalyse der Motivation, sondern in der Untersuchung des Beweismaterials für oder gegen die Hypothese innerhalb des logischen Rahmens der Hypothese.«[18]

Hier ist die Crux des Problems. Können die Wahrheitsansprüche des Christentums verifiziert werden? Gibt es auf das Versagen des Humanismus eine Antwort? Eine Alternative auf die Verirrungen der Gegenkultur? Eine Lösung für die kulturelle Krise des westlichen Menschen? Oder ist es so, wie O. H. Mowrer fragt: »Hat der evangelikale Glaube sein Geburtsrecht für ein psychologisches Linsengericht verkauft?«[19]

Ist das Christentum wie andere Religionen, weder richtig noch falsch, sondern nur etwas besser, etwas schlechter? Gibt es eine Alternative zum schieren Schweigen des Atheismus oder zur reinen Symbolik des Mystizismus? Gibt es einen Gott, der wirklich ist, der spricht, und zwar so, daß man ihn verstehen kann?

Kann das Christentum verifiziert werden?

Diese Frage der Verifikation ist aus zwei Gründen von großer Bedeutung. Zunächst ist sie eine ganz natürliche Frage eines jeden ernsthaften Suchers, und nicht nur die des skeptischen Spötters. Jeder Gläubige erwartet, daß sich hinter seinem Glauben eine Wirklichkeit befindet. Fragen sind nicht immer nur ein Vorwand zur Kaschierung von moralischen Problemen. Die Frage ist berechtigt, ob die Dinge nun tatsächlich so sind oder nicht. Der Gläubige muß nicht nur wissen, was er glaubt, sondern warum er es glaubt. Die natürliche Frage ist zur dringlichen Frage geworden. Nachdem wir die Möglichkeit zur Manipulation inhaltsloser, nichtiger Religionen erkannt haben, wäre das Christentum für Psychologen und Politiker vielleicht immer noch ein ideales Element in der Mischung der Religionen des 21. Jahrhunderts. Außerhalb seines Wahrheitsanspruches aber hätte das Christentum keine tragfähigen Antworten mehr.

Wir müssen deshalb mit den Argumenten fertigwerden können, die gegen die Wahrheit des Christentums vorgebracht werden, und dann mit Substanz ausfüllen, was wir mit Wahrheit meinen, und zeigen, in welchen Bereichen unsere Behauptungen verifiziert werden können. Wenn wir uns davor drücken, trifft uns zurecht der Vorwurf, wir Christen seien »Tagträumer« – oder wie ein Fixer mir einst sagte: »Wenn du nicht zu der Wahrheit stehen kannst, kipp' LSD in den Abendmahlswein und komm mit uns auf den Trip.« Es reicht nicht aus, in die Dunkelheit des Denkens des 20. Jahrhunderts zu blicken und dann zu sagen, daß der Glaube eine Antwort bietet; das wäre gleichfalls ein Glaubenssprung. Auch ist es nicht genug, wenn wir uns die modernen Voraussetzungen ansehen mit ihren unglücklichen Schlußfolgerungen und dann sagen, daß wir an die christlichen Voraussetzungen glauben, weil sie anders und besser sind; wieder ein Glaubenssprung! Christliche Denkvoraussetzungen dürfen nicht einfach anders oder nur etwas besser sein. Sie müssen in bezug zu der Realität stehen, so wie wir sie kennen, in einer Art und Weise, die wir als wahr erkennen können.

Diese Herausforderung stellt uns vor zwei Probleme. Erstens: Ist solch eine Wahrheitsauffassung vom theoretischen Standpunkt aus sinnvoll? Zweitens: Selbst wenn es sich der Theorie nach als sinnvoll erweisen sollte, kann ein solches Konzept verifiziert werden? Die Frage, ob das christliche Wahrheitskonzept sinnvoll ist, führt uns zu einer Diskussion der Prämissen. Die gegenwärtige Ablehnung des christlichen Glaubens rührt hauptsächlich von der modernen Erkenntnistheorie her, ob sie sich nun in Philosophie oder Psychologie niederschlägt, und die Wurzel dieses Denkens ist der Relativismus (oder »Relationismus«). Für den endlichen Menschen, der mit sich selbst als Bezugspunkt beginnt und jegliche Offenbarung von außerhalb ablehnt, ist es absurd, irgendwelchen Anspruch auf Kenntnis einer objektiven, absoluten Wahrheit zu stellen. Deshalb wird alle Wahrheit lediglich als relativ wahr angesehen.

Ich will das mit einem Beispiel erläutern: Stellen wir uns vor, daß ich gleichzeitig ein Telephongespräch mit jemandem in der Sahara und jemandem in der Arktis führte. Wenn mich mein Freund in der Sahara fragen würde: »Wie ist das Wetter bei euch in der Schweiz?« und ich antwortete: »Es ist warm«, dann wäre meine Aussage nicht absolut wahr. In bezug auf die Arktis wäre sie wohl wahr, aber in bezug auf die Sahara wäre sie falsch. Kurz, die Aussage wäre nur relativ wahr und bedürfte näherer Qualifikation. Wenn der endliche Mensch von seinem eigenen Punkt in der Geschichte ausgeht und von dem Verständnis seines eigenen Geistes begrenzt ist wie auch von der Reichweite des Wissens seiner eigenen Generation und Überlieferung, kann jegliches Wissen, das er über das Universum erlangt, nur relativ wahr sein, weil er seine Feststellungen nicht mit all den Faktoren, die noch nicht entdeckt worden sind, in Beziehung setzen kann. Alles endliche menschliche Wissen ist lediglich ein Sektor des großen Kuchens aller zu entdeckender Wahrheit. Eine solche philosophische Suche ist mit der Geschichte der blinden Männer zu vergleichen, die einen Elefanten beschreiben, nachdem sie seine verschiedenen Körperteile abgetastet haben. Die Verläßlichkeit unseres Wissens wird durch seine Relativität stark begrenzt. Absolute Wahrheit ist das Privileg unendlichen Wissens. Damit wäre es für den Menschen eine Herkules-Aufgabe, ein Allgemeines zu finden, das all den verschiedenen Dingen Sinn geben kann. Die Qual im Versagen des Menschen bei seiner Suche finden wir überall in den Schriften von Leonardo da Vinci bis Jean Paul Sartre. Aber *wenn* es Gott wirklich gibt, und für den Augenblick ist das alles, was ich sagen will, dann ist er ein Gott, der persönlich und unendlich ist, der ein totales Wissen besitzt und nicht nur ein Stück des Kuchens. Wenn sich dieser Gott in einer Weise selbst offenbart, die gleichzeitig Begegnung und Erleuchtung ist, dann ermöglicht eine solche Offenbarung, weil *er* der unendliche Bezugspunkt ist, »wahrres« Wissen, das von einem Menschen akzeptiert werden kann, selbst wenn er kein »erschöpfendes« Wissen hat. Der Sinn ist eine Frage der Prämissen. Wenn man sich auf die üblichen Prämissen des modernen Menschen beschränkt, liefert man sich seiner Verzweiflung voll und ganz aus.

Aber es reicht nicht aus, daß die christlichen Prämissen anders und sogar sinnvoll sind. Wir müssen die zweite Frage stellen: Sind sie verifizierbar? Wenn sie nicht verifizierbar sind, dann ist der Glaube ein Idealismus, der auf einer Verleugnung der Geschichte beruht und in einem tatsachenfreien Vakuum treibt. Aber es darf keine Trennung zwischen Prämissen und Tatsachen geben. Prämissen ohne Tatsachen sind ohne jegliche Unterstützung durch das, was wir wissen, ebenso kann Beweismaterial ohne Prämissen nicht interpretiert werden.

Hier stehen wir der Herausforderung des modernen Empirismus gegenüber, die in dem Dilemma der Erkenntnistheorie der Renaissance, in der philosophischen Tradition von Locke, Berkeley und Hume verwurzelt ist, uns Heutige aber im logischen Positivismus erreicht hat. Es geht um die Frage, wie festgestellt werden kann, ob eine Aussage wahr und sinnvoll ist. Nach der Anschauung der Positivisten ist ein Satz nur dann sinnvoll, wenn er verifiziert, d. h. wenn er durch Nachprüfung an der Erfahrung als wahr erwiesen werden kann. – Seine schärfste Form hat das Verifikationsprinzip in der Formulierung von A. J. Ayer angenommen: »Nur was durch die Sinne empirisch verifiziert werden kann, soll als sinnvoll akzeptiert werden. Alle Aussagen, die angeblich sinnvoll sind, müssen so analysiert werden, daß ihre Sinnlosigkeit sichtbar wird.«

Es gibt drei Arten von Sätzen. Analytische Sätze fügen zu den Schlußfolgerungen, die aus der Prämisse gezogen werden können, nichts mehr hinzu, z. B. »Alle Junggesellen sind männlich«. Wenn es einen Junggesellen gibt, so ist er *per definitionem* männlich; der Satz analysiert lediglich, was in der Idee des Junggesellen bereits enthalten ist. Alle logischen Feststellungen und Tautologien fallen in diese Kategorie. In die zweite Kategorie gehören synthetische Aussagen, jene, die etwas aussagen, das ursprünglich nicht vorausgesetzt wird und die deshalb in der Wirklichkeit getestet werden müssen, z. B.: »Manche Junggesellen sind dick«. Während alle Junggesellen männlichen Geschlechts sind, so sind manche dick und manche schlank, manche haben blaue Augen, und andere haben braune Augen. Solche Sätze sind aufgrund der Definition des Subjektes nicht unbedingt wahr und müssen also in bezug auf die phänomenale Welt geprüft werden. Die dritte Kategorie enthält alle metaphysischen Sätze, d. h. Sätze, die in keine der beiden anderen Kategorien gehören. Solche Sätze, die weder analytisch noch synthetisch sind, können nicht geprüft werden und fallen deshalb in den Bereich des »Un-Sinns«. Dazu gehören für Ayer alle Ethik, Metaphysik und Theologie.

Diese Schau schien auf das Christentum wie das Messer einer Guillotine zu fallen. Jenseits des üblichen Agnostizismus und Atheismus lehnt sie das ganze Thema als sinnlos ab. Für Ayer ist es ganz unmöglich, daß ein Satz sinnvoll ist und zugleich etwas über Gott aussagt. Etwas drastischer ausgedrückt: Das Wort Gott (im Engl.: GOD) hat damit weniger Bedeutung als das Wort Hund (im Engl.: dog). Das letztere kann verifiziert werden, das erstere nicht.

Zunächst einmal sah es so aus, als sei jede objektive Basis für einen

Glauben für alle Zeiten unterminiert worden. Manche Positivisten gerieten dadurch in Verlegenheit, daß Geschichte und Naturwissenschaft gleichermaßen unterminiert wurden. Aber die meisten begrüßten das Prinzip als die am stärksten systematisierte Vernichtung der Metaphysik. Doch wurde bald ein einfacher Einwand laut: Das Prinzip selbst sei keiner Verifikation zugänglich. Wenn man als Wahrheit nur das akzeptiert, was durch die Sinne nachgeprüft werden kann, so folgt man einem Prinzip, das selbst von den Sinnen nicht nachgeprüft werden kann. Darin sind nämlich eine ganze Reihe metaphysischer Voraussetzungen enthalten. Ayer müßte also zugeben, daß sein Prinzip lediglich eine empirische Verallgemeinerung ist und daß sein Positivismus nur auf nicht-positivistischer Basis etabliert werden kann. Der Positivist hat kein Recht zu sagen, daß seine Daten wahre Daten sind, denn er setzt seine Schlußfolgerungen gewissermaßen in seinem Argument bereits voraus, und das ist natürlich gerade das, was er den andern nicht gestatten will. Paul Helm drückt es recht anschaulich aus: »Die Geschichte des logischen Positivismus kann als Geschichte der Versuche betrachtet werden, ein Netz zu konstruieren, dessen Maschen derart geformt sind, daß sie die plumpeste naturwissenschaftliche Makrele durchlassen und dennoch die winzigste metaphysische Sprotte fangen.«[20] Es überrascht daher auch nicht, daß Ayer später zugab, der positivistische Ansatz sei eine »Sackgasse« gewesen.

Sein Argument ist eine intellektuell etwas auffrisierte Form des anti-theistischen Argumentes von Juri Gagarin. Auf den Wänden des Anti-Gott-Museums in Leningrad findet man den Ausspruch Gagarins, als er aus dem Weltall zurückkam: »Ich bin im Weltall gewesen und habe Gott nicht gesehen; deshalb gibt es keinen Gott.« So dumm diese Folgerung ist – sie gibt doch ein Beispiel für die Binsenwahrheit, daß der Standpunkt bestimmt, was man sieht und was man nicht sehen kann.

Christentum und Falsifikation

Die Schwäche des Verifikationsprinzips besteht darin, daß hier nicht verstanden wird, daß »Beweis« im Grunde »Zugänglichkeit zur Widerlegung« bedeutet. Ohne Universalien, deren Vorhandensein der moderne Mensch auf der Basis seiner Prämissen korrekterweise leugnet, bleibt es den Gedanken versagt, die Einzeldinge bis ins letzte zu erforschen. Nur die Universalien könnten endgültige

Beweise liefern. Wenn lediglich Einzeldinge zur Verfügung stehen, ist »Beweis« tatsächlich »Ermöglichung der Widerlegung«. Die Herausforderung der Falsifikation (Nachweis, daß etwas nicht ist, nicht sein kann, nicht vorkommt usw.) erwuchs aus der Erkenntnis, daß eine Aussage nur dann sinnvoll ist, wenn ihre Antithese widerlegt werden kann. Wenn irgend jemand irgendeine Behauptung aufstellt, dann muß ich mir überlegen: Unter welchen Gegebenheiten wird er die Widerlegung seiner Behauptung zugeben? Wenn seine Behauptung nicht falsifizierbar ist, wie kommt er dann zu der Meinung, daß sie eine Beziehung zur Realität habe? Die Aussage »es regnet« ist ganz klar unvereinbar mit dem Fehlen von fallendem Wasser. Aber wie können theologische Aussagen falsifiziert werden? Es ist ja schön und gut, wenn man sagt, daß theologische Aussagen anders sind; aber sind sie wahr? Oder falsifizierbar? Wenn ja, wo befindet sich der Bereich der Widerlegung? Besteht ein Bezug zwischen theologischen Aussagen und der Wirklichkeit, oder ist die Theologie lediglich durch ›Gleichnisse verdeutlichtes Schweigen‹, fromme Rhetorik, tiefsinniger Dunst? Wenn »es regnet« mit dem Fehlen von fallendem Wasser unvereinbar ist, womit ist die Aussage »Gott ist Liebe« unvereinbar? Ich kann die Aussage machen: »Der bengalische Vater liebt sein Kind«, und das ist durch die mangelnde Fürsorge (oder ihr Vorhandensein) leicht zu widerlegen (bzw. zu beweisen). Aber wenn ich sage: »Der himmlische Vater liebt das bengalische Kind«, was stellt sicher, daß meine Aussage nicht als leerer »Un-Sinn« abgelehnt wird?

An diesem Punkt ist das Anführen der Auferstehung (die Behauptung, daß die Verifikation in einem Leben nach dem Tode erfolgt) unredlich. Wie sollte ein Nichtchrist bereit sein, so etwas zu akzeptieren? Jetzt und hier muß das Evangelium bezeugt werden, jetzt und hier müssen die Entscheidungen fallen. Wenn der Christ also der Herausforderung der Falsifikation nicht begegnen kann, wie kann er dem Verdacht entrinnen, daß theologische Sprache lediglich ein verfeinertes »Keep smiling«, nur religiöses Doppeldenken ist?

Anthony Flew und John Wisdom stellen das Dilemma in ihrem klassischen Gleichnis vom unsichtbaren Gärtner hervorragend dar:

> Es waren einmal zwei Entdecker, die sich einer Lichtung im Dschungel näherten. Sie fanden dort viele Blumen und viel Unkraut vor. Ein Entdecker sagt: »Irgendein Gärtner muß sich um dieses Stück Land kümmern.« Der andere ist jedoch

anderer Meinung: »Es gibt keinen Gärtner.« So stellen sie ihre Zelte auf und halten Wache. Kein Gärtner zeigt sich. »Aber vielleicht ist er ein unsichtbarer Gärtner.« So errichten sie einen Stacheldrahtzaun. Sie elektrisieren ihn und bewachen ihn mit Bluthunden. (Denn sie erinnern sich daran, wie der *Unsichtbare* von H. G. Wells sowohl gerochen als auch berührt werden konnte, obwohl man ihn nicht sah.) Aber keine Schreie verraten, daß irgendein Eindringling je einen elektrischen Schlag bekommen hat. Keine Bewegung des Drahtes verrät je einen unsichtbaren Kletterer. Die Bluthunde geben nie einen Laut von sich. Dennoch ist der Gläubige noch überzeugt: »Aber es gibt einen Gärtner, unsichtbar, unberührbar, für elektrische Schocks nicht empfindlich, einen Gärtner, der keinen Geruch hat und keinen Laut von sich gibt, einen Gärtner, der im geheimen nach dem Garten sieht, den er liebt.« Schließlich verzweifelt der Skeptiker: »Was bleibt denn noch von deiner ursprünglichen Behauptung? Inwiefern unterscheidet sich das, was du einen unsichtbaren, unberührbaren, stets unfaßbaren Gärtner nennst, von einem imaginären Gärtner oder überhaupt keinem Gärtner?«[21]

Was Wisdom hier zeigen möchte ist wie eine Behauptung Schritt um Schritt zu einem ganz anderen Status reduziert wird, bis sie nur mehr metaphorische Bedeutung hat; wie Flew erklärt, stirbt die Hypothese »durch tausend Qualifikationen«.[22] Die gleiche Herausforderung ist an viele Bereiche der Theologie ergangen, an Gebet und Wunder, um zu zeigen, daß, was als Behauptung einer Tatsache anfängt, schließlich als eine religiöse Art und Weise, die Dinge zu sehen, endet.

Wenn das so ist, ist christliche Wahrheit erneut ohne Sinn. Die Kritik, die man dem Falsifikationsprinzip entgegenbringen müßte, ist nicht die gleiche wie beim Verifikationsprinzip, daß es einen Denkfehler enthält, sondern vielmehr, daß es nicht in allen Bereichen anwendbar ist. Die Falsifizierbarkeit zieht eine Linie *innerhalb* sinnvoller Sprache, nicht *um sie herum*. Sie ist nicht ein allgemeines Kriterium, sondern ein spezielles Kriterium einiger Arten von Sinn. Man kann das Kriterium »sinnvoll« nicht auf empirische und analytische (d. h. falsifizierbare) Aussagen beschränken, damit läßt man die reiche Vielfalt der sprachlichen Möglichkeiten völlig außer acht, die ein Zeichen für viele Arten von Manifestationen ist – wissenschaftliche, historische, moralische, ästhetische, juristische, soziologische – und es ist stets falsch, Aussagen einer Sphäre auf Aussagen einer anderen Sphäre übertragen wollen. Das Prinzip der Falsifizierbarkeit ist daher wertvoll, aber sehr begrenzt.

Beispielsweise ist es nicht möglich, das Falsifikationsprinzip im Bereich der Subjektivität anzuwenden. Sobald ein Beobachter beobachtet wird, gibt es eine Verschiebung vom Subjektiven zum Objektiven; es wäre unmöglich, von dem Subjektiven eine empirisch beobachtbare, objektive Möglichkeit der Widerlegung zu verlangen, man würde es damit töten. Auf der Oberfläche erscheinen Liebe und Mord als miteinander nicht vereinbar; aber der Satz »Othello liebte Desdemona«, ist nicht unvereinbar mit dem Satz »Othello erwürgte Desdemona«, denn Eifersucht ist die subjektive Verbindung zwischen Liebe und Mord. Je unergründlicher die Motivation, um so schwerer die Beobachtung der Falsifikation. Die Zweideutigkeit der Liebe wird in Elizabeth Barrett Brownings Liebesgedicht »Proof and Disproof«[23] (»Beweis und Gegenbeweis«) gut dargestellt. Die Subjektivität der menschlichen Persönlichkeit muß stets zum Teil ein Geheimnis bleiben, jenseits objektiver und reduktionistischer Erklärung.

Wenn wir das sagen, so wollen wir damit keineswegs behaupten, daß Objektivität und Subjektivität völlig voneinander getrennt und unabhängig sind. Wenn sie es wären, dann wären wir wieder zwischen positivistischem Objektivismus und irrationalem Subjektivismus gefangen. Im menschlichen Wissen gibt es Objektivität und Subjektivität, sozusagen als entgegengesetzte Pole. Deshalb ist das Prinzip der Falsifikation, wenn auch nur begrenzt, in manchen Bereichen anwendbar. Sinn in sprachlicher Kommunikation und Vertrauenswürdigkeit in menschlichen Beziehungen sind offensichtlich nicht von ständiger und völliger Falsifizierbarkeit abhängig; sonst wäre der Bereich des Sinnvollen stark reduziert, und es gäbe keine persönliche Subjektivität. Dennoch sind Sinn und Vertrauenswürdigkeit zu dem objektiven Bereich der Falsifizierbarkeit keineswegs ohne Beziehung. Wenn der Charakter eines Mannes sich stets in seinen Handlungen offenbart, und wenn seine Aussagen allgemeinhin mit der Wirklichkeit übereinstimmen, welche objektiv falsifizierbar ist, dann kann er als vertrauenswürdig bezeichnet werden. In den Beziehungen eines Menschen und in seinen Aussagen kommt es oft vor, daß eine bestimmte wichtige Aussage nicht sofort falsifiziert werden kann; dann ist man darauf angewiesen, daß man um die Vertrauenswürdigkeit des Partners weiß. Innerhalb dieser notwendigen Einschränkungen kann der Christ sowohl das Falsifikationsprinzip als auch das ihm zugrunde liegende immanente Wirklichkeitsverständnis begrüßen. An einigen Stellen wird es wichtig sein, das Geheimnis der Persönlichkeit Gottes zu wahren, doch das gilt auch für die menschliche Persönlichkeit, bei Gott nur im größeren Maße, weil er unendlich ist.

Basil Mitchells Gleichnis über einen Angehörigen der Résistance, das als Antwort auf John Wisdom geschrieben wurde, eröffnet die Möglichkeit eines Ansatzes und führt uns zu der wichtigen Frage, worin sich ein ausreichender, dauerhafter Glaube gründen kann.

> Zur Kriegszeit begegnet in einem besetzten Land eines Nachts ein Mitglied der Résistance einem Fremden, der einen tiefen Eindruck auf ihn macht. Sie verbringen die Nacht zusammen mit einer Unterhaltung. Der Fremde teilt ihm mit, daß er selbst auf Seiten der Résistance sei – ja, er sei sogar ihr Führer, und er bittet den Partisan, an ihn zu glauben, was immer auch geschehen mag. Bei der Begegnung ist der Partisan von der Ehrlichkeit des Fremden völlig überzeugt und nimmt sich vor, ihm zu vertrauen.
>
> Sie treffen sich nie mehr unter vier Augen. Aber manchmal sieht man, wie der Fremde Mitgliedern der Résistance hilft, der Partisan ist dankbar und sagt zu seinen Freunden: »Er ist auf unserer Seite.« Manchmal sieht man ihn in Polizeiuniform, wie er Patrioten der Besatzungsmacht übergibt. Bei dieser Gelegenheit murren seine Freunde gegen ihn, aber der Partisan sagt immer noch: »Er ist auf unserer Seite.« Er glaubt immer noch, daß, allem Anschein zum Trotz, der Fremde ihn nicht betrogen hat. Manchmal bittet er den Fremden um Hilfe und bekommt sie. Manchmal bittet er – und ihm wird nicht geholfen. Dann sagt er: »Der Fremde weiß es am besten.«[24]

Ein Christ wird in seinem Leben immer wieder mit dem Problem des Leidens konfrontiert; dennoch wird er es nicht als entscheidendes Gegenargument gegen den Glauben überhaupt gelten lassen. Hier erhebt sich die Frage: An welchem Punkt sollte er sagen: »Der Fremde ist nicht auf unserer Seite« (und das wäre Unglauben) – oder sollte er stets sagen: »Der Fremde hat seine eigenen Gründe, die ich nicht kenne?« Das letztere ist Glauben, aber Glauben braucht nicht blind zu sein, denn in unserem Beispiel hängt die Reichweite dieses Glaubens stark von der ursprünglichen Einschätzung der Glaubwürdigkeit des Résistanceführers und von dem Charakter des späteren Beweismaterials ab.

Das grundliegende Konzept des Gleichnisses von Mitchell weist auf das wahre Wesen des christlichen Glaubens hin. Aber hier sind zwei

Interpretationen denkbar, von denen eine unproduktiv ist. Manche christlichen Denker bringen die Kraft des Glaubens mit der Echtheit der Bekehrung in Verbindung, die allein als Erlebnis interpretiert wird. Aber hier werden die Akzente bedenklich verschoben. Selbst in menschlichen Beziehungen hängt die Tiefe des Vertrauens nicht von der Tiefe des Erlebnisses ab, sondern von dem Charakter der Person, mit der man ein Erlebnis hat. Eine treue, wenn auch frigide Hausfrau ist aufgrund ihres Charakters »vertrauenswürdiger« als die leidenschaftlichste Prostituierte. Wenn die Basis des Glaubens objektiver Falsifikation bewußt nicht zugänglich, sondern lediglich ein subjektives und vorübergehendes Erlebnis ist, dann haben wir wieder einen Glauben, der von einem Trip nicht mehr unterscheidbar ist, der auf rein psychologischer Basis erklärt werden kann. In den Tagen geistlicher Nachahmungen und Fälschungen können wir dann auch nicht wissen, ob das, was wir erleben, Gott ist, ein »Engel des Lichts«, ein LSD-Trip oder der Scherz eines Theologen.

Die zweite mögliche Interpretation demonstriert das Wesen des Glaubens, wie es vom historischen Christentum verstanden wird. Hier hängt die Dauer unseres Glaubens von dem Charakter dessen ab, dessen Vertrauenswürdigkeit wir bei der ersten Begegnung erfahren haben. Selbst in dem großen Schmerz seiner Qualen konnte Hiob sagen:

> Aber ich weiß, daß mein Erlöser lebt, und als der letzte wird er über dem Staub sich erheben. Und ist meine Haut noch so zerschlagen, und mein Fleisch dahingeschwunden, so werde ich doch Gott sehen.[25]

Selbst in seiner Qual war sein Glaube nicht völlig blind, denn er wußte, warum er dem Gott vertraute, der das »Warum« kannte. Die grundlegende Rationalität des Glaubens finden wir am Anfangspunkt des Glaubens. Gibt es genügend Hinweise, die falsifizierbarer Beobachtung zugänglich sind, die mir eine starke Basis für den Glauben liefern, daß es Gott wirklich gibt und daß er der ist, der zu sein er behauptet? Das ist der Kern des Problems. Natürlich werden viele Menschen Christen, ohne voll und ganz die Gründe für die Wahrheit des Christentums zu verstehen. Aber wenn das Christentum wirklich wahr ist, dann ist es von großer Bedeutung, daß man, aus welchem Grund man auch Christ wird, später das Ganze durchdenken kann bis zu dem Punkt, an dem man versteht, »warum« man glaubt, »was« man glaubt.

Der Christ begrüßt das Prinzip der Falsifikation als echten Test der

Integrität des Glaubens und ruft zu einer Offenheit in jedem Bereich auf, in dem Gottes grundlegende Vertrauenswürdigkeit bestätigt oder widerlegt werden kann.[26] Wie bei der Vertrauenswürdigkeit der menschlichen Persönlichkeit steht die Gültigkeit der Offenbarung oder Selbstmitteilung Gottes auf dem Spiel. Was Gott insgesamt in sich selbst ist, ist ein Geheimnis. Was er von sich selbst uns gegenüber offenbart, muß stets zwei Prüfungen unterworfen werden: Ist es in sich selbst konsistent? Stimmt es mit falsifizierbarer Wirklichkeit überein, wenn es die phänomenale Welt des Menschen, die Geschichte und das Raum-Zeit-Kontinuum berührt? Der Christ behauptet, daß jedesmal, wenn Gottes Selbstoffenbarung an diesen Punkten mit der Welt in Berührung kommt, seine Aussagen nicht nur der Falsifikation zugänglich sind, sondern auch positiv nicht falsifiziert worden sind; vielmehr beantworten sie Fragen, die durch keine andere Offenbarung, Hypothese oder Raterei beantwortet werden können. Das erklärt nicht nur das Wesen des christlichen Glaubens, sondern das ist der eigentliche Grund, warum der Christ am Anfang den Glaubensschritt gewagt hat.

Gottes Selbstoffenbarung

Wir wollen hier noch auf zwei Probleme eingehen, die von vielen Christen nicht recht durchschaut werden, was oft in Auseinandersetzungen die christliche Sache schwächt. Zunächst einmal: Was gehört zu Gottes Selbstoffenbarung, wie wir sie vertreten? Sie besteht aus vier Teilen.

Die ersten beiden Teile enthalten die Selbstoffenbarung Gottes in dem äußeren Universum und in der Person des Menschen. Diese beiden zusammen bilden eine allgemeine Offenbarung: sie weisen auf die Existenz und den Charakter Gottes hin, entbehren aber der Klarheit und ausreichender Definition. Die letzten beiden Teile enthalten die Bibel, die für uns »Gottes Wort« ist, und Jesus Christus, die äußerste Offenbarung im Brennpunkt menschlicher Existenz. Jede spezielle Offenbarung bereichert Gottes Offenbarung zu Klarheit und ausreichender Vollständigkeit. Wenn man diese vier Bereiche der Selbstoffenbarung Gottes nicht in ihrer Gemeinsamkeit sieht, verfällt man leicht in einen von zwei möglichen Fehlern. Der erste Fehler ist der scholastische Versuch, sich auf rationalen Voraussetzungen den Weg zu Gott freizuargumentieren, lediglich auf der Basis der allgemeinen Offenbarung und unabhängig von der speziellen Offenbarung. Solche Gottesbeweise sind in sich selbst unsinnig. Selbst wenn sie tatsächlich etwas beweisen würden, hätte das mit dem Gott der Bibel wenig zu tun; man würde lediglich auf die Existenz eines Wesens verwiesen, das die Weltmaschinerie einst in Bewegung setzte. Der zweite und völlig andersartige Fehler, in den manche evangelikale Christen verfallen, ist der Versuch, den gesamten christlichen Wahrheitsanspruch auf den Bereich einer speziellen Offenbarung zu gründen. Damit erschwert man die Sache der Mission, weil bibelferne Leute zu einem Christentum, das in einem intellektuellen und kulturellen Vakuum angesiedelt ist, keinen Zugang finden. Ein wirklich befriedigender Ansatz ergibt sich, wenn man alle vier Teile zusammensieht, nämlich das, was Gott in der Welt, im Menschen, in der Bibel und in Christus sagt, als Teilaspekte der einen Selbstoffenbarung. Wenn das Christentum wahr ist, dann müssen diese Aussagen sich als wahr erweisen, wenn sie mit der Geschichte, dem Menschen und dem Raum-Zeit-Kontinuum konfrontiert werden.

Die nächste Frage, die wir uns stellen müssen, ist diese: Was ist in der Behauptung des Christen, sein Glaube sei wahr, eigentlich alles enthalten? Wir werden auf den Inhalt des christlichen Glaubens später noch genauer eingehen. Hier soll lediglich noch einmal betont werden, daß die Bibel von einer Wahrheit spricht, die sie als absolut und objektiv sieht, in dem Sinn, daß sie in Bezug zur gesamten Realität steht. Der einfache Satz »die Wahrheit sagen« bedeutet hier, daß eine Beschreibung in Worten (semantischen Symbolen) den Kern der Sache so genau wie möglich treffen kann und wird. Die christliche Wahrheit ist also nicht einfach ein Symbol oder eine Landkarte oder eine Metapher, die Freud als Illusion erklären oder Huxley als »soziologischen Zement« verwenden könnte. Im Gegensatz zu anderen religiösen Lehren soll das Zeugnis der Bibel nicht blind von irgend jemand akzeptiert werden, auch nicht deshalb, »weil die Kirche es sagt«. Genau genommen ist das Christentum nicht deshalb wahr, weil die Bibel es sagt, sondern weil Gott, der im Besitz aller Wahrheit ist, es sagt. Gottes Endgültigkeit als »der, der ist«, kommt in der Offenbarung Mose gegenüber zum Ausdruck: »Ich werde sein, der ich sein werde« (1. Mose 3, 14). Hier wird bezeugt, daß Gott der Mitgehende, der Bleibende, der Endgültige, der Ewige ist. Letztlich ist also nur in ihm das Wissen um alle Dinge. Das ähnelt scheinbar östlichen Konzeptionen, ist aber in Wirklichkeit von ihnen klar unterschieden. Die Nachfolgerin des indischen Gurus, Ma Anandamayee, glaubt, sie sei eine Inkarnation. Als ich sie fragte, wer sie ihrer Meinung nach sei, antwortete sie: »Ich bin, wer Sie glauben, daß ich bin.«

Ich hoffe, daß hiermit der christliche Wahrheitsanspruch etwas klarer geworden ist. Das Christentum verlangt nicht, gleichzeitig wahr und unwahr sein zu dürfen. Es ist entweder falsch oder wahr, und gleich naturwissenschaftlichen oder philosophischen Sätzen ist es der Falsifikation zugänglich. Diese Einladung, die Vertrauenswürdigkeit des Christentums zu prüfen, könnte mit folgendem Beispiel illustriert werden: Sie wollen unsere Gemeinschaft in L'Abri besuchen. Dabei soll Ihnen eine Landkarte helfen, die ich Ihnen gezeichnet habe, damit sie den Weg vom Genfer Flughafen zu dem kleinen Dorf in den Alpen (nahe Villars) leichter finden. Die Wahrheit meiner Landkarte und meine Vertrauenswürdigkeit würden Sie sehr bald testen können. Wenn Sie auf Ihrem Weg feststellen würden, daß der Genfer See sich auf Ihrer linken und nicht auf Ihrer rechten Seite befindet und daß Montreux vor Lausanne und nicht hinter Lausanne kommt, dann würden Sie zu der Schlußfolgerung kommen: die Zeichnung stimmt nicht! Vielleicht vermuten Sie, ich sei unachtsam, böswillig, unwissend oder vielleicht gar betrunken oder high gewesen, als ich die Landkarte zeichnete. Auf welchen Schluß Sie auch verfallen mögen: meine Vertrauenswürdigkeit wäre in Zweifel gezogen. Andererseits, wenn meine Landkarte den geographischen Verhältnissen entsprechen (d. h. wahr sein) sollte, wäre meine Vertrauenswürdigkeit innerhalb der Grenzen dieses Tests bestätigt.

Wenn das Christentum wahr ist, dann handelt es sich dabei nicht nur um ein Wortspiel, um ein semantisches System von religiösen Symbolen. Es behauptet von der Wirklichkeit zu sprechen, so wie sie ist. Das heißt aber: Wenn ein anderer Glaube mit dem Christentum in Grundaussagen nicht übereinstimmt, unterscheidet er sich vom christlichen Glauben nicht nur in Worten und Symbolen, sondern dadurch, daß er die Wirklichkeit verfehlen würde. Und an diesem Punkt muß dann irgendwann eine Falsifikation einsetzen. Das ist die stillschweigende Voraussetzung hinter der öffentlichen Herausforderung der Baalspriester durch Elia. Da er glaubte, daß Gott wirklich existiert, nahm er an, daß Baal nicht existierte. Am einfachsten konnte Baals Existenz widerlegt werden, indem er die Propheten des Baal und ihre Prophezeiungen der Falsifikation aussetzte. Sorgfältig wählte Elia einen gemeinsamen Boden zwischen sich und den anderen Propheten aus – das Gebet – und gab Baal die erste Chance. Als Baals Fähigkeit einzugreifen offen falsifiziert worden war, ging er dazu über zu zeigen, daß Gott wirklich existierte. Die große Menge, die die Bedeutung dieser Auseinandersetzung verstand, fiel auf die Knie und rief: »Der Herr ist Gott, der Herr ist Gott!«[27]

Wir können an dieser Stelle die volle Bedeutung jedes der vier Bereiche der Offenbarung nicht untersuchen. Wir müssen uns hier mit einer skizzenhaften Darstellung begnügen. Auch werde ich nicht versuchen, die christlichen Wahrheiten so zu formulieren, daß sie für eine Falsifikation gut geeignet sind. Eine solche Diskussion könnte als Versuch aufgefaßt werden, die Existenz Gottes rational zu beweisen. Gottes Existenz kann nicht nur nicht bewiesen werden; so etwas sollte gar nicht erst versucht werden. Gott ist nicht der letzte Punkt eines Zehn-Punkte-Beweises, sondern der Eine, der allem Sinn verleiht. Ich will lediglich darauf hinweisen, daß die christlichen Prämissen dem Menschen nicht nur eine Grundlage für diesen Sinn geben, sondern auch falsifizierbare Tatsachen bieten. Diese Offenheit für jegliche Untersuchung gehört zum Wesen des historischen Christentums.

Allgemeine Offenbarung: Die Welt und der Mensch

Der große Bereich der allgemeinen Offenbarung beginnt bei dem äußeren Universum. Der Inhalt der Offenbarung ist hier am wenigsten gewiß, sollte aber sicherlich nicht ignoriert werden. Ob es uns nun gefällt oder nicht, wir leben nun einmal alle in einem äußeren Universum, und an irgendeinem Punkt müssen wir es als wirklich anerkennen, sei es im täglichen Leben oder in der wissenschaftlichen Forschung. Wenige stellen die Frage, warum das so ist, oder auf welcher Grundlage sie so denken können. Die christliche Anschauung vom Universum betont zwei Punkte von grundsätzlicher Bedeutung – seine Wirklichkeit und seine Rationalität, die beide aus dem Wesen Gottes und seiner Schöpfung entspringen. Natürlich sind die Christen nicht die einzigen, die eine solche Anschauung von der Wirklichkeit und Vernunft des Universums haben, aber es ist wichtig zu sehen, daß das Christentum dem Leben in diesem Universum auch diese Basis verleiht, die der Mensch braucht, damit sein Leben einen Sinn erhält. Wie wir schon früher erwähnten, haben mehrere Gelehrte den Aufstieg der modernen Naturwissenschaft ausdrücklich mit dem christlichen Denkklima in Verbindung gebracht. Die Rationalität des Universums ermöglicht eine Gleichartigkeit natürlicher Ursachen auf dem Niveau menschlicher Apperzeptionsfähigkeit. Als in einem Physikerkreis die Rede auf die offenbar nicht determinierten Vorgänge im atomaren Bereich kam, wobei die Unbestimmtheit nicht unbedingt auf einen objektiven Freiheitsspielraum der Mikroobjekte zurückgeführt werden muß, äußerte Albert Einstein: »Ich weigere mich zu glauben, daß Gott mit der Welt Würfel spielt.« Die Verläßlichkeit der Naturgesetze als Zeichen der Treue Gottes zu dem von ihm geschaffenen Universum – darüber sollten die Christen vielleicht etwas mehr nachdenken! Ein andermal verglich Einstein das Universum mit einem raffiniert ausgedachten Kreuzworträtsel, in das theoretisch viele mögliche Wörter passen, in Wirklichkeit aber nur eines paßt.

Wir möchten nicht im mindesten andeuten, das Christentum könne von der modernen Naturwissenschaft »bewiesen« werden. Ein solcher Beweis ist weder möglich noch – aufgrund der allgemeinen Offenbarung allein – wünschenswert. Aber wir können sehen, daß bestimmte nichtchristliche Anschauungen selbst diese erste Hürde nicht überwinden können. Hier versagen die östlichen Anschauungen vom Maya und verschiedene bizarre westliche Philosophien totaler Relativität, die zwar ganz nette Theorien sind, nach denen es sich aber nicht leben läßt.

Selbst in der Festung des Neo-Darwinismus treten neuerdings wachsende Risse auf, besonders in bezug auf den postulierten Evolutions*mechanismus* und auf sein kaltes, reduktionistisches Ziel. Viele Denker revoltieren gegen solche Implikationen, die ihnen zu düster erscheinen. Darwin selbst hat sich gegen das Überborden der Deszendenztheorie gewehrt. In den späteren Lebensjahren eines Menschen ist eine Rebellion gegen die Gleichgültigkeit des Kosmos keineswegs selten.

Gegen Ende seines Lebens wurde Darwin von einem fürchterlichen Zweifel geplagt: »Kann man dem Geist des Menschen, der, wie ich glaube, von dem niedrigsten Tier abstammt, trauen, wenn er solche großen Schlußfolgerungen zieht?« Ein treuer Darwinist, David Lack, drückt es sehr gut aus: »Darwins ›fürchterlicher Zweifel‹, ob man den Überzeugungen des von der Evolution hervorgebrachten menschlichen Geistes trauen kann, gilt sowohl für abstrakte Wahrheiten als auch für die Ethik... Die Armeen der Wissenschaft sind in Gefahr, ihre eigene Grundlage zu zertrümmern. Denn der Naturwissenschaftler muß den Schlußfolgerungen seines eigenen Nachdenkens trauen können. Deshalb kann er die Theorie, daß der Geist des Menschen vollkommen durch natürliche Selektion entstanden ist, nicht akzeptieren, wenn das bedeutet (wie es scheinbar der Fall ist), daß die Schlußfolgerungen des Geistes von ihrem Überlebenswert abhängig sind und nicht von ihrer Wahrheit; wodurch alle naturwissenschaftlichen Theorien, inklusive die der natürlichen Selektion, vertrauensunwürdig würden.« Viele andere, die von diesem »fürchterlichen Zweifel« nicht geplagt werden, schmuggeln ihre eigenen mystischen Prämissen irgendwo durch die Hintertür hinein, oft indem sie die Natur personifizieren.

Der zweite Bereich der allgemeinen Offenbarung ist die Persönlichkeit des Menschen. Auch hier muß das, was das Christentum aufgrund der Offenbarung Gottes über den Menschen aussagt, der Möglichkeit der Falsifikation zugänglich gemacht werden. Keine wahre Naturwissenschaft ignoriert den Beobachter, aber ist die Achillesferse vieler Menschenbilder, von der naturalistischen Naturwissenschaft bis zu östlichen Religionen und zahlreichen psychologischen Theorien. Wir haben schon gesehen, wie Humanismus, Determinismus und Hinduismus versagen, zum Teil deshalb, weil sie kein wahrheitsgetreues Menschenbild haben. Was soll der Mensch von seiner Schau von sich selbst halten, wie sie in seiner Geschichte, in Drama, Poesie, Liebe, Krieg, Höhlenmalereien und Begräbnisritualen zum Ausdruck kommt? Haben Freiheit, Liebe, Individualität, Persönlichkeit eine wirkliche Bedeutung – oder sind sie reine Illusion? Kann das alles auf mechanistischer Basis erklärt werden? Kann dieser metaphysische Unsinn nur durch eine Auflösung der Persönlichkeit beseitigt werden? Wenn man das christliche Verständnis des Menschen genauer untersucht, stößt man auf ein sensibles Verständnis der menschlichen Aspirationen (da er nach dem Bilde Gottes geschaffen ist) und gleichzeitig auf eine realistische Schau seiner Entfremdung. Sein Gefühl der Individualität, sein Bemühen um Kommunikation und Liebe – all das, was wir meinen, wenn wir von der »Person« sprechen – diese Phänomene können von mechanistischer Schau her nicht erklärt und vom Humanismus und vom Osten nicht befriedigend gedeutet werden. Die ständige Herausforderung heißt: Welche Sicht verhilft zu einer Lebensweise, nach der ein Mensch leben sollte, um wahrhaft Mensch zu sein?

Ich will natürlich nicht behaupten, daß nur Christen so leben, das wäre arrogant; aber wenn das Christentum wahr ist, dann haben allein die Christen eine ausreichende Grundlage für ein Leben, das alle Menschen leben müssen, soll ihr Leben sinnvoll sein. Außerhalb dessen besteht stets eine Spannung zwischen der Art und Weise, in der ein Mensch leben muß, damit er es als sinnvoll empfindet, und der Logik seiner Prämissen.

In seinem Schauspiel *Jumpers* beschreibt Tom Stoppard diese Spannung sehr gut. Er untersucht das zentrale Argument derer, die an absolute Werte glauben, und dann derer, die im Bereich der Moral Relativisten, in der Politik Opportunisten und Atheisten oder zumindest Agnostiker sind. Das Stück deutet an, daß die ersteren human und somit menschlich sind; irgendwie sind es die letzteren jedoch nicht. Aber wie Professor Ayer in seinem faszinierenden Bericht erklärt (ein Philosoph, der ein philosophisches Stück rezensiert, das sich über die Philosophen lustig macht): »Selbst logische Positivisten sind zur Liebe fähig.«[28]

Genau! Niemand würde etwas anderes annehmen. Alle Menschen sind *als Menschen* zur Liebe fähig. Aber auf welcher Grundlage? Sicherlich nicht auf der des logischen Positivismus. Vielleicht ist Professor Ayer in zweifacher Hinsicht ein *Jumper,* einmal aufgrund seiner philosophischen Sprungkünste (wie Stoppard nachweist), ein zweites Mal aufgrund dieses »Glaubenssprungs«, wenn er die Möglichkeit von Liebe ohne jede Grundlage zugesteht.

Für Ingmar Bergman ist diese Spannung oft die kreative Quelle seiner künstlerischen Vitalität. In vielen seiner Filme ist die Abwesenheit Gottes deutlicher als die Anwesenheit von Menschen, aber Bergman berührt den »Gefahrenpunkt« der Logik seiner Prämissen niemals. In *Winter Light* finden wir die konsequente Darstellung des verzweifelten Selbstmordes von Jonas, der allerdings ohne Mitleid dargestellt wird. Im Gegensatz dazu ist Tomas, der Priester, obwohl er zweifelt, nicht fähig, sich von dem toten Körper seines Glaubens fortzureißen. In seiner Theologie gibt es keine Wirklichkeit mehr; aber in seinem Pfarrdienst, in seiner Lebensroutine läuft das Ritual weiter. Bergman selbst hat zugegeben, daß lediglich seine Lebensgewohnheiten und die bekannte Umgebung ihn vom Rand der Katastrophe zurückhalten. Rein künstlerisch mag er eine Welt der Entfremdung darstellen – Schweigen, namenlose Krankheiten, unfähige Ärzte, unentzifferbare fremde Worte, zerbrechliche menschliche Beziehungen, hoffnungsloses, metaphysisches Suchen und schwarze, achtbeinige Spinnen – aber in der Praxis gibt es immer noch das Kissen der Konvention.

Im 18. Jahrhundert hatte der französische Philosoph Diderot seine eigene Philosophie verflucht, die sein Bedürfnis nach Liebe für nichtig erklärt und die Liebe selbst zu einem blinden Zusammentreffen von Atomen machte. Er schrieb an Sophie Volland, die er liebte: »Ich bin wütend, daß ich mich in einer solchen Philosophie verfangen habe, der mein Verstand die Zustimmung nicht versagen kann, die mein Herz jedoch verleugnen muß.«[29]

Ich habe bereits das Haiku-Gedicht von dem japanischen Dichter Issa erwähnt: »Die Welt ist Tau, die Welt ist Tau, und dennoch – und dennoch –.«[30] In den ersten drei Worten wird die Logik des Buddhismus zusammengefaßt, während die Worte »und dennoch und dennoch« die Logik des Menschen, des Ehegatten, des Vaters, der Persönlichkeit zum Ausdruck bringen. Zwischen diesen beiden besteht die große Spannung im Denken des Menschen. Für viele ist diese Erkenntnis zur Stunde der Wahrheit geworden; es hat sie dazu geführt, erneut zu fragen, ob das, was Gott angeblich über den Menschen sagt, mit dem übereinstimmt, was der Mensch in Wirklichkeit ist.

Das ist natürlich kein neues Argument. Darin bestand die grundsätzliche Apologetik des Propheten Jesaja, als er seine Generation wegen ihrer Abgötterei anklagte. Sein Abscheu war nicht nur ästhetisch oder moralisch, auch nicht allein religiös. Sein Abscheu war auch menschlich. Die Tragik und Torheit seiner Umwelt bestand darin, daß sie als Menschen auf der Basis ihres eigenen Integrationspunktes keine Erfüllung finden konnten. Ihre Entfremdung war selbstgewählt, ihre Bedürfnisse waren größer, als die Götzen, denen sie dienten, befriedigen konnten. Paulus argumentierte auf dem Areopag in Athen in gleicher Weise, und auch heute müssen wir sagen: Der Mensch des 20. Jahrhunderts kann auf der Basis seines Selbstverständnisses keine Erfüllung finden.[31] Für viele sensible moderne Menschen bedeutet dies das konsequente Ausleben der Logik ihrer Prämissen: die Entfremdung ist unabwendbar.

Spezielle Offenbarung: Christus und die Bibel

Gleich wie die allgemeine Offenbarung der Möglichkeit der Falsifikation geöffnet ist, so trifft das auch für die spezielle Offenbarung zu. Das muß vor allem deshalb herausgestellt werden, weil Jesus Christus und die Bibel leicht als religiöse Symbole verwendet werden, die jenseits des Bereiches aller Verifikation stehen, und mit obskuren Zirkelschlüssen verteidigt werden. Dann sind sie lediglich ein Nebenprodukt des modernen religiösen Glaubens. Während ausschließlich das Allgemeine (Gott) als Prämisse irgendwelchen Sinn geben kann, so begründet das Einzelne (Jesus) das Allgemeine (Gott).

Auch für die Person und das Leben Jesu gilt: Sie stehen jeder Untersuchung offen. Wer sich dafür Zeit nimmt, wird zu dem Schluß kommen: Diese Gestalt konnte nicht »erfunden« werden.

Niemand soll an den sanften und süßen Jesus des Sonntagsschulmythos glauben, oder an Nietzsches Christus mit seiner »Bestechung mit der Ewigkeit«, die den Armen und Schwachen galt, oder an »Jesus Christ Superstar« mit seinen quälenden Zweifeln und Persönlichkeitsproblemen. Solche Anschauungen sind falsch, nicht weil sie dem Christentum widersprechen, sondern weil sie aus dem, was wir objektiv über das Leben Christi wissen, nicht erhärtet werden können. Die Essenz der Inkarnation besteht in der Menschwerdung Christi, wodurch die Unsichtbarkeit von Wisdoms Gärtner zunichte gemacht wird, und wodurch er auf jeder Ebene der Möglichkeit der Falsifikation zugänglich ist. Wer Jesus begegnete, sah einen Menschen, 1,70 oder 1,80 groß, ganz wie Sie wollen, aber einen Menschen. In Jesus wurde Gott in solcher Art und Weise zum Menschen, daß die Jünger, nachdem sie drei Jahre lang mit Jesus gelebt hatten – ihn gesehen, gehört, berührt hatten –, gezwungen waren, auf die Knie zu fallen und zu rufen: »Mein Herr und mein Gott!«[32] Dieser Glaubensausbruch war auch keineswegs irrational. Paßten die Prophezeiungen denn nicht alle? Handelte es sich um eine echte Erfüllung oder nur um eine geschickte Täuschung? Stimmte das Leben Christi mit seinen Ansprüchen bezüglich seiner eigenen Person überein, oder gibt es irgendwelche Anzeichen von Größenwahn oder Vortäuschung? Wurden sein Leben, sein Tod und seine Auferstehung von verläßlichen Augenzeugen berichtet, oder waren sie spätere Erfindungen? Diesbezüglich erklärte Jesus: »Wer von euch kann mir eine Sünde nachweisen? Wenn ich die Wahrheit sage, warum glaubt ihr mir dann nicht?«[33]

Niemand wagte es, die Herausforderung anzunehmen. Im Bereich der objektiven Falsifikationsmöglichkeit sagte Jesus zu Thomas: »Streck deine Hand aus und lege sie in meine Seitenwunde!«[34] Die Auferstehung war kein mystisches Symbol wie eine Malerei von Salvador Dali, sondern ein historisches Ereignis im Raum-Zeit-Kontinuum, das den ursprünglichen Augenzeugen Beweise gab, die A. J. Ayer in seinen skeptischen Augenblicken zufriedengestellt hätten. Das war der Jesus der Geschichte, dessen Leben und Behauptungen schließlich alle Anwesenden ganz klar überzeugten, daß er Mensch gewordener Gott war. Die »anderen Christusse«, die von den Medien und den Künstlern erfunden worden sind, beruhen auf einer stark selektiven Darstellung der Fakten und sind des öfteren nur eine imaginäre Rekonstruktion oder Halbwahrheit. Der radikale Christus in Pasolinis Film *The Gospel according to St. Matthew* (Das Evangelium nach Matthäus), der sozialistische Christus von liberalen Aktivisten, der Hindu-Christus – diese alle sind nicht so sehr antichristlich, sondern einfach ausgedacht.

Die Offenheit gegenüber aller Untersuchung ist eine Grundlage der

Bibel, selbst wenn es in der Falsifikationsmöglichkeit Unterschiede gibt. Der Verfasser des Hebräerbriefes erklärt, daß die Ursprünge des Universums jenseits aller Beweismöglichkeit liegen; lediglich mit unserem Glauben können wir akzeptieren, daß Gott es geschaffen hat; aber das sollte niemanden überraschen, und man könnte von Nichtchristen gleichfalls Bescheidenheit verlangen, insofern, als sie die Evolution als Hypothese, nicht aber als bewiesene Tatsache ausgeben sollten.[35] Offensichtlich war eine Überprüfung der Auferstehung an Ort und Stelle nur zur damaligen Zeit möglich; heute können wir lediglich die Verläßlichkeit der historischen Berichte untersuchen. Aber das gilt natürlich für alle historischen Fakten. Und man darf nicht vergessen, daß nur innerhalb der Prämissen, die von diesen Fakten gestützt werden, Geschichte überhaupt irgendeinen Sinn hat.

Diese Mentalität finden wir überall in der Bibel. Als die Leute zu Mose kamen und ihn fragten, wie sie zwischen falschen und wahren Propheten unterscheiden könnten, antwortete er einfach: »Wenn du aber in deinem Herzen sagen würdest: Wie kann ich merken, welches Wort der Herr nicht geredet hat? – Wenn der Prophet redet in dem Namen des Herrn, und es trifft nicht ein, dann ist das ein Wort, das der Herr nicht geredet hat.«[36] Der erste Test, den jede Prophetie bestehen muß, ist: daß sie tatsächlich eintrifft. Jahrhunderte später brachte Jeremia die gleiche Auffassung zum Ausdruck: »Wenn aber ein Prophet von Heil weissagt – ob ihn der Herr wahrhaftig gesandt hat, wird man daran erkennen, daß sein Wort erfüllt wird.«[37] Mose führte einen weiteren Test an, um die legitime Prophetie von dem illegitimen dämonischen Erfolg zu unterscheiden (5. Mose 13, 1–5), aber das Wahrheitsverständnis ist das gleiche. Es gibt eine Beziehung zwischen Wahrheit und historischer Wirklichkeit. Die gleiche Mentalität finden wir auch im Neuen Testament vor. Lukas spricht von der »Zuverlässigkeit« der Berichte in seiner Einleitung an Theophilus, von Ereignissen, »die Gott unter uns geschehen ließ« und »die wir durch die Berichte der Augenzeugen kennen, die von Anfang an alles miterlebt hatten«, und er behauptet, sich die Mühe gemacht zu haben, »alles bis hin zu den ersten Anfängen sorgfältig zu erforschen«.[38] In seinem Vorwort zur Apostelgeschichte spricht Lukas in ähnlicher Weise von »eindeutig bewiesen« etc.[39] In seiner Verteidigung vor König Agrippa wendet sich Paulus zu Festus und erklärt: »Was ich sage, ist wahr und vernünftig... Ich bin sicher, daß er alles begriffen hat; denn es ist ja nicht irgendwo im Winkel geschehen.«[40] Später, in einem Brief an die Gemeinde in Korinth, schrieb Paulus ganz klar: »Und wenn

Christus nicht auferstanden wäre, dann hätte weder unsere Verkündigung noch euer Glaube einen Sinn.«[41] Petrus versichert in einem Brief an Christen, die Jesus nicht selbst gesehen hatten: »Wir haben uns nicht auf geschickt erfundene Märchen gestützt, als wir euch das machtvolle Kommen unseres Herrn Jesus Christus bekanntmachten. Wir haben mit eigenen Augen seine göttliche Hoheit gesehen.«[42] Johannes schreibt nicht anders: »Wir haben es gehört und mit eigenen Augen gesehen. Wir haben es geschaut und mit unseren Händen angefaßt.«[43] Bezüglich der Frage, wie man zum Glauben kommen kann, schreibt Johannes gegen Ende seines Evangeliums: »Diese *Taten* aber wurden aufgeschrieben, damit ihr erkennt, daß Jesus der Sohn Gottes ist.«[44]

Man kann der Macht dieser Feststellungen nicht entrinnen. Das historische Christentum und biblischer Glaube gestatten keine Diskontinuität zwischen Tatsachen und Glauben. Ein solcher Glaube darf nie zu weniger als zu völligem Überzeugtsein von der Wahrheit reduziert werden. Es darf nicht mit einem Gefühl, einem byzantinischen Symbol, einem Dali-Gemälde oder moderner psychologisch bedingter Wahrheit verwechselt werden. Wenn Jesus ein Mensch war wie wir, dann schwitzte er auch, wie wir es tun. Wenn er gekreuzigt wurde, dann war das Kreuz wirklich vorhanden, in dem Sinne, daß man mit der Hand daran entlangfahren konnte und dabei Splitter in der Haut hängenblieben. Wenn es zur Zeit seiner Auferstehung bereits Alarmsirenen gegeben hätte, so wären sie alle an jenem Morgen in der gleichen Stunde losgegangen. Das ist die Art von Wahrheit, von der das Christentum spricht.

Die Logik der eigenen Wahl

Wenn das stimmt, so ergeben sich hieraus zwei Schlußfolgerungen. Erstens: Ein Christ kann und muß die Rationalität seines Glaubens bejahen. Glaube ist kein Rationalismus in dem Sinne, daß Gott durch Vernunft gefunden werden kann (denn das wäre immer noch Positivismus oder Humanismus). Dennoch ist er in dem Sinne rational, daß der suchende Geist die Offenbarungsansprüche untersuchen und zu der Überzeugung kommen kann, daß sie der Wahrheit entsprechen. Auf der einen Seite gibt es zwischen der Suche und dem Glauben keine rationale Unstetigkeit, sondern eine starke Kontinuierlichkeit, so daß der Glaube nicht irrational ist; andererseits ist der Glaube nur bis zu den Grenzen der Vernunft rational. Christ zu werden ist eine authentische Entscheidung des ganzen

Menschen; sein Verstand, seine Gefühle und sein Wille nehmen daran teil, in diesem Sinne ist Glaube mehr als rational. Außerdem ist seine Entscheidung nur *sein* Anteil an seiner Rettung; – Gott antwortet mit seiner Vergebung und mit dem Geschenk des Heiligen Geistes, und die glaubenden Christen heißen ihn in ihrer Gemeinschaft willkommen. Aber es sollte klar sein, daß der christliche Glaube kein Sprung ins Dunkel ist und auch kein Glaube an den Glauben oder Glaube an eine blinde Autorität. Er ist die feste Überzeugung, daß die Selbstoffenbarung Gottes in Jesus Christus die endgültige Wahrheit ist. Das ist eine begründete Entscheidung, die auch von der Vernunft mitbestimmt wird.

Das bedeutet natürlich, daß ein Christ völlige Integrität gegenüber der Wahrheit in jeder Disziplin bewahren muß. Er wird keine ernsthafte Frage ignorieren, wird sich über die gegenwärtigen Probleme auf dem laufenden halten und sich mit manchen sofort auseinandersetzen, mit anderen vielleicht warten, bis er genügend Zeit und Energie hat, sie zu durchdenken. Der Glaube ist aber nicht nur rational, sondern auch persönlich; er wird deshalb nie kalt, trocken und statisch sein, sondern dynamisch. Ein Christ wird in seinem Verhältnis zu Gott wachsen, sein Verständnis der Bibel wird sich vertiefen, seine Selbstentfremdung beginnt zu heilen, seine persönlichen Bedürfnisse fangen an erfüllt zu werden, seine Wertschätzung der Schöpfung Gottes wird sich vergrößern. Der ganze Bereich des Friedens, der Freude, Liebe, Hoffnung, Vergebung, des Staunens, der Anbetung und des Glücks – Teil der subjektiven, endgültigen Verifikation des Gläubigen – ist dem Christen zugänglich, dessen Suchen in Gott selbst zur Ruhe gekommen ist und nicht etwa in den eigenen Antworten.

Die zweite Schlußfolgerung geht einen Nichtchristen an, der sich mit dem christlichen Glauben beschäftigt. Das Christentum sollte nicht als ein Trip oder als psychologische Krücke akzeptiert werden. Der einzige Grund, sich mit ihm zu befassen, und sein herausragendes Merkmal liegen in dem Anspruch, »die Wahrheit« zu sein. Jeder Suchende muß auf der Basis der vorhandenen Tatsachen entscheiden. Die Tatsachen, die für das Christentum sprechen, vergewaltigen niemanden, sie lassen die Freiheit zur Wahl. Aber die Klarheit der Worte Christi nötigt zu einer verbindlichen Entscheidung. Es ist völlig legitim, daß ein Mädchen einem Mann, der ihr einen Antrag macht, viele Fragen stellt; Liebe macht nicht gerade sehend, und gewisse Fragen sind natürlich. An irgendeinem Punkt muß sie sich jedoch entscheiden, oder sie wird eine alte Jungfer bleiben – im Alter von 84 Jahren wollen die Männer wohl keine Fragen mehr beantworten.

Wir müssen auch zwischen echten und nur zur Ablenkung gestellten Fragen unterscheiden lernen. Zu viele sind der Meinung, sie hätten die Diskussion beendet, wenn sie sagen, sie seien Atheisten; aber sie erkennen nicht, daß sie damit lediglich beschreiben, woran sie nicht glauben. Auch der Unglaube ist eine Art von Glauben, wie auch das Unkraut eine Pflanze ist. Was ist die Weltanschauung des Ungläubigen? Die Herausforderung der Verifikation geht in beide Richtungen. Unter welchen Voraussetzungen würde ein Atheist zugeben, daß die Tatsachen ihm unrecht geben? Wann würde ein Humanist erklären, sein Glaube sei nicht mehr haltbar? Wenn man den Spieß jedoch auf diese Weise herumdreht, wie behutsam man das auch macht, so stößt man auf Überraschung oder Entrüstung und manchmal auf eine Serie von Ausweichmanövern.

Wer das Christentum ablehnt, sollte sich im klaren sein, daß er nicht nur eine religiöse Anschauung ablehnt, sondern eine Anschauung, die behauptet, die Welt und den Menschen so zu beschreiben, wie sie sind, aus einer Perspektive, die die Erkenntnismöglichkeiten der Naturwissenschaft übersteigt. Wenn er aufgrund einer echten Auseinandersetzung und ausgereifter Entscheidung bei der Überzeugung bleibt, er dürfe Jesus Christus beiseiteschieben und seine Worte zu den Akten legen, so sollte er sichergehen, daß seine eigenen Prämissen mit der Wirklichkeit übereinstimmen.

Das Dilemma vieler Menschen läßt sich durch die Geschichte verdeutlichen, in der ein Mann zu einem Psychiater geschickt wird, weil er der irrigen Meinung ist, er sei tot. Um den Mann zu überführen, daß er sich irrt, wollte der Psychiater ihn zunächst davon überzeugen, daß tote Menschen nicht bluten. Er gab ihm also große medizinische Werke zu lesen und nahm ihn regelmäßig zu Autopsien mit. Nach sechs Monaten schließlich war der Mann intellektuell überzeugt davon, daß tote Männer nicht bluten. Daraufhin ergriff der Psychiater seine Hand und fügte ihm mit einer Rasierklinge eine kleine Schnittwunde bei. Blut trat hervor, der Patient wurde aschfahl und rief aus: »Du lieber Himmel, tote Menschen bluten also doch!«

Es ist sehr gut möglich, in einem solchen Zirkel verkehrter Prämissen gefangen zu sein, daß die weitere Wirklichkeit schließlich ignoriert und alle Erfahrung in das Schema dieser Prämissen gepreßt wird. Henrik Ibsen drückte das in seinem Stück *Die Wildente* so aus: »Sehen Sie, die Lebenslüge, die ist das stimulierende Prinzip.«[45] Aldous Huxley erkannte sie gleichfalls als eine allgemeine Notwendigkeit an, die aber kaum jemand zugeben will: »Zu seiner eigenen Bequemlichkeit bewohnt der Mensch ein selbstgemachtes Universum innerhalb der größeren Welt externer Materie und seiner eigenen Irrationalität. In der grenzenlosen Schwärze dieser Welt bildet das Licht seines Gewohnheitsdenkens, wenn man so will, einen kleinen, hellen Tunnel, in dem er sich von der Geburt seines Bewußtseins an bis zu seinem Tode aufhält, wo er lebt, sich bewegt und existiert... Wir ignorieren die Dunkelheit, oder wenn wir sie nicht ignorieren können, wenn sie sich uns zu sehr nähert, dann lehnen wir es ab, Angst zu haben.«[46]

Das ist die gleiche Spannung, die wir in verschiedenen Variationen überall vorfinden: vom realistischen Pessimismus bis zum romantischen Optimismus, im Mystizismus, der nichts erreicht, und im Marxismus, der zuviel erreicht; es ist die Spannung zwischen dem, was ein Mensch sagt, und dem, was ein Mensch ist. Vielleicht sollte der Mensch aufhören zu denken, aber damit würde er am Vorabend des globalen Desasters in eine gefährliche Gleichgültigkeit versinken. Doch wenn er nachdenkt, so wird er an den Rand des intellektuellen und sozialen Dilemmas getrieben, dem er nicht entrinnen kann. So schafft er sich seine eigenen Glaubensvorstellungen, die dogmatisch und unverifizierbar sind, der Freudschen Psychoanalyse abgelauscht, und hält allen Gegenbeweisen zum Trotz krampfhaft an ihnen fest. In einer Debatte im Hunter College in den 50er Jahren erklärte James Wechsler, damals Redakteur der *New York Post:* »Vieles von dem, was sich in den letzten 20 Jahren ereignet hat, hat meine grundsätzlichen Glaubensvorstellungen widerlegt, aber ich halte dennoch an ihnen fest.«[47]

Einst klagte Paulus von Tarsus die Menschen seiner Zeit einer monumentalen Torheit an: daß sie ihre eigene Erkenntnis ignorieren! Er klagte die Athener an, daß sie auf der Basis ihres eigenen Selbstverständnisses keine Erfüllung gefunden hätten – und trotzdem dem Evangelium den Rücken kehrten. Das ist die gleiche Herausforderung, die das historische Christentum in der kulturellen Arena von heute trifft.

In der Erosion der christlichen Kultur hat sich der nachchristliche Mensch von der Wahrheit Gottes abgewandt. Manche suchen nach sozialer Gerechtigkeit, tauschen aber leider den galiläischen Zimmermann mit dem bürgerlichen Schreiberling aus. Manche suchen nach einem Ausweg aus dem Leid, gehen aber am Mann des Leidens vorbei und folgen den schattenhaften Avatars in ein nirwanisches Niemandsland. Andere suchen nach einem Ausweg aus all dem, aber weil sie den Einen verfehlen, der von sich sagen konnte: »Ich bin der Weg«, stolpern sie eine Straße entlang, die nirgendwohin führt und die vom Staub des Todes bedeckt ist.

Die Logik der Prämissen des modernen Menschen ist oft höllisch. Aber letztlich ist die Hölle ja nichts anderes als die Wahrheit – zu spät erkannt.

Anmerkungen zu
Kapitel 9: Kindliche Happiness – Verantwortetes Christsein

1 Paul Goodman, »The New Reformation«, S. 147; Jeremia 16, 20; Sigmund Freud, The Future of an Illusion (London, 1961), S. 30; *Henrik Ibsen, Die Wildente (Stuttgart), 5. Akt, S. 403;* Aldous Huxley, »Intriduction«, D. H. Lawrence, Selected Letters, ausgewählt von Richard Aldington (Harmondsworth, 1950), S. 10; James Wechsler, zitiert in The Village Voice Reader (New York, 1963), S. 239; Jaime Robbie Robertson von »The Band«, zitiert in einem Beiblatt zu Stage Fright, E. M. 1., EA-SW 425

2 *Roszak, S. 14*

3 Adrian Mitchell, »The Liberal Christ Gives an Interview«, Out Loud (London, 1969)

4 James, S. 329, 341

5 Freud, The Future of an Illusion, S. 30

6 Laing, The Politics of Experience, S. 118

7 Freud, The Future of an Illusion, S. 31

8 Rev. John Bisagno, zitiert in »The New Rebel Cry: Jesus is coming!« Time, 21. Juni 1971, S. 63

9 Johannes 2, 23–25

10 G. B. Shaw, Androcles and the Lion (Baltimore, 1951), S. 108

11 C. G. Jung, Psychotherapists or the Clergy? zitiert in Booker, S. 323

12 Tillich, zitiert in Harrington, S. 130

13 *Julian Huxley, S. 81*

14 Freud, The Future of an Illusion, S. 26

15 Ibid., S. 49

16 *Carl Gustav Jung, Psychologie und Religion (Freiburg, 1971)*

17 *Erich Fromm, Zen-Buddhismus und Psychoanalyse, 1968, vgl. S. 117*

18 *Ibid.*

19 O. Hobart Mowrer, The Crisis in Psychiatry and Religion (London, 1961), S. 60

20 zitiert in Elaine Storkey, »Faith, Verification and Falsification«, unveröffentlicht, S. 3

21 Anthony Flew, »Theology and Falsification«, New Essays in Philosophical Theology, ed. Antony Flew und Alasdair MacIntyre (London, 1955), S. 96

22 Ibid., S. 97

23 Elizabeth Barrett Browning, »Proof and Disproof«, The Complete Works of Elizabeth Barrett Browning (Boston und New York, 1900), S. 212–213

24 zitiert in Flew und MacIntyre, S. 103
25 Hiob 19, 25–27
26 Damit soll aber nicht gesagt sein, daß wir den Grundsatz Karl Poppers anerkennen. Vielmehr ist es meine Ansicht, daß insoweit irgendeine Erkenntnistheorie
ein wahres Verständnis des Wesens der Wirklichkeit hat, die christliche Wahrheit
solche Erkenntnis bestätigt.
27 1. Könige 18, 39
28 Rückblick von A. J. Ayer, Sunday Times (London, 9. April 1972)
29 zitiert in Gay, S. 64
30 Henderson, S. 124
31 Jesaja 44, 12–21; Apostelgeschichte 17, 22–34
32 Johannes 20, 28
33 Johannes 8, 46
34 Johannes 20, 27
35 Hebräer 11, 3
36 5. Mose 18, 21–22
37 Jeremia 28, 9
38 Lukas 1, 1–4
39 Apostelgeschichte 1, 3
40 Apostelgeschichte 26, 25–26
41 1. Korinther 15, 14
42 2. Petrus 1, 16
43 1. Johannes 1, 1
44 Johannes 20, 31 (RSV)
45 *Ibsen, Die Wildente, 5. Akt, S. 403*
46 Aldous Huxley, »Introduction«, D. H. Lawrence, Selected Letters, S. 10
47 zitiert in The Village Voice Reader, S. 239

10　Das dritte Geschlecht

Wir leben in einer Zeit der Worte, der Reden und Reisen. Der Leitsatz, mit dem man vielleicht dereinst der Gegenkultur gedenken wird, lautet: »Wenn alles gesagt und getan ist, wird sehr viel mehr gesagt als getan worden sein.« Wird die neue Generation den Mut aufbringen, ihren Überzeugungen gemäß zu handeln? Wird ihre Tatkraft an ihre Vision heranreichen? Ein Großteil des Radikalismus, den wir bislang erlebt haben, war lediglich von aufgestauten Frustrationen motiviert und endete in Rhetorik. Man mußte dann auf dialektische Purzelbäume zurückgreifen, um das logische Scheitern zu verhüllen. Im vergangenen Jahrzehnt erlebten wir trotz des hoffnungsvollen Aktivismus kaum mehr als den traurigen Sturz vom Idealismus zur Verzweiflung! Das ist wohl kaum eine echte Gegenkultur.

Wir sollten uns auch keinen Illusionen hingeben – die christliche Alternative wird nicht einfach sein. Aufgrund der Wahrheit, zu der sie sich bekennen, stehen Christen noch kompromißloser gegen den kulturellen Strom. Das dringlichste Problem der christlichen Gemeinschaft besteht jedoch darin, zunächst einmal ›das eigene Haus‹ in Ordnung zu bringen und ihre Integrität zurückzuerlangen. Sie muß sich zur Klarheit durchkämpfen aus der Verwirrung und der Verflechtung mit dem gegenwärtigen Durcheinander. Bevor wir jedoch genauer darstellen, was unserer Ansicht nach geschehen müßte, wollen wir erst einmal aufzeigen, was *nicht* geschehen darf.

Was nicht getan werden darf

Es gibt Leute, die Analysen wie die vorliegende Kritik dazu mißbrauchen, alles anzugreifen, was den Status Quo zu behelligen droht. Das ist eine Reaktion, der es an intellektueller Redlichkeit mangelt und die der allgemeinen Denkfaulheit Vorschub leistet. Sie ist keineswegs auf politisch und christlich konservative Kreise beschränkt. Meine Kritik an der Gegenkultur ist nicht mit einer Bejahung der Dinge, wie sie gegenwärtig sind, gleichzusetzen. Wir haben die Fehler, die in der Gegenkultur gemacht worden sind, nur deshalb so ausführlich analysiert, weil wir es für wichtig halten, daß sie nicht wiederholt werden. Auf keinen Fall darf die christliche Gemeinschaft in die kulturelle Gefangenschaft zurückkehren, in der sie sich in den vergangenen 200 Jahren aufgehalten hat. Nur allzu leicht übernehmen Christen unkritisch die gerade vorherrschenden Anschauungen und Denkvorstellungen. Sobald die Christenheit beginnt, sich dem intellektuellen und gesellschaftlichen Klima des 20. Jahrhunderts anzupassen, geht ihre Geistlichkeit zugrunde, ihre ethische Autorität verloren, das Ganze wird zu einer leblosen Sache. Ein »einfaches« Evangelium, das sich nicht um soziale Gerechtigkeit kümmert, ist Heuchelei; ein »soziales« Evangelium, das den historischen Inhalt des Glaubens verwässert, ist genauso wertlos.

Sobald wir uns von der vollen Wahrheit des Christentums loslösen – sei es aus Unwissen (extreme Fundamentalisten) oder aus einem fehlgeleiteten Streben nach Relevanz in der Welt von heute (Liberalismus), oder sei es in dem an sich lobenswerten Streben nach Einheit (Ökumene) oder gar Geistlichkeit (Neu-Pfingstlertum) – in jedem Fall führt das lediglich dahin, daß wir das historische Christentum seiner Stärke berauben und zum Status eines harmlosen Volksmärchens reduzieren. Nur der hat ein Recht, an der Gegenkultur Kritik zu üben, der in den kommenden Jahren bereit ist, dem Rufe Gottes zu folgen, soweit es ihm nur möglich ist.

Der entgegengesetzte Fehler wird gleichfalls oft begangen. Es ist wahr, daß viele Christen unwissentlich das Verschwinden der ›Schweigenden Generation‹ hinauszögern und in der Vergangenheit leben. Andere jedoch stellten sich auf die Seite der Radikalen, und heute, da die Gegenkultur an Impuls verliert, findet man sie in gleicher Weise verwirrt und frustiert; oft flüchten sie sich dann in Kommunen oder ein geistiges »Bewußtsein III«. Das ist ein sicheres Zeichen dafür, daß ihr Radikalismus im Grunde nicht echt war. Es handelt sich lediglich um einen Austausch von Slogans und ein hohles Echo des radikalen Protestes. Ein solches Verhalten geht an der Berufung des Christen völlig vorbei. Gerade dort, wo der Radikale scheitert, muß der Christ die Realität Gottes in seinem Leben beweisen.

Was aber den »christlichen Radikalismus« betrifft, so sollte man sich keinerlei Illusionen hingeben. Wir brauchen keine neue christliche Subkultur, wo man anstelle von kurzem Haar langes Haar trägt, was genauso engstirnig und verschlossen wäre. Worum es hier geht, ist die Befreiung der Kirche aus ihrer kulturellen »Strafgefangenschaft«. Die verschiedenen Fehlreaktionen, die wir hier diskutiert haben, können nur zu deren Verlängerung beitragen.

Wir brauchen wirklich eine Reformation und Erweckung, eine Neuentdeckung der Wahrheit Gottes. Die Realität Gottes muß in unserem Leben sichtbar werden. Hier ist unsere große Not, als einzelne sowie auch als Gemeinschaft. Eine Kultur, die Rom an Unmenschlichkeit gleichkommt, deren Grausamkeitskatalog die Assyrer in den Schatten stellt, deren Perversität selbst in Sodom und Gomorra Schamgefühle wecken könnte, kann es nicht wagen, um Gerechtigkeit zu bitten. Gerecht wäre nur das Schweigen Gottes, das Urteil, den Konsequenzen der selbstgetroffenen Wahl überlassen zu werden. Alle Szenarien der Futurologie sprechen gegen die Möglichkeit oder Wahrscheinlichkeit einer Erweckung – glücklicherweise hängt die Zukunft der Gemeinde Jesu Christi nicht von Berechnungen ab. Wenn eine Reformation, eine Erweckung ausbleiben sollte, dann muß die christliche Gemeinschaft ihre Integrität wiedererlangen und beweisen und sich klar als der treue Rest präsentieren. Ob als Vorhut einer neuen Reformation oder als Überrest in einer nachchristlichen Kultur: keiner sollte sich darüber täuschen, was von ihm verlangt wird. Es gibt eine Tendenz, sich nach Erweckung als Abkürzung zur Rückkehr zu den Vorteilen und der Freude in einer christlichen Gesellschaft zu sehnen, ein im Grunde selbstsüchtiges Verlangen. Für den wahren Christen kommt das goldene Zeitalter bei Christi Wiederkunft; mit irgendeinem großartigen Zeitalter in der christlichen Geschichte, sei es in der Vergangenheit oder Zukunft, darf das nicht verwechselt werden. Es gibt auch die merkwürdige Tendenz, Verfolgung zu romantisieren; man vergißt leicht, daß nur Gottes Barmherzigkeit verhinderte, daß aus der Verfolgung ein Völkermord wurde, so daß lediglich eine Läuterung, nicht aber eine Vernichtung der Christen bewirkt wurde. Aber ob wir dazu berufen werden, ein treuer Überrest oder ein Zeuge der Erweckung zu sein: *es ist stets eine strenge Praktizierung von Wahrheit und Liebe notwendig.*

Immer mehr ähnelt die Situation, der wir uns heute gegenübersehen, der kulturellen Lage der frühen Kirche. Auf der einen Seite drohte den frühen Christen die totalitäre Macht der Römer, und auf der anderen Seite drohte der Gnostizismus mit all seinen amorphen, oft schwer durchschaubaren Formen. Wenn es keine Reformation gibt, dann könnte das die Lage der Christen im Westen werden. Genau in dieser Engpaß-Situation wurden die Christen als »das dritte Geschlecht« erkannt.[2] Dieser Begriff wurde zuerst von Aristides und Celsus als Verspottung verwendet, aber die Beleidigung wurde zu Einsicht und Hoffnung. Mitten durch alle verschiedenen Bevölkerungsschichten der Welt des 1. Jahrhunderts bildeten Christen eine Gemeinschaft, die sich in keine Kategorie einordnen ließ. Sie waren weder Römer noch Griechen, noch Barbaren, weder Juden noch Heiden, weder Herren noch Sklaven, weder Mann noch Frau, weder arm noch reich – sie waren eine heile Gemeinschaft, sie waren eins in Christus, sie waren ein drittes Geschlecht. Jede Klassifizierung aufgrund von Nation, Rasse, Ideologie oder Klassenstruktur traf auf die Jünger Jesu nicht mehr zu.

Die frühen Christen waren nicht revolutionär, indem sie die Sklaven gegen ihre Herren aufhetzten; das taten sie nie. Sie waren letzten Endes weitaus revolutionärer, denn in Christus überwanden sie alle derartigen Unterscheidungen. Den Sklaven gegen den Herrn zu hetzen hätte Christus in eine Linie mit Spartakus, Marx und Mao gebracht. Das Durchbrechen aller dieser Unterschiede machte die christliche Freiheit zur wahren Befreiung. Paulus schrieb: »Wo das geschieht, hat es nichts mehr zu sagen, ob einer Jude ist oder nicht, ob er beschnitten ist oder unbeschnitten, ob er zu einem zurückgebliebenen oder hochzivilisierten Volk gehört, ob er Sklave ist oder frei. Es gibt nur Christus, der in allen ist und alle umschließt.«[3]

Genau diese Unterschiede sind heute wieder ein Problem und fordern das Angebot des Christentums, sein Angebot der Hoffnung heraus. Alan Watts hat nicht ganz unrecht, wenn er von »jenem Aspekt des Christentums« spricht, »der kompromißlos, militant und strikt ist« und dann fortfährt: »Nur eine solche einzigartige, völlig ›unmögliche‹ Religion konnte als Katalysator für die bemerkenswerten Entwicklungen des menschlichen Bewußtseins und der menschlichen Selbsterkenntnis wirken, durch welche sich die westliche Kultur seit 1500 auszeichnet.«[4] Diese Einzigartigkeit der christlichen Wahrheit ist die einzige Hoffnung auf einen dritten Weg.

Wie oft kommt ein moderner Mensch mit einem hohen Maß an Sensibilität in der heutigen Diskussion zu dem Bewußtsein, daß er keine der polarisierten Alternativen annehmen kann, die ihm von verschiedenen Seiten angeboten werden! Links gegen rechts, Radikale gegen Establishment, Marxist gegen Anarchist, Idealist gegen Pragmatist, praktische Revolution gegen die mystische Revolution des Bewußtseins, Optimismus ohne reelle Basis gegen den Realismus der Verzweiflung, Aktivismus gegen die Flucht vor der Wirklichkeit – all diese Polarisationen entstehen aus dem Verlust der Mitte, dem Tod der Universalien. Im Christentum jedoch gibt es einen dritten Weg, der alles andere als ein Weg der Kompromisse ist.

Die konsequente Anwendung der christlichen Wahrheit wird für Christen viele Konsequenzen mit sich bringen, sowohl für sie als einzelne als auch in der Gemeinschaft. Ich möchte zwei Voraussetzungen nennen, die für die Integrität des Christentums in einer verfallenden Kultur unentbehrlich sind.

Konstruktiver christlicher Radikalismus

Die christliche Wahrheit muß als konstruktiver christlicher Radikalismus praktiziert werden – dies ist das erste Prinzip. Martin Luther wurde einmal als ein Mann beschrieben, der einen alten Kirchturm bestieg; es kostete ihn viel Mühe, und an einer Stelle hielt er sich müde an einem Seil fest; erschreckt fuhr er auf, als er über sich das Klingen der Glocken hörte. Der Radikale ist jemand, der auf solch tiefe Wahrheiten stößt, daß die sofortigen Konsequenzen sein Verständnis übersteigen, aber durch die Entdeckung hallen sie durch die ganze Welt. Das geschieht oft bei dem Studium des Wortes Gottes, das in seiner Zeitlosigkeit plötzlich auf ganz spezifische Situationen weist. Gewisse Konsequenzen müssen dann durchdacht werden.

Christliche Wahrheit verleiht dem Konzept des konstruktiven christlichen Radikalismus Legitimität. Um jegliches Mißverständnis zu vermeiden, möchte ich darauf hinweisen, daß dieser *christliche Radikalismus* nichts zu tun hat mit den derzeitigen Modeströmungen, dem politischen Radikalismus der Extrem-Linken oder Extrem-Rechten und dem theologischen Radikalismus der Gott-ist-tot-Theologie. Auf lange Sicht sind diese weder echt radikal noch konstruktiv, und beide sind, die theologische Version eingeschlossen, ausgesprochen nichtchristlich.

Es wird nötig sein, den Ausdruck genauer zu definieren, um nicht in die Falle der ›geistlichen Mode‹ zu gehen. Wenn man an Veränderung denkt, dann muß es auch Kriterien zur Analyse geben, um zu zeigen, was falsch ist, und um neu definieren zu können, was erstrebt werden soll. Marcuse behauptet oft, daß der Empirismus eine philosophische Wahrheit ist, die nur dazu dienen kann, den status quo aufrecht zu erhalten, da sie ständig das betont, was empirisch vorhanden ist. Im Gegensatz dazu sei eine wahre Revolution nur auf der Basis der Dialektik möglich, die die gegenwärtige Realität durchdringt nach dem Motto: »Das, was ist, kann nicht wahr sein.« Er erkennt jedoch nicht, daß weder der moderne Empirismus noch die Dialektik stark genug sind, um ausreichende Kriterien für eine radikale Kritik und eine Basis für eine echt revolutionäre Alternative zu liefern. Beide haben ihre Stärken und Schwächen. Die Stärke des Idealismus besteht darin, daß er die gegenwärtige Wirklichkeit im Namen einer transzendenten Wahrheit machtvoll durchdringt und deshalb verurteilt, was intellektuell, sozial und moralisch falsch ist. Die Stärke des Empirismus besteht jedoch in seiner kompromißlosen Kritik, die die leeren Behauptungen eines unverifizierbaren Idealismus bloßlegt. Aber beide haben auch ihre Schwächen. Empirismus ohne Idee tendiert zur Akzeptierung dessen, was ist, des status quo, während der Dialektiker ohne irgendeine Basis oder Wahrheitsbestimmung zur reinen Ideologie hinneigt.

In der Praktizierung christlicher Wahrheit ist das notwendige Gleichgewicht zwischen beiden möglich. Der Christ weiß, daß es stets eine dialektische Spannung gibt zwischen dem, wozu Gott die Welt erschaffen hat, und dem, was der Mensch daraus gemacht hat. Beides zusammenzusehen ist möglich durch das Lauschen auf die Bibel – wobei wir nicht an ein Buch denken, sondern an eine Stimme. Wer seine Mitmenschen im Spiegel der biblischen Offenbarung sieht, sieht sie anders. William Wilberforce fand den Afrikaner des 18. Jahrhunderts als Opfer des britischen Sklavenhandels vor. Ein deutscher Christ entdeckt seinen Nächsten vielleicht als Opfer der deterministischen Entmenschlichung innerhalb des Rahmens moderner Psychologie oder eines entpersönlichenden technischen Milieus oder einer unehrlichen Manipulation durch die Medien. In jedem Fall muß seine grundsätzliche Reaktion die gleiche sein. Die Handlungen, die der Mensch aufgrund seiner gefallenen Natur vollführt und den Zustand, in dem er ist, wird der Christ danach beurteilen, was der Mensch *war* und was er aufgrund seiner Schöpfung nach dem Bilde Gottes und nach dem Angebot der Erneuerung in Jesus Christus *sein kann*. Deshalb ist christliche Wahrheit nicht eindimensional. Jesaja prophezeite das Kommen des Messias mit den Worten: »Er wird nicht richten nach dem, was seine Augen sehen, noch Urteil sprechen, nach dem, was seine Ohren hören...«[5] und zeigt dann, daß Gottes Kriterien seine eigenen Gerechtigkeitsmaßstäbe sind, die nicht unbedingt übereinstimmen mit empirischen oder soziologischen Analysen des Tages. Deshalb kann christliche Wahrheit die Stärke der dialektischen, transzendierenden Wahrheit aufweisen, aber im Gegensatz zum Idealismus hat sie eine falsifizierbare Basis: sie muß sich der Bewährung im Lebensalltag aussetzen. Wenn sie das nicht tut, kann sie sich schnell in eine Ideologie verwandeln.

Die radikale Natur der transzendenten Wahrheit des Christentums zeigt sich auch in der Art und Weise, in der Form und Freiheit zueinander in Beziehung stehen. Wiederholt haben wir gesehen, wie wichtig ein Gleichgewicht zwischen Form und Freiheit ist. Wenn die Form über die Freiheit dominiert, dann befindet sich die Gesellschaft auf dem Weg zur totalitären Diktatur. Aber wenn die Freiheit über die Form dominiert, befindet sich die Gesellschaft auf dem Weg zum anarchistischen Chaos. Wie kann die menschliche Gesellschaft dieses notwendige Gleichgewicht aufrechterhalten? Der Christ nennt das Wahrheit, was mit der endgültigen Wahrheit übereinstimmt, mit dem, was wirklich ist. Deshalb kann Freiheit (sei es persönliche oder soziale Freiheit) nur in der Form existieren, die zu genießen Gott den Menschen geschaffen hat, innerhalb der Werte, durch die zu leben er geschaffen ist. Außerhalb dessen (und potentiell sind wir in einer gefallenen Welt stets »außerhalb dessen«) treten stets zwei Folgen auf. Wenn Freiheit einfach vorausgesetzt wird, dann entsteht schnell eine harte Form. Wenn jedoch im Namen totaler Freiheit alle Form und Bindung abgelehnt wird, dann entsteht eine noch häßlichere Bindung als diejenige, die man abgelehnt hatte.

Der Zyklus der Geschichte, vom christlichen Standpunkt aus betrachtet, konfrontierte den Menschen ständig mit falschen Formen, mit müden und ausgehöhlten Traditionen, die die Freiheit erstikken. Wenn die ursprüngliche Freiheit verlorengegangen ist und die ursprüngliche Form sich – ohne Veränderungsmöglichkeit – verhärtet hat, beginnt der Vorgang von neuem. In einer gefallenen Welt ist es nicht möglich, ein wahres Gleichgewicht zwischen Form und Freiheit zu erhalten; deshalb erleben wir den zyklischen Zusammenstoß zwischen Reaktion und Revolution immer wieder. In diesem Licht betrachtet, gibt es vier Phasen der Veränderung. In der ersten ist der Radikale tätig, dessen Aufgabe nicht darin besteht, alles mit der Wurzel herauszuziehen, sondern die Wurzel (»radix«) der gegenwärtigen Situation zu erkennen und somit das krebsartige Wachstum falscher Formen aufzuzeigen, die die ursprüngliche Wahrheit erstickt haben. Dann der Rebell, der die falschen Formen angreift. Drittens der Revolutionär, der die falschen Formen beiseiteräumt. Letztens schließlich der Reformator, dessen Aufgabe es ist, der wahren Freiheit wieder zu einer adäquaten Form zu verhelfen. Im christlichen Rahmen nennt man diesen ganzen Vorgang Erweckung und Reformation – eine neue Freiheit innerhalb einer erneuerten Form.

Im gegenwärtigen intellektuellen Klima sind der Radikale, der Rebell und der Revolutionär sehr in Mode, zum Teil deshalb, weil negative Kritik einfacher ist als konstruktiver Aufbau, zum andern auch deshalb, weil dem modernen Menschen die innere Energie für eine positive Reformation fehlt. Reform ist heute leider nur noch ein Flickwerk, dessen einziger Zweck darin besteht, eine revolutionäre Krise abzuwenden. Aber wenn Reform nicht zu *innerer* Veränderung führt, dann ist die Rolle des Radikalen völlig unfruchtbar, und die Ziele revolutionärer Veränderung werden verraten. Nichtsdestoweniger – innerhalb des christlichen Rahmens ist die Rolle des konstruktiven christlichen Radikalen durchaus legitim.

Die Notwendigkeit eines christlichen Radikalismus

Die Praktizierung christlicher Wahrheit sollte unvermeidlich zu konstruktivem Radikalismus führen. Die überholten Konventionen der heutigen Gesellschaft, die dem Vorgang der Veränderung widerstehen und die wahre Erfüllung des Menschen in der Gesellschaft verhindern, sind offensichtlich. Veränderung ist unvermeidlich, denn die Geschichte und die Menschheit sind nun einmal beweglich und dynamisch. Eine statische Gesellschaft ist gar nicht möglich. Deshalb ist jeder reaktionäre oder konservative Versuch, den status quo zu erhalten, nicht nur naiv, sondern gefährlich und auf lange Sicht hin kontraproduktiv. Die falscheste Reaktion auf eine Revolution, die man sich denken kann, ist der Versuch, ihre Triebkraft zu ersticken und somit überholte Formen zu konservieren, die die menschliche Freiheit einschränken und geradezu nach Veränderung schreien. Da Veränderung notwendig ist, ist es tief bedauerlich, daß es im Westen und speziell in der Christenheit starke reaktionäre Kräfte gibt, die jede Veränderung zu Hause und sonst überall in der Welt verhindern wollen.

Eine andersartige Kultur ist im Kommen und damit die große Chance eines ›christlichen Radikalismus‹. Denn eine Verteidigung der überlieferten Konventionen und Traditionen, die aus der längst ausgehöhlten christlichen Kultur Europas stammen, bedeutet die Identifikation des Christentums mit toten Institutionen. Letzten Endes kann das nur zu einer Ablehnung des Christentums im Westen führen. Wenn die Gesellschaft sich an solchen Formen festklammert und gleichzeitig mit einem inneren Bedürfnis nach Veränderung geladen ist, dann entstehen Spannungen, die sich leicht in Gewalt und Gegengewalt entladen. Diese Umstände lassen die Notwendigkeit eines radikalen christlichen Weges besonders deutlich erkennen.

Die Logik der christlichen Prämissen

Wenn wir das Christentum als »wahr« bezeichnen, so meinen wir damit, daß das Christentum die Welt so beschreibt, wie sie wirklich ist. Deshalb ist christliche Wahrheit das Radikalste, was man sich vorstellen kann. Der durch Christus sehend Gewordene kann hinter allen Formen, Traditionen und Konventionen, hinter der ganzen Fassade die Wirklichkeit erkennen. Hierin liegt die Einzigartigkeit des christlichen Radikalismus: Transzendente Wahrheit und empirische Wirklichkeit bilden ein einheitliches Ganzes. Christliche *Apologetik* zwingt den Nichtchristen bis zu den äußersten Konsequenzen seiner Prämissen, während christlicher *Radikalismus* den Christen zu den äußersten Konsequenzen seiner Prämissen zwingt. Beide beruhen auf der Voraussetzung, daß die christliche Wahrheit die Wurzel aller Wirklichkeit beschreibt; jegliche Form, Idee, Ideologie, Sitte oder Moral, die mit den christlichen Prämissen nicht vereinbar ist, muß abgelehnt werden.

Es ist klar, daß in unserem heutigen Relativismus die *zeitgenössischen* Radikalen unter einem Vakuum der Werte leiden. Da sie kein Konzept von absoluter oder objektiver Wahrheit haben, können sie, sobald sie falsche Formen beseitigt haben, nur in einem Morast der Subjektivität landen. Sie beseitigen falsche Formen, stoßen aber nie auf ein echtes Fundament. Die christliche Gemeinschaft, sobald und soweit sie wirklich in Berührung mit dem lebendigen Gott steht, kann nie anders als gegenwartsbezogen sein. Sobald sie sich lediglich auf ihre Formen verläßt, ist sie überholt. Falscher Radikalismus ist natürlich ebenfalls ungenügend und muß als solcher entlarvt werden. Innerhalb und außerhalb der Kirche treffen wir oft hohle Radikale an, denen es an der ›wahren Wurzel‹ (radix) fehlt; sie können nur den alten Zyklus fortsetzen.

Eine dringende Warnung ist hier vonnöten: Christlicher Radikalismus kann nur im Zusammenhang mit einer persönlichen Beziehung zu Gott praktiziert werden, der selbst die Wahrheit ist. Losgelöst aus dem Dialog mit dem großen Gegenüber werden christliche Wahrheiten und Erkenntnisse zu Prinzipien. Und Prinzipien haben die Tendenz, zu einem Absolutum erhoben zu werden. Gottes Sein ist das einzige Absolutum, nach dem ein christlicher Radikaler leben kann. Jeder Versuch, ein formuliertes Prinzip oder Ziel zu einem Absolutum zu machen, ist äußerst gefährlich. Theologisch gesehen würde es sich dabei um eine neue Art der Götzenanbetung handeln; in politischer Terminologie könnte man das als neue Ideologie bezeichnen.

Radikalismus und Kreativität

Was wir für nötig halten, das ist ein konstruktiver christlicher Radikalismus, der in enger Beziehung zu menschlicher Kreativität steht. Ist es lediglich ein Zufall, daß bestimmte moderne Denker, deren Anschauungen sich von der Wirklichkeit des äußeren Universums und der Menschlichkeit des Menschen am weitesten entfernt haben, schließlich selbst ihre Kreativität ersticken? Nehmen wir zum Beispiel Marcel Duchamps. Seine bilderstürmerische Aversion gegen leere Formen war sicherlich radikal. Aber in seiner radikalen Opposition wurde er zu einem Nihilismus getrieben, der seine eigene Kreativität auslöschte. Dies erklärt zum Teil seine späteren unproduktiven Jahre. Radikalismus ohne rechte »radix« kann die menschliche Kreativität keineswegs fördern.

Für den Christen trifft genau das Gegenteil zu, denn sein Radikalismus steht den grundlegenden Konzepten menschlicher Kreativität sehr nahe.

Arthur Koestler spricht von drei Arten menschlicher Kreativität. Die erste ist die wissenschaftliche Entdeckung oder die Aha-Reaktion, die zweite ist die künstlerische Kreativität oder die Ah-Reaktion, und die dritte ist die humoristische Erfindungsgabe oder die Ha-Ha-Reaktion.[6] Die menschliche Schöpfungsgabe ist jedoch keine Fähigkeit zum Schaffen *ex nihilo*, sondern vielmehr die Entdeckung von Zusammenhängen. Jede Art der Kreativität besteht in der Kombination von bislang nicht miteinander in Bezug gebrachten Wahrheiten oder durch die Erkenntnis von Analogien, die noch keiner vorher gesehen hat. Koestler erklärt, daß der Autor des Hoheliedes der erste war, der den Hals der Sulamith als Elfenbeinturm sah, aber seine Kombination von Symbolen brachte Poesie hervor. In der gleichen Art war William Harvey der erste, der das Herz eines Fisches als mechanische Pumpe sah, und seine Betrachtungsweise brachte die Naturwissenschaft einen großen Schritt vorwärts. Irgendeinem Karikaturisten kam vielleicht eines Tages die Idee, die menschliche Nase als Gurke zu zeichnen – und schon war ein humorvolles Symbol geboren. Das christliche Konzept des Radikalismus zeigt sich recht ähnlich. Weil der Christ zur Wurzel dessen vorstößt, was Gottes Wahrheit ihm offenbart, bringt oft gerade diese radikale Schau die inneren Zusammenhänge der Wahrheit zum Vorschein, die von anderen nicht gesehen wird, weil falsche Formen und Formeln sie verbergen. Wenn diese »neue« Wahrheit zum Durchbruch kommt, führt sie zu einer neuen Freiheit, die die alten Formen zerbrechen läßt. Im Lauf der Zeit jedoch wird die neue Form obligat und verhärtet sich und behindert damit wieder die Freiheit. Was einst revolutionär erschien und auch war, verträgt dann diese Bezeichnung oft nicht mehr.

Das war die Vorraussetzung für viele Zeiten intensiver geistiger, kultureller und religiöser Erneuerung. Vom Radikalismus des Stephanus im Neuen Testament bis zur Reformation Martin Luthers und dem sozialen Protest von William Wilberforce im dekadenten England des 18. Jahrhunderts haben große Christen in der Geschichte diesen Ruf zum christlichen Radikalismus gehört und beantwortet. Es ist die Pflicht des wachen Christen, die Formen und Ordnungen der heutigen Gesellschaft zu untersuchen, sich Regierung, Gesetze, Städte, Werte, Erziehung, Unterhaltung, Moral, Propaganda, Kunst und Literatur anzusehen und sie im Lichte von Gottes Wahrheit zu prüfen. Zweifellos werden sich dabei Beziehungen und Auswirkungen ergeben, deren volle Bedeutung man erst im Lauf der Zeit erkennen wird. Genauso wie Luther an dem Strick zog und zu seiner Überraschung eine Glocke ertönte, so wird die volle Bedeutung der radikalen Entdeckungen nicht sofort klar werden. Manche Versuche, bestimmte Programme zu entwickeln, Parteien zu bilden oder Handlungsprinzipien festzulegen, sind frühreife Aktionen, deren Bedeutung uns heute noch nicht voll bekannt ist. Was auf jeder Ebene jedoch verlangt wird, ist eine völlige Konfrontation zwischen christlicher Wahrheit und dem herrschenden Konsens.

Machen wir das an der grundsätzlichen Frage: Was ist menschlich? klar. Der Christ kann den vorherrschenden Konzeptionen deshalb nicht zustimmen, weil sie die wirkliche Situation des Menschen nicht sehen und ihn deshalb letztenendes entmenschlichen. Ein Christ kann beispielsweise dem östlichen Menschenbild nicht zustimmen, besonders weil es die menschliche Identität und Individualität für so gering einschätzt. Er kann keinen Determinismus akzeptieren, der die Grundlage für das Gewicht menschlicher Entscheidungen und Aktivitäten beseitigt, Initiativen lähmt und so etwas wie Verantwortungsbewußtsein und Schuldgefühl nicht aufkommen läßt.

Er kann die humanistische These nicht unwidersprochen lassen, denn das humanistische Menschenbild entspricht nicht der Wirklichkeit. Der Mensch braucht aufgrund seiner gefallenen Natur Korrektur, Beistand und Hilfe. Wenn ein Mensch schuldig ist, muß er mit seiner Schuld konfrontiert werden; wenn er schwach ist, braucht er Hilfe; wenn er traurig ist, muß man ihn trösten. Die Liste ist endlos, aber der Christ darf nicht nur davon reden, daß der Mensch nach dem Bilde Gottes geschaffen ist, er muß auch entsprechend handeln.

Die christliche Gemeinschaft muß bejahen, daß die menschliche Identität wertvoll ist. Sie muß bejahen, daß die menschlichen Bedürfnisse und Hoffnungen berechtigt sind und daß sie erfüllt werden können. Sie muß die Realität des menschlichen Dilemmas erkennen, in dem Wissen, daß von Gott her eine reale Lösung möglich ist. Ebenso wie sie Heime bauen, Krankenhäuser versorgen und ihre Geschäfte betreiben, müssen sich die Christen um menschliche Milieus in Städten und Gemeinden bemühen. In jedem Lebensbereich – von ehrlicher Reklame bis zur Chancengleichheit und den Formen nationaler Verteidigung – muß der Christ nach Menschlichkeit streben. Die Auswirkung dieser Haltung muß in jedem Bereich der Gesellschaft sichtbar werden. Sollte eine »Re-formation« tatsächlich zu einer neuen Ordnung führen, so muß man sich stets der Tatsache bewußt sein, daß diese neuen Formen in sich selbst nicht endgültig sein können, wie eng sie auch christlichen Prinzipien entlehnt sein mögen; sie dürfen also nicht absolut gesetzt werden.

In der Auseinandersetzung mit Fragen der Zeit muß der Radikale manchmal sehr tief gehen und die Hintergründe des Problems auf der Grundlage seiner Überzeugungen untersuchen. In der Diskussion über die Abtreibung wird er sich mit der Frage auseinandersetzen, ob ein Foetus als Mensch bezeichnet werden kann, aber er wird auch untersuchen, warum es heute ein weitverbreitetes Verlangen nach der Legalisierung der Abtreibung gibt. In der Diskussion der Todesstrafe wird er den Fehler vermeiden, nur darauf hinzuweisen, was die Bibel lehrt, ohne zu erklären, warum die Bibel solches sagt. Die Diskussion der Todesstrafe im 1. Buch Mose gründet sich auf eine hohe Auffassung vom Menschsein. Mord ist die größtmögliche Form der Gewalt, weil jedes Menschenleben unverletzlich ist. Die heutige Gesellschaft, was immer ihre Propaganda auch verbreiten mag, hat ein so niedriges Menschenbild, daß sie kaum noch begreift, warum man mit den gefährlichen Rechtsbrechern nicht »kurzen Prozeß« macht. Doch weder Abschaffung noch Beibehaltung der Todesstrafe löst das Problem. Das grundlegende Problem ist das des Menschseins, nicht das der Menschlichkeit. In solchen Situationen kann die radikale Natur der christlichen Wahrheit profunder wirken, als wir vielleicht erkennen.

Wenn die Gemeinde der Christen diesen konstruktiven christlichen

Radikalismus versteht und ihn zu praktizieren beginnt, wird man sie allmählich als das dritte Geschlecht erkennen. Die Erneuerung wird den Staub von Jahrhunderten abschütteln, sie wird die Spaltungen der verschiedenen Konfessionen durchdringen, das Christentum sowohl vom Establishment als auch von den Radikalen abheben und ihm die Kraft zu geistiger Überzeugung und zu reifer Verantwortlichkeit für ein soziales Engagement verleihen.

Christliches Erbarmen

Eine weitere Erkenntnis tut not: daß christliche Wahrheit nur durch christliches Mitleid leben kann. Sonst könnte man leicht den Verdacht schöpfen, daß hier die Pläne für einen neuen Kreuzzug oder, schlimmer noch, eine neue Inquisition geschmiedet würden. Nichts könnte an der wahren Bedeutung des Christentums mehr vorbeigehen. Christliche Wahrheit darf nicht in einen neuen faschistischen Glauben umgemünzt werden. Eine ehrliche Untersuchung wird zeigen, daß dogmatischer Fanatismus meistens das Ergebnis einer Unsicherheit bezüglich der Wahrheit ist: Wer sein Ziel verloren hat, muß seine Anstrengungen verdoppeln! Wem es an Gewißheit mangelt, der muß lauter rufen!

Im Gegensatz dazu besteht die Stärke des Christentums darin, daß es Sanftheit gestattet, ohne sentimental zu sein, Opfer bringen kann, ohne melodramatisch zu wirken. Ein solches Mitleid ist kein Aushängeschild und kein Public-Relations-Manöver, sondern ein Ausdruck des Herzens des Christentums. Aber Mitleid verlangt heute auch eine klare Definition, in einem pragmatischen Zeitalter geht man hier sonst schnell unter – undefinierte Begriffe verlieren sehr schnell an Inhalt.

Vor zwei Jahren hatte ich die Gelegenheit, den Irak zu besuchen. Ich erinnere mich daran, wie ich von den Ruinen des alten Babylon zu den Überresten des angeblichen Turms von Babel wanderte. Ich dachte über die Bedeutung von Babel nach. Diese Stadt war der Prototyp aller Verwirrung. Plötzlich begegnete ich einem Plakat, das den Bezug zur allgemeinen Sprachverwirrung von heute sehr gut herstellte: *Coca Cola*! Die »großen« Wörter *Gott, Freiheit, Liebe* bedeuten heute für jeden etwas anderes. Die universalen Wörter unserer Zeit sind Wörter wie *Coca Cola*. Leider ist das Wort *Mitleid* auch dieser Sprachverwirrung anheimgefallen; es ist also von großer Bedeutung, es sorgfältig zu definieren.

Das Leben Jesu illustriert die drei wesentlichen Bestandteile des Mitleids in Aktion. Das erste Element ist wahres Verständnis. Im Johannesevangelium lesen wir einmal: »Viele glaubten an seinen Namen, da sie die Zeichen sahen, die er tat. Aber Jesus vertraute sich ihnen nicht an, weil er sie alle durchschaute. Über die Menschen brauchte ihm keiner etwas zu sagen, denn er wußte genau über sie Bescheid.«[7] In menschlichen Beziehungen findet man oft zwei Extreme vor. Das erste ist der naive Glaube, daß alle Menschen gut seien und uns gut behandeln würden. Der naive Mensch versucht, alle Menschen zu lieben und allen gegenüber offen zu sein. Allmählich stellt er fest, daß er ausgenutzt wird; deshalb wird er zum Zyniker, vermutet schlechte Motive in den besten Handlungen, will jede menschliche Beziehung kontrollieren, und wenn er das nicht kann, verzichtet er lieber ganz auf eine nahe Begegnung, er spricht nur noch zu den Menschen und nicht mehr mit ihnen. Aber Jesus, der ein realistisches Verständnis vom Menschen besaß, konnte dem Schlimmsten, das ihm ein Mensch aus seinem Leben offenbarte, ohne Entsetzen entgegentreten, konnte die dunkelste Seite eines Menschen berühren, ohne das Gefühl, sich die Finger schmutzig gemacht zu haben. Und deshalb konnte er Menschen gegenüber offen sein. Der Bezugspunkt seines Vertrauens war sein Vater, nicht Menschen. Und obwohl er die Menschen durchschaute, wurde er kein Zyniker und Menschenhasser. Er blieb offen für alle.

Mitleid wird aus echtem Verständnis geboren. Matthäus bemerkte, daß Jesus mit der Menge Mitleid hatte, »weil sie so hilflos und verängstigt waren wie Schafe, die keinen Hirten haben.«[8] Jesus sah diese Menschen nicht, wie sie ein Priester oder Politiker vielleicht gesehen hätte, als Schafe, die finanziell geschoren oder in politische Herden eingeteilt werden konnten. Stattdessen sah er sie als eine Herde ohne Hirten, und aus diesem Verständnis erwuchs sein Mitleid. Seine Liebe respektierte die Individualität jedes Schafes. Aus einem seiner Gleichnisse ist zu entnehmen: Ein rechter Hirte wird, wenn sich von seinen hundert Schafen eines verirrt hat, sich auf die Suche nach diesem einen begeben.[9] Er betonte auch, daß er jedes einzelne Schaf kennt: »Meine Schafe hören auf mich. Ich kenne sie, und sie folgen mir.«[10] Das Bild vom Menschen als Schaf entwertet den einzelnen also nicht zu einem Herdentier. Vielmehr zeigt es ein echtes Mitleid, das auf einem wahren Verständnis der Menschen beruht.

Natürlich kann kein Christ die Menschen so verstehen, wie Jesus sie verstand. Durch unsere Endlichkeit ist unser Wissen begrenzt, durch unsere Sünde und selbstsüchtige Perspektiven wird es beeinträchtigt. Aber wir wissen etwas davon, was der Mensch ist und was Mitleid bedeutet. Mitleid bedeutet, daß wir uns stets zweier Tatsachen bewußt sind. Erstens: Der Mensch ist ein Wesen, von Gott nach seinem Bild geschaffen. Zweitens: Der Mensch ist gefallen und lebt in einer gefallenen Welt. Wenn beide Tatsachen berücksichtigt werden, kann es echtes Mitleid geben; ohnedem ist es unmöglich.

Eines Tages, nachdem ich in einer kleinen Gruppe gesprochen und hervorgehoben hatte, wie wichtig es sei, den Angehörigen der Gegenkultur ein mitleidsvolles Verständnis entgegenzubringen, schlug eine Frau auf den Tisch und rief: »Ich werde mit diesen Menschen nie Mitleid haben!« Die Ursache war klar. Ihre ›rechtsgerichtete‹ Einstellung und ihre instinktive Reaktion aufgrund ihrer politischen Einstellung deuteten ganz klar darauf hin, daß sie kein Verständnis hatte, das zu einem christlichen Mitleid führen konnte. Für sie existierte die Gegenkultur lediglich als Bedrohung des status quo, und sie reagierte mit Schock und Abscheu. Um effektiv zu sein, muß christliches Mitleid informiert sein. Es gibt eine christliche Pflicht zu wissen. Ein Christ muß ein Mensch von sorgfältiger Wahrnehmung, weitreichendem Denken und tiefgreifender Analyse sein. Er muß über das Warum und Weshalb verschiedener Situationen genau informiert sein, so daß er nicht emotional oder in Abwehr reagiert, sondern mit Reife. Ein solches geistliches Verständnis ist das erste Element des Mitleids.

Entrüstung

Das zweite Element christlichen Mitleids ist Entrüstung. Wenn wir sehen was verkehrt ist, so wie Gott es sieht, werden wir dabei die gleichen Empfindungen haben, die Gott hat. Hier sind zwei bestimmte Begriffe, die Jesus verwendet hat, von Bedeutung: Das griechische Wort *splangchnizomai* übersetzt man allgemein mit »Mitleid haben«; doch das ist zu schwach. Im klassischen Griechisch bezeichnet *splangchna* jene inneren Teile des Menschen, in denen die tiefsten Emotionen ihren Sitz haben. Wenn im Neuen Testament von Mitleid die Rede ist, dann ist eine Emotion gemeint, die den Menschen bis ins Tiefste seiner Seele bewegt.

Ein anderes Wort – *eleeo* – (Barmherzigkeit erweisen) war im gewöhnlichen Griechisch ein häufig gebrauchter Ausdruck, und er betont besonders die hohe Stellung des Barmherzigen oder die Notsituation dessen, dem gegenüber Barmherzigkeit erwiesen wurde. Das Wort *splangchnizomai* jedoch stammt von dem klassischen griechischen Wort, das den Sitz der Gefühle im Bauch bezeichnet, und beschreibt deshalb auch entsprechende Emotionen, vor allem sicherlich den Zorn über die Situation, die den Menschen in seine gegenwärtigen Umstände versetzt hat.

Dieses Wort wird von Jesus selbst nur in seinen Gleichnissen oder von den Jüngern, wenn sie Jesus beschreiben, gebraucht. Jesus erzählt die Geschichte von einem König, der mit seinem Schuldner, der die Schuld nicht bezahlen konnte, *Mitleid* hatte, von dem Vater des verlorenen Sohnes, dessen *Mitleid* ihn veranlaßte, seinem Sohn bei dessen Rückkehr entgegenzulaufen, von dem Samariter, dessen *Mitleid* ihn dazu trieb, dem verwundeten Juden auf der Straße nach Jericho zu helfen.[11] »*Da faßte ihn Mitleid* berichteten die Jünger von Jesus, als er die Menge als Schafe ohne Hirten oder als Hungernde in der Wüste sah.[12] Gegenüber einzelnen hatte Jesus gleichfalls *Mitleid*, so mit dem Aussätzigen, der zu ihm kam, um geheilt zu werden, mit den beiden Blinden, die um Barmherzigkeit riefen,[13] mit der Witwe zu Nain, deren Sohn gerade gestorben war.[14] In jedem Falle stellen wir fest, daß Jesus für seine Mitmenschen ein tiefes Mitgefühl hatte und gleichzeitig den äußeren Kräften gegenüber, die die einzelnen in ihre besondere Lage gebracht hatten, einen kontrollierten Zorn empfand.

Ein zweites bemerkenswertes Wort, das zur Beschreibung von Jesus gebraucht wird, ist das Wort *embrimaomai* (tief bewegt). Johannes verwendet es zweimal in seinem Bericht von Jesus am Grab des Lazarus.[15] Diese tiefe Gefühlsregung wird gewöhnlich auf den Vers bezogen: »Jesus kamen die Tränen.« Wenn man sich vorstellt, wie er mit den beiden Schwestern des Lazarus, Maria und Martha, am Grab steht, so ist das durchaus natürlich. Aber das griechische Wort hat noch eine Nuance, die das Deutsche leider nicht wiedergibt. Tränen oder Trauer allein sind damit nicht gemeint, denn Jesus wußte, daß Lazarus in einigen Augenblicken wieder gesund und lebendig neben ihm stehen würde. Warum sollte er dann traurig sein? Das Griechische gibt uns einen Hinweis darauf, worum es hier geht, denn in der Wurzel bedeutet *embrimaomai* »im Geist schnauben«. Das heißt also: Jesus wurde von einem tiefen inneren Zorn erfüllt. Er betrat die Welt seines Vaters als Sohn Gottes und fand nicht Ordnung, Schönheit, Harmonie und Erfüllung vor, sondern Unordnung, rohe Häßlichkeit, völliges Chaos – überall das Zunichtemachen des ursprünglichen Planes Gottes. Hier, am Grabesrand, stand er einem Tod von Angesicht zu Angesicht gegenüber, in dem die ganze Aufhäufung von Bösem, Schmerz, Leid, Ungerechtigkeit, Grausamkeit und Verzweiflung zusammengefaßt war. Während er also für seine Freunde im Leid zu Tränen bewegt wurde, wurde er auch von der Anomalität des Todes erzürnt.

Solche Beispiele finden sich nicht nur im Leben Jesu, sondern tauchen immer wieder in der Bibel auf. Der junge Mose erzürnte sich, als er »zu seinen Brüdern« ging »und sah ihren Frondienst und nahm wahr, daß ein Ägypter einen seiner hebräischen Brüder schlug.«[16] Seine Reaktion war recht unreif, denn er nahm das Gesetz in seine eigenen Hände. Aber seine Entrüstung war natürlich, als er sah, wie ungerecht ein Hebräer von dem ägyptischen Sklaventreiber behandelt wurde. Später in der Geschichte Israels hörte der neugewählte König Saul von einer großen Beleidigung und Drohung gegen einen Teil seines Königreichs. Der Geschichtsschreiber berichtet hier: »Da geriet der Geist Gottes über Saul, als er diese Worte hörte, und sein Zorn entbrannte sehr.«[17]

Zwischen der Inspiration von Gottes Geist und der Erregung von Sauls Zorn besteht eine direkte Beziehung.

Zur Zeit der Propheten, als Israels nationale Dekadenz zu weitreichender sozialer Ungerechtigkeit und Unmenschlichkeit führte, liest man von der Entrüstung des Propheten: »Höret dies Wort, ihr fetten Kühe, die ihr . . . den Geringen Gewalt antut und schindet die Armen.«[18] Amos war wütend, als er sah, daß die Armen für den Preis eines Paars Schuhe verkauft wurden. Wieder erscheint die furchtbare Zwiespältigkeit zwischen dem, wozu Gott den Menschen geschaffen hat, und dem, was er aus sich selbst gemacht hat. Die Transzendenz der Wahrheit Gottes auf der einen Seite und die Wirklichkeit der gefallenen Welt auf der anderen läßt echte Entrüstung als legitime Reaktion zu. So spricht Jesus über die kommerzielle Ausbeutung des Tempels: »Mein Haus soll ein Haus zum Beten sein! Ihr aber habt eine Räuberhöhle daraus gemacht!«[19] Die transzendente Wahrheit ist das, wofür der Tempel gemacht wurde, und die Wirklichkeit ist die Räuberhöhle, wozu er geworden ist; Die Reaktion ist Entrüstung. Gleichartige Gefühle finden wir beim Propheten Amos.[20] Und bei Jesaja finden wir einen Abschnitt, wo ein Gefühl der Entrüstung ganz ausdrücklich Gott zugeschrieben wird.[21]

Echte Entrüstung ist für den hart bedrängten Christen nicht nur eine legitime Reaktion; Gott selbst fühlt sie. Und so sollte auch ein Christ bei Qual, Grausamkeit, Gewalt und Ungerechtigkeit Entrüstung empfinden. Gott, der Vater von Jesus Christus, ist weder unpersönlich noch jenseits von Gut und Böse. Durch die absolute Unwandelbarkeit seines Charakters ist er dem Bösen stets entgegengesetzt und wird dadurch entrüstet. Wenn der Christ moralisch neutral bleibt, verrät er seinen Glauben. Wir dürfen uns auch nicht mit rührseligen Erinnerungen an Helden von gestern zufriedengeben, mit denen viele sich über das Fiasko ihrer Passivität von heute hinwegtäuschen. Leider ist die Entrüstung zum Monopol des Existentialismus und der Neuen Linken geworden, die sich beide ehrlich gegen die Absurdität des Daseins und die soziale Ungerechtigkeit entrüsten. Weil es ihr an diesem Element der Entrüstung fehlt, muß man die moderne Kirche daran erinnern, daß, wenn ihr Leben und das ihrer Institutionen von einer sterbenden Kultur erstickt werden, sie an der gleichen Wahrheit zugrunde geht, die sie verraten hat.

Identifikation

Das dritte Element christlichen Mitleids ist Identifikation. Die lateinische Wurzel für »Mitleid« entspricht der griechischen Wurzel für »Mit-Leiden«; beide drücken tiefe Mitgefühle aus. Identifikation ist das zentrale Konzept der Inkarnation. Als Gott in Jesus Christus zum Menschen wurde, war er kein Kriegsminister, der überraschend schnelle Inspektionen der Front per Flugzeug durchführte, sondern jemand, der die Risiken kannte, der vom Angriff des Feindes nicht verschont blieb. Kein anderer Gott trägt Wunden. Weil Gott sich mit uns so vollkommen identifizierte, können wir ihn kennen und ihm vertrauen. Von Mose lesen wir: »Er zog es vor, mit dem Volk Gottes zu leiden, anstatt kurze Zeit gut zu leben und dabei Schuld auf sich zu laden.«[23] Er solidarisierte sich mit den Gliedern seines Volkes, nahm an ihrem Marsch teil, ihrem Hunger, ihren Kämpfen, ihren Problemen. Sein Mut und seine reife Bescheidenheit sind Zeichen für die Größe seiner Führerschaft.

In seiner Prophetie bezüglich des kommenden Messias sagte Jesaja voraus, daß man einen seltsamen Fehler begehen würde. Man würde annehmen, er sei ein von Gott gestrafter Mensch, weil er sich so mit den Menschen identifizierte, daß man von ihm sagen konnte: »Fürwahr, er trug unsere Krankheit und lud auf sich unsere Schmerzen.«[24] Diese Identifikation erreicht ihren tiefsten und geheimnisvollsten Punkt bei dem einsamen Schrei am Kreuz: »Mein Gott, mein Gott, warum hast du mich verlassen?«[25] Ganz läßt sich das alles natürlich nicht verstehen, aber es bedeutet jedenfalls das eine: In diesem Augenblick identifizierte sich der sterbende Jesus so sehr mit den Menschen und der Trostlosigkeit ihrer Situation, daß kein Mensch mehr so tief sinken kann, daß Gott nicht tiefer gesunken wäre. Wann ist die christliche Botschaft wirklich glaubwürdig gewesen? Wenn die Christen zumindest teilweise sich um diese Identifikation bemüht haben – dann ist die christliche Gemeinschaft auch am menschlichsten und wärmsten gewesen. Als der junge englische Missionar Hudson Taylor nach China fuhr, fand er Menschen vor, die mit vielen Problemen zu kämpfen hatten: Korruption, Hungersnot, Mangel an Erziehung, Krankheit, Opium. Die Botschaft kam zu den Chinesen als Menschen, nicht nur zu ihren »Seelen«, und sie wurde von einem Mitleid getragen, das zu einer solchen Identifikation mit ihrer Kleidung, ihren Gewohnheiten und Sitten führte, daß Taylor seine westlichen Freunde verärgerte. Das kann man leider nicht von aller missionarischen Tätigkeit sagen, denn manchmal kommt sie einem kulturellen Imperialismus schlimmster Sorte gleich. Ähnliches gilt von der Entwicklungshilfe. Während der Präsidentenwahl im Jahre 1968 erklärte Richard Nixon im politischen Werbefernsehen: »Wir dürfen nicht vergessen, der Hauptzweck amerikanischer Entwicklungshilfe ist nicht die Unterstützung anderer Nationen, sondern unseres eigenen Landes.«[26] Christen, die nicht gewillt sind, sich mit denen zu identifizieren, denen sie helfen wollen, gehen das Risiko ein, unter ähnlichen Verdacht zu fallen. Aus der revolutionären Perspektive der Dritten Welt kommentiert Fanon: »Deshalb muß man das DDT, das die Schädlinge vernichtet, auf dieselbe Stufe stellen wie die christliche Religion, die die Ketzereien, die Instinkte, das Übel an seiner Wurzel bekämpft. Das Zurückweichen des gelben Fiebers und die Fortschritte der Heidenmission gehören zur selben Bilanz . . . Die Kirche in den Kolonien ist eine Kirche von Weißen, eine Kirche von Ausländern. Sie ruft den kolonisierten Menschen nicht auf den Weg Gottes, sondern auf den Weg der Weißen, auf den Weg des Herrn, auf den Weg des Unterdrückers. Und wie man weiß, gibt es in dieser Geschichte viele Berufene und wenige Auserwählte.«[27] Mahatma Gandhi wies einmal einige Missionare in Kalkutta sanft zurecht: »Ich vermisse Aufgeschlossenheit, Demut und Bereitschaft Ihrerseits, sich mit den Massen Indiens zu identifizieren.«[28]

Wenn es Verständnis gibt, wenn es Identifikation gibt, dann gibt es Entrüstung, dann gibt es christliches Mitleid, von Liebe angetrieben – und nicht nur ein wässeriges Gefühl. Mit diesem Mitleid können

Christen dem Ruf Gottes gemäß leben und zur Hilfe in der schreienden Not des modernen Menschen beitragen. Die Praktizierung von Wahrheit und Liebe im Rahmen eines solchen konstruktiven Radikalismus übersteigt jede Beschreibung und ihre Folgen alle Vorstellungskraft. Dann kann der Reichtum im Verhältnis zu Gott erfahren werden, eine tiefe Dankbarkeit für wirkliche Heilung, ein großes Erstaunen ob der persönlichen Erfüllung. Die Auswirkungen im Bereich der Person sind nur der Anfang; dann folgt eine weitere, die soziale Bedeutung und schließlich weitere kulturelle Konsequenzen. Die Christen können zum dritten Geschlecht werden, allerdings nicht durch das, was sie haben, oder gar durch das, was sie tun, sondern nur durch das, was sie durch die echte Verbindung mit Gott sind, wenn sie ihm ihr Leben ausliefern.

Ist es möglich?

Wahrscheinlich muß ich nun mit zwei Reaktionen rechnen. Die erste Reaktion kommt von denen, die sagen: Und dann? Kann alles Nötige verwirklicht werden? Ich habe oft Menschen gesehen, die von den furchtbaren Problemen der modernen Gesellschaft tief bewegt und von der Relevanz des Christentums überzeugt waren, sich aber vor der Frage nach dem eigenen Beitrag drückten. Die Unbeweglichkeit und der Mangel an Zucht gehören zu den großen Krankheiten unserer Generation.

Die Praktizierung christlicher Wahrheit bedeutet auch die Anerkennung der Bedeutung des einzelnen, ein kleines, aber revolutionäres Konzept, das gegen den Strom des kulturellen Einflusses verteidigt werden muß. Der moderne Determinismus in Biologie, Psychologie und Geschichtswissenschaft greift jedes Identitätsgefühl an. Der Mensch fühlt sich angesichts der Größe und Komplexität des Universums, der ihn umgebenden Technologie etc. klein und unbedeutend, seine Initiative wird gelähmt. Mit den östlichen Religionen liebäugelnd oder im »Bewußtsein III« gefangen, verlieren die Menschen ihr Gefühl der Individualität; Handlungslosigkeit wird zum Prinzip erhoben. Das führt zur Kraftlosigkeit unserer Generation.

Aber wenn Gott Gott ist und der Mensch nach seinem Bilde geschaffen, dann kommt *jedem* Menschen eine Bedeutung zu. Die Handlung eines *jeden* Menschen kann Auswirkungen haben, die nie aufhören. Das dritte Geschlecht ist keine Superrasse, keine Elite von Supermenschen, Weisen, Starken und Kühnen. Ihre Helden sind keine »großen« Männer. Vielmehr sind sie ganz gewöhnliche *Menschen*, die große Dinge vollführen, weil sie sich darauf verlassen, daß Gott mit ihnen ist. Sie haben keine Zeit für die vorherrschende Mentalität des »Alles oder nichts« – eine weitere Variation zwischen Romantik und Pessimismus. Lieber das bedeutungsvolle »Etwas« als das illusorische »Alles« oder das frustrierte »Nichts«. Die Bedeutung eines einzelnen unter Gott läßt sich schwer abschätzen. Die Umstände waren für David nicht sehr günstig, als er Goliath gegenüberstand. Aber der Unterschied zwischen ihm und den vor Furcht gelähmten israelischen Soldaten war, daß er seine Bedeutung als Mensch unter Gott bejahte. Theodore Roszaks Urteil über die frühen Christen stimmt in die Verachtung ihrer römischen und griechischen Zeitgenossen mit ein: »Absolute Nullen, der Abschaum der Menschheit . . . eine Handvoll von Unzufriedenen.«[29] Aber unter Gott waren diese Nullen immer noch da, als das Römische Reich sich auflöste. Im vierten Jahrhundert nach Christus stand Athanasius gegen die ganze Welt, aber wegen seines Mutes wurden der Nachwelt die grundlegenden Wahrheiten über das, was Gott ist, erhalten. Kenneth Clark erinnert uns daran, daß das westliche Christentum im 6. Jahrhundert nur dadurch überlebte, daß sich einige Mönche in kleinen Orten, wie dem Skellig Michael, (ein kleiner Felsen 30 Kilometer von der irischen Küste entfernt) fest an die Wahrheit klammerten. – Paul Goodman erinnert uns daran, daß die Reformation im 16. Jahrhundert von der kleinen Universität von Wittenberg ausging, die heute nur als kleine Unterfakultät gelten würde; sie war erst 15 Jahre alt, hatte insgesamt 100 Mitglieder, und ihre Dozenten waren durchschnittlich in den zwanziger Jahren.[31] Goodman vergleicht die heutige Situation im Gegensatz zu vielen anderen nicht mit der frühen Kirche, sondern mit der Situation im Jahre 1510, als Luther am Vorabend der Reformation nach Rom ging. In der Periode zwischen der Renaissance und der Reformation wurde überall Protest laut, wurden überall überkommene Werte kritisiert. Die humanistische Renaissance hatte im Westen nicht nur große Kunstwerke, sondern auch Unruhe und Chaos hervorgebracht. In diese Situation hinein kam die Reformation. Die gegenwärtige Erosion der christlichen Kultur bedeutet, daß der letzte zurückhaltende Einfluß der Reformation beseitigt wird. Das Striptease des Humanismus ist einfach die Logik der Renaissance, die von der Reformation vier Jahrhunderte lang in Schach gehalten worden ist, aber jetzt mit allen ihren extremen Konsequenzen zum Ausdruck kommt. Wenn die Kämpfe der letzten 25 Jahre auf den Spannungen und Problemen der vorausgegangenen Jahrhunderte beruhen, wundert es nicht, daß die Gegenkultur ihrer Aufgabe nicht gewachsen ist. Einst war die Christenheit selbst eine echte Gegenkultur. Nun hat die Stunde des dritten Geschlechtes erneut geschlagen.

Die zweite Reaktion erwarte ich von denen, die sagen werden: Wie kann diese Theorie in die Praxis umgesetzt werden? In einer seiner toleranteren Stimmungen bemerkte Bertrand Russell einst: »Das christliche Prinzip ›Liebe deine Feinde‹ ist gut . . . Man kann dagegen nichts sagen, außer daß es für die meisten von uns zu schwierig ist, es auch zu praktizieren«.[32] Das war eine Untertreibung. Das Christenleben ist für den Menschen nicht nur schwierig, es ist unmöglich. Genau hier hört jeder Humanismus auf und beginnt der Glaube der Christen.

Deshalb kann auch nur dieser einzigartige, »unmögliche« Glaube – an einen Gott, der existiert, mit einer erdgebundenen, historischen Inkarnation, mit einer Erlösung, die dem Ziel und Sinn aller menschlichen Natur entspricht, mit einer Auferstehung, die die Endgültigkeit des Todes besiegt – eine Alternative für den Staub des Todes bieten, der sich über unsere Kultur gelegt hat, und durch die neue Geburt den Weg zu einem neuen Leben öffnen.

Anmerkungen zu
Kapitel 10: Das dritte Geschlecht

1 Ante-Nicene Christian Library, I: Apostolic Fathers, trans. A. Robert, J. Donaldson und F. Crombie, ed. A. Roberts und J. Donaldson (Edinburgh, 1867), S. 307–308; Watts, Beyond Theology: The Art of Godmanship, S. XII; Camus, zitiert in The Post-American, Vol. 1, No. 1, Herbst 1971, S. 1; 1. Korinther 1, 27–28

2 *Siehe Adolf Harnack, Mission und Ausbreitung des Christentums in den ersten drei Jahrhunderten, Buch 2, Kapitel 7*

3 Kolosser 3, 11

4 Watt, Beyond Theology: The Art of Godmanship, S. XII–XII

5 Jesaja 11, 3

6 Koestler, The Ghost in the Machine, S. 193–195

7 Johannes 2, 24–25

8 Matthäus 9, 36

9 Lukas 15, 1–7

10 Johannes 10, 27

11 Matthäus 18, 33; Lukas 15, 20; 10, 33

12 Matthäus 9, 36; 14, 14

13 Markus 1, 41; Matthäus 20, 34 (RSV)

14 Lukas 7, 11–17, vor allem Vers 13

15 Johannes 11, 33

16 2. Mose 2, 11–12 (RSV)
17 1. Samuel 11, 6–7 (RSV)
18 Amos 4, 1
19 Lukas 19, 45–46
20 Amos 6, 12
21 Jesaja 59, 15–19
22 2. Mose 2, 14
23 Hebräer 11, 25 (RSV)
24 Jesaja 53, 4 (RSV)
25 Matthäus 27, 46
26 *McGinnis*
27 *Fanon, Die Verdammten dieser Erde, S. 32*
28 *zitiert in Zaehner, Der Hinduismus, S. 179*
29 *Roszak*
30 *Clark*
31 *Goodman*
32 Bertrand Russell, History of Western Philosophy (Bloomfield/USA, 1945), S. 579

In der TELOS-Paperbackreihe erscheinen folgende Titel

In der TELOS-Paperbackreihe erscheinen folgende Titel.